Der Landrechtsentwurf David Hilchens von 1599

Rechtshistorische Reihe

Band 345

Peter Lang
Frankfurt am Main · Berlin · Bern · Bruxelles · New York · Oxford · Wien

Thomas Hoffmann

Der Landrechtsentwurf David Hilchens von 1599

Ein livländisches Rechtszeugnis polnischer Herrschaft

Peter Lang
Europäischer Verlag der Wissenschaften

Bibliografische Information der Deutschen Nationalbibliothek
Die Deutsche Nationalbibliothek verzeichnet diese Publikation in der Deutschen Nationalbibliografie; detaillierte bibliografische Daten sind im Internet über <http://www.d-nb.de> abrufbar.

Zugl.: Heidelberg, Univ., Diss., 2006

Diese Arbeit wurde von
Herrn Prof. Dr. Gerhard Lingelbach
zur Aufnahme in diese Reihe empfohlen.

Umschlagabbildung:
Justitia – Sinnbild der Gerechtigkeit.
Dieser Bildausschnitt wurde einem Buch
aus dem 17. Jahrhundert entnommen.

D 16
ISSN 0344-290X
ISBN-10: 3-631-55889-9
ISBN-13: 978-3-631-55889-8

www.peterlang.de

Meinen lieben Eltern

„Es ist daher eine Darstellung des gerichtlichen Verfahrens in Livland während der ephemeren Polnischen Herrschaft so gut wie unmöglich, denn es lässt sich in dieser Beziehung in der That nur sagen, dass diese Periode in der Geschichte des Processes einen dunklen Uebergang bildet von dem alten, im Laufe derselben fast ganz zu Grunde gegangenen Rechte zu der neuen Schöpfung, welche der folgende Zeitraum ins Leben rief".

(Friedrich Georg von Bunge, „Geschichte des Gerichtswesens und der Gerichtswissenschaften in Liv-, Est- und Kurland", S. 227)

Vorwort

Die vorliegende Arbeit wurde von der Juristischen Fakultät der Ruprecht-Karls-Universität zu Heidelberg im Juli 2006 als Dissertation angenommen. Sie entstand unter der Betreuung von Herrn Dr. Klaus-Peter Schroeder und Herrn Dr. Christian Hattenhauer, beide Professoren an der Universität Heidelberg. Die Arbeit wurde durch ein Doktorandenstipendium des Deutschen Akademischen Austauschdienstes finanziell unterstützt. Sie ist meinen Eltern gewidmet.

Mein Dank gilt in erster Linie meinen Betreuern. Herr Prof. Dr. Klaus-Peter Schroeder, mein Doktorvater, hat meine Arbeit von Beginn an mit beispielhaftem Engagement unterstützt und ihr Gelingen stets als persönliches Anliegen empfunden. Ihm und in gleichem Maße Herrn Prof. Dr. Christian Hattenhauer, meinem Zweitgutachter, möchte ich zudem für die rasche und sorgfältige Begutachtung meiner Arbeit herzlich danken. Besonderer Dank gebührt ebenso Frau Prof. Dr. Marju Luts, ordentlicher Professorin an der Universität zu Tartu, für ihre herzliche und großzügige Hilfe bei meinen Recherchen in Tartu sowie für so manchen weiteren praktischen Rat. Den Mitarbeiterinnen und Mitarbeitern der Staatsarchive Est- und Lettlands, des schwedischen Reichsarchivs sowie der Bibliotheken der Universitäten zu Tartu und zu Riga danke ich für ihre engagierte Unterstützung, die in vielen Fällen weit über das zu erwartende Maß hinausging.

Mein herzlicher Dank gilt gleichfalls Herrn Mag. Jacek Lehmann für die Durchsicht der polnischen, Herrn Dr. Arne Feickert für das Korrekturlesen der lateinischen Passagen; ihm sowie meinem Vater gebührt zudem Dank für ihre großzügige Hilfe bei der Redaktion des Textes. Nicht zuletzt möchte ich dem deutschen Akademischen Austauschdienst für die Finanzierung meiner Recherchen im Ausland sowie meinen Großeltern für die finanzielle Unterstützung bei der Verlegung meiner Arbeit herzlich danken.

Heidelberg, im September 2006 Thomas Hoffmann

Inhalt

A. Einleitung

I. Anliegen der Untersuchung

Das *„Livländische Landrecht"*, dessen offizielle Bezeichnung *„Jus Livonicum Scriptum"* sich in der rechtsgeschichtlichen Forschung nicht durchsetzen konnte,[1] ist die einzige das gesamte Recht umfassende Quelle[2] aus der Zeit zwischen 1561 und 1629, der Periode polnischer Herrschaft über Livland. Das Landrecht wurde im Jahr 1599 vom wendenschen Landnotar und rigaschen Syndikus David Hilchen im Auftrag des polnischen Königs Sigismund III. für die livländische Ritterschaft verfasst. Von den auswärtigen Beziehungen über das Privatrecht bis hin zur Gerichtsverfassung behandelt der Entwurf in drei Büchern alle Aspekte menschlichen Zusammenlebens einer deutschen Kolonie des ausgehenden 16. Jahrhunderts. Im Hilchenschen Entwurf spiegeln sich Eigenarten wider, die Livland über Jahrhunderte hinweg gekennzeichnet hatten. Die zielstrebige Wirtschaftspolitik, der überzeugte Protestantismus und die kulturelle Verbundenheit mit Deutschland unterschied Livland von vielen seiner Nachbarstaaten, die ab 1561 die Herrschaft über Livland auszuüben begannen. Doch war Livland einerseits politisch und militärisch zu schwach, als dass sich Polen, Schweden oder Russland ernsthaft mit diesen Besonderheiten auseinandersetzen zu müssen glaubten. Andererseits erkannten sie, dass die herausragende wirtschaftliche Stärke[3] Livlands durch eine völlige Eingliederung Livlands in den jeweils herrschenden Staat gefährdet wurde und schützten livländische Interessen durch die Verleihung weitgehender Freiheiten. Dieses Spannungsverhältnis verdeutlicht der Hilchensche Entwurf besonders klar.

Der Name Livland ruft heute verschwommene Assoziationen hervor. Das liegt zum einen an der für unsere Maßstäbe enormen Entfernung von Est- und Lettland nach Deutschland. Zum anderen tragen der Zeitraum von nunmehr drei Generationen, in welchem Livland als politischer Begriff nicht mehr existiert, und die stetige Abnahme derjenigen Deutschen, die noch einen persönlich-familiären Bezug zu den früheren „deutschen Ostseeprovinzen" Russlands aufweisen können, zur fortschreitenden Entfremdung Livlands bei. Durch den EU-Beitritt Est- und Lettlands am 1. Mai 2004 ist das Baltikum wieder in den Blickpunkt des öffentlichen Interesses gerückt, doch bezieht sich dieses Interesse vor allem auf wirtschaftliche, nicht so sehr historische Aspekte.

---

[1] Zwar erwähnt *Winkelmann* das Landrecht in seiner Bibliotheca Livonicae Historiae (S. 167, Nr. 3939) als „Entwurf eines livländischen Landrechts, das sog. *Jus Livonicum Scriptum*", doch hat sich im Schrifttum spätestens Anfang des 19. Jahrhunderts die Bezeichnung „Hilchenscher Landrechtsentwurf" durchgesetzt, um eine Verwechselung mit anderen geschriebenen livländischen Landrechten zu vermeiden.

[2] So bereits *Schmidt* im Jahr 1874 in seinem Beitrag zur Quellenkunde, S. 1.

[3] In der schwedischen Zeit war Riga die größte Stadt Schwedens, in der russischen Periode der größte Warenumschlagsplatz des russischen Reiches.

Das rechtshistorische Interesse an Livland ist – zumindest in Deutschland – sehr schwach ausgeprägt. Während sich unter Historikern im Allgemeinen in den letzten Jahren ein gesteigertes Interesse an der livländischen Geschichte abzeichnete,[4] hat sich seit dem Tode Friedrich Georg von Bunges im Jahr 1897 kein deutscher Rechtshistoriker mehr auf die Erforschung der Rechtsentwicklung dieser Provinz spezialisiert, die bis zum Jahre 1561 Teil des Heiligen Römischen Reiches Deutscher Nation war.

Die Periode polnischer Herrschaft bedarf hierbei in besonderem Maße einer grundlegenden Aufarbeitung. Denn obwohl die livländische Rechtsgeschichte im 19. Jahrhundert erschöpfend[5] untersucht wurde, galt das schon damals nicht für den polnischen Zeitraum. O. Schmidt bezeichnet diese Zeit selbst als den *„am wenigsten durchforschten Teil der livländischen Rechtsgeschichte"*.[6] Doch handelt es sich dabei um kein Phänomen, das nur die Rechtsgeschichte kennzeichnet: Hehn etwa nennt die polnische Zeit das *„Stiefkind der deutschbaltischen Forschung"*[7], und Arbusow d. J. bezeichnet 1946 die Thematik der Dissertation Ramm-Helmsings, der Verfasserin der Hilchen-Biographie aus dem Jahre 1937, als den *„von ihr allein vertretenen Forschungszweig"*.[8] Heyde beklagt die *„äußerst geringe Zahl von Studien"* über die beginnende Provinzialzeit, die in *„scharfem Kontrast"* zur Geschichte der Auflösung der Livländischen Konföderation im Jahr 1561 stünde.[9] Etzold sieht die 60-jährige Periode polnischer Herrschaft als Durchgangsstadium, dem *„heutige Historiker – so scheint es – nur noch antiquarisches Interesse entgegenbringen."*[10] Tatsächlich ist die polnisch-livländische Forschung seit den Arbeiten Ramm-Helmsings auf deutscher Seite fast ganz eingestellt worden.[11]

Livland verlor im Jahr 1561 seine Unabhängigkeit durch freiwillige Unterwerfung unter Polen. Polen konnte die Ostseeprovinz während der folgenden sechs Jahrzehnte als Bestandteil seines Reiches halten, doch war um die Jahrhundertwende der Zenit seiner Macht bereits überschritten, so dass der Verlust des größeren Teils Livlands an Schweden im Jahr 1621 bald absehbar wurde. Die politischen, religiösen und gesellschaftlichen Verflechtungen haben sich auch im Recht niedergeschlagen. Die rechtsgeschichtliche Forschung des 19. und frühen 20. Jahrhunderts ließ die polnische Zeit in sehr düsterem Licht erscheinen und schilderte vor allem, wie Polen-Litauen einst an Livland verlie-

---

[4] Als Beispiele seien nur die Dissertationen Ulrich Müllers „Johann Lohmüller" (2001) und Christina Kupffers „Geschichte als Gedächtnis" (2004) genannt.

[5] Auf diesem Gebiet haben sich vor allem F. G. von Bunge und O. Schmidt, Professoren an der Universität zu Dorpat (heute Tartu), hervorgetan.

[6] *Schmidt*, Beitrag zur Quellenkunde, S. 63.

[7] *Von Hehn*, Deutschbaltische Geschichtsschreibung, S. 382.

[8] Siehe Zitat bei *Wörster*, Livländisch-polnische Forschungen, S. 290.

[9] *Heyde*, Die Adelspolitik Polen-Litauens, S. 1.

[10] *Etzold*, Polens Herrschaft über Livland, S. 7.

[11] So auch *Wörster*, ebenda S. 295.

hene Privilegien missachtete.[12] Der Grund für die polenfeindliche Haltung lag in den russischen Zensurbestimmungen: Die Missstände, welche die deutsche Bevölkerung durch die Russifizierungspolitik etwa Zar Alexanders III. zu beklagen hatte, wurden auf die polnische Zeit projiziert, die dafür um so schonungsloser[13] dargestellt und verurteilt wurde. Dieser Hintergrund verschwand mit der Unabhängigkeit der baltischen Staaten. Ramm-Helmsing etwa versuchte im Jahr 1937, eine *„Gesamtschau der politischen Entwicklung Nordosteuropas im allgemeinen und des in dieser Politik als Faktor einbegriffenen polnisch-litauischen Staatswesens"*[14] zu erstellen und insoweit eine objektivierte Betrachtung der damaligen Verhältnisse vorzunehmen, die neben den negativen Auswirkungen der polnischen Herrschaft auch ihre positiven Effekte nicht vernachlässigt.

Eine solche abwägende Darstellung ist ebenso das Anliegen dieser Arbeit. Der Hilchensche Entwurf eignet sich dafür besonders, da er einerseits versucht, angestammtes Recht und von der polnischen Krone zugesicherte Privilegien zu kodifizieren, andererseits aber auch litauische, polnische und preußische[15] Rechtssätze miteinbezieht. Kann eine Kodifikation unter Zugriff auf solch fremde Rechte vom traditionell-deutschrechtlichen Standpunkt der vorletzten Jahrhundertwende tatsächlich *„für die Erkenntnis des damaligen livländischen Rechts keine Bedeutung beanspruchen"*, wie O. Schmidt in seiner „livländischen Rechtsgeschichte" schreibt,[16] so verdient das Landrecht aus heutiger Sicht – in einer Zeit, welche die Übernahme fremder Rechte häufig als Bereicherung sieht und auf eine Rechtsvereinheitlichung gerade durch solche Mittel hinarbeitet – eine differenziertere Betrachtung.

Zudem bietet eine Arbeit über die Rechtsentwicklung Livlands unter polnischer Herrschaft die Gelegenheit, den Hilchenschen Landrechtsentwurf erstmalig in gedruckter Form zu veröffentlichen.[17] Keines der acht heute noch existierenden Manuskripte befindet sich in Deutschland. Sie sind in den lettischen,

---

[12] *„Eine neue Zeit hatte begonnen. Das polnische Regiment legte sich lastend auf Stadt und Land!"* heißt es etwa bei *Seraphim*, Geschichte von Livland, S. 182; auf S. 185 schreibt er: *„Und doch war die Schale des Verderbens noch nicht bis zur Neige geleert. Noch standen dem Lande der Schrecken einer rücksichtslos ins Werk gesetzten Rekatholisierung und brutale Versuche des Umsturzes des livländischen Verfassungsstaates bevor."*

[13] *Bienemann* etwa geht in seinen „Sechs Vorträgen über die Geschichte der Ostseeprovinzen" so weit, dass Polen durch die Teilungen nun die Sünden abbüßen müsste, welche es gegen Livland begangen habe: *„Denn welche Leiden Polen auch auferlegt sind – es ließe sich bezweifeln, ob die Vergeltung schon eingetreten sei für die Unbill, die es unter den Königen Stephan und Sigismund III. Livland angethan"* (S. 133).

[14] *Ramm-Helmsing*, Das Livlandproblem, S. 105.

[15] *Etzold*, Polens Herschaft über Livland, S. 19.

[16] *Schmidt*, Rechtsgeschichte, § 64 a. E. / S. 148.

[17] So kann zumindest teilweise einem Wunsch entsprochen werden, der bereits von *Gadebusch* nachdrücklich geäußert wurde: *„Mögte doch Jemand sich dieses würdigen Landsmannes annehmen und seine Schriften zusammen drucken lassen!"*, schreibt der livländische Historiker und Jurist in seiner Bibliothek, Bd. 2, S. 83.

estnischen und schwedischen Archiven zum Teil nur unter erheblichem Aufwand zugänglich. Mit dem „ersten Exemplar" der Misiņa-Bibliothek wird der Veröffentlichung die Handschrift zugrunde gelegt, die der Urschrift David Hilchens am ehesten entspricht.

II. Stand der Forschung

Da der Hilchensche Entwurf niemals in Kraft gesetzt wurde, fehlt für die ersten 190 Jahre nach seiner Fertigstellung jede Bearbeitung in Form von Kommentaren oder anderen praxisbezogenen Arbeiten. Erst während der Aufklärung haben sich Historiker und Juristen aus rechtsgeschichtlichem Interesse mit dem Hilchenschen Entwurf beschäftigt. Johann Christoph Schwartz war der erste Wissenschaftler, der in seinem „Versuch einer Geschichte der liefländischen Ritter- und Landrechte", erschienen 1796 in den Neuen Nordischen Miscellaneen Band VI, das Landrecht kritisch untersuchte, wobei er sich hauptsächlich auf eine Auflistung der Titel aller drei Bücher beschränkte. Schwartz hebt die Vollständigkeit der Arbeit hervor, doch fügt er hinzu, dass *„der Ausführung derselben die Übereilung der Arbeit deutlich anzusehen ist"*[18] und beklagt eine Reihe von Widersprüchen.

Friedrich Georg von Bunge, der führende baltische Rechtshistoriker der ersten Hälfte des 19. Jahrhunderts, erwähnt den Hilchenschen Entwurf nur kurz in seiner „Einleitung in die liv-, est- und curländische Rechtsgeschichte und der Geschichte der Rechtsquellen".[19] Erst Oswald Schmidt hat sich 1874 in einem Beitrag in der Dorpater Juristischen Zeitschrift wieder mit dem Hilchenschen Entwurf auseinandergesetzt. Seine Erkenntnisse sind äußerst wertvoll, doch konnte der zwölfseitige Beitrag[20] die Komplexität des Werkes nur andeuten. In seiner 1884 erschienenen „Rechtsgeschichte Liv,- Est- und Kurlands" erwähnt O. Schmidt den Hilchenschen Entwurf dann nur mit einigen Sätzen.

Seither ist es um den Kodifikationsentwurf David Hilchens still geworden. David Hilchen wird in den allgemeinen Darstellungen der livländischen Geschichte erwähnt und vor allem in Polen in hohen Ehren gehalten,[21] und seine Biographie ist 1937 sogar Thema einer Dissertation. Sein Landrechtsentwurf ist jedoch nahezu in Vergessenheit geraten. In polnischen, lettischen und estnischen Arbeiten[22] wird der Hilchensche Entwurf zwar regelmäßig erwähnt und gelegentlich inhaltlich zusammengefasst, doch beschränkt sich die Bewertung des

---

[18] *Schwartz*, Versuch einer Rechtsgeschichte, S. 189 f.

[19] Erschienen in Reval 1849, dort S. 122 ff.

[20] Zuzüglich eines neunseitigen, die Titel auflistenden Anhangs, in welchem auch bereits konkrete Bezüge des Entwurfs zu den polnischen und litauischen Statuten sowie dem *Jus terrestre* hergestellt werden.

[21] *Leliwa* schreibt in seinem Beitrag über Hilchen in der Biblioteka Warszawska, Teil I, S. 397: *„Dawid Hilchen byl ozdobą swego czasu, pracowal on usilnie dla dobra kraju i miasta."* (Dawid Hilchen war die Zierde seiner Zeit; er arbeitete unentwegt für das Wohl des Landes und der Stadt.)

[22] Siehe hierzu den Abschnitt „Bedeutung" S. 99.

Landrechtsentwurfs regelmäßig auf das Dienstrecht. Auf deutscher Seite betont allein Reinhard Wittram in seiner „Baltischen Geschichte“ die Bedeutung des Entwurfs, indem er von Hilchen als dem *„Syndikus der Stadt Riga, bekannt vor allem durch seinen Landrechtsentwurf von 1599“* spricht.[23]

In der jüngsten Vergangenheit streifte Christina Kupffer in ihrer Gadebusch-Biographie „Geschichte als Gedächtnis“ den Hilchenschen Entwurf, doch verweist sie dabei im Wesentlichen auf die Ausführungen Oswald Schmidts.[24]

III. Quellenlage

Die acht heute noch bekannten Exemplare befinden sich im Schwedischen Reichsarchiv in Stockholm, in der Universitätsbibliothek und im estnischen Staatsarchiv in Tartu sowie im lettischen Staatsarchiv und in der Misiņa-Bibliothek der Universitätsbibliothek Lettlands in Riga, die nach 1939 die Bestände der rigaschen ritterschaftlichen Bibliothek übernahm. Einige dieser Exemplare wurden erst durch reinen Zufall entdeckt, so dass nicht auszuschließen ist, dass noch weitere Abschriften existieren. Da jedoch die bislang aufgefundenen Exemplare nahezu identisch sind und offensichtlich von einem gemeinsamen Original stammen, ist es unerheblich, ob alle heute noch existierenden Abschriften verarbeitet wurden. Die Urschrift konnte leider nicht mehr ausfindig gemacht werden.

Die Quellen des Hilchenschen Entwurfs befinden sich heute – teils im Original, teils in Form zeitgenössischer Abschriften und Drucke – ebenfalls in den Staatsarchiven Est- und Lettlands. Ausschließlich dort archiviert sind etwa zeitgenössische Abschriften der kurländischen und piltenschen Statuten sowie die *Consuetudines Livonicae inveteratae et practicabiles*. Die älteren und mittleren Ritterrechte sind zum großen Teil auch in deutschen Bibliotheken zu finden, vor allem in Form der Quellensammlungen von Bunges und J. v. Buddenbrocks. Gleiches gilt für die hier genutzten Darstellungen der livländischen Rechtsgeschichte. Grundsätzlich gilt, dass den umfangreichsten Bestand an Darstellungen die (in diesem Fachbereich durch Kriege kaum dezimierte) Bibliothek der Universität zu Tartu aufweist, von dem sich ein Teil ebenfalls in lettischen und deutschen Bibliotheken befindet. In Deutschland stellt die Mittermaier-Sammlung der Universitätsbibliothek Heidelberg zu dieser Thematik einen besonders reichhaltigen Bestand zur Verfügung. Nicht zuletzt sind in der Bibliothek des Herder-Instituts in Marburg umfangreiche Materialien zu finden, welche die politische und gesellschaftliche Entwicklung Livlands Zeit betreffen.

---

[23] *Wittram*, Baltische Geschichte, S. 80.
[24] *Kupffer*, Geschichte als Gedächtnis, S. 215.

B. Die Rechtsentwicklung Livlands bis 1599

I. Übersicht zur livländischen Rechtsgeschichte bis 1561

Für die sich Ende des 19. Jahrhunderts rapide reduzierenden deutschen Bevölkerungsanteil Livlands hatte die livländischen Geschichte, vor allem der „ruhmreichen" Ordenszeit, eine zunehmend identitätsstiftende Funktion, so dass in den zwanziger Jahren des letzten Jahrhunderts die Früh- und Blütezeit des livländischen Ordensstaates zu den am besten erforschten Regionalgeschichten des deutschen Sprachraums überhaupt gehörte. Die gesamte Darstellung dieser Periode wurde daher so knapp wie möglich gehalten.

1. Livland vor 1201

Über die rechtlichen Strukturen im baltischen Raum vor der deutschen Kolonisierung geben nur wenige Quellen Auskunft. Nach der Besiedelung des späteren Livland durch finnougrische Stämme drangen ostbaltische Völker um die Zeitenwende nach Norden an die Ostseeküste vor, die sich im achten Jahrhundert in Letten und Litauer aufspalteten. Die finnougrische Bevölkerung konnte sich im Norden des baltischen Raumes halten, wo sie später das estnische Volk bilden sollte. Ebenfalls der finnougrischen Sprachfamilie zugehörig waren die Liven, die in einigen Enklaven nahe des heutigen Riga, an der Küste des rigaschen Meerbusens sowie in Kurland lebten, sich aber bereits in der frühen Neuzeit fast ganz mit der lettischen und deutschen Bevölkerung assimiliert hatten.[25] Die lettischen Völker selbst unterteilten sich – und unterteilen sich bis heute – in Lettgaller im Nordosten und Semgaller im Südwesten des lettischen Siedlungsgebietes, das im Wesentlichen mit dem heutigen Lettland übereinstimmt. Ein weiteres ostbaltisches Volk sind die Kuren, die im äußersten Südwesten zwischen der Küste und Windau siedelten.[26]

Sowohl die finnougrischen als auch die ostbaltischen Völker hielten Sklaven, in erster Linie ehemalige Kriegsgefangene. Unter den Esten und Letten gab es keinen Standesunterschied, doch bildete sich eine über den Gemeinfreien stehende wohlhabende Oberschicht heraus. Aus diesem großbäuerliche Kleinadel (*„seniores"*, *„seniores terrae"* oder auch *„meliores"*, *„nobiles"*) stiegen in Lettland einige Familien zu Fürstengeschlechtern auf, die das Umland beherrschten. Bei den Esten hingegen wurden wichtige Entscheidungen durch alle Ältesten eines Dorfes gemeinsam getroffen. Dieser Unterschied zeichnete sich auch in der Siedlungsform ab; während die Esten in Dörfern wohnten, lebte der Großteil der lettischen Bevölkerung auf Einzelhöfen.[27]

Das bebaute Land stand nicht der gesamten Siedlung zur Verfügung, sondern stand mit den Bauern in einer Rechtsbeziehung, die bereits dem Grundeigentum ähnelt. Einhorn berichtet in seiner Chronik, dass Letten ihre Äcker und

---

[25] *Garleff*, Die baltischen Länder, S. 16.
[26] Dieses und Näheres bei *Wittram*, Baltische Geschichte, S. 11 ff.
[27] *Arbusow*, Grundriss der Geschichte Liv- Est- und Kurlands, Kap. 1 S. 4.

Häuser vererbten, und zwar immer auf den jüngsten Sohn, da die älteren Söhne bereits zu Lebzeiten des Vaters Nutzen und Gewinn aus dem Gut gezogen hätten.[28] Bei den Esten findet sich eine ähnliche Regelung, die dem jüngsten Sohne nur das väterliche Haus – zusammen mit der Verpflichtung, seine Mutter bei sich zu verpflegen – zuspricht, während die Äcker und das übrige Gut allen Söhnen gemeinschaftlich zufallen sollte.[29]

Die Schrift war, wie auch der Steinbau und der eiserne Pflug, unbekannt. An vielen Flussmündungen und Küsten existierten Marktflecken, an denen einheimische Rohstoffe wie Pelze, Wachs und Honig gegen Salz, Waffen oder Wollstoffe eingetauscht wurden.

Seit 600 n. Chr. begannen Wikinger, Teile der baltischen Küste zu erobern und dort feste Burgen zu errichten, von denen aus Handel getrieben und Tribut eingezogen wurde. Die Wikinger unterteilten die eroberten Gebiete – gleich Island oder England – in Verwaltungseinheiten, den so genannten Burgsuchungen. Diese Verwaltungskörperschaften waren so effizient, dass sie in deutscher Zeit beibehalten und zu landesherrlichen Verwaltungsbezirken umgebildet wurden. Die wikingische Herrschaft schlug sich auch in der Entwicklung der estnischen und lettischen Sprache nieder; die estnischen *Kilegunden* gehen ebenso wie des lettische Wort *pagasts* für Amtsbezirk, Gemeinde auf das Wikingische bzw. Russisch-Normannische zurück.[30]

Die russischen Fürstentümer Nowgorod und Pleskau waren ebenfalls wikingische Gründungen. Um die Jahrtausendwende hatten sich die Eroberer bereits slawisiert und begannen, regelmäßige Unterwerfungsversuche in Estland zu unternehmen. Während Estland – zusammen mit Semgallen und Kurland – seine Unabhängigkeit bewahren konnte, wurde Lettgallen im 11. Jahrhundert Pleskau und Polozk tributpflichtig. Die Verwaltungsstrukturen und die in den eroberten Gebieten herrschenden Rechtsbräuche wurden durch die Tributpflichtigkeit nicht beeinflusst. Auch missionarisch sind die russischen Herrscher bis zum Einsetzen deutscher Missionsversuche nicht tätig geworden.

Seit Ende des 12. Jahrhunderts begannen zwei neue Mächte die Geschicke der Esten, Lett- und Semgallen zu bestimmen: Im Norden führten Kriegszüge der Dänenkönige Waldemar des Großen, Knuts IV., Waldemars II. und schließlich Knuts VI. Estland in die dänische Abhängigkeit, während im Süden die Litauer durch hartnäckige Angriffe die russische Vormacht an der Düna teilweise verdrängten. Die rechtlichen und wirtschaftlichen Verhältnisse an den baltischen Küsten wurden jedoch erst durch den deutschen Einfluss nachhaltig berührt.

[28] *Hiärn*, Ehst-, Lyf- und Lettländische Geschichte, S. 43 f.
[29] *Hiärn*, ebenda S. 44.
[30] *Wittram*, ebenda S. 13.

2. Von der Kolonisierung bis 1561. Der Aufbau des Ordensstaates

a) Die Kolonisation

Bremische Kaufleute hatten bereits seit Mitte des 12. Jahrhunderts Handelsbeziehungen mit den Einheimischen an der Düna und der baltischen Küste geknüpft. Als erste deutsche Niederlassung gilt die vom Segeberger Augustinerchorherr Meinhard[31] im Jahr 1184 erbaute Kirche in Keskola (Uexküll), von welcher aus hartnäckige, doch zunächst erfolglose Missionsversuche unter den Liven unternommen wurden. Von einer festen deutschen Niederlassung kann erst von dem Zeitpunkt an gesprochen werden, als Bischof Albert von Appeldern (1199-1229) zu einem allgemeinen Kreuzzug zur Bekehrung der Liven aufgerufen hatte und daraufhin viele Deutsche vor allem aus Westfalen und Niedersachsen, aber auch dem Rheinland und Gotland nach Livland zogen. Ein großer Teil dieser Pilger *(peregrini)* hielt sich nur ein Jahr in Livland auf und kehrte dann in die Heimat zurück, doch nicht wenige, vor allem Krieger, blieben und fassten Fuß. Bischof Albert wurde hierbei von den Päpsten Innozenz III., Honorius III. und Gregor IX. unterstützt,[32] so dass die deutsche Kolonisation in Livland mit Recht zu Beginn als rein kirchliche Initiative betrachtet werden kann.

Folglich wurde Livland nach kanonischem Recht verwaltet. Der Bischof war sowohl kirchliches als auch weltliches Oberhaupt der deutschen Kolonie. Als weltlichem Herrscher kam ihm vor allem die Aufgabe zu, die deutschen Siedlungen gegen die ständigen Angriffe der Liven und anderer Volksstämme zu verteidigen sowie das kirchlich-deutsche Herrschaftsgebiet zu festigen und zu erweitern. Hierzu bediente er sich des zu diesem Zwecke im Jahr 1202 gestifteten geistlichen Ordens der Schwertbrüder, den *„Brüdern der Ritterschaft Christi"*, der in Form des „dritten Teils" des jeweils neu gewonnen Landes an den Eroberungen beteiligt wurde.

Der wirtschaftliche, politische und militärische Mittelpunkt der Kolonie war die im Jahr 1201 von Bischof Albert von Buxhoeveden gegründete Stadt Riga. Hier wurde ab 1211 ein Dom erbaut, und hier befand sich der Sitz des Kapitels.[33] Erobertes Land wurde nach Lehnrecht an kriegspflichtige Vasallen vergeben. Auf kirchlicher Ebene wurde es nicht dem Bistum Riga unterstellt, sondern in weitere Bistümer unterteilt,[34] wodurch die staatliche Einheit bereits zu Beginn aufgegeben wurde. Die daraufhin folgenden Konkurrenzkämpfe unter den Bischöfen bestanden auch nach der Erhebung Rigas zum Erzbistum im Jahr 1225 fort, da das Erzamt nur eine Vormacht Rigas auf kirchlicher Ebene be-

[31] *Garleff*, Die baltischen Länder, S. 19.
[32] *Gruber*, Origines Livoniae, § 12, S. 17 § 5.
[33] Zu dieser Anfangszeit, die durch ständige Kriege und Auseinandersetzungen teils gegen, teils mit den Liven zusammen gegen einfallende litauische Truppen geprägt wurde. Siehe *Arbusow*, ebenda S. 13 ff.
[34] So das Bistum Semgallen 1218, Dorpat und das wiek-öselsche Bistum 1224 und das Bistum Kurland 1234.

gründete und sich auf die Funktion des Bischofs als weltlichen Herrscher nicht auswirkte. Die einzige handlungsfähige Macht stellte der Schwertbrüderorden dar, der sich jedoch im Jahr 1237 – nach der vernichtenden Niederlage gegen die vereinigten litauischen Heere bei Schaulen – durch den Vertrag zu Viterbo mit dem Deutschen Orden vereinigte und seine Funktion als Schutzmacht der livländischen Kirche faktisch einbüßte. Zwar wurde mit dem Deutschen Orden vereinbart, dass die Stellung des Ordens hinsichtlich der Belehnung durch die livländischen Bischöfe unberührt bleiben sollte. Doch der Deutsche Orden, damals auf dem Höhepunkt seiner Macht, ließ keinen Versuch ungenutzt, dieses Unterordnungsverhältnis umzukehren und die Bischöfe dem Orden zu unterstellen, wie es in seinem Stammland Preußen der Fall war. In Preußen verfügten die Bischöfe nicht nur über weniger als ein Drittel des Staatsgebietes, sondern hatten persönlich der Ordensregel zu folgen, waren z.B. also auch zum Tragen der Ordenstracht verpflichtet.

Begünstigt wurden diese Versuche durch die Abhängigkeit der Bistümer. Nachdem die Kuren und Semgallen vom Christentum abgefallen, sich mit den Litauern verbündet und die deutschen Bistümer hartnäckig zu bekämpfen begonnen hatten, waren die Bistümer ohne militärischen Schutz nicht überlebensfähig. Erst Ende des 13. Jahrhunderts hatte der Deutsche Orden die Kuren und Semgallen endgültig besiegt. Papst Innozenz IV. setzte daraufhin durch, dass die wiedergewonnen Gebiete nach preußischem Maßstab geteilt wurden, der Orden somit zwei, die Bischöfe ein Drittel des Landes erhalten sollten.[35] Die livländischen Bistümer haben sich mit dieser Regelung nie abfinden können. Die folgenden Jahrhunderte waren folglich von einem ununterbrochenen Kleinkrieg der Bischöfe, voran des Erzbischofs von Riga, gegen den Orden gekennzeichnet, der maßgeblich zum Untergang der politischen Eigenständigkeit Livlands beigetragen hat. Die Fehde zwischen Orden und Bischöfen ging so tief, dass sich der Erzbischof zeitweise mit den heidnischen Litauern zum Kampfe gegen den Orden verbündete und der Orden die Stadt Riga, die traditionell auf bischöflicher Seite stand, ab dem Jahre 1330 regelmäßig zu belagern begann.

b) Die verfassungsrechtliche Stellung der Bischöfe und des Ordens

Livland war Bestandteil des Heiligen Römischen Reiches. Als solcher wurde es durch den Kaiser als Lehen an Bischöfe und Ordensmeister vergeben. Bischof Albert von Riga und sein Bruder, Bischof Hermann von Dorpat, wurden im Jahr 1224 in den Reichsfürstenstand erhoben, wobei die Bistümer Riga und Dorpat gleichzeitig zu Marken des deutschen Reiches erklärt wurden (1. Dezember 1225). Eine Sonderstellung kam zu dieser Zeit Estland zu: Seit Bischof Albert im Jahr 1218 den späteren dänischen König Waldemar um Unterstützung bei der Unterwerfung Estlands gebeten hatte, befand sich Estland in dänischem Besitz. Erst nach der Schlacht von Bornhöved im Jahr 1227 (siehe S. 21) gelangte Estland wieder an den Schwertbrüderorden.

---

[35] Bulle Innozenz IV. vom 9. Februar 1245. Livl. Urkundenbuch, S. 239, Nr. 182.

Wegen der ständigen Gefahr russischer Übergriffe waren die livländischen Fürstentümer von allgemeinen Reichssteuern befreit.[36] Eine Ausnahme bildete allein der „Gemeine Pfennig“, den sie nach 1495 zu leisten hatten. Der Schwertbrüderorden versuchte bis zu seiner Auflösung im Jahr 1237, seine Abhängigkeit von den Bischöfen aufzuheben, indem er im Reich um die Erteilung von Regalien in den ihm zugeteilten Provinzen bat. Sie wurden dem Orden von Kaiser Friedrich im Jahr 1226 schließlich gewährt.[37] Die Gerichtsbarkeit wurde jedoch weiterhin von den Bischöfen ausgeübt (siehe Landrecht III 65, 1 des Sachsenspiegels).[38]

Die Bischöfe Livlands waren als Angehörige des Reichsfürstenstands[39] auf den deutschen Reichstagen vertreten. Sie unterscheiden sich in dieser Hinsicht wesentlich von den Bischöfen in Preußen, welche, wie Preußen selbst, niemals reichsangehörig waren. Die livländischen Bischöfe fühlten sich daher Preußen überlegen, zumal die Kolonisierung Livlands aus eigenem Antrieb der Siedler und zudem früher erfolgt war als in Preußen: In Riga demonstrierte schon seit vielen Jahren eine mächtige Domkirche bischöfliche Macht und Größe, als Konrad von Masowien den Deutschen Orden im Jahr 1226 erstmals zur Bekämpfung der Prussen in den Ostseeraum rief. Das von diesem Hintergrund geprägte Selbstverständnis der livländischen Bischöfe erschwerte die Beziehung des Deutschen Ordens zu den ehemaligen Herren des Schwertbrüderordens erheblich.

Die Regierungsgeschäfte des Bischofs wurden maßgeblich durch die Mitwirkung des Kapitels bestimmt, das sich nach kanonischem Recht aus verschiedenen Ämtern zusammensetzte. Das Kapitel hatte ein Zustimmungsrecht (Vollwort), ferner wählte es – mit Ausnahme des Erzbischofs zu Riga, der vom Papst bestimmt wurde – den Bischof und vertrat ihn in seiner Abwesenheit oder während der Sedisvakanz.

Der Schwertbrüderorden wurde während seiner verhältnismäßig kurzen Existenz durchgehend als Vasall vom Bischof belehnt, wobei seine Pflichten dem Bischof gegenüber auf die Landesverteidigung beschränkt waren. Der Orden war von der Zehntpflicht befreit und dem Bischof nur zu kanonischem Gehorsam verpflichtet; einen weltlichen Lehnseid hatte er nicht zu leisten.

Das änderte sich nach der Vereinigung des Schwertbrüderordens mit dem Deutschen Orden im Jahr 1237. Der Deutsche Orden war keines Bischofs Vasall, er unterstand allein dem Papst. Daher wurde der Meister des livländischen Zweiges, der „Deutschmeister“, vom Hochmeister und dem Kapitel in Preußen

---

[36] *Lenz*, Riga zwischen dem Römischen Reich und Polen-Litauen in den Jahren 1558 – 1582, S. 1.

[37] Siehe Urkunde Friedrichs II. von Mai 1226. Livl. Urkundenbuch S. 107, Nr. 90.

[38] Sachsenspiegel, Ldr. III 65, 1: *„Der markgreve dinget bie sines selbis hulden* (…)“.

[39] Eine Ausnahme hiervon bildete der Bischof von Reval, welcher erst gegen Ende der Ordenszeit in den Reichsfürstenstand erhoben wurde. Ihm kamen im Gegensatz zu den übrigen Bischöfen auch keine landesherrlichen Rechte zu; weltliche Gerichtsbarkeit übte er nur auf seinen privaten Gütern aus.

eingesetzt. Später, mit Erstarken des livländischen Ordens und dem damit einhergehenden Niedergang des Deutschen Ordens im 15. Jahrhundert, wurde der von den livländischen Ordensbrüdern selbst gewählte Kandidat durch das Kapitel bloß noch formell bestätigt.

Die militärische, finanzielle, polizeiliche und richterliche Gewalt übte der Orden durch einen straff organisierten Beamtenapparat aus. Vertreter des Ordensmeisters war der Landmarschall, der den Komturen, Hauskomturen[40] und Vögten vorstand. Diesen waren jeweils eine Komturei bzw. ein Landbezirk zugeordnet. Alle „Gebietiger" (höhere, in ihrem Bezirk eigenverantwortlich handelnde Ordensbeamte) bildeten zusammen das Provinzialkapitel, das sich in der Regel jährlich versammelte. Unter den Ordensbrüdern war sowohl den *fratres militari* als auch den *fratres clerici* das Gelübde der Keuschheit, der Armut und des unbedingten Gehorsams gemein. Der Schwertbrüderorden folgte der Regel des Templerordens, später, als Teil des Deutschen Ordens, der Regel des heiligen Augustinus. Auf jeder Ordensburg lebten mindestens zwölf kämpfende und sechs geistliche Brüder, die jeweils dem Komtur oder dem Vogt unterstanden.[41]

c) Die Bildung der Stände und ihre Organisation. Vasallen und Bürger

Der Großteil der aus Deutschland zuziehenden Siedler kam aus Westfalen und gehörte dem dort besonders verbreiteten Stand der Ministerialen an.[42] Mit der Auswanderung schieden sie aus dem Abhängigkeitsverhältnis zu ihren Herren aus und begründeten in Livland keine neue Ministerialität. Für den Bischof wurde Kriegsdienst auf freiwilliger Basis geleistet: Angriffe der einheimischen Bevölkerung gegen die deutsche Herrschaft trafen in erster Linie die neuen Siedler, und die rege Teilnahme an der kirchlichen Mission „mit Feuer und Schwert" versprach Aussicht auf persönliche Bereicherung.

Doch mussten die Bischöfe versuchen, die Siedler an das Land zu binden und so die Herrschaft in dem immer wieder angegriffenen Territorium zu sichern. Viele Einwanderer blieben in Livland, um der Ministerialität zu entfliehen, so dass seitens der Bischöfe die Errichtung eines ähnlich freiheitsbeschränkenden Abhängigkeitsverhältnisses nicht in Frage kam. Die stärkste Bindung ließ sich noch durch die Gründung von Städten erreichen, deren Grund und Boden an Neuankömmlinge verlehnt wurde. Auch das übrige bischofseigene Land wurde zum allergrößten Teil an ritterliche Einwanderer als Lehen vergeben. Bereits an den Orden verlehntes Land gab der Orden selbst nicht wieder als Lehen weiter, da er selbst – anders als der Bischof – keiner Unterstützung durch kriegerische Neusiedler bedurfte.

Die Siedler blieben somit frei. Sie wurden auf dem Land Vasallen, *vasalli*, in der Stadt Bürger, *cives* oder *borgere*, genannt, wobei ein regelmäßiger Über-

---

[40] Nur in Riga und Reval.

[41] Näheres bei *Wittram*, Baltische Geschichte, S. 30 ff.

[42] Diese breite Schicht von Verwaltungsbeamten, die als unfreie Dienstmannen des Königs hauptsächlich zur Verwaltung von Reichsgütern eingesetzt wurde, waren im Gegensatz zu den Bauern nicht an die Scholle gebunden; sie konnten einzeln „verkauft" werden.

gang von der einen in die andere Form stattfand. Standen Vasallen und Bürger rechtlich bis an das Ende des Ordensstaates gleich, so zeichneten sich ab dem 14. Jahrhundert Unterschiede in ihrer Funktion als Lehnsmänner ab. Während sich die Vasallen stärker als Ritter an Kriegszügen beteiligten, beschränkte sich der Kriegsdienst der Bürger auf die Verteidigung der eigenen Stadt. Beruflich widmete sich das Bürgertum zudem verstärkt dem Handel, bis der Kriegsdienst schließlich ganz in den Hintergrund trat.

Diese Belehnung hatte auch eine Nivellierung der bislang bestehenden Standesunterschiede zur Folge. Da jeder Siedler als Freier behandelt und von Seiten des Bischofs mit gleichartigem Grundbesitz belehnt wurde, fand eine Differenzierung nach Schöffenbarfreien, Pfleghaften usw. nicht statt. Die entsprechenden Regelungen des Sachsenspiegels sind in die livländischen Rechte nicht aufgenommen worden. Ebenso wenig galt in Livland der Satz, dass nur Ritterbürtige lehnsfähig seien, da dies weder im Sinne der Bischöfe, die an einer großen Zahl waffenfähiger Lehnsmänner interessiert waren, noch im Sinne der Siedler war. Selbst Stadtbürger wurden mit Rittergütern belehnt. Daher konnte sich in Livland kein Ritterstand im Sinne des sächsischen Rechts, sondern – auf dem Land – bloß ein Stand von Vasallen herausbilden, der ab dem 15. Jahrhundert jedoch nicht mehr *vasalli*, *milites* oder *armigeri*, sondern Ritterschaft genannt wird.

Der Begriff *Adel*, den Hilchen ausschließlich verwendet, tritt in Livland als Synonym für diese Ritterschaft und als Abgrenzung zum Hochadel später als im übrigen deutschen Reich (ca. zu Beginn des 16. Jahrhunderts) auf,[43] wobei hier auch Nichtritterbürtige inbegriffen waren. In Livland konnte daher im Laufe der Zeit ein Adelsgeschlecht allein durch Belehnung begründet werden. Es fehlte in Livland aus gegebenen Gründen auch eine gehobene Adelsschicht aus Grafen oder Freiherren völlig.

Die Hauptpflichten der Vasallen setzten sich aus dem Kriegs- und dem Gerichtsdienst zusammen, wobei sich der Kriegsdienst allein auf die Verteidigung Livlands beschränkte; Einsätze im Ausland waren unbekannt. Auch wer ein Rittergut nur pfandweise besaß, war zu diesen Lehnsdiensten verpflichtet. Dafür genoss er sämtliche Rechte eines Vasallen, namentlich die Steuerfreiheit und das Recht, bei mehreren Herren gleichzeitig in ein Lehnsverhältnis zu treten sowie ohne Standesbeeinträchtigung Vasall eines anderen Vasallen zu werden.

Da die Lehnsfähigkeit nicht von der Ritterbürtigkeit abhing, zeichneten den Ritterbürtigen nur der Titel eines *dominus* oder *strenuus vir* sowie das Recht aus, in einen Ritterorden einzutreten. In der Frühzeit war lübischen und bremischen Kaufleuten die Aufnahme in den Ritterorden möglich, selbst wenn sie keinem adligen Geschlecht entstammten. Auch die Teilnahmefähigkeit an Turnieren, die zunächst jeder ritterlich Lebende – also jeder Vasall – besaß, wurde ab dem 15. Jahrhundert zunehmend auf Ritterbürtige beschränkt.

[43] *Von Bunge*, Geschichtliche Entwicklung der Standesverhältnisse S. 54, Anm. 57.

Besonders Vasallen des Erzbischofs zu Riga, der für seine Fehden mit dem Orden auf die Unterstützung der Lehnsmänner in besonderem Maße angewiesen war, nutzten diese Situation, um ihre Rechte stetig zu erweitern. Die Vasallen anderer Landesherren schlossen sich mit der Zeit zu Kooperationen zusammen, um ihre Interessen gemeinsam zu vertreten. Die Bildung dieser Zusammenschlüsse geschah durchaus im Einvernehmen mit dem Landesherren, da seine Verwaltungsarbeit erleichtert wurde. So wurde vom Landesherrn ab dem 16. Jahrhundert für die Versammlungen eines jeden Territoriums je ein Ritterschaftshauptmann eingesetzt, zu dessen Hilfe ein Ritterschaftssekretär beigeordnet war. Die Ritterschaften sämtlicher Territorien trafen sich in unregelmäßigen Abständen – auch unabhängig von den gemeinsamen Landtagen – zu Generalversammlungen, in denen bisweilen auch die Städte vertreten waren.[44]

Die Städte setzten sich zu Beginn nur zu einem geringen Teil aus Bürgern *(cives)* zusammen. Vor allem Pilger *(pelegrines)* und Kaufleute (*mercatores*, wobei dieser Begriff nur Fremde, nicht den Handel treibenden Bürger meint) bildeten den Großteil der Stadtbevölkerung. Wie auf dem Lande war auch die Erlangung des Bürgerrechts nicht auf Angehörige höherer Stände beschränkt. Bereits das umgearbeitete rigasche Stadtrecht enthält getreu dem später für diesen Vorgang geprägten Sinnspruch „Stadtluft macht frei" eine Bestimmung, dass Unfreie, welche das *Stadtrecht erworben* haben – dieses demnach ohne weiteres erwerben konnten – und sich in der Stadt niedergelassen hatten, nach Jahr und Tag nicht mehr auszuliefern seien. Für die Aufnahme in die Bürgerschaft war eine einmalige Steuer, das sog. Bürgergeld, zu entrichten. Dauernde Pflichten der Bürger der Stadt gegenüber bildeten verschiedene Dienste zur Verteidigung und Instandhaltung der Stadt sowie die Zahlung von Steuern für den Unterhalt der städtischen Verwaltung.

Bereits in der Frühzeit hatten die Bürger der Städte das Recht, Rittergüter außerhalb der Stadt zu erwerben, ohne dadurch ihren Status als *cives* zu gefährden. Als Anerkennung für besondere Verdienste im Kampf gegen die Heiden wurden sogar *mercatores*, also fremde Kaufleute, mit Gütern belehnt.[45]

In den Ratszusammensetzungen der Städte[46] wird während der Ordenszeit ebenfalls das Fehlen einer ständischen Struktur, etwa in Form eines herrschenden Patriziats, deutlich. Jeder Grundstückseigentümer konnte in den Rat gewählt werden. Freilich wurden in der Mehrzahl der Fälle Mitglieder angesehener ritterbürtiger Geschlechter in den Rat gewählt.

Das stadteigene Umland der Siedlung verblieb teils zum allgemeinen Nutzen im Eigentum der Stadt, teils wurde es an Bürger verpachtet oder veräußert. Es bestand ein Weiterveräußerungsverbot an Nichtbürger, von welchem jedoch

---

[44] So im Jahr1482 in Memel, 1543 in Wolmar oder in Pernau im Jahr 1552.

[45] Urkunde des Bischofs Nicolaus von Riga vom 16. Febr. 1232. Livl. Urkundenbuch, S. 178 Nr. 140.

[46] Einen großen, verwaltungsbedürftigen Rat wies – neben Reval – nur Riga auf, das im Folgenden als Beispiel für die Struktur der Städte in Livland dienen soll.

gegen die Verpflichtung, alle städtischen Lasten gleich einem Bürger zu tragen, häufig Ausnahmen gemacht wurden.

Wie die Vasallen vereinigten sich ebenso die Bürger in Genossenschaften, an deren Spitze der bischöfliche Vogt stand, der sich im Gerichtsdienst durch einen aus der Mitte der Bürgerschaft gewählten Syndikus vertreten ließ. Im Übrigen handelte die Gemeinde stets zusammen mit dem Rat.

Wachsenden Einfluss auf die städtische Verwaltung gewannen ab dem 14. Jahrhundert die Gilden, wobei sich in Riga die Händler in der Großen Gilde unter dem Patronat der Jungfrau Maria (daher Mariengilde), die Handwerker in der Kleinen Gilde (Johannisgilde genannt) zusammengeschlossen hatten. Auch in Riga durfte niemand einem Gewerbe nachgehen, der nicht Mitglied einer dieser Gilden war. Entsprechend gewichtig war das Einvernehmen mit den Gilden; sie bedurften keines formalen Mitbestimmungsrechts, um vor wichtigen Entscheidungen zu Rate gezogen zu werden.

Zu Beginn ebenfalls frei waren die auf dem belehnten Lande lebenden Liven, Letten, Esten und Kuren. Die belehnten Deutschen besiedelten das ihnen zugewiesene Land zunächst nicht selbst, sondern zogen einen Zins oder Zehnten von den dort lebenden Einheimischen ein, das sie als Einkommen aus dem Lehen sahen und teilweise an den Landesherren weiterleiteten. Als sich die Herrschaft der Kolonisten allmählich auf dem flachen Lande gefestigt hatte, siedelten sich die Vasallen auf ihren Besitzungen an und begannen, gegenüber den Bewohnern das ihnen aus Deutschland bekannte, auf Fronarbeit basierende System aufzubauen. Diese Entwicklung von der Freiheit zur Unfreiheit war als erstes in Estland abgeschlossen, wo die Zahl der Vasallen besonders hoch war. Jedoch waren die einheimischen Bewohner nicht – wie der gemeine Unfreie in Deutschland – in allen rechtlichen Beziehungen allein dem Vasallen unterworfen, sondern behielten ihre Eigentumsrechte und waren durch besondere königliche Verordnungen geschützt. Letztlich hatten sie die Stellung von Hörigen, da sowohl die niedere als auch die höhere Gerichtsbarkeit über die Einheimischen durch die Vasallen ausgeübt wurde.[47]

Die Einheimischen auf den bischöflichen Gütern hingegen waren insoweit mit deutschen Vasallen gleichgestellt, als auch sie (zumindest die hohe Gerichtsbarkeit betreffend) allein den Vögten unterstanden. Auf den Ordenslanden außerhalb Estlands wurden vereinzelt sogar an Einheimische für besondere Verdienste Grund und Boden nach Lehnrecht vergeben. Als „Freie“ oder „Landfreie“ (dem Status nach ähnlich den Freilehnsleuten in Preußen) konnten sie ihre Freiheit bis zum Ende der Ordenszeit halten, die ebenfalls auf diese Weise belehnten „kurischen Könige“ (kurische Edelleute, *kungi*) sogar bis in die russische Zeit hinein.[48]

---

[47] *Wittram*, Baltische Geschichte, S. 44 ff.

[48] *Von Bunge* erwähnt sie noch 1838 in seiner „Geschichtlichen Entwicklung der Standesverhältnisse“, § 12 S. 17.

Dies soll aber nicht über die stetige Verschlechterung der Lage der übrigen Einheimischen hinwegtäuschen, die sich vielen Erpressungen und Gewalttätigkeiten durch die Vasallen ausgesetzt sahen. So schreibt Thomas Hiärn, der als Ingermanländer Verhaltensweisen beobachten konnte, die vor den Deutschen bewusst verborgen gehalten wurden,[49] in seiner „Ehst-, Lyf- und lettländischen Geschichte", dass die Esten ihre Toten mit folgenden Worten bestatteten: *„Gehe hin, du armseliger, in die andere Welt, alda wurstu über die Teutschen herrschen, und sie dergestalt plagen, gleich we sie uns hier thun."*[50] Stellte in der Anfangszeit der Wiederabfall vom Christentum das Resultat dieser Behandlung dar, so häuften sich im 14. Jahrhundert vor allem unter den Esten Aufstände sowie Fluchtfälle in andere Territorien. Da man diesem Verlust an Arbeitskräften Einhalt gebieten wollte, bildete sich allmählich der Grundsatz der Bindung an die Scholle heraus, der die Bauern in eine noch stärkere Abhängigkeit von den Vasallen trieb. Ende des 15. Jahrhunderts bestand in Livland schließlich dieselbe Form der Leibeigenschaft, die das Gesellschaftssystem des zeitgenössischen Deutschland prägte.[51] Der livländische Vasall sprach von seinen *Erbmännern, Erbbauern* oder *eigen mann.* Unterschieden wurde zwischen *Hakenmännern* (Bewohner von Grundstücken von der Größe eines Hakens), *Einfotlingen* (Einheimische mit Grundbesitz geringerer Größe) und *Losdienern* (solche, die keinerlei Grundbesitz hatten). *Drellen* hießen Kriegsgefangene oder Verbrecher, die als Unfreie auf Zeit (bis zur Abbüßung ihrer Strafe) jederzeit weiterveräußert werden konnten.

3. Das übrige öffentliche Recht

a) Die Entwicklung der Gerichtsbarkeit in Livland

Ursprünglich ging die Gerichtsbarkeit als eines der Hauptattribute der Landeshoheit vom Landesherrn aus. In Harrien und Wierland waren es der dänische König, im Ordensland und den Stiften Riga, Dorpat, Ösel, Kurland und Reval der römisch-deutsche Kaiser, wobei der Kaiser die weltliche Gerichtsbarkeit den Bischöfen bzw. dem Ordensmeister übertrug.[52] Die geistliche Gerichtsbarkeit wurde den Bischöfen durch den Papst verliehen. Sie erstreckte sich nicht nur auf die Stifte, sondern auf das gesamte Ordensland.[53] Parallel zur Ausbildung der

---

[49] *Etzold*, Geschichtsschreibung der polnisch-schwedischen Zeit, S. 55.

[50] *Hiärn*, Ehst-, Lyf- und Lettländische Geschichte, S. 43.

[51] Anders als in vielen Gegenden Deutschlands konnte der livländische Leibeigene jedoch ohne Segen des Gutsherren eine gültige Ehe eingehen, hatte Eigentum an Mobiliar und Hausrat und durfte nur zusammen mit dem Boden, auf welchem er mit seiner Ehefrau lebte, veräußert werden.

[52] Siehe die verschiedenen Investiturbriefe der Römischen Kaiser, z.B. im Liv- und Kurländischen Urkundenbuch S. 71-72 bzgl. der Investitur der Bischöfe Albert von Riga (Nr. 67) und Hermann von Dorpat (Nr. 68) vom 1. Dezember 1224.

[53] Siehe Mittleres Ritterrecht Kap. 88: *„De bishop en mach sine wertlike manne nicht bannen un wertlike sake, he vorvolge denn de sake mit wertlikem rechte, sindt he dat wertlike mit dem geistliken heft.*" Siehe zu alldem auch v. Bunge, Geschichte des Gerichtswesens II § 3, S. 4 ff.

Landeshoheit in Deutschland wurde die Ausübung der Gerichtsbarkeit zunehmend hierzu ausgebildeten Beamten, den Vögten, übertragen. In Livland sind darunter auch Ordenskomture und Stiftsvögte zu verstehen, die richterliche Aufgaben übernahmen. Neben der Rechtsprechung waren sie für die Eintreibung der Steuern, die Durchsetzung der Pflicht zum Kriegsdienst sowie für die allgemeine Aufrechterhaltung der öffentlichen Sicherheit und Ordnung zuständig und reisten zu diesem Zweck in ihrem Amtsbezirk umher. Nach Ausbildung der Korporationsrechte der Vasallen und der Stadtbürger erhielten diese ihre eigenen ständischen Richter.[54] Der Zuständigkeitsbereich der Vögte wurde vor allem durch die Unterwerfung der lettischen und estnischen Bauernbevölkerung unter die Gerichtsbarkeit ihrer Grundherren beschnitten, die sich parallel zum Verlust ihrer Freiheit im 14. Jahrhundert ausbildete.

Die Lehnsgerichtsbarkeit wurde in Harrien und Wierland durch die Landes-, in den Bistümern durch die Stiftsräte ausgeübt. In den Ordensgebieten wurde gegen Ende der Ordensperiode ein Ordensrat eingerichtet. Die „fürstliche Kammer" bildete zudem die höchste Regierungsbehörde im Lande, und der Landesherr war verpflichtet, dieses Gremium vor jeder wichtigen Entscheidung zu Rate zu ziehen (Landesherren in diesem Sinne waren nach Ausbildung der Landeshoheit nicht mehr der König von Dänemark beziehungsweise der Kaiser, sondern der Ordensmeister und die Bischöfe), und sie beteiligten sich in den Stiften an der Bischofswahl. Wie in Deutschland hatten die livländischen Vasallen ihren Gerichtsstand vor den höchsten Gerichten des Landes, so dass der Rat in den Zivil- und Kriminalsachen der Vasallen die erste Instanz bildete. In den Stiften konnte auf dem nächsten Manntag dieselbe Sache dem Rat in Form einer Revision noch einmal vorgelegt werden. Später war in den Stiften sogar eine Appellation an das Reichskammergericht möglich.[55]

Der Manntag, auch *dies vasallorum*, *dies placitorum*, *placitum generale*, *Gerichts-* oder *Dingeltag* genannt, fand ab dem 16. Jahrhundert einmal jährlich (am 24. Juni) an bestimmten Orten statt. Der Landesherr rief dazu alle Vasallen seines Territoriums zusammen, um aus ihnen – zusammen mit dem Rat – die Mannrichter zu wählen. Die Mannrichter amtierten jeweils bis zum nächsten Manntag und leiteten die Verhandlungen, wobei sie durch zwei Beisitzer (*Assessores* oder *Dingmannen*) unterstützt wurden. Die übrigen Vasallen dienten als Geschworene. Sie bildeten den sog. *Umstand*, dessen Vorsitzender, der Urteilsmann, das gefällte Urteil dem Richter übermittelte, der es daraufhin verkündete.

Die Gerichtsbarkeit über die estnische und lettische Bauernbevölkerung unterlag in Harrien und Wierland seit dem waldemar-erichschen Recht (siehe S. 21) den Vasallen, während sie in Livland bis Ende des 15. Jahrhunderts den landesherrlichen Vögten vorbehalten war. Mit der Verschlechterung der Rechtsstellung der Bauern wurden die entsprechenden Bestimmungen des Waldemar-erichschen Rechts in sämtliche livländische Rechtsbücher übernommen und

[54] *Schmidt*, Rechtsgeschichte, S. 92.
[55] Und zwar nach Ausbildung der Landtage. Von Bunge, Gesch. des Gerichtswesens, S. 120.

schließlich im *Privilegium Sigismundi* 1561 bestätigt. Die Zuweisung der Gerichtsbarkeit richtete sich im Strafrecht nach dem Eigentum am Boden, auf dem die Tat begangen wurde, und nicht nach der Zugehörigkeit des Bauern.

b) Die Verfassungen der Städte

1) Riga

Riga war im Zeitpunkt seiner Gründung im Jahr 1201 noch keine Stadt im reichsrechtlichen Sinne, denn dem Gründer der Stadt, dem Bischof von Bremen und späteren Bischof von Riga, hatte der Kaiser kein Privileg zur Gründung von Städten verliehen. Erst in der Urkunde vom 1. Dezember 1225, in welcher der Bischof von Riga in den deutschen Reichsfürstenstand erhoben wurde, wurde ihm dieses Recht ausdrücklich erteilt.[56] Die Herrschaftsrechte des Bischofs wurden den Bürgern nach und nach zu großen Teilen übertragen; bald erschöpfte sich die bischöfliche Mitwirkung oft, wie zum Beispiel bei der Wahl des Vogtes, in Einspruchsrechten. Ab 1226 bestand ein Rat als oberste Verwaltungsbehörde, der aus zwölf Bürgern sowie zwei Bürgermeistern zusammengesetzt war. Die Ratsmitglieder mussten ein Grundstück innerhalb der Stadtmauern besitzen und durften keinem Handwerk nachgehen, sie waren daher im Regelfall Kaufleute. Das in der städtischen Gesellschaft – noch vor dem Bürgermeister – angesehenste Amt war das des Stadtvogts, der die oberste Gerichtsbarkeit ausübte, bevor dieses gegen Ende der Ordenszeit an einen der Bürgermeister fiel. Der Vogt hielt im Rathaus, unterstützt von zwei Ratsherren, wöchentlich mindestens einmal Gericht. Das Gericht fand vorzugsweise dienstags statt und führte insoweit eine alte Tradition weiter – die Wochentagsbezeichnung leitet sich von „Dingstag" ab, also dem Tag, an dem Thing oder Gericht gehalten wurde.[57] Der Vogt war sowohl für die Streitigkeiten und Straftaten aller Bürger der Stadt als auch für alle Zivil- und Strafsachen Stadtfremder zuständig, die sich auf innerhalb der Stadt geschlossene Verträge bezogen beziehungsweise eine auf städtischem Boden begangene Straftat abhandelten. Die Berufung war an den Rat möglich, die Appellation an den Ordensmeister oder den Bischof nur in Fällen des drohenden Ehren- oder Vermögensverlusts. Die Rats- und Gerichtsverfassungen der übrigen Städte Livlands entsprachen im Wesentlichen jenen Rigas.

2) Reval

An der Spitze der revalschen Gerichtsbarkeit stand der Vogt, der zunächst vom Ordensmeister, vom Jahr 1238 an vom Schlosshauptmann (dem Vertreter des dänischen Königs in Estland) eingesetzt wurde. Die anfangs nahezu uneingeschränkte Stellung des Vogtes wurde nach und nach zugunsten des Rates eingeschränkt. Bald konnte der Vogt nur noch mit Zustimmung des Rates und aus den

---

[56] *„(…) dantes ei potestatem faciendi monetam et fundandi civitatem in Riga et in locis aliis, in quibus eas fieri oportuerit".* Livl. Urkundenbuch, Privilegium König Heinrichs für Bischof Albert von Livland am 1. Dezember 1224, S. 71, Nr. 67.

[57] So jedenfalls *Schmidt* in seiner Rechtsgeschichte, § 45, S. 102.

Reihen des Rates gewählt werden. Schließlich wurde der Rat Berufungs-, teilweise sogar erste Instanz. Der Rat setzte sich aus vier Bürgermeistern sowie 20 auf Lebenszeit gewählten Ratsherren zusammen; deren Zahl wurde Mitte des 15. Jahrhunderts auf 14 reduziert.

c) Die Landtage

Die Landesherren waren im Vorfeld wichtiger Entscheidungen bereits im 13. Jahrhundert darauf bedacht, die Ritterschaft, die Städte und die Bischöfe zu Rate zu ziehen, um sich ihrer Unterstützung sicher zu sein. Dieser Brauch wurde von den Landständen – neben den erwähnten wurde in Livland als vierter der Orden hinzugezählt – ab dem 14. Jahrhundert als Anrecht empfunden und schließlich in Form des Landtags institutionalisiert. Der Landtag trat auf schriftliche Einladung zunächst des Rigaer Erzbischofs, später dann des Ordensmeisters in unregelmäßigen Abständen in den meisten Fällen in den zentral gelegenen Ortschaften Walk oder später Wolmar zusammen, wobei die Ritterschaften, Städte und Bistümer aller Territorien sowie der Orden ihre Vertreter schickten. Behandelt wurden allgemeine Streitigkeiten unter den Landesherren oder den Landständen sowie Fragen der gemeinsamen Außenpolitik. Bis zum Inkrafttreten des Ewigen Landfriedens wurden auf den Landtagen zudem Landfrieden geschlossen (in den meisten Fällen für die Dauer von zehn Jahren). Weiter war der Landtag letzte Instanz für Prozesse zwischen Privatpersonen und ab dem 16. Jahrhundert Legislativorgan vor allem im Polizei- und Ordnungswesen.

d) Das Prozessrecht

Von der Frühzeit der Ordensperiode bis in das 15. Jahrhundert hinein galt für Straftaten sowohl bei den Vasallen als auch bei der einheimischen Bevölkerung Fehderecht. Die Familie des Getöteten durfte den Täter verfolgen und straflos töten, wenn er nicht bereit war, das Wehrgeld an die Familie des Getöteten zu zahlen.[58]

Im Übrigen richtete sich das Verfahren nach den durch den Sachsenspiegel bekannten Grundsätzen. Kriminalsachen wurden vor dem Landes- oder Stiftsrat verhandelt, der seinerseits die Prozessleitung jedoch in der Regel an einen Richter delegierte. Neben dem Eid und dem Gerichtszeugnis war – begrenzt auf zum wiederholten Male Angeklagte – das Ordal ein weiteres Beweismittel. Die *Carolina* setzte sich in Livland sehr schnell durch; bereits im Jahr 1559 bildete sie die Grundlage des Prozesses wegen Landesverrats gegen den Kanzler des Stiftes Dorpat B.Holtzschuer.

Das Zivilverfahren beruhte bis in das 16. Jahrhundert auf den Grundsätzen des altdeutschen Rechts. Das Verfahren war öffentlich und mündlich und von jeweils mehreren Terminen (Tagfahrten) gekennzeichnet. Jeder streitige Punkt wurde durch Urteil entschieden. Der Eid und das jedes andere Beweismittel ausschließende Gerichtszeugnis waren die beiden häufigsten Beweismittel. Urkun-

[58] *Schmidt*, Rechtsgeschichte, § 54 ff., S. 119 ff.

den wurden nur selten herangezogen, die Wasser- oder Feuerprobe nur bei Bauern angewandt. Der Zweikampf war als Beweismittel völlig unzulässig.[59] Der obsiegende Teil erhielt nach Urteilsverkündung einen versiegelten Gerichtsschein ausgefertigt, mit der er innerhalb einer bestimmten Frist um Vollstreckung des Urteils bitten konnte. In diesem Fall begab sich der Mannrichter mit seinen Beisitzern in das Gut des unterliegenden Teils und nahm die Sache in Besitz beziehungsweise pfändete Wertsachen, die versteigert wurden und aus deren Erlös sich der obsiegende Teil befriedigen konnte. Reichte der Erlös nicht aus, wurde der Schuldner selbst gepfändet; die Pfändung begründete ein förmlichen Schuldknechtschaftsverhältnis[60] zwischen dem Schuldner und dem Gläubiger, das auf die Zahlung der gesamten Schuld befristet war.

4. Das geschriebene Recht. Ritter- , Bauern- und Stadtrechte

a) Grundlagen der Rechtsbücher und anderer Rechtsquellen

Die deutschen Siedler lebten in der neuen Heimat nach ihrem alten angestammten Recht, also dem Gewohnheitsrecht jener Stammesgemeinschaften, in denen sie aufgewachsen waren. Die Entwicklung dieser Rechte in Livland und der deutschen Ursprungsrechte erfolgte zunächst parallel. Die Namen der livländischen Rechte – *„stiftische"* oder *„allgemeine stiftische Rechte"*, das *„landläufige"* bzw. *„landlöbliche Recht"*, *„jus patriae"* oder *„iustitia et consuetudo terrae nostrae"* – bezeichnen keine Rechtsbücher, sondern das durch ständige Rechtsprechung geformte Gewohnheitsrecht, wie es durch den Richter und seine Schöffen oder Urteilsmänner unter Berücksichtigung früher gefällter Urteile und *secundum calculum rationis*, wie es in dem Privilegium Kaiser Friedrichs II. für den Deutschen Orden heißt,[61] „gefunden" wurde. Auch in Livland machte sich bald das Bedürfnis nach einer Niederschrift dieser Rechte in Rechtsbüchern bemerkbar, die, wie in den deutschen Ursprungsländern, zunächst auf private Initiativen zurückgingen. Sie ahmten die deutschen Rechtsbücher häufig nach und kopierten sie teilweise wortlautgetreu. Aufgrund der unterschiedlichen gesellschaftlichen Verhältnisse zeichneten sich in den livländischen Rechtsbüchern zunehmend Eigenarten ab. Das gemeine Recht, das in Deutschland im Laufe des 15. und 16. Jahrhunderts in viele Kodifikationen Eingang fand, ist z.B. – ähnlich wie bei Stadtrechten vieler norddeutscher Hansestädte – in livländische Kodifikationen kaum aufgenommen worden, wenn auch ein starker Einfluss auf Form und Aufbau vor allem der späteren Rechtsbücher, den Hilchenschen Entwurf eingeschlossen, deutlich sichtbar ist.

Die abgelegene Lage und die homogene gesellschaftliche Struktur führten in Livland dazu, dass sich in allen Territorien das Recht annähernd parallel entwickelte. Es wurden Rechtsbücher der Nachbarterritorien übernommen, neue

---

[59] *Schmidt*, ebenda, S. 132.

[60] *Schmidt*, ebenda, S. 135.

[61] Diesem Privileg von März 1226 nach sollten die Richter in Zivil- und Kriminalsachen „nach den Grundsätzen der Vernunft" urteilen. Livl. Urkundenbuch S. 107, Nr. 90.

Siedlungen nach dem Recht bereits bestehender livländischer Städte gegründet und auf Landtagen mitunter sogar gezielt auf eine Rechtsangleichung hingearbeitet. Insoweit kann tatsächlich von der Gesamtheit aller Normen als dem *„Livländischen Landrecht"* gesprochen werden, wie es auch in den Urkunden stets bezeichnet wird.
Durch die lehnsmäßige Verbindung Livlands mit dem Reich galten Reichsgesetze in Livland ebenso wie in Deutschland. Während sich die kaiserliche Gesetzgebung, neben der in Livland unmittelbar geltenden Peinlichen Halsgerichtsordnung Karls V.,[62] lediglich in Form der an die livländischen Landesherren verliehenen Lehnsbriefe auswirkte, hatte der Papst einen weitaus stärkeren legislativen Einfluss auf die Rechtsverhältnisse in Livland, das er als seine Schöpfung ansah. Zahlreiche Bullen regelten die Verhältnisse der Bistümer und des Ordens.

Die Landesherren hatten zunächst keine autonome Gesetzgebungsbefugnis. Wie in Deutschland entwickelten sich die Rechtsnormen unter Zusammenwirkung der Landesherren, der Stände und der Richterschaft durch ständige Übung. Erst mit Erstarken des Ordens im frühen 16. Jahrhundert finden sich vereinzelt selbständige Anordnungen der Ordensmeister, doch selbst diese kamen oft nur im Wege vertragsmäßiger Verhandlungen mit den Adressaten zustande.

b) Lehn-, Ritter- und Bauernrechte

Die Geschichte der Rechtsbücher Livlands liegt zu großen Teilen im Dunkeln, da sich weder Chroniken noch Urkunden zu ihnen äußern[63] und keines der Exemplare im Original erhalten ist. Die ältesten erhaltenen Abschriften stammen aus der frühen Neuzeit.

1) Das waldemar-erichsche Recht und seine Bearbeitungen

Das erste Rechtsbuch in Livland ist das waldemar-erichschen Recht aus dem Jahre 1315. Dem Vorwort nach handelt es sich um ursprünglich vom Dänenkönig Waldemar II.[64] an Ritter und andere Deutsche mündlich erteilte Rechte und Privilegien, die auf Veranlassung des dänischen König Erich VI. Mendved zusammengefasst und niedergeschrieben worden seien. Die Frage, wieso sich König Waldemar bei Erteilung dieser Privilegien an deutschem Lehnrecht orientierte, hat die rechtsgeschichtliche Forschung in den russischen Ostseeprovinzen lange beschäftigt. Von Bunge hatte die Ansicht vertreten, dass es sich bei den an der Eroberung Estlands Beteiligten vor allem um Deutsche gehandelt hatte, die sich nur nach deutschem Recht behandeln lassen wollten.[65] O. Schmidt wandte ein, dass eine rein dänische Besiedelung um die waldemarsche Dänenfeste in

[62] Auf diese wird bereits in einem Ritterschaftsrezess vom Donnerstag nach Cantare des Jahres 1543 verwiesen, wenn es heißt: *„(...) damit (...) de schuldige (...) vormoge keyserlicher und dieser Lande Rechte, gestraffet werden moge"*.
[63] *Von Bunge*, Über den Sachsenspiegel als Quelle der Ritterrechte, S. 5.
[64] Waldemar II. „der Sieger", 1170 – 1241, König ab 1202, hatte 1219 Estland erobert.
[65] *Von Bunge*, Rechtsgeschichte, Tit. 2, § 46 S. 97.

Estland herum nachgewiesen sei und dass es heftige Kriege zwischen deutschen und dänischen Siedlern um jenes Gebiet gegeben habe. Im Jahr 1227 erlitt König Waldemar II. in der Schlacht um die Vormacht in Holstein und ganz Norddeutschland die folgenreiche Niederlage bei Bornhöved. Danach sei die Macht der Dänen im Baltikum so geschwächt gewesen, dass der Orden Estland besetzen konnte, die Stadt Reval gründete und das Land an deutsche Vasallen verlehnte, freilich nach Grundsätzen deutschen Lehnrechts.[66] Ein vom Orden erwirkter Schenkungsbrief König Heinrichs deute auf die Reichszugehörigkeit dieses Landstrichs hin.[67] Als König Waldemar II. im Jahr 1238 durch den Vertrag von Stenby Estland wiedererlangte, sei er – so O. Schmidt – vor allem bei der Verteidigung gegen die Esten auf die Mitarbeit der deutschen Vasallen angewiesen gewesen, so dass ihm nichts anderes übrig geblieben sei, als die Rechte der Vasallen von dänischer Seite aus zu bestätigen.[68] Waldemar habe sich aber zu einer solchen Bestätigung nie durchringen können, sondern die lehnsrechtlichen Verhältnisse weitestgehend im Unklaren gelassen, so dass die Vasallen weiter auf eine bindende Niederschrift ihrer Privilegien gedrängt hätten, bis Erich mit der Niederschrift von 1315 ihrem Verlangen nachgab. König Waldemar sei nur deswegen im Vorwort erwähnt, um den Dänenkönig Erich VI. „in Sicherheit zu wiegen". – Tatsächlich stellt das waldemar-erichsche Recht im Wesentlichen den Rechtszustand vom Beginn des 14. Jahrhunderts, und nicht der Zeit Waldemars II. dar. Heute hat sich diese Beurteilung des waldemar-erichschen Landrechts im Sinne O. Schmidts allgemein durchgesetzt.[69]

Inhaltlich ist das in niederdeutscher Sprache verfasste waldemar-erichsche Recht mit seinen Bestimmungen über den Herrn- und Mannfalle, die Lehnsfolge, Witwen- und Vormundschaftsrechte, die Veräußerung des Lehens und die Gerichtsbarkeit ein vollständiges Lehnrecht.

Das Lehnrecht der deutschen Vasallen im estnischen Teil Livlands regte die übrigen Territorien an, ein allgemeines Lehnrecht für ganz Livland niederschreiben zu lassen. Hierbei wurde das waldemar-erichsche Recht größtenteils wörtlich kopiert und nur an einigen Stellen abweichendem einheimischen Gewohnheitsrecht angepasst. Die älteste Bearbeitung findet sich im fünften Buch des wiek-öselschen Lehnrechts, einer fast identischen Abschrift des waldemar-erichschen Rechts. Spätere Versionen[70] erweiterten diese Kopie häufig lediglich um zahlreiche Zusätze und ließen den Kern des waldemar-erichschen Rechts unberührt. Die so entstandenen Rechtsbücher sind unter dem Begriff „ältestes livländisches Ritterrecht" bekannt.

---

[66] *Wittram*, Baltische Geschichte, s. S. 25 f.

[67] Urkunde König Heinrichs vom 1. Juli 1228 (Livl. Urkundenbuch, S. 118 Nr. 100).

[68] *Schmidt*, Rechtsgeschichte, § 12, S. 32 f.

[69] *Wittram* stellt noch 1951 die Beziehungen zwischen den Vasallen und König Waldemar II. in selbiger Weise dar (Baltische Geschichte, S. 42).

[70] So die von Schirren im königlich-schwedischen Reichsarchiv zu Stockholm entdeckte Rezension *„De privilegia, begnadigung und dat ridderrecht von olders im stift Dorpt gebrucklich"*, oder eine hochdeutsche Rezension im Anhang der Brandisschen Chronik.

2) Die Bedeutung des Sachsenspiegels

Das waldemar-erichsche Recht enthielt nur das Lehnrecht betreffende Bestimmungen. Wie in Deutschland machte sich in Livland jedoch bald das Bedürfnis bemerkbar, das Landrecht ebenfalls schriftlich zu fixieren.

Die Wirkung des um das Jahr 1230 vom sächsischen Ritter und Schöffen Eike von Repgow verfassten Sachsenspiegels, der sowohl das Land- als auch das sächsische Lehnrecht jener Zeit detailliert und praxisnah darstellte, reichte schon bald nach seiner Entstehung bis weit nach Osteuropa. Es überrascht daher nicht, dass im reichsangehörigen Livland der Sachsenspiegel – und zwar in der Form, wie er in der Bremer Gegend[71] verwendet wurde – als Vorlage[72] für die Niederschrift eines Landrechts diente und mit dem waldemar-erichschen Lehnrecht in einer Gesamtkodifikation zusammengefasst wurde. Die Ähnlichkeiten aller livländischen Rechtsbücher machen die Existenz eines autonomen livländischen Rechtsspiegels auf Grundlage des Sachsenspiegels wahrscheinlich, obwohl kein solches Exemplar erhalten ist. Dass viele Rechtssätze des Sachsenspiegels bereits im zweiten Drittel des 14. Jahrhunderts in die Rechtspraxis Livlands Eingang gefunden hatten, zeigt die Tatsache, dass Papst Gregor XI. seine Damnationsbulle gegen einige Artikel des Sachsenspiegels ausdrücklich auch an den Erzbischof von Riga richtete.[73]

Rechtssätze des Sachsenspiegels, die mit den tatsächlichen rechtlichen Verhältnissen in Livland nicht übereinstimmten oder irrelevant waren, wurden nicht übernommen, so dass die rezipierten Teile des Sachsenspiegels insgesamt kürzer sind. Es fehlen im wiek-öselschen Recht sämtliche die Reichsverfassung betreffenden Titel, Bestimmungen über Freiheit und Unfreiheit sowie nahezu das gesamte Lehnrecht, da dieses bereits durch das waldemar-erichsche Recht geregelt worden war. Wie bereits angedeutet, sind in den livländischen Rechtsspiegeln ebenso sämtliche die Ebenbürtigkeit betreffenden Bestimmungen „entschärft" worden. Vergleicht man etwa Landrecht I 5, 1 des Sachsenspiegels *„Nimt der son wip bi des vater libe, de im ebenbortig iz, unde gewinnnet her son bi ir, (...) sine sone nemen teil an ires eldirvater erbe (...)"* mit den entsprechenden Passagen der livländischen Rechtsbücher, so fällt auf, dass das Erfordernis der Ebenbürtigkeit stets ausgelassen wird. Die Gründe hierfür liegen zum einen in den veränderten Zeitumständen. Die livländischen Rechtsspiegel sind in der Regel einhundert Jahre jünger als der Sachsenspiegel und stammen somit bereits aus einer Zeit, als die Städte in Livland aufzublühen und die Berufs- statt der Geburtsstände eine größere Rolle zu spielen begannen.[74] Zum anderen war die soziale Herkunft der Einwanderer so heterogen, dass das Erfordernis der

---

[71] So jedenfalls *Homeyer* in den Berliner Jahrbüchern für wissenschaftliche Kritik aus dem Jahre 1828, Bd. II Sp. 553 ff., und v. Bunges Beiträge zur Kunde der Rechtsquellen, S. 79 ff.

[72] Angesichts der vielen Ausgaben des Sachsenspiegels, die zum Teil selbst erheblich voneinander abweichen, handelt es sich nicht um eine wörtlich Übernahme, sondern um die bloße Rezeption der rechtlichen Wertungen.

[73] Hermann *Conring*, De Origine Iuris Germanici, Kap. 31, S. 201.

[74] *Leesment*, Abweichungen des livändischen Rechtsspiegels vom Sachsenspiegel, S. 351.

Ebenbürtigkeit ohnehin nicht konsequent hätte durchgesetzt werden können. Schließlich waren die treibenden Kräfte hinter den Rechtsspiegeln häufig selbst nicht ritterbürtig. Sprachlich sind viele Begriffe des Sachsenspiegels dem livländischen Sprachgebrauch angepasst worden; statt *ding* heißt es hier *gericht* oder *recht*, statt *dreißigste* heißt es *mantvest*, und aus dem sächsischen *pfluge* bzw. *hufe* wird der *haken*.[75] Andere Abweichungen sind zum Teil auf klimatische Unterschiede zurückzuführen. So hat Leesment darauf hingewiesen, dass sich die Abgaben, die in Landrecht II 58 des Sachsenspiegels aufgeführt werden, in Art und Umfang von denen livländischen Rechte unterscheiden; man vergleiche hierzu nur Art. 167 des mittleren Ritterrechts mit Landrecht II 58 des Sachsenspiegels (statt Lämmern, Gänsen, Fleisch, Weizen und Wein besteht der Zehnt in Livland aus Butter, Roggen, Gerste, Hafer sowie Werkgut, die zudem – wegen der längeren Reifezeit – später fällig sind als in Deutschland).[76]

Auslassungen von Rechtssätzen des Sachsenspiegels sind zudem häufig darauf zurückzuführen, dass bereits in der Bremer Vorlage entsprechende Passagen nicht vorhanden waren und Livland später erreichende Ausgaben des Sachsenspiegels sich nur schwer durchsetzen konnten. Schließlich verfügen viele livländische Bearbeitungen des Sachsenspiegels über Bestimmungen und Zusätze, die demselben unbekannt sind, so z.B. die Regelung des Art. 39 des mittleren Ritterrechtes, wonach nicht nur die Rechtlosigkeit wegen Raubes oder Diebstahls, sondern ebenso die Anklage wegen Mordes, Kirchenraubs, Verrats, Vergiftung und Zauberei den Reinigungseid ausschließt, oder die Bestimmung des Art. 62, wonach die angestrebte Strafe des Angeklagten auf den Ankläger, der die einmal erhobene Klage nicht weiterführt, zurückfällt.

Das bereits erwähnte ***wiek-öselsche Landrecht*** ist in seinen ersten drei Büchern eine Bearbeitung des Sachsenspiegels beziehungsweise eine Abschrift des livländischen Rechtsspiegels, während das vierte Buch Bauernrecht regelt. Die Bearbeitung des Sachsenspiegels wurde in einigen Stellen auch durch Rechtssätze des ältesten Ritterrechts beeinflusst. Da nun das fünfte Buch als Lehnrecht dem waldemar-erichschen Recht, also ebenfalls dem ältesten livländischen Ritterrecht, entnommen ist, finden sich im wiek-öselschen Landrecht diese Artikel zweifach wieder, so ist zum Beispiel Kap. 3 §§ 2-5 des ersten Bandes mit Kap. 6 §§ 2 und 3 des fünften Bandes identisch.[77] Das wiek-öselsche Landrecht erschöpft sich somit in eine bloße Kompilation bereits bestehender Rechte.

Das sog. ***mittlere livländische Ritterrecht*** [78]mit dem Titel *„De gemenen stichtischen Rechte im sticht van Riga, geheten dat Ridderrecht“*,[79] das im Jahr 1537 gedruckt wurde, verschmilzt das älteste livländische Ritterrecht mit dem livländischen Rechtsspiegel. Es ist in niederdeutscher Sprache, der *lingua franca*

[75] *Von Bunge*, Altlivlands Rechtsbücher, S. 22.
[76] *Leesment*, ebenda S. 355.
[77] Weitere Parallelstellen sind Band I Kap. 4 § 2 mit Band V Kap. 2 § 2, Kap. 6 § 2, und Band II Kap. 2 § 3 mit Band V, Kap. 10 § 4.
[78] Auch *erweitertes* oder *gedrucktes livländisches Ritterrecht* genannt.
[79] Herausgeber sind ebenso wie Verlag und Druckort unbekannt.

des hansezeitlichen Nordeuropas, abgefasst und besteht aus 249 aufeinander folgenden Titeln. Die Kapitel 1-10, 21, 23, 25 und 49 – 95 der im Übrigen ziemlich wahllos aneinander gereihten Kapitel entstammen dem ältesten livländischen Ritterrecht, während die Kapitel 11-20, 22, 24, 26, 27, 33-48, 96-100, 102-108, 112, 114-121, 123-166, 168-188, 190-194 und 246-249 dem livländischen Rechtsspiegel entnommen sind; sogar dessen Reihenfolge wurde beibehalten. Fast sämtliche übrigen Kapitel (Kap. 101, 109, 110, 113, 122, 167, 189 und 245) fehlen in den überlieferten Ausgaben des Rechtspiegels, lassen sich jedoch im Sachsenspiegel finden.

Während bis in das frühe 19. Jahrhundert davon ausgegangen wurde, dass das mittlere Ritterrecht von einem (Erz-)Bischof verfasst und auf legislativem Wege verkündet wurde,[80] hat von Bunge geklärt, dass das geschriebene Ritterrecht auf ganz ähnliche Weise entstanden ist wie die meisten Rechtsbücher seiner Zeit, insofern es die Arbeit eines – im Gegensatz zu Eike von Repgow unbekannten – Privatmannes darstellt, die rasch an Ansehen gewann und sich binnen kurzer Zeit in ganz Livland Geltung verschaffte.[81] Es spricht vieles dafür, dass dem Verfasser eine vollständige Ausgabe des livländischen Rechtsspiegels vorgelegen hat, in welchem die später nicht übernommenen Artikel des Sachsenspiegels noch vorhanden waren. Direkt dem Sachsenspiegel entnommen (Artikel 20, 22 und 24 im ersten Buch des Landrechts) sind allein die Kapitel 28 - 32, die unter der Bezeichnung „das Stück vom Mußteil“ bekannt sind[82] (eine Rechtsfigur, die in Livland im Übrigen nie Bedeutung erlangt hat)[83].

Dieses mittlere Ritterrecht kennt noch das Mannlehn[84] und ein höchstes Gericht, das sich aus den Vasallen unter dem Vorsitz des Bischofs zusammensetzt, so dass davon ausgegangen werden muss, dass im Jahr 1537 ein viel älteres, wahrscheinlich seit Mitte des 14. Jahrhunderts bestehendes Recht in Druck gegeben wurde.[85] Es ist unwahrscheinlich, dass diese Ausgabe wie auch spätere Drucke ein authentisches Bild des ursprünglichen mittleren Ritterrechts abgeben, da sämtliche Ausgaben zum Teil erheblich voneinander abweichen und sich die jeweiligen Verfasser große Freiheiten teils im Aufbau, teils in der Übersetzung des niederdeutschen Urtextes ins Hochdeutsche erlaubt haben.[86]

Das ***umgearbeitete*** oder ***systematische livländische Ritterrecht*** ist ebenfalls heute nur noch in teilweise sehr verfälschten Abschriften erhalten. Im Vergleich zum mittleren Ritterrecht ergeben sich inhaltlich kaum Neuerungen; es ist

---

[80] So noch *Schwartz* im Versuch einer livländischen Rechtsgeschichte, S. 110.

[81] *Von Bunge*, Über den Sachsenspiegel als Quelle der Ritterrechte, S. 7.

[82] Näheres dazu *von Bunge*, Rechtsgeschichte, S. 114 f.

[83] *Von Bunge*, Altlivlands Rechtsbücher, S. 23.

[84] Das heißt die Vererbung vom Vater allein auf den Sohn.

[85] Jedoch ist das Rechtsbuch keinesfalls älter als vom Jahre 1418, da das Verbot der Wette, welches von Bischof Johannes Habundi (1418 –1424), bereits enthalten ist.

[86] Neben der hier genutzten Ausgabe von Gerhard *Oelrichs* (Bremen 1773) existiert ein Abdruck ebenfalls in der Buddenbrockschen Gesetzessammlung (Band I Mitau 1802) sowie eine ebenfalls von *Buddenbrock* herrührende hochdeutsche Übersetzung in *Hupels* Neuen Nordischen Miscellaneen, Band 5 und 6, S. 315 – 496.

als weitere Redaktion desselben zu sehen. Die heute noch existierenden Abschriften in hochdeutscher Sprache widersprechen sich zum Teil und sind selbst unvollständig. Unterschiede zum mittleren Ritterrecht zeigen sich allein in der Zusammenstellung, die nun zumindest von dem Bemühen gekennzeichnet ist, den 249 Kapiteln eine innere Ordnung zu verleihen. Für diesen Zweck wurde das Rechtsbuch in drei Bücher zu 33, 40 und 28 Kapiteln unterteilt, in welchen einige Kapitel besondere Überschriften erhalten haben. Der Bearbeiter dieses Ritterrechts ist ebenso unbekannt wie seine Entstehungszeit. Da das *Formulare Procuratorum* das umgearbeitete Ritterrecht zitiert und es als stiftisches landläufiges Recht bezeichnet, muss es schon lange vor 1537 existiert haben.[87]

Die Lehnrechte der Wiek und des Stiftes Ösel bestehen aus fünf Büchern und stimmen hinsichtlich Struktur und Reihenfolge mit dem mittleren Ritterrecht, inhaltlich mit dem umgearbeiteten Ritterrecht überein. Viele der in beiden Ritterrechten erhaltenen Bestimmungen fehlen zudem,[88] und sowohl Bearbeiter als auch Entstehungszeit sind hier ebenso ungewiss.

Schließlich ist das ***Formulare Procuratorum*** des Dionysius Faber, Probst von Fellin, aus dem Jahre 1538 als das am weitesten entwickelte Rechtsbuch der Ordenszeit zu erwähnen.[89] Das *Formulare* ist keine Bearbeitung des Sachsenspiegels, sondern ist eine rein livländische Schöpfung. Das in niederdeutscher Sprache verfasste Werk ist in fünf Bücher zur Gerichtsverfassung, zum Verfahren im Prozess, zum Verfahren in den höheren Instanzen, zum Vollstreckungsrecht und zum Verfahren bei „gestörtem Besitz“, dem sogenannten Bekreuzigungsverfahren, unterteilt. Während die Darstellung der ersten vier Bücher sehr weitschweifig ist und sich größtenteils in von den Parteien nachzusprechenden Rechtsformeln erschöpft (wobei Faber die Parteien sich jeweils in der zweiten Person ansprechen lässt), ist die Sprache des fünften Buches viel abstrakter und präziser, da dass das fünfte Buch der für das Erzstift Riga erlassenen *„Ordnung des gehegeten gerichts“*[90] entnommen ist und somit gar nicht von Faber verfasst wurde.[91] Die Artikel stammen nur selten aus anderen Rechtsbüchern, wie zum Beispiel dem livländischen Ritterrecht, sondern sind größtenteils dem Gewohnheitsrecht entnommen.[92] Allerdings ist das Verfahren des *Formulare Procuratorum* trotz der mittelalterlich anmutenden Sprache nicht mehr das altdeutsche der livländischen Ritterrechte, sondern bereits an zahlreichen Stellen, vor allem im Beweisverfahren, vom römisch-kanonischen Recht beeinflusst.[93]

---

[87] *Von Bunge*, Der Sachsenspiegel als Quelle der Ritterrechte, S. 13.

[88] So Kapitel 7, 28 - 32, 61, 65, 78 - 96, 101. 109 - 111, 113, 122, 167, 189 und 245. Nach von Bunge, Der Sachsenspiegel als Quelle der Ritterrechte, S. 15.

[89] Abgedruckt ebenfalls in Oelrichs Ausgabe des Ritterrechts, 4. Abteilung.

[90] Und zwar aus dessen *Anhang „Wie sich der mannrichter in dem gehegeten richte mit seinen folgern in der bekreuzigung halten soll.“*

[91] *Von Bunge*, Altlivlands Rechtsbücher, Einleitung IX, S. 33.

[92] So *von Bunge* in seiner Rechtsgeschichte, Tit. 2, § 53 S. 125 f.

[93] *Schmidt*, Rechtsgeschichte, § 18 S. 45.

3) Bauernrechte

Bauernrechte regelten in Livland in erster Linie die Beziehungen zu den einheimischen Liven, Letten, Kuren und Esten, also zu Nichtdeutschen.[94]

Mit dem livischen Bauernrecht des Bischofs Albert I. von Riga (1219 - 1229) ist eine sehr alte Niederschrift eines Rechtsbuches überliefert, welches höchstwahrscheinlich unter Teilnahme der Livenältesten fertiggestellt worden ist. Dem Alter entspricht der Inhalt des Buches, das sich größtenteils in Bußgeldsätzen für Totschlag oder Verwundungen erschöpft und die Todesstrafe nur sehr selten vorsieht. Auch das livische Bauernrecht ist in der Folgezeit vielfach umgearbeitet worden; es befinden sich abgewandelte Auszüge sowohl im Anhang zu Grefenthals livländischer Chronik[95] als auch als isolierte Handschrift in einer Sammlung hauptsächlich kurländischer Rechtsquellen vom Anfang des 16. Jahrhunderts, hier mit dem Titel *„Das gemeine Landrecht, was die Alten bewilliget, und in Lieff-, Cuhrland und Semgalen im üblichen Brauch gewesen"*.[96] Eine weitere, ebenfalls jüngere Rechtsquelle, die offensichtlich auf dem livischen Bauernrecht basiert, befindet sich heute im Geheimen Staatsarchiv Preußischer Kulturbesitz.[97]

Das Bauernrecht des wiek-öselschen Landrechts dagegen ist eine viel reifere Schöpfung. Aus Bestimmungen des ältesten Ritterrechts,[98] des Sachsenspiegels und auch des livischen Bauernrechts wurde in diesem Rechtsbuch eine vollständige Klärung der bäuerlichen Rechtsverhältnisse angestrebt, so dass neben dem Strafrecht auch Bestimmungen über das Verhältnis der Bauern zu ihrem Herrn, zum Erb- und Eherecht und zu den gerichtlichen Verfahren enthalten sind. Auch wenn das erste Kapitel mit den Worten *„Das nach geschrieven Recht ist gegeben vom Bischoff zu Oesell mit Vollbort seines Capittels des Ehsten in der Wieck, da die Manschafft auch somit Vollbordt haben"* beginnt und somit den Anschein einer legislativen Arbeit erweckt, handelt es sich wegen der Entnahme vieler Bestimmungen aus dem ältesten Ritterrecht, der Bearbeitung des Sachsenspiegels und dem livischen Bauernrecht um eine Privatarbeit, zumal die Überschrift offenbar späteren Ursprungs ist.[99]

---

[94] Der Titel des Wiek-Öselschen Rechts *„Dies seindt die Lehenrechte, beyde deutsch und undeutsch (...)"* bezieht sich mit dem „undeutsch" auf das vierte Buch, das Bauernrecht.

[95] *Von Bunge*, Rechtsgeschichte, Tit. 3, § 55, S. 129; Beiträge zur Kunde der Rechtsquellen, S. 73.

[96] *Von Bunge*, Beiträge ebenda S. 35, Anm. 104.

[97] So die Verordnung des Ordensmeisters Reymar Hane an die Liven und Letten aus dem Jahre 1324 mit dem Titel: *„Diet seint dye vornemlichen Rechte von den Bischofen von Leyffland und von Rittern Gotz und von den Deutschen und olden Lyfflendern"*, Geheimes Staatsarchiv Preußischer Kulturbesitz, dort in Scriptores rer. Pruss. II, 62.

[98] Vergleiche z. B. Kap. 2 § §, Kap. 4 des Bauernrechts mit Buch II Kap. 2 des Rechtsspiegels (bzw. Kap. 124 des mittleren Ritterrechts), Kap. 11 des Bauernrechts mit Bd. II, Kap. 11 § 2 des Rechtsspiegels (Kap. 161 des mittleren Ritterrechts).

[99] *Schmidt*, Rechtsgeschichte, § 21 S. 48.

c) Stadtrechte

1) Das Stadtrecht von Riga

Bischof Albert I. erteilte der Stadt Riga wenige Jahre nach ihrer Gründung Privilegien und städtische Freiheiten, die den Freiheiten der deutschen Kaufleute in Wisby auf der Insel Gotland entsprachen[100] und daher gotländisches Recht *(jus Gotorum)* genannt wurden. Die schon bald auftretende Uneinigkeit zwischen Bischof und Bürgerschaft hinsichtlich Art und Umfang der Privilegien klärte im Dezember 1225 Bischof Wilhelm von Modena, der päpstliche Legat, zugunsten der Bürger: Jedes Recht, das die in Gotland lebenden Deutschen genössen und durch die rigasche Bürgerschaft innerhalb von drei Jahren geltend gemacht würde, sollte auch ihnen zukommen.[101] Im Laufe der nächsten Jahrzehnte wurde dieses Recht weiter ausgearbeitet, bis schließlich ebenfalls zivil-, kriminal- und prozessrechtliche Normen enthalten waren. Der Name „gotländisches Recht" wurde selbst dann noch beibehalten, als das rigasche Stadtrecht eine ganz andere Entwicklung genommen hatte als das Recht der Deutschen auf Gotland. Die Verbindung des tatsächlichen gotländischen Rechtes mit dem rigaschen Stadtrecht erschöpft sich daher in der Übernahme einiger wesentlicher – damals nicht einmal schriftlich fixierter – Privilegien während der Gründungsphase der Stadt.

Bereits in den siebziger Jahren des 13. Jahrhunderts erwies sich das „gotländische Recht" für den stetig wachsenden Handel als zu wenig differenziert. Da Hamburg 1270 eine neue Stadtrechtskodifikation erhalten hatte, die damals zu den vollständigsten Statuten im norddeutschen Raum gehörte,[102] und die politischen Verbindungen zu Lübeck stets etwas gespannt waren, entschied sich Riga zu einer Rezeption des hamburgischen Rechts. Das Hamburger Statut, welches zwischen 1279 und 1285 übernommen worden sein muss, galt jedoch hinter den älteren rigaschen Stadtrechten bloß subsidiär.

Dieses Nebeneinander zweier Rechte sowie die wirtschaftliche Weiterentwicklung machten Anfang des 14. Jahrhunderts eine völlige Umarbeitung des gesamten damals geltenden Stadtrechts erforderlich, die unter der Bezeichnung „umgearbeitetes" oder „vermehrtes" rigasches Stadtrecht bekannt ist. Neben den alten rigaschen Statuten wurden in dieses in elf Kapitel unterteilte Statut auch einzelne Bestimmungen lübischen Ursprungs sowie Regelungen des rigasch-

---

[100] *Von Bunge*, Rechtsgeschichte, S. 133; Urkunde des Bischofs Albert von Juli 1211: *„Wy dohn witlicken beden gegenwertigen als thokomenden tyden, dat wy mit helpegewend der bekehrung der heiden von begin unsers arbeits de kooplüde fornembst die Gottlendschen uns vlitigen in allen wegen hebben beygestehen. (...) In de münte iiij mark un eine helff pennige ene marck silbers Gottlensch sollen wegen, de pennige sollen syn wyt un gutt. (...)"*. Livl. Urkundenbuch S. 28 Nr. 20; Monumentum Liv. Ant. Bd. IV S. 139.

[101] Urkunde des päpstlichen Legaten von Dezember 1225: *„Si quid etiam cives poterunt probare inter triennium, esse de iure Teutonicum commorantium in Gutlandia, eodem gaudeant et Rigenses, excepto eo, quod si Teutonici in Gutlandia instituerent aliquatenus sacerdotem, Rigenses tamen nunquam possint instituere sacerdotem."* Livl. Urkundenbuch, S. 90, Nr. 86.

[102] So *Schmidt*, Rechtsgeschichte, S. 52.

revalschen und rigasch-hapsalschen Rechts aufgenommen.[103] Nach ihrem Herausgeber auch „Oelrichsche Statuten“ genannt, galt das umgearbeitete rigasche Stadtrecht schließlich bis weit in die Schwedenzeit.

2) Das Stadtrecht von Reval

Reval erhielt seine erste Rechtsaufzeichnung in Form einer Abschrift des rigaschen Stadtrechts, die anscheinend auch für andere Städte Estlands bestimmt war. Das „rigasch-revalsche Recht“ muss vor dem Jahre 1248 ausgefertigt worden sein, denn schon in diesem Jahre wurde Reval vom dänischen König Erich IV. das lübische Recht verliehen. Der Rat der Stadt Lübeck selbst fertigte Aufzeichnungen des lübischen Rechts an, die 1257 in lateinischer und 1282 in niederdeutscher Sprache als Recht der Stadt Reval angenommen wurden. Es handelt sich hierbei um die älteste deutsche Rezeption des lübischen Stadtrechts überhaupt.

3) Rezeptionen des rigaschen und des revalschen Stadtrechts

Noch im Laufe des 13. Jahrhunderts rezipierten alle Städte in Livland das Recht der Stadt Riga, während die Städte im dänisch beherrschten Harrien und Wierland das revalsch-lübische Recht übernahmen (die anfängliche Rezeption des rigaschen Rechts in Reval ist insoweit eine Ausnahme). Die Übernahme erfolgte bei Neugründungen mittels Verleihung, oder die Städte rezipierten das Recht aus eigenem Antrieb.[104] Rigasches Recht galt in Hasenpoth, Goldingen, Windau und Pilten, revalsches Recht in Wesenberg und Narva. Oberhof der livländischen Städte war Riga, der Harrisch-wierischen Reval.

II. Livland nach Verlust der Unabhängigkeit

1. Die Unterwerfung unter Sigismund August

a) Die Situation Livlands beim Einfall Ivans IV.

Der Einfall der russisch-tatarischen Truppen Ivans IV. Groznyi („des Schrecklichen“) im Januar des Jahres 1558 kam angesichts der immer aggressiveren russischen Politik des vorhergehenden Jahrzehnts nicht überraschend. Konnte im Jahr 1502 weiteren russischen Einfällen durch den Sieg Wolter von Plettenbergs am Smolinasee über die vereinigten russischen Truppen für mehr als ein halbes Jahrhundert Einhalt geboten werden, so konnte der Sieg dennoch nur den *status quo* halten. Das zeigte bereits der Beifrieden von 1503, in welchem ein sechsjähriger Waffenstillstand ohne Klärung der Grenzfragen und unter Sperrung des Handelsverkehrs geschlossen wurde. Die Verlängerung des Beifriedens 1509 erfolgte unter dem Titel einer „Begnadigung“, und dass er 1531 ein weiteres

---

[103] Diese Rechte sind Bearbeitungen des rigaschen Rechts für Reval (aus der ersten Hälfte des 13. Jahrhunderts) bzw. Hapsal (von 1294), die sich jedoch vom rigaschen Recht nicht wesentlich unterschieden.

[104] *Schmidt*, Rechtsgeschichte, S. 54.

Mal um 20 Jahre verlängert wurde, lässt sich vor allem auf die anderweitige Beschäftigung Russlands im neu entfachten Krieg mit Litauen und später auf die Minderjährigkeit Ivans IV. zurückführen. All das war den Deutschordensmeistern bewusst. Bereits Heinrich von Galen, der 1535 das Erbe Wolter von Plettenbergs als Ordensmeister antrat, hatte Bündnisverhandlungen mit König Gustav Wasa von Schweden aufgenommen, um einem russischen Überfall begegnen zu können. Schweden führte zu jener Zeit selbst Krieg mit Russland. Doch Livland konzentrierte sich in Form der Koadjutorfehde auf eigene innere Konflikte[105] und zeigte wenig Engagement. Als Schweden mangels livländischer Unterstützung 1557 einen sehr nachteiligen Frieden mit Russland schließen musste, war einem solchen Bündnis für die nächste Zeit jede Grundlage entzogen.

Die Erneuerung des Beifriedens im Jahr 1554 stellte Ivan IV. schließlich unter Bedingungen, die seine faktische Auflösung bedeuteten. Die Forderung, für das Stift Dorpat eine vorher nie anerkannte Zinszahlung innerhalb von drei Jahren rückwirkend für die letzten dreißig Jahre zu leisten – eine Summe, die in so kurzer Zeit unmöglich aufgebracht werden konnte –, war die härteste, aber bei weitem nicht die einzige Bedingung. So sollte etwa der Eingang eines Bündnisses mit Polen-Litauen den Kriegsfall bedeuten. Ivan IV. hatte die Absichten seines Großvaters wieder aufgenommen und begann sein Vorhaben, Livland Moskau zu unterwerfen, in die Tat umzusetzen. Hauptmotive des Zaren waren zu jener Zeit noch nicht so sehr der strategisch wichtige Zugang zur Ostsee, sondern der Reichtum der Ordensprovinz.[106] Der Angriff auf Livland war zudem stark von persönlichen Motiven des Zaren bestimmt, wie der zum Teil massive innerrussische Widerstand gegen den livländischen Krieg belegt.[107]
Ähnlich wie später Deutschland kennzeichneten Livland während der ersten Hälfte des 16. Jahrhunderts einerseits ein steigender Wohlstand und eine aufkommende Blüte der Künste und der Wissenschaften, andererseits die Abnahme außenpolitischer Macht und fehlende Stringenz in der Durchsetzung politischer Entscheidungen im Allgemeinen. Nach der Schließung des Nowgoroder Hansekontors besaßen die livländischen Hansestädte das faktische Monopol für den gesamten Russlandhandel. Der Grundsatz „Gast handelt nicht mit Gast" hatte sich zu dieser Zeit auch in Riga und Reval durchgesetzt, was der livländischen

---

[105] Durch den Wolmarer Abschied von 1546 beschlossen Livlands Fürsten, dass die Annahme eines fürstlichen Koadjutors in einem der Territorien jeweils von der Zustimmung der anderen vier Fürsten abhängig war. 1555 bestellte Erzbischof Wilhelm von Riga aus dem Hause Brandenburg-Ansbach jedoch den Herzog Christoph von Mecklenburg heimlich zum Koadjutor, was jedoch umgehend aufgedeckt wurde; Bischof Wilhelm wurde gefangen genommen und nur durch seinen Vetter, König Sigismund II. von Polen, gerettet. Der Preis für die Parteinahme des polnischen Königs war der Eingang eines Bündnisses des Deutschen Ordens mit Polen, welches jedoch erst nach Ablauf des litauischen-moskowiterschen Waffenstillstandes im Jahr 1562 in Kraft treten sollte. Dieses Bündnis verstieß seinerseits gegen die Bedingungen eben jenes livländisch-moskowiterschen Friedens von 1554 (siehe folgenden Absatz). *Wittram*, Baltische Geschichte, S. 66.

[106] *Angermann*, Studien zur Livlandpolitik Ivan Groznyis, S. 10 – 14.

[107] *Angermann*, ebenda S. 106.

Kaufmannschaft enorme Gewinne verschaffte, die Bande zu anderen deutschen Hansestädten, vor allem Lübeck, jedoch lockerte. Besonders Reval wendete die Regel gegenüber Russen wie Deutschen gleichermaßen streng an, nachdem es auf einem Hansetag die Erhebung zum Hauptstapelplatz des Verkehrs mit Nowgorod erreicht hatte. Die drohende politische Isolation Rigas im Reichsverband zeichnete sich im alltäglichen Leben der Hansestädte aufgrund der zahlreichen persönlichen und kulturellen Beziehungen zu Deutschland noch nicht ab. Maler, Bildhauer und Goldschmiede, die weit über die Grenzen des Reiches bekannt waren, lebten und wirkten in Reval, Riga und Dorpat.[108] Am Vorabend der Reformation nahm das religiöse katholische Leben durch die Gründung von Klöstern und die Zunahme von Seelenmessen einen letzten Aufschwung. Doch vor allem im Bürgertum, in den Gilden, in Reval und Riga besonders auch unter den „Schwarzhäuptern“ (einer wohlhabenden Vereinigung lediger Kaufleute ohne Bürgerrecht), war der Unmut über die Missstände der Kirche über die Jahre hinweg gewachsen. Als am 12. Juni 1522 dem pommerschen Gelehrten Andreas Knopken vom rigaschen Erzbischof Jasper Linde die Veranstaltung einer öffentlichen Disputation über Glaubensfragen in der Rigaer Petrikirche gestattet wurde, die regen Zulauf fand, war der Untergang der alten Kirche in Livland absehbar. Livland hat die Reformation in ihren frühesten Jahren miterlebt und mitgetragen. Martin Luther verfasste zahlreiche Briefe an die livländischen Gemeinden und livländische Freunde, in denen er seine Glaubensbrüder nicht nur in religiösen, sondern auch persönlichen Fragen beriet. Der frühe Zeitpunkt der Verankerung des Protestantismus brachte es mit sich, dass nicht nur reformatorische Gedanken im Sinne Luthers, sondern auch fanatische Elemente die Reformationszeit in Livland kennzeichneten. Zwar haben die Unruhen keine Menschenleben gefordert, doch ist der Verlust an Kunstwerken während der zehn livländischen Bilderstürme zwischen 1524 und 1526 bis dahin beispiellos; er ist nur noch von den Zerstörungen des Zweiten Weltkrieges übertroffen worden.[109] Die humanistische Geisteshaltung, welche mit so vielen reformatorischen Bewegungen außerhalb Deutschlands verbunden war, konnte sich in Livland zu einer Zeit, als sich der neue Glaube selbst im Ursprungsland noch nicht gefestigt hatte, nicht entfalten, so dass die Reformation in Livland häufig *als „nüchtern und von geistiger Schlichtheit“*[110] charakterisiert worden ist – eine Beschreibung, die freilich auch der Tatsache Rechnung trägt, dass die Reformation in Livland nur von einer dünnen deutschen Oberschicht getragen wurde. Eine das Gesamtvolk ergreifende Bewegung, die in Deutschland zu den Bauernkriegen führte, konnte in Livland nicht zustande kommen. Das lettische und estnische Landvolk haben den religiösen Umwandlungsprozess erst mindestens ein Jahrhundert später nachvollzogen.[111] Doch so fern Livland vom Zentrum der Reformation auch lag,

---

[108] In Reval lebten etwa der Memling-Schüler Michel Sittow, Hofmaler der Königin Isabella von Kastilien, und der Goldschmied Hans Ryssenberch der Ältere.

[109] *Wittram*, Baltische Geschichte, S. 63.

[110] *Wittram*, ebenda.

[111] *Arbusow*, Die Einführung der Reformation in Liv-, Est- und Kurland, S. 827.

so gering die Zahl der Deutschen im Vergleich zum Reich war – hinsichtlich seiner Schöpfungskraft in konfessionellen Dingen kam Livland eine Führungsrolle zu, was etwa die Entwicklung des (in seiner Bedeutung für den protestantischen Gottesdienst kaum zu unterschätzenden) Kirchenlieds betrifft. Das rigasche niederdeutsche Gesangbuch, von Knopken zusammengestellt und unter Anderem mit 22 Lutherliedern – darunter „Ein feste Burg ist unser Gott" – versehen, ist für ganz Norddeutschland vorbildlich geworden.[112]

Insgesamt verstärkte die neue Lehre die Bindungen nach Deutschland und wirkte identitätsstiftend im ethnischen wie im verfassungsrechtlichen Sinne. Als die Kunde von einer möglichen Säkularisierung des Ordensstaates nach dem Beispiel Preußens Riga erreichte, äußerte die evangelische Partei der livländischen Ritterschaft, dass sie *„liever all darover sterven ehr wy uns dem hylgen Ricke und duitscher Nation wolden laten affwenden"* wolle. Auch Esten und Letten konnten nun die Predigten in ihrer Muttersprache hören, und die ersten Katechismen wurden in estnischer und lettischer Sprache gedruckt. Der 1535 in Wittenberg im Auftrag des Revaler Rats gedruckte estnisch-niederdeutsche Katechismus (mit einer estnisch-deutschen Synopse von Wanradt und Koell)[113] ist sogar das erste gedruckte estnische Schriftstück überhaupt; ein Katechismus in lettischer Sprache folgte 1586. Insoweit lieferte die Reformation auch für die Esten und Letten Grundlagen, aus denen sich später ein Nationalbewusstsein herausbilden konnte.

Während die Reformation das Zugehörigkeitsgefühl der Livländer zu Deutschland und zum Reich belebte, hatte sie auf den ohnehin durch den langen Frieden immer entbehrlicher scheinenden Deutschen Orden verheerende Auswirkungen. Die Existenzberechtigung der fünf konföderierten geistlichen Fürstentümer Altlivlands begann nun ernsthaft in Frage gestellt zu werden. Wolter von Plettenberg, mittlerweile neunzigjährig, reagierte auf die Zeichen der Zeit zwar nicht völlig ablehnend, doch so zögerlich, dass bei seinem Tode die Reformen, derer der Ordensstaat so dringend bedurft hätte, nicht einmal ansatzweise eingeleitet worden waren. Nachfolgende Meister nahmen selbst die lutherische Lehre an, doch scheuten sie sich, politische Konsequenzen aus dieser Entwicklung zu ziehen, obwohl die Parallelen mit Preußen auf der Hand lagen und es insoweit an Vorbildern nicht mangelte. Die Umwandlung Livlands in ein weltliches deutsches Fürstentum wäre ein Kraftakt gewesen, der gegen den Widerstand der Ritterschaft hätte durchgesetzt werden müssen. Betrachtet man den Zustand des Ordens in Livland zum Zeitpunkt des Russeneinfalls, verwundert die Passivität des Ordens nicht: Der Deutsche Orden umfasste insgesamt lediglich noch 150 – 200 größtenteils betagte Brüder, die sich in erster Linie der Verwaltung widmeten. Von der Pflicht zu Kriegsdiensten wurde nur noch ein Bruchteil aller wehrfähigen Männer erfasst, wie insgesamt die gesamte Heeresverfassung überaltert war. Zudem brachte das 16. Jahrhundert das Söldnerwesen

[112] *Arbusow*, ebenda, S. 720.
[113] *Garleff*, Die baltischen Länder, S. 24.

hervor, dessen Unterhaltung ungeheure Summen verschlang. So viel Geld aufzubringen scheiterte bereits an den persönlichen Feindschaften unter den Gebietigern, die im Kriegsfall zudem jedes strategische Zusammenspiel unmöglich gemacht hätten. Als man sich 1558 insoweit geeinigt hatte, dass die Tributforderungen des Zaren in jedem Fall zumindest teilweise gezahlt werden mussten, um den Einbruch der russischen Truppen zu verhindern, und diese Summe Ivan IV. angeboten wurde, war es bereits zu spät: Der Zar lehnte ab und ließ sein Heer, welches – mit tatarischen Hilfsvölkern verstärkt – zwischen 30.000 und 70.000 Mann zählte, nördlich und südlich des Peipus-Sees in Liv- und Estland einfallen. Binnen weniger Wochen hatten sie Jerwen im Norden beziehungsweise das Ordensland im Süden erreicht.

In den Chroniken werden die Jahre, die hierauf folgten, detailliert beschrieben. Das Land wurde vollkommen verheert und in vielen Teilen entvölkert. Die Grausamkeiten, die später den Dreißigjährigen Krieg erst vom zweiten Jahrzehnt an bestimmen sollten, kennzeichneten die russischen Heerzüge vom ersten Tag an.[114] Das Wüten der russischen Truppen war flächendeckend. Am stärksten hatte die Landbevölkerung zu leiden, also Letten und Esten; von der estnischen Bevölkerung etwa – der von den Deutschen das Tragen von Waffen verboten worden war – haben lediglich drei Fünftel den livländischen Krieg überlebt. Wie in anderen Kriegen wurde auch in Livland die Heimsuchung als Strafe Gottes für die trägen und reichen vergangenen Jahrzehnte gesehen. Man erwartete das Jüngste Gericht und verfiel in tiefe Religiosität oder Resignation. Nachdem die Ordensfesten Narva und Dorpat zwar nicht kampflos, doch schneller als nötig gefallen waren, befanden sich binnen zweier Jahre alle Festungen (bis auf Weißenstein) – häufig durch Meuterei der Söldner oder Verrat – in russischer Hand.

---

[114] Ungeschönt sind in dieser Hinsicht die zahlreichen Chroniken, welche das Grauen jener Jahre beschreiben. Beispielhaft hierfür *Hennings Chronik* von 1559, 18a: „*Was er [der Moskowiter] aber für Jammer gestiftet, mit schlagen, würgen, morden, unzucht, rauben, wegführung, ungeschonet der ungebornen jungen kinder, und alter Männer und Weiber, und seiner Tyrannischen art nach, bey alle dem, so sich in den noch ubrigen Festungen nicht gesichert, abermals getrieben, das kann niemand der es leider ansehen müssen, ohn sonder groß hertzleid, und bittern threnen gedencken. Man hat der armen unschüldigen kleinen Kinder, nach seinem zurückzuge, etliche viel Wagen und Schlitten voll, hin und wider, auff gemeinen Landstrassen gefunden, von den Zeunen abgenommen, (...) welchen die Heupter, arme, schenckel, abgewesen, und am gantzen Leibe, so erbermlichen und unmenschlichen zerhackt und zermetzget gewesen, Das dergleichen bey Türcken und andern Heyden, auch bey den aller grewlichsten Tyrannen schwerlich in einiger Historien zufinden.*" Die Brutaltät der russischen Truppen ist teilweise kaum in Worte zu fassen (aus den "*Livländischen Historien*" J. Renners): „*In Harrien schneden sye junfern und fruwen dye bursten aff, den mans houwen sye hande und voete aff, worpen ock in einem dorpe 50 kleine kinder in einen soet und dikeden mit steinen tho.*" „*In Jerven schneden sie einem, genant Wilm Wrede, dye syde up, als sye en vorhen woll gegeisselt hadden, fulden die side mit bussenpulver, stickeden dat an und sprengeden ehn also van einander.*" (Rn 71 r, S. 40); „*Einem wartmanne edder oldesten scheden sie dat lif up, negelden einen ende vam darme an einen bohm, geisselden ehn mit peitschen, dat hie alles ingewiede uth dem live und sich doeth liep.*" (Rn 92r, S. 51).

b) Der Weg nach Wilna

Als am 9. Juli 1558 Gotthard Kettler, bis dahin Koadjutor des Meisters Fürstenberg, die Leitung der livländischen Einheiten übertragen wurde, war eine Wiedergewinnung ganz Livlands mit den bestehenden Truppenverbänden schon nicht mehr möglich. Im Herbst 1558 gelang Kettler zwar die Rückeroberung einiger Festungen, doch als Anfang des Folgejahres neue russische Truppen ins Erzstift einrückten und die livländische Hauptmacht bei Ermes im Jahr 1560 eine vollkommene Niederlage erlitt, begann Kettler, im Reich und in Polen nach Unterstützung zu suchen. In Wien erreichte er eine Subsidienzusage des Kaisers, die aber nie zur Auszahlung gelangte. Kaiser Ferdinand I. veranlasste mehrere hundert Schreiben in der livländischen Sache,[115] doch außer einer schriftlichen Ermahnung an den Zaren wurde wenig unternommen. Der Kaiser bat die Nachbarmächte um Unterstützung, doch als das Reich nicht bereit war, für die Kosten eines Einsatzes in Livland aufzukommen, wurden die Zusagen wieder zurückgenommen. Ein kaiserlicher Erlass, der die Ausfuhr von Waffen und Munition nach Moskau verbot, wurde von Anfang an ignoriert. Lübeck hoffte sogar auf eine Verbesserung der Handelsbeziehungen nach Russland und blieb demonstrativ passiv.[116] Die wenigen Städte und Fürsten, die persönlich mit Livland verbunden waren – etwa der Herzog von Mecklenburg – sprachen in Wien vor, doch darin erschöpfte sich auch ihre Hilfe.

Kettler sah sich daher nach fremder Hilfe um. Nach Aufenthalten in Krakau und Wilna konnte schließlich ein Schutzversprechen Polens eingeholt werden. Sigismund August ging nur zögerlich auf das Ersuchen Kettlers ein. Bedingung war neben der Verpfändung einiger wichtiger Schlösser und der Abtretung eines Landesteils an der Düna die Abdankung Fürstenbergs als Meister, die umgehend erfolgte. An seine Stelle trat Kettler. Polen nahm die zugesprochenen Schlösser erst nach und nach in Besitz. Auch die Schutztruppen, die zudem hohe

---

[115] Beispielhaft hierfür ist eine Antwort Kaiser Ferdinands gegenüber dem Ordensmeister vom 17. März 1560: *„Die Rom: Kay Mt. Vnser allergnedigster herr, hat des hochwirdigsten furstn unnd herrn, hern Gotharden Ketteler Maister Teutschs Ordens In Liefflandt, (...) schriftlich furbringen vnd bericht gnediglich angehort, Ir Mt: kann aber auss demselben nochmaln nicht aigentlichen vornehmen, wie die sachen der orth Landes weder des Mucoviterschen kriegs, nach des angenommenen schutz lahben geschaffenn (...)"*. Aus: C. *Schirren*, Archiv für die Geschichte Liv-, Est- und Curlands, Band IV, dort: Nr. 528, S. 281.

[116] Genau genommen nahm Lübeck vor dem Kaiser sogar gegen Riga Partei, wie folgende Antwort des Kaisers vom 23. März 1560 belegt: *„Die Rom. Kay: Mt. Unser aller gnedigster herr hat gnediglich venomen, (...) unnd Ir kay: Mat: was Ir hierInn u thun gebuehret bishere an Ir keinen mangel erscheinen lassen, so kann Ir Mt. nachmals auss demselben nicht weichen, Mit dem verrerm bescheidt, wo ermelter herr Maister, und andere Liefflendische stende solchem Ihres teils, (...) werden Sie bei Irer kay: Mt. derowegen alle gute befurderung befinden. Was dann die schiffart von den sehe steten auff die Reussen belangt, stehet die sach an dem, dweil deshalben ein gesanter,* von denen von Lubeck allhie, das ir Mt: nach gnugsamer vorhorung baider partheien *die pillicheit darunder zcuvorschaffen bedacht ist, Actum Wiehn vnder Irer Mt. Hifur gedrucktem Secret Insigel (...)"* (Hervorhebung durch den Verfasser).

Ansprüche an Unterkunft und Verpflegung stellten,[117] blieben auf insgesamt ca. 1750 Mann begrenzt.

Als Anfang 1560 weitere russische Scharen in Livland einbrachen, versiegte die polnische Hilfe ganz, obwohl immer mehr polnische Truppen das Land besetzten. Ihre Funktion als Schutzmacht trat häufig in den Hintergrund. Erzbischof Wilhelm schrieb schon im Oktober 1560, die Polen hausten *„nicht weniger schlimm als die Tataren“.*[118] Dennoch einigte sich Kettler mit seinen Gebietigern in der Vereinigungsakte vom 5. April 1560 darauf, sich beim weiteren Ausbleiben von Hilfe Polen zu unterwerfen. Mit Marienburg in Lettgallen fiel kurz darauf die letzte Festung des Ordens im Osten. Durch weitere Verpfändungen brachte Kettler zwar das Geld auf, um seine Söldnertruppen zu bezahlen, doch war man gegen die immer stärker anschwellende russische Übermacht letztlich machtlos. Am 2. August 1560 stieß das deutsche Ordensheer bei Walk überraschend auf die russische Hauptmacht. Nach der Niederlage der Ordenstruppen stand allein die Ordensfeste Fellin noch im Besitz Kettlers. Obwohl sie nach Versorgung und Überstellung von Munition einer russischen Belagerung widerstehen konnte, musste sie wegen Meuterei der Söldner am 20. August aufgegeben werden. Fürstenberg, der den Widerstand geleitet hatte, wurde als Gefangener nach Moskau geführt. Reval und die umliegenden Ritterschaften hatten mittlerweile dem schwedischen König Erich XIV. ein Unterwerfungsangebot gemacht, das am 4. Juni 1561 angenommen wurde. Oesel und das Stift Pilten konnten sich erfolgreich unter den Schutz Dänemarks begeben. Auch in Livland schien eine Unterwerfung, hier unter Polen, unausweichlich: Die Polen hatten ohnehin bereits im Lande Fuß gefasst, und ein Ende des Kriegs war nicht in Sicht. [119] Die Unterwerfung war insoweit nur die rechtliche Form für die Verhältnisse, welche in Livland längst zu bestehen begonnen hatten.

c) Die **Pacta Subjectionis** *und deren Bestätigung im* **Pactum Unionis**

Nach langwierigen Verhandlungen in Wilna unter der Leitung des litauischen Großkanzlers Radzivitł, an denen neben dem Meister Fürstenberg auch der Erzbischof und Vertreter der Stadt Riga teilnahmen, unterschrieb Gotthard Kettler am 28. November 1561 die Unterwerfungsakten *(Pacta Subjectionis)*. Der südliche Teil Livlands wurde abgetrennt und in ein polnisches Lehnsherzogtum umgewandelt. Als erster „Herzog von Kurland und Semgallen“ wurde Gotthard Kettler eingesetzt. Das übrige Livland wurde direkt dem König – nicht der Krone – unterstellt. Die Krone, also das Königreich Polen, und die Person des Königs waren zu jener Zeit zwei unterschiedliche Rechtssubjekte. Eine Unterwerfung unter das Königreich Polen hätte der Zustimmung des polnischen Reichstags bedurft. Da König Sigismund *„gegenwärtig aber keine Versamm-*

---

[117] *Von Klot*, Jost Clodt und das Privilegium Sigismundi, S. 36.

[118] In Reval forderte jeder polnische Befehlshaber sein *„eigenes Gemach mit besonderen Küchen und Kellern“*, obwohl die Stadt mit Flüchtlingen überfüllt war. *Wittram*, Baltische Geschichte, S. 69.

[119] Näheres siehe *v. zur Mühlen*, Deutsche Geschichte im Osten Europas, S.180 – 187, S. 182.

lung des polnischen Reichsrats zu halten"[120] vermochte, musste die förmliche Aufnahme in das polnische Reich aufgeschoben werden. In den *pacta subjectionis* heißt es daher weiter: „*§ 1. Indessen damit in der Zwischenzeit (...) das auf alle Art bedrängte Livland nicht in zweifelhafter Hoffnung und in einem unsichern Zustand seinen Angelegenheiten hülflos und der gänztlichen Vernichtung durch seine Feinde ausgesetzt, zurückgelassen, (...) so ist schließlich zwischen Uns, an einer Seite, und dem obengenannten Fürsten und den Abgeordneten der übrigen Stände und der Städte, an der anderen Seite, die Abmachung getroffen worden, daß ganz Livland von jetzt an, Uns als Könige von Polen, Großherzoge von Littauen, (...) unterthänig werde und bleibe, bis wir das bestimmter durch die Einwilligung der Großen des Reiches ausgemittelt haben.*"[121] Auf dem folgenden Reichstag widersetzte sich der polnische Adel jedoch der Aufnahme Livlands; die Gegnerschaft Ivans IV. erschien doch zu riskant. Doch war in den *pacta subjectionis* für diesen Fall bereits Vorsorge getroffen worden: „*Sollten aber, wider unser hoffen, die Reichstände Polens diese Unterwerfung nicht bewilligen (...), soll Livland alsdann, wie gegenwärtig, als bloß dem Großherzogtum Littauen einverleibt, und mit demselben verbunden angesehen werden.*"[122]

Diese Verbindung wurde formell mit dem *Pactum unionis* von Grodno am 16. Dezember 1566 geschlossen. Inhaltlich zeigt der Pakt keine wesentlichen Änderungen, allein der Ductus ist etwas farbiger: Die livländischen Stände hätten gegen „*seine überall auflauernden und nicht gut gearteten Feinde*" nicht geschützt werden können, wenn sie nicht mit dem „*Großherzogtum Littauen in einem bestimmten Bund, Vergesellschaftung und Verbindung, ja gleichsam in einer immerwährenden Verbrüderung...*" trete, die gemeinschaftlich die „*schrecklichen Streitereien*" der Feinde abhalten und dadurch *die* „*entnervte und zerrüttete Provinz dem feindlichen Verschlingen entreissen*" werde. Livland wurde durch das *pactum unionis* allein Teil des Großfürstentums Litauen und hatte keinerlei direkte staatsrechtliche Verbindung zu Polen. Livland war Sigismund August nicht in seiner Funktion als polnischer König, sondern allein als Großfürst von Litauen unterworfen. Dies änderte sich durch die Realunion von Lublin im Jahr 1569, durch welche auch Livland Bestandteil Polens wurde.

Die Livländer fühlten sich mit dem Heiligen Römischen Reich deutscher Nation nicht erst seit der Reformation stärker verbunden als viele andere Reichsteile. Eine Entlassung aus dem Reich vor der Unterwerfung unter Sigismund August war jedoch nicht mehr zu erreichen. Der König kam seinen neuen Untertanen insoweit entgegen, dass bereits in den *Pacta Subjectionis* von 1561 wie auch dem *Privilegium Sigismundi* selbst die aussichtlose Lage Livlands protokolliert wurde, um eine Billigung der Unterwerfung seitens des Kaisers und der Reichsstände zu erleichtern. Sollte diese nicht erteilt werden, so wollte der polnische König „*mit allen Kräften dafür Sorge tragen, daß weder der Fürst*

[120] So der Wortlaut des Vorworts zu den *Pacta Subjectionis*.
[121] *Pacta Subjectionis* vom 28. November 1561. In *Buddenbrock*, Sammlung der Gesetze, § 1 S. 381 ff.
[122] Ebenda § 3, S. 349.

noch die Unterthanen irgend einigen Nachteil an Ehre, gutem Ruf, Güthern und Vermögen, aus dieser unvermeidlichen Unterwerfung erleiden, und auch in keine Reichsacht oder andere Bedrückungen deswegen geraten sollen, oder, wenn sie darein gerathen würden, durch unsere Vorsorge weder öffentlich noch in geheim einige Verdrüßlichkeit zugezogen werde".[123] Auch enthalten die *pacta subjectionis* bereits einige der Privilegien, die am selben Tag formell im *privilegium Sigismundi* bestätigt wurden. In § 8 heißt es: „*1. Ferner haben wir zugesagt, und versichern hiermit wiederholendlich, daß die Unterthanen dieser Provinz ihre deutsche Obrigkeit behalten sollen. 2. Auch sollen die Landesstellen, Justizbehörden, Festungsbefehlshaberstellen, Richterämter, Burggraffschaften und dergleichen nicht anders, als mit eingebohrnen Männern deutscher Nation besetzt werden, so wie wir solches in Preußen zu thun gewohnt sind.*" Nur solange der Krieg mit Russland fortdauerte, solle das *Augenmerk „allein auf Tapferkeit, Treue und Rechtschaffenheit"* gerichtet werden, mit anderen Worten sollten auch Polen, Litauern und Untertanen anderer Nationen der *Rzeczpospolita*, also des polnisch-litauischen Gemeinwesens, die oben genannten Ämter offen stehen.

d) Das Privilegium Sigismundi

Die *Pacta Subjectionis* stellen genau genommen, wie ebenso von von Bunge und Schmidt hervorgehoben wird,[124] nicht den eigentlichen Unterwerfungsakt dar, sondern regeln in erster Linie die Beziehungen des Herzogs von Kurland zu seinem Lehnsherrn, dem Großfürsten von Litauen. In Kurland wurden die *Pacta Subjectionis* daher auch passender *Provisio Ducalis* bezeichnet. Die Urkunde, mit welcher sich die livländischen Stände dem Großfürstentum Litauen (vertreten durch den polnischen König als Großfürst Litauens) unterwarfen, ist das *Privilegium Sigismundi* oder *Privilegium Nobilitatis*. Da der König nach Ausarbeitung des Privilegs Wilna umgehend verlassen musste, wurde die Urkunde nicht sogleich unterzeichnet. Zwar soll die Unterzeichung später nachgeholt und Erzkanzler Radziwiłł mit der Aushändigung des Privilegs an die Stände beauftragt worden sein, doch ist das Original schon damals vor dem Hintergrund der Kriegsunruhen abhanden gekommen, so dass es Livland wahrscheinlich nie erreicht hat. Das Privileg wurde jedoch von Anfang an von den Livländern als „Verfassung" betrachtet und in zahlreichen Abschriften verwahrt. Es diente nicht nur als Grundlage für das Hilchensche Landrecht, sondern auch für jede spätere livländische Kodifikation staatsrechtlichen Inhalts. Auf das *Privilegium* wurde in schwedischer und russischer Zeit – bis zu seiner formalen Außerkraftsetzung durch Zar Alexander III. – immer dann verwiesen, wenn die jeweils herrschende Macht Freiheiten der livländischen Stände einzuschränken versuchte, was aufgrund der unveränderten Gesellschaftsstruktur bis in das 19. Jahrhundert ohne wesentliche Änderung des Wortlauts möglich war.[125] Am selben Tag

[123] Ebenda § 5, S. 397.
[124] *Von Bunge*, Rechtsgeschichte, S. 183; Schmidt, Rechtsgeschichte, S. 142.
[125] *Von Klot*, Jost Clodt und das Privilegium Sigismundi, S. 77.

wie die *Pacta Subjectionis* erlassen, wurde das *Privilegium* ursprünglich nur für den Ordensadel erteilt, doch in seiner Geltung bald auf den gesamten livländischen Adel ausgeweitet. Die Freiheiten waren das Ergebnis ausgedehnter und für die livländische Seite durchaus erfolgreicher Verhandlungen. So hatte das Privileg die Form von Bedingungen, welche die Stände an den polnischen König stellten. Die Vollmachtsurkunde vom 12. September 1561, die Kettler von den Ständen als deren Vertreter ausgestellt worden war, gab klare Vorgaben: *„Wir allesamt sollen bei Ehren, Würden, Herrlichkeiten, Freiheiten, Privilegien, Siegeln und Briefen, deutschen Rechten, Gewohnheiten (...), bei deutscher Herrschaft und Verwaltung betätigt (...) werden"*. Die wichtigsten vier Freiheiten des *Privilegium Sigismundi* finden sich in den ersten sechs Artikeln.

1) Die ersten drei Artikel beziehen sich auf die Beibehaltung des augsburgisch-reformierten Glaubens. *„Art. I. § 1. Zuerst und vor allem flehen wir (...), daß uns unangetastet und unverletzlich gelassen werde, die Religion, wie wir sie nach den evangelischen und apostolischen Schriften der reinen Kirche, nach den Beschlüssen der nicänischen Kirchenversammlung und nach der augsburgischen Konfession bisher bewahret haben, und daß wir niemals durch irgendein Gebot (...) darin bedruckt oder beunruhigt werden"*.[126] § 2 desselben Artikels schlägt demgegenüber einen bestimmteren Ton an: Anderenfalls *„bleibe es uns freigestellet, nach den Regeln der heiligen Schrift, welche will, daß man Gott mehr gehorchen soll, als den Menschen, unsere Religion und die Kirchenbräuche aufrecht zu erhalten, und aus keinem Grunde davon im Geringsten abzuweichen"*. So sehr diese Forderung dem katholischen Selbstverständnis Polens widersprach, so fand sie in König Sigismund, der in Religionsfragen so tolerant war, dass man ihn in Polen mehr als einmal des Protestantismus bezichtigt hat, einen wohlwollenden Adressaten. In den folgenden Artikeln wird der Erhalt der nunmehr protestantischen Gotteshäuser sowie die Errichtung von Hospizen, Witwen- und Armenhäusern für die Kriegsopfer garantiert.

2) Der vierte Artikel bezieht sich auf die Beibehaltung deutscher Obrigkeit sowie deutschen Rechts: *„Da der Stat durch nichts stärker erschüttert und zerrüttet wird, als durch Veränderung von Gesetzen, Gewohnheiten und Gebräuchen, so haben auch E. Königl. Majestät (...) die schriftliche Versicherung erteilen lassen (...), die Beibehaltung deutscher Obrigkeit, und deutscher uns eigenthümlicher Rechte, woran wir bisher gewohnt gewesen, zu bestätigen"*. Die „deutschen Rechte" beziehen sich auf das gesamte, zu jener Zeit in Livland geltende Recht, also dem Gewohnheitsrecht und den schriftlich fixierten Ritterrechten. In § 2 dann findet sich die Rechtsgrundlage des Hilchenschen Landrechts: *„Deswegen bitten wir auch dringend zu dem Behuf, daß ein bestimmtes allgemeines, von allen*

126 Diese sowie die folgenden Übersetzungen aus Buddenbrock, Sammlung der Gesetze, Band I, S. 381 ff.

Landeingesessenen zu beobachtendes Landrecht aus den Gewohnheiten, Privilegien und gefällten Urteilen unter Ew. Königl. Majestät Ansehen errichtet werde, und daß zu diesem Zwecke gleichfalls durch Ew. Königliche Majestät künftige Vorsorge bestimmte, des römischen Recht Erfahrene angestellt werden, welche den erforderlichen Entwurf eines Landrechts anfertigen, abfassen und nach Beistimmung der Livländischen Stände, selbigen Ew. Königl. Majestät zur Anerkennung, Bestätigung und Bekanntmachung unterlegen".

3) Der fünfte Artikel enthält mit dem Indigenatsrecht die für Livland politisch wichtigste Freiheit: „*Die Würden, Landestellen und Hauptmannschaften werden Ew. Königl. Majestät, wie solches bereits zugesagt worden, gleich wie in Preussen, so auch in Livland, bloß mit hiesigen Eingebohrnen, welche mit Güthern gehörig angesessen sind, besetzen lassen*". Im Unionsdiplom schließlich wird jede Zweideutigkeit hinsichtlich des Indigenatsrechts ausgeräumt: „*Da fast alle Einwohner Livlands, nach Abkunft, Sprache, und Gebräuchen, deutsche (...) sind, und daher die Gerichtsstellen, Stadtsämter und Verwaltungen der Schlösser, niemandem besser, als Eingebohrnen übertragen werden können, so wird ihnen und ihren Nachkommen (...) die Verbürgung gestellet, daß auch kümftig die livländischen Obrigkeiten aus Eingebohrnen und Deutschen besetzt, und solches beibehalten werden soll.*" (Art. IX § 1). Eine solche Regelung, die Polen und Litauer von faktisch jedem einflussreichen Posten in Livland ausschloss, stellte für Polen ein wirkliches Zugeständnis dar. Diese Garantie der Selbstverwaltung Livlands wurde in den folgenden Jahrzehnten daher auch am häufigsten in Zweifel gezogen oder zu schmälern versucht.

4) Im sechsten Artikel schließlich wird das „*privilegium de non appellando*" verliehen. In § 2 wird beschlossen, „*daß Ew. Königl. Majestät in der Stadt Riga, als der Hauptstadt des ganzen Landes, Allerhöchst dero bestimmte höchste Richter oder Senatores anordnen, welche aus den Eingebohrnen, von unserer Ritterschaft zu erwählen, von Ew. Königl. Majestät aber zu bestätigen seyn werden*". Nur für „*schwere und höchstwichtige*" (§ 5) Rechtssachen sollte die Appellationsmöglichkeit an den königlichen Thron bestehen.

In den folgenden Artikeln wird den livländischen Ständen zudem das Gesamthandsrecht (Art. VII § 3, siehe S. 104) sowie derselbe – bis dahin höhere – Rechtsstand, der den harrisch-wierischen Vasallen von den dänischen Königen verliehen worden war (Art. X), garantiert. Art. XII enthält das Schutzversprechen Polens, Livland gegen die Moskowiter und jeden anderen Feind, auch aus dem Inneren, „*tätlich zu verteidigen*". Die Verleihung der Gerichtsbarkeit über die Bauern (Art. XXII) hatte als Mittel des Machterhalts eine erhebliche praktische Bedeutung. Die übrigen Artikel enthalten Bestimmungen über das Erb-,

Grundstücks-, Forst- und Straßenrecht sowie Wehr- und Steuerpflichten der livländischen Stände und einige Regelungen des Straf- und des Prozessrechts.

Vom verschollenen lateinischen Original des Privilegs existieren zahlreiche Übersetzungen und deren Abschriften. Im Rahmen der Analyse wurde der Einfachheit halber ebenfalls eine spätere Übersetzung hinzugezogen, und zwar die allgemein gebräuchliche[127] Version Buddenbrocks, der auch die Übersetzung der *Pacta Subjectionis* und des *Pactum Unionis* entnommen ist.[128]

Vom *Privilegium Sigismundi* ausgenommen war zunächst die erzstiftische Ritterschaft. Der Bevollmächtigte Sigismunds, Fürst Nicolaus Radziviłł, brachte am 4. März 1562 mittels der *Cautio Radziviliana*, einem den *Pacta Subjectionis* entsprechenden Unterwerfungsvertrag in 18 Artikeln, auch diese unter polnisch-litauische Oberhoheit.

e) Die Unterwerfung Rigas

Viel länger als Livland hat sich Riga seine Unabhängigkeit bewahren können; es widerstand über 20 Jahre lang allen polnischen Angeboten. Erst am 14. Januar 1581 unterwarf sich Riga Polen durch das *Corpus Privilegiorum Stephaneum*, benannt nach dem damaligen König Stephan Bathory. Riga hatte bis zuletzt versucht, den Status einer, wie es im Āltermannsbuch der Großen Gilde von 1671 heißt, „*keyser fryhe stath*" im Römischen Reich zu erlangen – eine Stellung, die Riga nach dem Ausscheiden Livlands aus dem Reich faktisch bereits hatte. Einer Ordensgesandtschaft gegenüber, die Kaiser Maximilian 1571 in livländischen Angelegenheiten nach Prag bestellt hatte, ging der Kaiser sogar (irrtümlich) von der Stellung Rigas als freie Reichsstadt aus.[129] Am 9. April 1576 verlieh er Riga das Recht, mit rotem Wachs zu siegeln, welches Reichsstädten vorbehalten war. Wie stark sich Riga mit dem Reich identifizierte und wie stark der Widerwille gegen eine polnische Oberhoheit trotz der russischen Gefahr bisweilen war, zeigt der Ausspruch des rigaschen Bürgermeisters Jürgen Padel vom 19. September 1561: Niemals wolle Riga „*deme heiligen Romischen reich Teutzscher nation, deme es (...) gleich wie leib und sehel und alle glieder des leibs mit einander geeinigt, eingeleibt, nuhn leider mit gewalt (...) entrissen, abgeleibet und entlehnet*" werden, da die Herrschaft der „*barbarisch Unteutschen (...) die den Teutschen niemals gut gewessen, ihnen alle hertzleit, wie die wissen so unter ihnen wohnen, zutrieben und nichts anders von art unde natur angeborn haben, dan aus ihrer inhumanitet dem Teutschen blute zugegen und schedlich sein, und was der grossisten contrarieret und ungleichheit unaussprechlich viel mehr (...).*"[130] Doch wurde die Lage der Stadt zum Teil auch reflektierter

---

[127] Auch *von Klot* nutzt diese für seine Arbeit, siehe S. 69.

[128] *Buddenbrock*, Sammlung der Gesetze, Band I S. 381 ff.

[129] *Lenz*, Riga zwischen dem Römischen Reich und Polen-Litauen in den Jahren 1558 – 1582, S. 64.

[130] *Wittram*, Baltische Geschichte, S. 71.

betrachtet.[131] Es war in erster Linie der reichsstädtische Status nahezu vollkommener Unabhängigkeit, nicht so sehr das Gefühl ethnischer Verbundenheit, was die Beharrlichkeit Rigas hinsichtlich seines Verbleibs im Reichsverband begründete.[132] Militärisch hatte sich die Gefahr einer russischen Eroberung Rigas durch die Unterwerfung Livlands beträchtlich verringert. Da die Geschäfte nicht beeinträchtigt wurden und die Hinzugewinnung des polnischen Hinterlandes zahlreiche neue Einnahmequellen im Holz- und Aschehandel erschloss, arrangierte sich Riga bald mit den neuen Herren. Die Vita Hilchens zeigt, wie pragmatisch und anpassungsfähig sich Riga in politischen Fragen zeigte. Bereits 40 Jahre nach dem Verlust ihrer Unabhängigkeit musste die Hansestadt durch den Schwedenkönig Gustav Adolf sechs Wochen hindurch belagert werden, ehe sie sich von Polen trennte und Schweden ergab.

Riga erlebte Ende des 16. Jahrhunderts eine kurze, aber tiefgehende kulturelle Blüte, die nach dem Frieden von Zapolje einsetzte und bis in das 17. Jahrhunderts reichte. Mit Daniel Hermann, Basilius Plinius, Salomon Frenzel von Friedenthal und Johannes Rivius verfügte Livland über Dichter, die das Niveau humanistischer Schaffenskraft auf europäischen Rang hoben. Unter der Leitung Hilchens wurden in jenen Jahren „Kulturstätten von individuellem Wert, eigenen Charakterzügen und gewisser Dauerhaftigkeit"[133] geschaffen. Auch wenn die polnische Herrschaft Livland in einigen Aspekten geschadet hat, so kann ihre positive Wirkung in kultureller Hinsicht nicht bestritten werden: „Sie hat Kräfte mobil gemacht im Abwehrkampf gegen als fremd empfundenes Geistesgut – als fremd nicht im Sinne des Nationalbewusstseins des 19. Jahrhunderts, sondern in einer gesunden und traditionellen Artverbundenheit – und Mittel und Wege zur Kräftigung des livländischen Geisteslebens gefunden."[134] Rhetorisch-argumentative Meisterleistungen, wie sie den Abwehrkampf eines Hermann Samson kennzeichneten, wären ohne die massiven Rekatholisierungsversuche Polens niemals in Erscheinung getreten; die besten Reden Hilchens waren jene, welche livländische Rechte gegen die polnische Übermacht verteidigten. Die geistigen Kräfte Rigas fanden ideell in der polnischen Herrschaft genügend Substanz, an der sie sich reiben konnten, wobei man materiell durch die neuen Absatzmöglichkeiten im polnisch-litauischen Hinterland besser gestellt war als jemals zuvor. Es waren solche optimalen Voraussetzungen, die den rigaschen Humanismus zum Blühen brachten, ehe der schwedisch-polnische Krieg – neben der Großmacht Polen – auch ihm ein jähes Ende setzte.

---

[131] So dichtet Hans Hasentödter, der Verfasser einer Weltchronik, zwischen 1567 und 1571: *„O Riga, nichts beginne / fah jo kein newes an, / und dich wol gar besinne, / wem du bist underthan./ Gott hat dir eltern geben, / fürs erst das römisch reich, / die christlich kirch daneben, / darunter du solt leben, / ob man drumb zürnet gleich."* Aus *Günther*, Hans Hasentödter - ein preußischer Poet des 16. Jahrhunderts, S. 266.

[132] *Keussler*, Verfassungsgeschichte der Stadt Riga, S. 53.

[133] *Spekke*, Alt-Riga im Lichte eines humanistischen Lobgedichts, S. 7.

[134] *Von Ramm-Helmsing*, Das Livlandproblem, S. 127.

3. Auswirkungen der Unterwerfung

a) Die rechtlichen Verhältnisse in Livland um 1561

Im Jahr 1561 galten in Livland gemäß dem *Privilegium Sigismundi* zunächst weiter die *jura Germanorum propria ac consueta*, somit das Land- bzw. landläufige oder stiftische Recht, das neben den ungeschriebenen Rechtsgewohnheiten die Ritter- und Stadtrechte umfasste. Das Ritterrecht war in Form des mittleren Ritterrechts bzw. des umgearbeiteten oder systematischen Ritterrechts auch Mitte des 16. Jahrhunderts noch in Geltung, was der Abdruck des Ersten im Jahr 1537, die Erwähnung des Zweiten im *Formulare Procuratorum* zeigt. Schließlich ist *Formulare Procuratorum* selbst, zum Zeitpunkt der Unterwerfung gerade 22 Jahre alt, eine der während der polnischen Zeit genutzten Rechtsquellen. Ob sich der Gerichtsprozess nach 1561 tatsächlich noch streng am formularartigen Prozessablauf des *Formulare Procuratorum* orientierte, lässt sich mangels Prozessakten aus jener Zeit nicht mehr ermitteln. Wahrscheinlich ist jedoch, dass sich durch den engen Kontakt mit Deutschland der römisch-kanonische Prozess nicht nur im Beweisrecht, sondern auch in Fragen des Prozessablaufs in Livland mehr und mehr durchsetzte.

b) Innerlivländische Gesetzgebung

Verträge der Stände Livlands untereinander, die nach 1561 geschlossen wurden – wie die wendensche Polizeiordnung von 1568, der Landtagsschluss vom Jahre 1573 über das Recht der Gesamten Hand (siehe S. 104) oder der von Sigismund III. bestätigte Vergleich zwischen der Ritterschaft und den Städten Livlands vom 15. Januar 1598 – sind nicht auf die polnische Unterwerfung zurückzuführen, doch charakterisieren sie die Zeit in gleichem Maße.

Die Städte haben in den ersten Jahrzehnten polnischer Herrschaft zahlreiche Änderungen oder Neuerlasse ihrer Satzungen und Statuten vorgenommen. In Riga waren dies beispielsweise die Gerichtsordnung vom 15. Dezember 1581, die Verordnung über Aktenrelationen vom 11. Dezember 1594 oder die Vormünderordnung von 1591; letztere erfuhr noch bis 1798 zahlreiche Neuauflagen. Der severinsche Vertrag vom 26. August 1589 geht auf die maßgebliche Mitwirkung Hilchens zurück und wird im Rahmen seiner Kurzbiographie ausführlicher behandelt werden (siehe S. 49).

c) Polnische Gesetzgebung

Art. 18 III § 3 des *Pactum Unionis* sah eine Ausnahmeklausel gegenüber Art. 16 vor, nach der Polen seine *„landesherrliche Oberherrschaft und Vorrechte bewahret, und seine Hoheitsrechte und landesherrliche Gerechtsame (...) vollständig aufrecht erhalten bleibe."* Polen nutzte diese Klausel für zahlreiche Gesetze und Gesetzesänderungen.

1) Die *Constitutiones Livoniae*

Von den polnischen Gesetzen sind vor allem die *Constitutiones* und *Ordinationes Livoniae* für Livland von Bedeutung. Erstere wurden am 4. Dezember 1582 von König Stephan nach dem Muster der preußischen Verfassung in 25 Artikeln für Livland abgefasst. Sie wurden mit Zustimmung der Reichsräte erlassen und stimmten mit den *Constitutiones terrarum Prussiae* von 1538 größtenteils wörtlich überein. Gedruckt wurden sie zum ersten Mal 1585 in Krakau, bald darauf in Danzig und 1589 abermals in Krakau.[135]

Die Hauptaufgabe der *Constitutiones* bestand darin, polnische Verwaltungsstrukturen auf Livland zu übertragen. Die Ämter des Wojewoden[136] (Art. 3), des Succamerarius[137] (Art. 5) und des Fähnrichs[138] (Art. 6) werden in das livländische Recht eingeführt; alle diese Ämter fanden bis dahin in Livland keine funktionale Entsprechung. Auch der Prozess an den Landgerichten wird nach polnischem Vorbild dargestellt (Artt. 7 – 10), ferner werden das Gemeinderecht (Tit. 14) sowie Aspekte des öffentlichen Ordnungsrechts (Artt. 13, 18 – 24) geregelt. Doch die *Constitutiones* enthielten auch Bestimmungen, die einen klaren Bruch des *Privilegium Sigismundi* darstellten: Dem Augsburgischen Bekenntnis wurde der zweite Platz hinter der katholischen Religion zugewiesen,[139] und neben Livländern sollten nun auch Polen und Litauer Starosten[140] sein dürfen.[141] Auffällig im Vergleich zum *Privilegium Sigismundi* sind auch jene Stellen, welche in den *Constitutiones* ausdrücklich fehlen: Das Versprechen, verloren gegangene Urkunden zu erneuern, ist in den *Constitutiones* nicht mehr erhalten und führte dazu, dass die vom König bestellte Revisionskommission den eingesessenen Adeligen uneingeschränkt ihre Güter absprechen konnten, *„sei es, weil sie die Lehnsdiplome nicht mehr besaßen, sei es, weil man ihnen* (besonders im Bistum Dorpat) *Zusammenarbeit mit den feindlichen Truppen vorwarf.“*[142] Selbst das Wort *„Privilegium“* wird in den *Constitutiones* nicht ein einziges Mal geführt. Aufgrund ihrer generalisierenden Tendenz hatten die *Constitutiones* von

---

[135] *Von Bunge*, Rechtsgeschichte, S. 187.

[136] Livland wurde in drei Gebietskörperschaften (Wojewodschaften) aufgeteilt, die jeweils von einem Wojewoden geleitet wurden. Siehe S. 788.

[137] Der *Succamerarius* ist ein Grenzrichter.

[138] Der Fähnrich im polnischen Sinne ist der militärische Oberbefehlshaber einer Wojewodschaft (s. Fn 257) und unterscheidet sich insoweit vom deutschen Fähnrich, der lediglich den Rang eines Hauptmanns hatte.

[139] **Constitutiones** Art. 2: „De dissidentibus in Religione. Annuimus petitionibus provincialium provinciae Livoniae regiae et hic ad nos factis, ut Augustanae confessionis, quae unica post religionem catholicam illam in provinciam introducta erat, liberum usum illis permittamus.“

[140] Der Starost entspricht dem livländischen Hauptmann, eines unter dem Wojewoden stehenden Beamten, der sich entweder der Strafrechtspflege oder der Verwaltung widmet. Siehe S. 788.

[141] **Constitutiones** Art. 11 : „Praesides et Capitanei, ac quivis incolae Livoniae, sive Poloni, sive Lithuani (...), tam in iudicio terrestre respondere sunt obligati.“

[142] *Staemmler*, Preussen und Livland, S. 80.

Anfang an den Charakter eines Provisoriums. Der polnische König behielt sich vor, diese Bestimmungen jederzeit wieder abzuändern (Art. 25), was die Rechtsposition der livländischen Ritterschaft weiter untergrub.

2) Die *Ordinationes Livoniae*

Die erste *Ordinatio Livoniae* wurde unter Sigismund III. im März 1589 in 16 Abschnitte mit insgesamt 21 Artikeln verfasst. Nach ihrem Vorwort diente sie in erster Linie dazu, die zwischen Polen und Livland bestehenden Unterschiede auszuräumen.[143] Sodann wurde Livland in 29 Starosteien (Präfekturen) eingeteilt, denen je ein Starost polnischer oder litauischer Herkunft vorstehen sollte. Im Anschluss wurden die livländischen Stände angewiesen, ein fremdes Landrecht – namentlich das magdeburgische, sächsische oder preußische – zu übernehmen, da bislang „in Livland kein Recht gegolten habe“[144] – ein vor allem im 19. Jahrhundert häufig zu dem Zweck genutztes Zitat, die angebliche Arroganz Polens anzuprangern. Livländer blieben zwar weiterhin berechtigt, durch den König belehnt zu werden,[145] doch sollten alle Schenkungen bis zur Zeit Erzbischof Wilhelms (1539 – 1561)[146] vorübergehend aufgehoben werden. Auf dem nächsten Reichstag sollten sämtliche Privilegien vorgelegt werden, woraufhin der König über jeden konkreten Fall entscheiden werde.[147] Auf dem Landtag waren die Beschlüsse fortan ausschließlich mit dem kronpolnischen und dem

---

[143] **Ordinatio Livoniae I**, Einleitung: „Iż między narodami Polskim y Wielkiego Xięstwa Litewskiego, około społeczności Ziemie Inflatckiey, przy uniey w konstytucyi Lubelskiey roku 1569 warowaney, przez długi czas, tak za Krola Stephana Przodka naszego, iako też na Elekcyi y Koronacyi naszey, rożnice były: tedy na tym ninieyszym Seymie finaliter za spolnym zezwoleniem oboyga narodow, uspokoiona iest, tym sposobem niżey opisanym, do tey przerzeczoney Lubelskiey konstytucyi ściągaiącym się, ktory ma bydź trzymany wiecznemi czasy, między temi narody, pod obowiązkami przysiąg, na uniey uczynionych.“

[144] **Ordinatio Livoniae I**, Art. 6: „Cum provincia Livonia hactenus nullo iure usa sit, constituimus, ut hoc tempore iure Magdeburgico aut Saxonico utatur, eumque ordinem iudicorum, qui in Prussia retinetur, servet.“ Noch deutlicher das polnische Original (dort Art. 10): „A iż Prowincya Inflantcka do tego czasu prawa swego nie miała, y nie ma, tedy tym czasem używać ma prawa Maydeburskiego, ab Saskiego. (...)“ (Und da die Provinz Livland bis zur heutigen Zeit kein eigenes Recht hatte, und keines hat, so hat es von nun an das Magdeburger oder Sächsische Recht anzuwenden.“).

[145] **Ordinatio Livoniae I**, Art. 18: „Insze zamki y dobra, okrom wyżey omienionych zamkow, maią też bydź Inflantom zasłużonym do dzierżawy podawane, a *minutiora bona* pachołkom chudym zasłużonym, Polskiego, Litewskiego, y Inflantckiego narodow, *in usumfructum advitalem* dawane *aequaliter*.“

[146] Wenn Schwartz in den Neuen Nordischen Miscellaneen, Bd 26/27 S. 382 schreibt, dass alle Schenkungen *seit* der Zeit Erzbischofs Wilhelms an aufgehoben seien, beruht dies auf einer fehlerhaften Übersetzungen des polnischen Originals.

[147] **Ordinatio Livoniae I**, Art. 19: „Co się prywatnych przywileiow Inflantckich obywatelow dotycze: wszystkie ktore od Arcybiskupow, y Mistrow dawane są, aż do Gwilhekma Margrabie Arcybiskupa Ryskiego, utwierdzamy. A iż potym nastąpiły czasy pełne zamieszania, w ktorych siła rzeczy działo się nieporządnie, y enormes et infinitae donationes ludzoim wielu też nie zasłużonym, ktorzyby motus et perfidiam tamtey Ziemie czynili, iuż zaraz odpadaią od wszech przywileiew swych y praw. (...)“

litauischen Siegel zu versehen – all dies „machte die livländischen Adeligen zu Untertanen zweiter Klasse im eigenen Land“.[148]

Das Gesetz beschränkte die Rechte der Livländer so sehr, dass der auf den Erlass folgende Protest König Sigismund III. am 13. April 1598 dazu bewegte, eine zweite *Ordinatio Livoniae*, auch livländische Ordnung genannt, zu verfassen. Diese *Ordinatio* wurde noch Ende desselben Jahres höchstwahrscheinlich in Warschau in Druck gegeben. Der neue Erlass des polnischen Königs bestätigte zwar grundsätzlich die Geltung der *Ordinatio* von 1589 (Art. 1), doch hob sie die Regelung hinsichtlich der Besetzung der Starosteien auf und ließ auch Livländer zu diesen Ämtern zu. Die zweite *Ordinatio* sah auch die Bildung einer Kommission zur Schaffung eines neuen allgemeinen Landrechts im Sinne der *Constitutiones* und der *Ordinatio* vor und war somit der eigentliche Ursprung des Hilchenschen Landrechtsentwurf.[149] Es wurde betont, dass alle Bewohner Livlands – ob Polen, Litauer oder Deutsche – demselben Recht unterworfen seien[150] und dass gerichtliche Vorladungen (im Gegensatz zur ersten *Ordinatio*) nicht mehr mit dem polnischen oder litauischen, sondern dem Siegel der jeweiligen Wojewodschaft zu versehen seien (Art. 11).

Die Zugeständnisse gegenüber Livland erreichten somit zwar längst nicht das Ausmaß des *Privilegium Sigismundi*, doch wurde zumindest die offene Benachteiligung der Livländer durch die erste *Ordinatio* aufgehoben. Auch Wortwahl und Stil deuteten auf ein Mindestmaß an Respekt hin, das die erste *Ordinatio* vermissen ließ: Es war nun nicht mehr von zwei (der polnischen und der litauischen), sondern von drei Nationen die Rede,[151] und despektierliche Äußerungen (siehe Fn. 144) unterblieben.

---

[148] So *Heyde*, Die Adelspolitik Polen-Litauens und Schwedens, S. 551.

[149] **Ordinatio Livoniae II**, Art. 6: „Z strony prawa, ktorymby się ludzie szlacheckiego stanu sądzić mieli, pozwalamy aby się z sobą znieśli: y z prawa Polskiego, Litwekiego, y Inflanckiego dawnego, z Wiadomością Kommissarzow naszych, na iedno prawo zgodzili, zostawiwszy approbacyą onego przyszłemu Seymowi.“

[150] **Ordinatio Livoniae II**, Art. 7: „Ktorym sądom, także y prawu temu, ktore sobie obrać wszystkich trzech narodow ludzie, ktoregokolwiek stanu y kondycyey, ktorzy w tamtey Ziemi maiętności iakie bądź Ziemskie, bądź nasze Krolewskie trzymać będą, podlegać, y posłuszni maią.“

[151] **Ordinatio Livoniae II**, Art. 1: „(...) od wszystkich trzech narodow, Polskiego, Litewskiego, y Inflantskiego (...)“

C. David Hilchen und sein Landrechtsentwurf

I. David Hilchen: Zwischen Polen und Livland

Herta von Ramm-Helmsing war nicht die erste Wissenschaftlerin, die in David Hilchen eine der schillerndsten Persönlichkeiten der livländischen frühen Neuzeit sah. Wurde sein Wirken vor allem im Laufe des 19. Jahrhunderts von deutscher Seite vorwiegend negativ beurteilt, so hielten polnische Historiker Hilchen in hohen Ehren. Sie waren überwiegend der Ansicht, dass Hilchen im polnischen Staat das Prinzip *„der Volksrepresäntation, das sich im übrigen Europa noch nirgends regte"*, und die *„religiöse Toleranz der Jagiellonen bewunderte"*.[152] Tatsächlich blieb Hilchen der polnischen Krone selbst dann treu, als unter Stephan Bathory von einer toleranten Politik keine Rede mehr sein konnte. Doch zögerte er andererseits niemals, Missstände der polnischen Politik offenzulegen und auf diese Weise ebenso livländische Interessen zu vertreten.

1. Kindheit und Jugend

David Hilchen wurde am 9. November 1561 in Riga als Sohn eines Kaufmanns geboren. Beide Eltern entstammten rigaschen Bürgerfamilien, wobei wegen des Verlusts der Kirchenbücher des 16. Jahrhunderts eine detaillierte Herkunftsbestimmung nicht mehr möglich ist. Vor allem die Mitgift der aus wohlhabendem Hause stammenden Mutter ermöglichte David sowie seinen beiden Brüdern, Johannes und Thomas, eine gute Ausbildung. David besuchte die Domschule. Nach der Reformation der Stadt richtete sich der Lehrstoff nach der rigaschen Kirchendienstordnung von 1537, gemäß welcher neben Äsop, Erasmus, Terenz und Plautus auch Vergil, die Metamorphosen des Ovid und Cicero gelesen wurden. Grammatik, Metrik und Mathematik waren ebenso Teile des Lehrplans wie das Lateinische, Griechische und die Grundlagen des Hebräischen. In dem durch Krieg verheerten Land hatte Riga den Anschluss an die humanistische Geisteshaltung nicht verloren. Der Reichtum und die kulturelle Vielfalt, die Händler und Reisende aus ganz Europa in die blühende Hansestadt brachten, schlugen sich in den Ansprüchen nieder, welche die Bürger an die Ausbildung ihrer Kinder stellten.

Als David Hilchen geboren wurde, war die Unterwerfungserklärung Livlands unter Polen gerade neun Tage alt. Die radikale Änderung in den Handelsbeziehungen, die zahlreichen Versuche Polens, auch die selbstbewusste und professionell kalkulierende Handelsstadt seinem Herrschaftsgebiet einzuverleiben, die Auswirkungen immer neuer Zerstörungen durch den – durch die polnische Unterwerfung nicht beendeten – Krieg im Umland sind nur die sichtbaren Zei-

---

[152] *Leliwa*, Biblioteka Warszawska, Band I S. 13: „Dawid Hilchen miał sposobność przyjrzéść się dokładnie stosunkom i organizacyi Polski, widział on w niej wolność prawdziwą, reprezentacyą narodową, o jakiéj Europie nikt jeszcze nie marzył; sam przywiązany do nowéj wiary, podziwiał Jagiellonów tolerancyą religijną: nic więc dziwnego, że został wiernym synem Rzezypospolitéj, na usługi całe swe życie poświęcił."

chen der neuen Zeit, in welcher tatsächlich eine Epoche zu Ende ging: Die Ideologie des Mittelalters, die *Universitas Christianorum*, dem der Ordensstaat seinem Selbstverständnis noch angehörte, begann nun, einer allein an nationalen Interessen orientierten Machtpolitik der Einzelstaaten zu weichen. Das einigende Band war durch die Reformation endgültig gerissen, und die Herrschaft über jenen Staat, dessen Existenzberechtigung sich allein aus dem Schutz und der Verbreitung des Christentums hergeleitet hatte, wurde neben Russland auch von Schweden und Polen angestrebt. Zwar konnte sich Riga seine Unabhängigkeit zunächst bewahren, doch spiegelte sich die ungewisse Zukunft Livlands in der Stimmung seines politischen und wirtschaftlichen Zentrums wider. All dies prägte die Jugendjahre Hilchens, den H. v. Ramm-Helmsing schon in seinen jungen Jahren als einen *„aufnahmebereiten, lebhaften und zugleich besinnlichen Charakter"*[153] sah. Die Wissbegierigkeit und der Ehrgeiz Davids weckten bald die Aufmerksamkeit des Rates der Stadt Riga, so dass man ihn zur Weiterbildung eine Gesandtschaft der Stadt nach Wilna begleiten ließ, wo David sich die Gelegenheit verschaffte, einige Monate lang das Jesuitengymnasium zu besuchen und die polnische Sprache zu erlernen. Zudem knüpfte er wichtige Kontakte: Jan Zamoiski, der polnische Erzkanzler, fand Interesse an dem jugendlichen Gast, so dass er ihn dem jungen Fürsten Alexander von Słuzk als Reise- und Studienbegleiter für dessen Studien in Deutschland empfahl. Tatsächlich gefielen die beiden einander, und sie immatrikulierten sich gemeinsam am 28. Mai 1580 für das Studium der Rechtswissenschaften an der Ludwig-Maximilians-Universität zu Ingolstadt. Doch Hilchen wurde Ingolstadt schnell zu eng. Zudem konvertierte Alexander bald zum Katholizismus, was David – als einziger in der gesamten Gefolgschaft Fürst Alexanders – ablehnte. Die Trennung erfolgte jedoch in gegenseitigem Einvernehmen.

Ob Hilchen unmittelbar hiernach noch an weiteren Orten studiert hat, ist nicht überliefert. Am 18. September 1582 fand sich der Name Hilchens – latinisiert *Dauid Heliconius Livonus* – unter den Immatrikulierten der Tübinger Eberhards-Universität, damals unter dem Rektorat des Johannes Viscerus. In Tübingen hörte er Philosophie und Medizin bei Jakob Schegk, Theologie bei Jakob Herbrand, Rechtswissenschaften bei Nikolaus Varenbuller und Johann Hahmann, Moral bei Samuel Heiland sowie Griechisch bei Martin Crusius.[154] In Tübingen beschäftigte Hilchen sich auch bereits intensiv mit der Thematik seiner späteren Dissertation, dem Erbrecht. Es ist leider nur der Titel einer Druckschrift

---

[153] *Von Ramm-Helmsing*, Hilchen-Biographie, S. 10.

[154] Nach *Bergmann*, der diese Daten in seiner Biographie (im Magazin für Russlands Geschichte, Länder- und Völkerkunde, 1. Band III, S. 128-157, hier S. 134) nennt, studierte Hilchen zunächst in Tübingen und Heidelberg, bevor er mit dem „Jagellonensprößling" (von Ramm-Helmsing) nach Ingolstadt zog. Hierfür spräche, dass nach einer Immatrikulation Ende 1584 gerade ein halbes Jahr Zeit geblieben wäre, um seine Disputation zu verfassen, in die Kanzleidienste Jan Zamoiskis zu treten und die Stelle als Sekretär der Stadt Riga anzunehmen. Die in der Matrikel angegeben Daten sind jedoch unmissverständlich. Zudem wird die oben angegebene Reihenfolge durch einen Brief seines nahen Freundes Caselius unterstützt.

aus der Tübinger Zeit überliefert: „*Dispositio de universali ex testamento succedendi modo, Tubingae 1584*".

David Hilchen ist darauf wieder am 29. November 1584 in der Matrikel der Ruprechts-Universität zu Heidelberg zu finden.[155] Neben Mattheus Entzellinus, dem damaligen Rektor der Heidelberger Hohen Schule, nennt Hilchen als weiteren Lehrer seiner Heidelberger Zeit Valentin Forster. Seine Studien beendete er im Jahr 1585 mit der Disputation: „*De legatis et fideicomissis disputatio in antiqua Heidelbergensi academia sub excellentissimi viri Dni Matthaei Entzellini, V:J:D. Heydelberg 1584*", durch welche er sich die juristische Doktorwürde erwarb.[156] Hilchen konnte in Heidelberg zahlreiche freundschaftliche Kontakte knüpfen, wie sich aus den beiden Lobgedichten *(Carmina)* zweier Freunde, die am Schluss seiner Disputation abgedruckt sind, ergibt.[157] Im Anschluss an seine Studien reiste Hilchen nach Polen zurück. Jan Zamoiski hatte ihm eine Stelle in seiner Kanzlei angeboten, die er dankbar annahm.

David Hilchen konzentrierte sich in seinem Studium vor allem – neben der Rhetorik – auf das römische Recht. Hierbei stand nicht so sehr das wissenschaftliche Interesse im Vordergrund, Hilchen richtete sich vielmehr nach Kriterien der Praxis. Kenntnisse des römischen Rechts und seiner Systematik boten ihm die beste Grundlage für jede gehobene Stellung im Rat oder der Verwaltung der Stadt Riga, und seine rhetorischen Fähigkeiten verschafften ihm Sicherheit auf dem politischen Parkett. Hilchen wollte schon in jungen Jahren die Politik seiner Heimatstadt mitgestalten, wie Caselius mitteilt: „*Nam altius emergere in animo habebat, non solum quia gloriosus, sed etiam ut magis prodesset patriae*".[158] Die polnische Diplomatie war durch die zu jener Zeit blühende Krakauer Universität sowohl juristisch als auch rhetorisch glänzend ausgebildet. Hilchen wollte an deutschen Universitäten das geistige Rüstzeug erwerben, um Riga gegen die polnischen Interessen erfolgreich vertreten zu können. Er war mit diesen Plänen kein Einzelfall: „*Die verfeinerte Diplomatie der nachreformatorischen Zeit, die verwickelten ständischen Rechtsverhältnisse in Territorien und Staat bewirken den Bedarf an Männern, die Wissen, rhetorische Gewandtheit und staatsmännisches Geschick miteinander verbinden.*"[159] Diesen Bedarf nicht nur des eigenen Territoriums, sondern auch fremder Staaten deckten zahlreiche Universitäten, darunter etliche landesfürstliche – und damit immer konfessionell determinierte – Neugründungen jener Zeit.

2. Hilchen in livländischen Diensten 1585-1600

Durch die Unterwerfung Rigas unter die polnische Oberhoheit im Jahr 1582 war die Arbeit eines Sekretärs beim Rat der Stadt Riga noch anspruchsvoller gewor-

---

155 *Toepke*, die Matrikel der Universität Heidelberg von 1386 – 1662, II. Teil 1554-1662, Nr. 206.

156 *Napiersky*, Allgemeines Schriftsteller- und Gelehrtenlexikon, II. Band S. 296.

157 Nämlich Phillipus a Solms und Johannes Rybinski Polonus.

158 Caselius, Briefe S. 250; zitiert aus Ramm-Helmsing, Biographie, ebenda.

159 *Von Ramm-Helmsing*, Hilchen-Biographie, S. 16.

den: Die neue staatsrechtliche Position der Stadt verlangte von den Beamten des rigaschen Rates neben fundierten Rechtskenntnissen rhetorische Verhandlungssicherheit, möglichst auch gegenüber polnischen Unterhändlern, sowie uneingeschränkten Einsatzwillen für die Rechte der Stadt – Aufgaben, denen Ende des Jahres 1586 nicht viele gewachsen waren. Zudem erforderte die Arbeit, die in vielen Fällen in der Vermittlung zwischen sich heftig bekämpfenden Parteien bestand, ein erhebliches Maß an Fingerspitzengefühl. Doch traute der Rat diese Aufgaben dem jungen Hilchen offenbar zu und bedrängte ihn förmlich, die vakante Stelle anzunehmen. Hilchen wusste, was ihn erwartete, und wohl auch sein geringes Alter ließ ihn den verantwortungsvollen Posten nur sehr zögerlich annehmen. Hinzu kam, dass nicht nur einzelne Amtsträger verfeindet waren, sondern auch die Gilden und der Rat in offenem Streit miteinander standen.

Seinen Ursprung hatte dieser Konflikt, der später in die sog. Kalenderunruhen ausartete und mehrere Todesopfer forderte, in der Unterwerfung Rigas unter die polnische Oberhoheit 1581. Der Rat hatte die Unabhängigkeit der Stadt nicht zuletzt deshalb aufgegeben, weil er sich in der polnischen Herrschaft Unterstützung gegen das immer stärkere Machtstreben der Gilden versprach.

Ungenauigkeiten im alten julianischen Kalender hatten bewirkt, dass sich der Jahresbeginn im Laufe der Jahrhunderte immer mehr in Richtung Frühling verschoben hatte. Papst Gregor veranlasste daher 1584 eine umfassende Kalenderreform. Neben der Einsetzung des Schaltjahres war der Verlust von 10 Tagen vorgesehen. Diese Maßnahme musste auf viele Protestanten – zumal dann, wenn sie über die Hintergründe nicht informiert waren – als Inbegriff päpstlicher Willkür wirken. Eine tatsächliche Änderung oder gar Beeinträchtigung des täglichen Lebens ergab sich aus dieser Reform natürlich nicht. Dass sich der Rat bereit erklärte, getreu polnisch-katholischer Weisung im Dezember 1584 den neuen Kalender in Riga einzuführen, war nunmehr ein Vorwand für die Gildenvertreter, dem Rat förmlich „den Krieg zu erklären". Drastische Reformen in der städtischen Selbstverwaltung sollten erzwungen werden. Führer dieser bürgerlich-protestantischen Massenbewegung, die rationalen Argumenten kaum zugänglich war, war der Advokat Martin Giese, der neben der Demokratisierung der Stadtverfassung auch die Vertreibung der Jesuiten erfolgreich durchgesetzt hatte. Als der Rat und die Jesuiten das Weihnachtsfest 1584 nach dem neuen Kalender feierten, stürmte man die Jakobikirche und zertrümmerte Bänke und geweihte Gefäße.[160] Zwei der einflussreichsten Ratsherren, der Syndikus Welling und der Sekretär Tastius, wurden ergriffen und wegen Verrats an der protestantischen Sache angeklagt. Die bald darauf erfolgte Hinrichtung der beiden Männer erlebte Hilchen selbst mit. Welling war sein Vorgänger im Amt des Stadtsyndikus gewesen. Das Sekretärsamt, das Hilchen zuvor bekleidet hatte, war deswegen vakant geworden, weil der vorige Obersekretär Otto Kanne von den Aufständischen aus der Stadt getrieben worden war.[161] Es verwundert daher

[160] *Bergmann*, Hilchen-Biographie, S. 140.
[161] *Napiersky*, Allgmeines Schriftsteller- und Gelehrtenlexikon, II. Band S. 296.

nicht, dass sich Hilchen während der Kalenderunruhen äußerst vorsichtig verhielt, wodurch er sich vor allem auf bürgerlicher Seite – sein lateinischer Name Heliconus wurde auf der Straße zu „Hellenkind" verballhornt – unbeliebt machte. Der Idee nach sympathisierte Hilchen durchaus mit den Aufständischen, war doch auch er überzeugter Lutheraner. Doch verurteilte Hilchen die Form ihres Protestes, die Gewalt, das Eifern und das Schreien, mit aller Schärfe: *„Nachdem der menschlichen vereinbahrung undt geselschafft nichtes mehr zuwieder ist, alß gewalt, undt dieselbe beyde in göttlichen undt weltlichen rechten verboten ist, (...)"*, sollte es nachher im zweiten Buch, Tit. 50, § 1 seines Landrechts heißen.

Der Konflikt war innerstädtisch nicht mehr beizulegen. Giese bemerkte bald, dass er gegen die Übermacht aus Rat, einem Teil der Bürgerschaft sowie der polnischen Unterstützung nichts unternehmen konnte. Er bat in Stockholm Herzog Karl von Södermanland um Hilfe, jedoch ohne Erfolg. Nach dem Tod Stephan Bathorys im Jahr 1586 hoffte er vergebens auf die Wahl Erzherzog Maximilians von Österreich zum König von Polen. Daraufhin versuchte er sich mit Polen in Form von Zugeständnissen zu arrangieren, doch seine Tage waren bereits gezählt: Mitte des Jahres 1589 griffen die Polen militärisch in den Konflikt ein, um dem „Terrorismus der Bürgerschaft"[162] ein Ende zu setzen. Giese und Brincken wurden von einer polnischen Kommission zum Tode verurteilt und am 2. August 1589 hingerichtet. Der rigasche Rat stellte daraufhin einen Vertrag auf, der die Beziehungen zwischen Rat und Bürgerschaft neu regelte. Dieses Abkommen wurde von Hilchen verfasst und am 26. August 1589, dem Severinstag, beeidigt (daher „severinscher Vertrag"). Nach der Vereinbarung war die Bürgerschaft von der Finanzverwaltung ausgeschlossen, was Unmut und Enttäuschung hervorrief, die sich auch gegenüber Hilchen äußerten. Hilchen versuchte daher, jeden Missbrauch der finanziellen Machtstellung durch den Rat zu unterbinden und seine Stellung als Unparteiischer, als bloßer „Notar" des Vertrages, der Bürgerschaft deutlich zu machen, was jedoch auch eine klare Haltung gegenüber unrechtmäßigen Bereicherungspraktiken innerhalb der Bürgerschaft mitinbegriff.[163] Zumindest der Rat war mit seiner Leistung jedoch so zufrieden, dass Hilchen am 2. November 1589, erst 28-jährig, als Stadtsyndikus vereidigt wurde und damit das höchste juristische Amt der Stadt bekleidete.

Gegen die Wiedereinsetzung des Jesuitenordens in Riga, die am 29. April 1591 beschlossen wurde, hatte sich Hilchen am Warschauer Hof so entschieden zur Wehr gesetzt, dass ihn dieser Eintritt für den Protestantismus fast die Freiheit gekostet hätte.[164] Doch Jan Zamoiski bewahrte seinen Protegé nicht nur vor

---

[162] *Keussler*, Verfassungsgeschichte der Stadt Riga, S. 60.

[163] In der Tat waren es die Vorwürfe des Schwarzhandels und der Bestechlichkeit Hilchens gegenüber Ratsmitgliedern, die den Anstoß zu jenem Streit gaben, der die letzten zehn Jahre seines Lebens beherrschte. Als Ecke, der damalige Bürgermeister, sich später zum Intimfeind Hilchens wandelte, trat Hilchen sogar aktiv für die Abschaffung des severinschen Vertrages ein, als er die städtische Gesandtschaft auf dem Warschauer Reichstag im Jahr 1606 gegen den Rat vertrat.

[164] *Tyszkowski*, Polska polityka kościelna, S. 24.

dem Kerker, sondern ging noch weit darüber hinaus: Auf die Vorarbeit Zamoiskis hin wurde die Rolle Hilchens im Kalenderstreit in den polnischen Adelskreisen schließlich so positiv bewertet, dass er auf den gemeinsamen Antrag Zamoiskis, Severin Bonars und Leo Sapiehas 1591 als „Belohnung für seine Verdienste in der Beilegung des Kalenderstreits", wie es in der Urkunde offiziell heißt, in den polnischen Adelsstand erhoben wurde. Nach polnischem Brauch wurden damit die gesamte in Riga lebende Familie Hilchens sowie alle seine legitimen Nachkommen zu polnischen Adligen. Nicht nur gesellschaftlich war dieser Aufstieg kaum zu unterschätzen. Hilchen hatte durch die Nobilitierung Sitz und Stimme in der Landbotenstube, der zentralen administrativ-legislativen Institution im polnischen Reich, und genoss zudem persönliche Immunität.

a) Hilchens Rolle im geistigen Leben Rigas

Hilchen entfaltete in den Jahren seiner Amtstätigkeit in Riga eine kaum zu unterschätzende kulturelle und reformatorische Tätigkeit. Bereits 1588, als 27-Jähriger, initiiert er die Eröffnung eines Buchladens und einer Druckerei[165] sowie die Erweiterung der seit 1543 bestehenden öffentlichen Bibliothek. Angesichts des in Polen bereits blühenden Druckereiwesens, dessen sich die Jesuiten seit 1584 bei ihren Rekatholisierungsversuchen in Livland extensiv bedienten, war Hilchen die Gründung einer städtischen Buchdruckerei ein besonders Anliegen. Im Frühjahr 1588 kam schließlich der holländische Buchdrucker Nikolaus Mollyn nach Riga. Das königliche Privileg, das für den Betrieb eines eigenen Druckereiwesens erforderlich war, wurde ihm jedoch erst 1591 gewährt. Hilchen und der Rat unterstützten in der Folgezeit Mollyn nach Kräften, denn als Verleger vornehmlich protestantischer Schriften – zudem als Auswärtiger – hatte Mollyn im polnischen Verlags- und Druckereiwesen einen schweren Stand. Nur mit Zuschüssen und besonderen Vergünstigungen war eine eigene Druckerei in Riga zu betreiben. Doch die Funktion Mollyns im geistigen Leben Rigas beschränkte sich nicht auf die bloße Produktion von Büchern: *„Da Mollyn auch als Buchhändler tätig und privilegiert ist, ist die Druckerei Rüstkammer des geistigen Lebens: Als Druck, Verlag und Buchhandel (...) ist sie seitdem aktiv in Rigas Leben eingebaut."*[166] Mollyns Druckerei verlegte und druckte neben Büchern für den kirchlichen Gebrauch sowie einem Schulbuch – dem *Libellus ethicus* des Heinrich Möller – zahlreiche Schriften und Reden Hilchens. Ebenfalls in Riga gedruckt wurde eine Anzeige, welche die Einrichtung der Akademie in Zamość ankündigte. Die Akademie ging auf Jan Zamoiski zurück und war in Struktur und Zielsetzung dem Collège de France nachgebildet. Sie sollte im humanistischen Sinne gelehrte Männer, aber auch fähiges Militär heranziehen. Die Akademie wurde erst 1600 eröffnet, doch bestand bereits 1595 eine Schule, an deren Aufbau und Organisation Hilchen maßgeblich mitgewirkt hatte. 1597 bestanden in Zamość bereits vier Fakultäten, namentlich der Theologie,

[165] *Buchholtz*, Die Geschichte der Buchdruckerkunst in Riga, S. 1 ff.

[166] *Von Ramm-Helmsing*, Hilchen-Biographie, S. 30.

der Jurisprudenz, der Medizin und der freien Künste, wie Hilchen in einem seiner Briefe berichtet.[167]

Ebenfalls im Jahr 1588 entwarf er eine neue Konsistorialordnung, die noch im selben Jahr in Kraft trat. Später kamen eine Schulreform (1594)[168] sowie eine neue Waisengerichtsordnung (1596)[169] hinzu. Die Schulreform reagierte auf die seit den Kalenderunruhen mehr und mehr einreißende Disziplinlosigkeit an der Domschule. Auch die Schulordnung des vormaligen Schuldirektors Möller, kurz vor seiner Flucht aus Riga 1589 erlassen, schien keine wesentlichen Änderungen herbeigeführt zu haben. Das neue Schulprogramm wurde am 18. Juli 1594 eingeführt. Die anlässlich dieser Feierlichkeit von Hilchen gehaltene Rede – die zweite von drei Ansprachen, von denen die erste der damalige Bürgermeister (und spätere Feind Hilchens) Ecke, die dritte der von Hilchen berufene Schulrektor Johannes Rivius hielten – verdeutlicht Werte und Interessen Hilchens sehr anschaulich: Die Jugenderziehung und die Schule seien eine der vornehmsten Aufgaben des Staates. In der Befolgung der lutherischen Idee falle die Aufgabe der finanziellen und organisatorischen Leitung der Schule der Obrigkeit zu, die für die Kirche und die Verwaltung den Nachwuchs heranbilden solle. Nach Hilchen war Ziel der Bildung die Erlangung von Wissen und Fertigkeit in der Redekunst, wobei erstere Bedingung für Erlangung der zweiten sei. Die fünfjährige Schulausbildung war nach der Reform Hilchens in drei Fachgebiete unterteilt: In der *Pietas* wurden den Kindern durch Lektüre des Katechismus und der Bibel das Fundament für einen überzeugt und mündig gelebten Glauben gegeben, in den *Mores* durch Schulung des äußeren und inneren Anstandes das moralisch-sittliche Rüstzeug vermittelt, und in den *Institutiones* – dem umfangreichsten Lehrfach – tiefgehende Kenntnisse im Lateinischen und Griechischen, später auch in der Astronomie und der Arithmetik nahegebracht. Den Eltern kämen hierbei vier Aufgaben zu: Sie hätten den Lerneifer der Kinder anzuspornen, dem Knaben den Weg zu den Quellen der guten Lehre zu weisen, den Fleiß nicht durch lästige Verpflichtungen abzulenken und schließlich darauf zu achten, dass in der Rede, der Körperpflege und in der ganzen Lebenshaltung kein die Schule entehrendes Verhalten vorkomme.[170]

Für die Domschule sorgte Hilchen auch später. So überliefert Hildebrandt, dass Hilchen auf Auslandsreisen 1595 und 1597 – 98 nicht nur nach tüchtigen Lehrern Ausschau gehalten, sondern in Deutschland studierende ehemalige Domschüler mit Stipendien bedacht hat.[171] Dies erklärt sich vor allem aus dem

---

[167] Epp. Lib. III, 63 v. 15. Juli 1597, Novum Zamoscium. Zitiert aus: *von Ramm-Helmsing*, Biographie, ebenda.

[168] Diese „*Orationes tres*“ wurden erst 1597 im Druck vollendet, doch haben sie inhaltlich bereits zuvor wegen ihres hohen literarischen Anspruchs und der Lauterkeit der darin verfolgten Ziele weiten Anklang gefunden.

[169] Sie wurde vom polnischen König auf dem Reichstag von 1596 bestätigt.

[170] Die Zusammenfassung basiert auf den Ausführungen *von Ramm-Helmsings*, denen nichts hinzuzufügen ist.

[171] Bericht über den Haushalt und die Verwaltung der Stadt Riga für 1885, S. 587.

wachsenden Druck, der auf die Domschule von Seiten des Jesuitenkollegs ausging. Hilchen mahnt aus Warschau: *„Umb Gottes ehre und unszer gewissen halber bitte flehe und ermane ich man lasz dass Jesuiter-Collegium nicht über die Stadt Mauern wachsen!“*[172], was ihm in Polen schwere Vorwürfe bereitete.

Die letzte große Reform Hilchens, die Kanzleireform von 1598,[173] war eng verbunden mit der völligen Neueinrichtung der rigaschen Kanzlei, die von 1595 an unter der persönlichen Leitung Hilchens vorgenommen wurde. Die rigasche Kanzleiordnung stand am Ende dieser Entwicklung und enthält vom Kanzleiherren bis zum Türschließer Bestimmungen über jeden einzelnen Beamten der Kanzlei. Insbesondere die Registratur und der Kanzleistil werden detailliert geregelt. Hilchen wird sowohl auf seinen Reisen als auch als Syndikus die Schwerfälligkeit des Behördenbetriebs persönlich zu spüren bekommen haben. Er wollte einen schlanken, beweglichen Verwaltungsapparat schaffen, der sich bürgerlichen Wünschen ebenso wie wechselnden politischen Rahmenbedingungen gegenüber offen und flexibel zeigte.

b) Hilchen als politischer Vertreter Rigas

Den Großteil seiner Amtszeit verbrachte Hilchen als Gesandter der Stadt Riga auf insgesamt 21 meist mehrmonatigen Auslandsreisen. Während er auf seiner ersten Gesandtschaft 1586 nur das ihm Aufgetragene ausführte (die politischem Beziehungen Rigas zu Polen waren wegen der Kalenderunruhen in jenem Jahr stark belastet), vertrat er auf dem Wahlreichstag zu Warschau des folgenden Jahres bereits klare realpolitische Forderungen Rigas, die er im Rahmen einer auf polnisch gehaltenen und mit zahlreichen Zitaten aus der griechischen, römischen und deutschen Geschichte versehenen Rede darstellte. Die stetig voranschreitende Aushöhlung der Privilegien sei nicht zu rechtfertigen und würde viele Rigenser zur Auswanderung treiben. Hilchen bewegte sich auf dünnem Eis, denn die Stimmung im Reichstag war anlässlich der Wahl des neuen Königs ohnehin gespannt.[174] Die freundschaftlichen Beziehungen zu Zamoiski, dessen Reputation in Polen nahezu unantastbar war, mögen Hilchen in Sicherheit gewogen haben, von dem Schlimmsten stets verschont zu bleiben. Hilchen suchte daher grundsätzlich die Nähe Zamoiskis und teilte dem Großkanzler seine nächsten Schritte mit, so etwa 1592, als er mindestens zwölf Tage in Zamość weilte. Durch die häufigen Aufenthalte in den höchsten Adelskreisen des polnischen Reiches lernte Hilchen das Wesen der diplomatischen Kommunikation und zahlreiche weitere einflussreiche Persönlichkeiten der polnischen Politik kennen.

Als er 1597 Sigismund III. persönlich in der *„Livoniae supplicantis Oratio“* den einseitigen Bruch des livländischen Privilegs vorwarf, tat er dies nicht nur aus dem Selbstbewusstsein eines erfahrenen Staatsmanns heraus, sondern

---

[172] *Hollander*, Geschichte der Domschule, S. 27; auch Ramm-Helmsing, Biographie S. 37.

[173] Erstmals abgedruckt im Rahmen der Hilchen-Biographie *von Ramm-Helmsings*, dort im Anhang (2. Teil).

[174] Stephan Bathory war verstorben, und als Nachfolger zeichnete sich Sigismund III. ab, der zugleich bereits schwedischer Thronfolger war.

auch in vollendeter Rhetorik und klar subsumierender Argumentation. Zu dieser Rede war Hilchen von den livländischen Landständen beauftragt worden; erst jetzt erfolgte von Seiten Rigas eine Reaktion auf die erste *Ordinatio Livoniae* von 1589. Diese Verspätung ist nicht auf das Bestreben zurückzuführen, zunächst die weitere politische Schwerpunktsetzung des neuen polnischen Königs abzuwarten, sondern in erster Linie auf die nahezu ausschließliche Orientierung Rigas auf Inneres und Geschäftliches. Allgemein scheint es so, als hätte sich die Führung Rigas grundsätzlich stärker und lieber mit Details des täglichen Lebens und – häufig persönlichen – verwaltungsinternen Streitigkeiten befasst, als eine klare außenpolitische Haltung zu formulieren. Dies zeigt sich darin, dass seine Rede in vielen deutschen Städten[175] stärker honoriert wurde als in Riga selbst.

Den Grundgedanken seiner Rede entnimmt Hilchen der naturrechtlichen Auffassung des Staatsvertrages: Livland würden die gleichen Pflichten auferlegt wie jedem anderen Teil des polnischen Reiches. Daher sei es Unrecht, Livland nicht ebenfalls die gleichen Rechte zu gewähren, nämlich jene Privilegien, welche Sigismund August den livländischen Ständen bereits 1561 gewährt habe. Er schildert, wie Livland mit Polen gemeinsam gegen die Russen gekämpft habe, und wie sich Livland zuvor aus eigener Kraft viele Jahrzehnte gegen die russische Gefahr habe wehren können. Nun stünde Livland im Reiche schlechter als in vielen Staaten die Sklaven. *„Warum gilt nicht das gleiche Recht in gleichem Falle? Warum wird nicht in gleicher Weise schnellstens den Wohlverdienten, deren Lebenswandel, Sitten, Tüchtigkeit und Taten erprobt sind, die Belohnung, wie den Verdienstlosen die Strafe zugeteilt? (...) Im Kriegsfall hat der Livländer die Lasten doch selber zu tragen, und für welche Güter solle er dann noch kämpfen: für die Freiheit? Für die Ehre? Für Weib und Kind? Für seinen Besitz? Sie sind ja ohnehin täglich für ihn in Frage gestellt."*[176] Auch in späteren Reden sind es diese Grundmomente, die seine Argumentation für die Gleichberechtigung Livlands bestimmen. In der Biographie Ramm-Helmsings liegen erstmals einige Passagen der *„Suspiria Livoniae"* von 1606 in gedruckter Fassung vor, in denen Hilchen das Wesen und die Existenzgrundlagen eines Vielvölkerstaates noch exakter definiert: *„Deswegen vielleicht, weil die Livländer die deutsche Sprache sprechen, sind sie ausgestoßen und müssen als Fremde angesehen werden (...)? Es sprechen auch die Russen, die Preußen, die Litauer und die Schamaiten in ihrer Muttersprache: und doch störte es sie nicht, mit den Polen zu einer Staatsnation zusammenzuwachsen. Ist es nicht etwa für das polnische Volk ruhmreicher, dass es zu einem Teil der deutschen Nation gehört* (in dem Sinne dass ein Teil des deutschen Volkes innerhalb seiner Grenzen lebt) *und Wohltaten empfängt, als dass gesagt wird, dass er* (das ist der deutsche Teil) *Unrecht erduldet hat (...)? Wie kann es dulden, dass eine so christliche*

---

[175] So erhielt Hilchen Glückwunsch und Beifall von den Gelehrten Heinrich Giese aus Danzig, Chytraeus aus Rostock (der sogar 12 Exemplare zu Weiterversendung anfordert) und Mattheus Dresser aus Leipzig.

[176] S. 18 der *Oratio*, aus dem Lateinischen übersetzt von *von Ramm-Helmsing*, Hilchen-Biographie S. 25.

Republik den Livländern das nicht hält, was es sich selbst zu erhalten wünscht?" Hilchen wies nicht nur auf die drohende Entwicklung hin, die das livländisch-polnische Verhältnis nehmen könne, falls die Unterdrückung fortdauere: *„Seit Gründung der Welt hat es viele Monarchien und Republiken gegeben, die blühten, solange sie die Verträge treu einhielten, und zusammenbrachen, als sie sie verachteten oder den Verträgen Unrecht taten. Die polnische Republik hat um sich feindliche Barbaren wohnen, sie hat aber auch kultivierte re Völker zu Nachbarn: von allen diesen ist sie durch nichts anderes, als durch die Heiligkeit der Verträge und Bündnisse geschützt: Und diese trennende Mauer hat zu bestehen."*[177] Diese Argumentation ist durch und durch modern. Sie ist dem mittelalterlichen Lehnssystem in ihrem Ansatz bereits ebenso fern wie in ihrer Sprache. Es ist nicht das Bittgesuch eines Untergebenen an seinen Herrscher, sondern der Appell eines – wenn auch untergeordneten – Mitglieds eines gemeinsam getragenen Systems an die Führungsebene. In der Rede spiegelt sich zudem das protestantisch-lutherische Obrigkeitsverständnis wider. Hilchen empfand es für Livland als keine Schande mehr, unterworfen zu sein, dem Staat zu dienen. Ebenso wenig nahm er Anstoß daran, Untertan in einem Reich zu sein, welches sich mehr und mehr zu einem Hort des Katholizismus' entwickelte. Auch dieser Haltung liegt ein biblisch-lutherischer Gedanke zugrunde (*„Gebet dem Kaiser, was des Kaisers ist"*, Röm. 13). Doch er wollte Livland als eine Provinz sehen, der Respekt für ihre Treue gezollt wurde. Dieser Respekt zeige sich in der Verleihung des Rechts, seine inneren Angelegenheiten selbst zu führen, da so der Wohlstand gesteigert und die Identifikation der Bevölkerung mit der Obrigkeit gestärkt werde und dadurch auch der Nutzen Livlands für den polnischen Gesamtstaat am größten sei.

Die Ausführungen Hilchens verfehlten ihre Wirkung nicht. Die Rede rief neben dem Erlass der zweiten – für Livland günstigeren – *Ordinatio* auch den Beschluss hervor, eine Kommission zur Abfassung eines Landrechts für Livland einzusetzen, welcher Hilchen vorstand und deren Resultat der Hilchensche Entwurf ist.

All diese Bemühungen erregten in Riga nicht die von Hilchen erwartete Aufmerksamkeit. Die Zerstrittenheit der rigaschen Führung belastete Hilchen bereits in den frühen neunziger Jahren. Zwar war ihm durch die *Instructio ecclesiastica* vom 30. Januar 1590 weitgehende Handlungsfreiheit eingeräumt worden, doch eine einheitliche Linie konnte er in der Stadtpolitik nicht zustande bringen. 1595 warf er dem Rat von Warschau aus vor, Schwächen und Fehler von Kollegen nicht für sich zu behalten, sondern es müsse *„Privathasses halber alles heraus, sollte auch die Stadt drüber zu drümmer gehen"*. Es scheint in Riga damals tatsächlich ein kleinmütiger Geist geherrscht zu haben, die Stadt reich und wohlhabend, aber kleinlich und engstirnig, und das in einer Zeit, in welcher der Krieg ringsum eine verheerte Landschaft hinterlassen hatte und die Gefahr aus Russland längst nicht gebannt war. In seiner Rede anlässlich der Einweihung

[177] *Von Ramm-Helmsing*, Hilchen-Biographie, S 27.

der neuen Kanzlei vom 18. Februar 1598 wies Hilchen die versammelte Bürgerschaft ein weiteres Mal darauf hin, wie *„schädlich und schimpflich doch der Streit unter einer so kleinen Anzahl von Menschen sei"*.[178]

Nicht nur am königlichen Hof und am Hofe Zamoiskis, auch in Livland selbst und anderen polnischen Institutionen vertrat Hilchen die Interessen Rigas. Hilchen beteiligte sich rege als Abgesandter der Hansestadt am Landtage zu Wenden und nahm 1591 als Landbote an den Sitzungen der polnischen Landbotenstube teil, einer Einrichtung, in welcher die maßgebenden steuer- und verwaltungsrechtlichen Entscheidungen fielen. Nach seiner Erhebung in den Adelsstand wohnte Hilchen dem Landtag zu Wenden auch in seiner Funktion als livländischer Adeliger bei.

c) Der Privatmann David Hilchen

Nachdem sich Hilchen bereits 1586, ein Jahr nach seiner Ankunft in Riga, mit Katharina Krumhausen, der Stieftochter des damaligen Bürgermeisters Franz Nyenstädt, verlobt hatte, heiratete er sie am 8. Januar 1587. Nyenstädt war ein gutmütiger Hansekaufmann von konservativer Weltanschauung, weitgereist, geschäftstüchtig; selbst zwar kein Akademiker (Nyenstädt sprach kein Latein), doch fühlte er sich dem Kultur- und Geistesleben der Stadt verpflichtet, wie zahlreiche Spenden und Initiativen zeigen. Nyenstädt verfasste eine Chronik Livlands, die sich zwar nicht durch Objektivität und Tatsachentreue auszeichnete, aber als zeitgeschichtliches Dokument der livländischen Gesellschaft gegen Ende des 16. Jahrhunderts aufschlussreich ist. Ebenso wie Nyenstädt den Ehrgeiz und die fachlichen Fähigkeiten Hilchens bewunderte, beeindruckte der Fleiß und die Ausdauer Nyenstädts (Nyenstädt war 1571 fast mittellos nach Riga gekommen und hatte sich seinen Wohlstand selbst erarbeitet) den jungen David. Hilchens Ehefrau Katharina war eine souverän agierende und zuverlässige Persönlichkeit, die sowohl während der langen Auslandsaufenthalte ihres Mannes als auch während seines Exils die Interessen ihres Ehemanns in Riga mit großem Einsatz vertreten hat. Katharina war zudem eine vielbeschäftigte Mutter; im Jahr 1604 spricht David von seinen acht Kindern. Durch die Ehe mit einer Bürgermeisterstochter brauchte Hilchen auf Finanzielles nur noch wenig Rücksicht zu nehmen. Er besaß mehrere Häuser inner- und außerhalb Rigas sowie sieben Landgüter. Die Gesandtschaftstätigkeit wurde Hilchen zwar lediglich durch Naturalien (Wein) vergütet, doch seine Tätigkeit als Advokat war äußerst lukrativ; er vertrat z.B. im Jahr 1595 in Braunschweig den polnischen König in der Erbstreitigkeit einer kinderlos verstorbenen polnischen Fürstin.[179]

Das Haus Hilchens entwickelte sich in den 90er Jahren zum Treffpunkt des geistigen Lebens in Riga. Die Dichter Basilius Plinius, Daniel Hermann (Schüler des J. Sturm), Salomon Frenzelius und Georg Ciegler, der Pädagoge Johannes Rivius und der Verleger Nikolaus Mollyn gingen ein und aus.[180] Die

---

[178] So *von Ramm-Helmsing*, ebenda S. 38.

[179] *Napiersky*, Allgemeines Schriftsteller- und Gelehrtenlexikon, Bd. II., S. 297.

[180] *Von Ramm-Helmsing*, Hilchen-Biographie, S. 51.

kurze *„Spätblüte der baltischen humanistischen Dichtkunst“*[181] hatte eines ihrer Zentren im Hause Hilchens. Hilchen pflegte den geistigen Kontakt mit vielen gelehrten Männern in Deutschland und Polen. Mit den Theologen Chytraeus in Rostock und Caselius und Rudolph Diephold in Helmstädt, dem Gelehrten und Dichter Friedrich Taubmann in Wittenberg und dem Philosophen Cornelius Martinus in Antwerpen verband ihn ein reger Briefwechsel, mit dem Gelehrten Simon Szymoniwicz (Somonides) und mit Dimitri Solikowski, dem Erzbischof von Lemberg, war er freundschaftlich verbunden.

Während Hilchen für seine Leistungen im Jahr 1595 noch volle Anerkennung gezollt wurde – nach seiner Rückkehr aus Deutschland wurde ihm ein pompöser Empfang bereitet[182] –, rief sein Erfolg auch zunehmend Neider und Missgünstlinge auf den Plan. Vor allem seine guten Beziehungen zu Polen sowie seine zahlreichen polnischen Ämter wirkten verdächtig. Hilchen spürte dies, doch reagierte er trotzig und teilweise herablassend. Als Hilchen Mitte 1598 vom König als schriftführender Leiter der Revisionskommission zur Erarbeitung des livländischen Landrechts nach Danzig und schließlich nach Polen berufen wurde, verließ er Riga zum letzten Mal als freier Mann.

d) Der Prozess zwischen Hilchen und der Stadt Riga

Der Burggraf und Bürgermeister Nikolaus Ecke hatte 100 Tonnen Pökelfleisch ohne Entrichtung der Zollgebühren aus der Stadt geschafft.[183] Als Hilchen diesen Fehltritt vor versammeltem Rat ansprach, begründete er eine Feindschaft, welche die fruchtbare kollegiale Zusammenarbeit des vergangenen Jahrzehnts vergessen machen sollte.[184] Zudem hatte Hilchen, bevor er für die Kommission in Polen tätig wurde, Jakob Gödemann als seinen Stellvertreter eingesetzt, obwohl Ecke diesen Posten seinem Schwiegersohn Thomas Ramm hatte sichern wollen. Es gelang Ecke und einigen Freunden im Rat, Gödemann auf seine Seite zu ziehen, und als sich Hilchen Mitte 1599 in Riga aufhielt, kam es zu wüsten Anschuldigungen gegen die Hilchensche Geschäftsführung. Hilchen ließ sich Ende September zu einer Tätlichkeit gegenüber Gödemann hinreißen, indem er diesen auf der Straße vom Pferd aus mit einer Reitgerte verletzte. Er selbst schilderte den Vorgang ausführlich in seiner „Gegenwehr der Unschuld und Warheit“ (lat. *Clypeus innocentiae)*, einer umfangreichen Verteidigungsschrift, die er 1604 in Zamość und 1605 in Krakau in Druck gab und die er an viele Freunde und Gelehrte in ganz Europa versandte.[185]

---

[181] *Wittram*, Baltische Geschichte, S. 84.

[182] *Von Ramm-Helmsing*, Hilchen-Biographie, S. 53.

[183] *Bergmann*, Hilchen-Biographie S. 123.

[184] Nach dem Kalenderstreit war es Hilchen gewesen, der den vertriebenen Ecke zurück nach Riga geholt hatte, und die Schul- und Kanlzeireform war mit der Hilfe und der Unterstützung gerade auch Eckes zustande gekommen.

[185] *Hilchen*, „Gegenwehr der Unschuld und Warheit“, S. 4: *„(...) und als wir nachmals in der Vorburg aneinander kamen, und in Vorgezenk gerieten, habe ich Ihn mit der Spiesruten (...) ein wenig geschmissen. Aus diesem Füncklein ist alles Fewer entstanden. Das war ein herliche gelegenheit vor Claus Ecken. Der erinnerte sich bald des Fleischhandels, zeiget ge-*

Hilchen wurde auf diesen Vorfall hin Anfang des Jahres 1600 verhaftet, ihm sollte der Prozess gemacht werden. Nur der Initiative seines Freundes, dem wendischen Wojewoden Fahrensbach, der ihn mit Verweis auf den Diplomatenstatus Hilchens als livländischen Landboten umgehend wieder auf freien Fuß setzen ließ, ist es zu verdanken, dass Hilchen von Schlimmerem verschont blieb und die Stadt verlassen konnte. Am 8. Oktober wurde Hilchen in seiner Abwesenheit von einem peinlichen Halsgericht zur Abbitte verurteilt und sein Bildnis vom Henker Martin Gochleben am 14. Januar 1601 öffentlich gezüchtigt.[186] Am 8. Mai 1601 wurde er schließlich zum Tode verurteilt.[187] Als Hilchen nicht wiederkehrte, wurde sein Besitz beschlagnahmt, seine schwangere Frau musste das Haus verlassen, die Kinder wurden bis aufs Blut geschlagen, die Wappenzeichen zerstört.[188] Unter den 14 Anklagepunkten ist – neben dem angeblich versuchten Mord an Gödemann – der des Landesverrats am erheblichsten, der *„proditio"*. Mag dieser Vorwurf angesichts der Mehrung der Privilegien Rigas und Livlands durch die diplomatischen Erfolge Hilchens paradox wirken, so erscheint er plausibler, wenn man die zahlreichen polnischen Ämter in Betracht zieht, die Hilchen im Laufe der neunziger Jahre angestrebt und schließlich eingenommen hatte. Der Vorwurf des Landesverrats bezog sich zudem auf die Vertretung der Landstände. Hilchen war Syndikus der Stadt Riga, und in der livländischen Innenpolitik standen Rechte der Städte und der Landstände in einem Spannungsverhältnis. Lediglich Livland hatte sich 1561 Polen unterworfen. Riga hatte 1581 weitreichende Sonderrechte aushandeln können, die es nun, da sowohl Land- als auch Stadtrechte von demselben Mann vertreten wurden – einem Mann dazu, der die meiste Zeit im Ausland verbrachte und Sprache, Umgangsformen und Staatsidee eines in vielerlei Hinsicht fremdartig wirkenden Volkes verinnerlicht hatte –, zu verlieren fürchtete.

Die vielen Reformen schließlich waren zwar überfällig und erleichterten vieles, doch stellten sie zunächst einmal die Bürgerschaft vor erhöhte Anstrengungen, und viele, denen ihr Sinn nicht einleuchtete, reduzierten sie auf diese Unannehmlichkeiten. Zudem scheute Hilchen sich nicht, wie das Beispiel Eckes zeigt, persönliche Verfehlungen anzuzeigen und zu verfolgen. Hilchen war in vielen Aspekten unbequem und für die geschäftige Hansestadt in einigen Punkten wohl auch zu akademisch-politisch. Die letzten Jahrzehnte hatten gezeigt, dass sich Riga im Grunde nicht um Politik scherte, solange die Handelswege

---

schwinde dem Godeman und seinem anhang an,d as diß eben das rechte mittel were, dadurch ich nicht allein aus der Stadt, sondern gar vom leben köndte gebracht werden. (...)".

186 Bodeckers Chronik, zu Anno 1601, S. 3: *„Den 6. Februarii ist Davidt Hilchen der Stadt Riga gewesener Syndicus zu Riga auff dem Rathhauße für dem gantzen Rathe in Gegenwart Vieler vom Adell, wie auch Bürger und Gesellen, durch den Schraffrichter offentlich außgeruffen worden mit nachfolgenden worten: "Jch Meister Marten Gottleben der heyligen Justitiae Executor alhie zu Riga (...) will in seinem Namen seine Person praesentirende seines, des Hilchens, ehrenrühriges und lügenhafftiges Maul männiglichen zum Abscheu hiermit gezüchtiget haben."*

187 *Napiersky*, Allgemeines Schriftsteller- und Gelehrtenlexikon, ebenda.

188 *Bergmann*, Hilchen-Biographie, S. 134.

erhalten blieben und sich die Höhe der Steuern in Grenzen hielt. Riga war eine Handelsstadt. Es hatte in Riga nie Bestrebungen gegeben, etwa eine Universität zu gründen oder Hauptstadt zu werden. Es wurde Wert auf Bildung gelegt, doch hauptsächlich, da der Wohlstand der Stadt die Mittel dafür zu Verfügung stellte, nicht aus einem inneren Bedürfnis nach geistiger Vervollkommnung. Den Großteil der Dichter und Denker, die in Hilchens Haus weilten, bildeten Nichtlivländer. Hilchen spürte das und reagierte heftig und teilweise beleidigend gegenüber den Rigensern, zunächst auf ausbleibenden Dank, später auf die gegen ihn gerichteten Anschuldigungen. Teilweise schwang auch etwas Verachtung in seinen Briefen mit, wenn er sich etwa als polnischer Adeliger in die Brust warf oder die Gerichtshoheit der Städter abschätzig beurteilte. Er, David von Hilchen, verschreibe sich völlig dem zukünftigen Schicksal Livlands, während die Führung der Stadt seine Energien darauf konzentriere, nachts Pökelfleisch über die Stadtmauern zu schmuggeln – diese Haltung sprach aus vielen seiner Reaktionen dem Rat gegenüber. Aus den Anschuldigungen, die gegen Hilchen erhoben wurden, sprach bald der blanke Hass. Hilchen erwiderte sie vier Jahre später in gleicher Münze in Form des bereits erwähnten *„Clypeus Innocentiae"*. Er erntete größtenteils Zuspruch, was freilich seine missliche Lage nicht zu ändern vermochte. Hilchen nahm Ecke als Richter nicht an und wandte sich an den königlichen Hof in Warschau, der die Sache zunächst an das rigasche Gericht zurückverwies. Da die darauf wieder von Ecke und Gödemann gebildete Spruchkammer, die das Urteil bestätigte, offensichtlich parteiisch war, appellierte Hilchen an das Warschauer Hofgericht. In den folgenden Jahren bewegte sich der Schwerpunkt des Prozesses immer weiter in Richtung grundsätzlicher Fragen der Gerichtszuständigkeit. Die Langsamkeit des polnischen Gerichtsprozesses war schon damals Anlass ständiger Klagen des polnischen Adels auf Reichstagen und Landtagen.[189] Nahezu zehn Jahre sollte sich der Prozess Hilchens hinziehen, bevor der polnische Hof ein abschließendes Urteil fällte. Erst am Sonnabend vor Jubilate 1609 wurde Hilchen von allen Vorwürfen freigesprochen und dem Rat befohlen, Hilchen seinen gesamten beschlagnahmten Besitz zurückzugeben.

3. Im Exil

Von Riga aus flüchtete Hilchen in den Frühjahrsmonaten des Jahres 1600 zunächst nach Warschau, um seinen Prozess mit der Stadt Riga fortzusetzen. Neben seinem Prozess kam er in Warschau und Wilna seinen Pflichten als Landbote nach. In dieser Funktion nahm er in den folgenden zweieinhalb Jahren am polnisch-schwedischen Krieg teil, indem er zusammen mit Zamoiski den Feldzug gegen Karl von Södermanland führte. Hilchen leitete die Belagerung von Wolmar, Fellin, Weißenstein und Dorpat.[190] Ursache des Krieges war ein Erbfolgestreit im schwedischen Königshaus Wasa, nachdem Sigismund III., schwe-

---

[189] *Von Ramm-Helmsing*, Biographie, ebenda S. 60.

[190] Nach Epp. Lib. VI, 71, I, 3, zitiert in *von Ramm-Helmsing*, Biographie, ebenda S. 61.

discher Thronfolger, zum polnischen König gewählt worden war. Inhalt der polnischen Wahlkapitulation war die Abtrennung Estlands von Schweden an Polen gewesen, eine Bedingung, welche zu erfüllen Schweden sich nun weigerte. Der katholische Sigismund III., Sohn einer polnischen Mutter und in Polen aufgewachsen, hatte sich dem Volk seines Vaters längst entfremdet, so dass Schweden die Wahrung seiner Interessen durch seine Herrschaft ohnehin gefährdet sah. Polen hatte den Zenit seiner Macht bereits überschritten, doch Schweden seine Kräfte noch nicht gesammelt, so dass sich der Krieg zwischen den beiden Staaten auf livländischem Boden über 21 Jahre hinzog – eine Katastrophe für die Bevölkerung. Zwar wüteten weder Schweden noch Polen so grausam unter der Bevölkerung, wie es die Russen getan hatten, doch das Land hatte sich vom livländischen Krieg noch längst nicht erholt, und Hunger, Seuchen und Übergriffe der Soldaten dezimierten vor allem die Landbevölkerung aufs Neue. Hilchen war das bewusst, und er äußerte sich mehrfach, dass der Krieg schnellstmöglich zu beenden sei. Hilchen war im Übrigen seinem ganzen Charakter nach kein Soldat, und so nahm er das Angebot Zamoiskis gerne an, in der Akademie von Zamość zu arbeiten sowie dem dortigen Stadtgericht vorzusitzen. Zamoiski überließ Hilchen das Gut Horyszów nahe der Stadt, in welchem Hilchen seinen neuen Lebensmittelpunkt finden sollte. Bald holte er Frau und Kinder nach. Hilchen verfügte noch aus seiner Jugendzeit über vielfältige freundschaftliche Kontakte, so dass er sich in den höheren Kreisen um Zamoiski schnell heimisch fühlte. Die warme und entgegenkommende Aufnahmebereitschaft Polens gegenüber ausländischen Bildungsträgern, die Ramm-Helmsing in vielen ihrer Aufsätze anschaulich darstellt, tat ihr Übriges: Im Gegensatz zu Deutschland mangelte es Polen an Universitäten, so dass das durch den steigenden Wohlstand wachsende Bildungsbedürfnis häufig über deutsche Akademiker gedeckt wurde. Ein großer Teil des königlichen Verwaltungsstabes bestand aus Deutschen.[191] Gemeinsame Ziele und Werte überbrückten in der Regel kulturelle Andersartigkeiten. Zudem war ein Großteil der polnischen Diplomatenschicht neben des Lateinischen auch des Deutschen mächtig, da er in der Regel an deutschen Universitäten (vor allem in Wittenberg, Leipzig, Helmstädt, Rostock und an der Sturm-Schule in Strassburg) studiert hatte.[192] Hilchen übernahm von Horyszów aus zahlreiche Reisen. Auch der rege Briefkontakt nach Deutschland riss nicht ab. Zudem verfasste er seine *„Commendatiuncula Actorum Apostolicorum"*, einen 440-seitigen Kommentar zur Apostelgeschichte.[193]

---

[191] So die königlichen Sekretäre Andreas Volanus und Michael Brutus oder der Hofhistoriograph Stephan Bathorys, Reinhold Heidenstein.

[192] *Von Ramm-Helmsing*, Das Livlandproblem, S. 103.

[193] Dieses Werk, von dem sich eine nicht von Hilchen stammende Abschrift im lettischen Staatsarchiv, Fonda 4038, Aprakst 2, Lietas 852 befindet, war offenbar auch von Ramm-Helmsing bislang unbekannt. Es handelt sich um eine in der Abschrift vom Beginn des 17. Jahrhunderts 440-seitige Abhandlung in lateinischer Sprache, als deren Verfasser Hilchen an sich um so unwahrscheinlicher ist, da sich Hilchen in dieser Zeit mit der Ausarbeitung eines Rechtslehrbuchs beschäftigte und sich auf dem theologischen Gebiet weniger betätigte. Der

Seine Heimatstadt Riga sollte er nicht mehr wiedersehen. Um den 4. Juni 1610, nicht ein Jahr nach seinem endgültigen Freispruch und nun frei, nach Riga zurückzukehren, verstarb David Hilchen auf seinem Gut Horyszów. Doch blieben ihm so weitere Auseinandersetzungen erspart, denn seine Erben stritten noch 1665 mit dem Rat auf Herausgabe der Hilchenschen Güter. Der Großteil seiner Familie verließ im Laufe der Zeit Livland, und seit dem Wegzug Heinrichs von Hilchen nach Grodno im Jahr 1870 und dem Tod Maries von Hilchen 1877, den beiden letzten Trägern des Hilchenschen Namens, lässt sich kein Hilchen mehr in Livland nachweisen.

II. Die Entstehungsgeschichte des „Livländischen Landrechts“

Nach Erteilung des *Privilegium Sigismundi* wurde das Recht, ein eigenes allgemeines Landrecht auszuarbeiten, von den livländischen Landständen zunächst nicht in Anspruch genommen. Polen sah daher die Gelegenheit, mit der Empfehlung eines in Polen bereits herrschenden Rechts die offene Frage zu seinen Gunsten zu lösen und einem möglicherweise nicht genehmen Kodifikationsentwurf zuvorzukommen. Chodkiewicz, der Administrator von Livland, sollte dafür sorgen,[194] dass in Livland das kulmische oder ein anderes Landrecht des preußischen Raums rezipiert würde. Durch die Lubliner Union und die Vereinigung Livlands mit Litauen wurde dieser Plan jedoch wieder fallengelassen, um die rechtliche Lage in Livland nicht zusätzlich zu verkomplizieren. Vielmehr sollte dem König nach den *Constitutiones Livoniae*[195] bloß ein Exemplar des in Livland aktuell geltenden Rechtes zur Bestätigung übersandt werden. Die livländischen Stände kamen der Aufforderung mit der Übersendung des umgearbeiteten oder systematischen[196] Ritterrechts nach, eine Bestätigung durch den polnischen König unterblieb jedoch. Als nach dem Interregnum Sigismund III. polnischer König wurde, wiederholte sich dieser Vorgang: Auf die Anweisung der ersten *Ordinatio* von 1589, ein magdeburgisches oder sächsisches Recht für Livland zu wählen, reagierten die livländischen Stände nicht; sie brachen die Thematik erst auf dem Landtag von 1593 zur Sprache. Nachdem zunächst die Wiedereinsendung des Ritterrechtes favorisiert worden war, setzte sich die livländische Ritterschaft schließlich mit dem Vorschlag durch, den König um die

---

Titel sowie ein handschriftlicher Kommentar, der lose in das Büchlein eingefügt ist, sprechen jedoch für Hilchen als Autor dieser Abeit.

194 Siehe die Anweisung Sigismund Augusts vom 2. August 1566 in Dogiel, Cod. Dipl. T. V. Nr. 145: „Aget etiam, ut certa iura in terra illa recipiantur sive ius Culmense sive quo utitur terra Prussiae aut denique quodcumque alibi sit, prout voluerit.“

195 Siehe dort Art. 14: „Tam in iudiciis terrestribus quam conventionalibus iustitia administrabitur ex praescriptione iuris provincialis in Livonia recepti. Cuius quidem iuris municipalis exemplum provinciales ad nos mittere debent intra quadrimestre, ut a nobis recognoscatur et auctoritate nostra publicetur.“

196 *Von Bunge* schließt dies in seiner Rechtsgeschichte auf S. 190 daraus, dass es von diesem umgearbeiteten Ritterrecht eine lateinische Übersetzung gibt, die höchst wahrscheinlich in diesem Zeitraum zum Zwecke der Übermittlung an den polnischen König angefertigt wurde.

Abfassung eines neuen Landrechts zu bitten. Doch der König blieb untätig, empfahl aufs Neue die Übernahme des sächsischen Rechts und verwies im Übrigen auf die Ausschreibung eines allgemeinen Landtags, auf dem die Angelegenheit behandelt werden sollte.[197] Im Rahmen der Beschwerde der livländischen Stände von 1597, die Hilchen in seiner *Livoniae Supplicantis Oratio* vortrug, wurde schließlich[198] gefordert, selbst ein eigenes Landrecht ausarbeiten zu dürfen. In der daraufhin erlassenen zweiten *Ordinatio* kam Sigismund III. diesem Wunsch nach.[199] Der König setzte eine Kommission ein, welche die rechtliche Situation in Livland zunächst untersuchen und im Anschluss daran ein allgemeines Landrecht entwerfen sollte.[200] Neben Hilchen bildeten der lembergische Erzbischof Johann Dimitri Solikowski, der Castellan Johann Zborowski, der litauische Kanzler Leo Sapieha, der sandomirsche Unterkämmerer Sbigneus Osolinski, der nowgorodsche Hauptmann M. Lenieck, P. Ostrowski von Ostrow, der Dorpater Ökonom B. Schenking, der Dorpater Unterkämmerer B. Holtzschuer und die königlichen Sekretäre N. Niemieszinski und J. Wilczek die Kommission, die sich erst gegen Ende des Jahres 1598 in Livland einfand.[201] Es wurden die Deputierten der Städte sowie des Adels zusammengerufen, um das weitere Vorgehen zu beraten. Am 8. März 1599 beschloss die Kommission, die Ausarbeitung des Landrechts David Hilchen zu übertragen und im Anschluss daran den Entwurf durch die Kommission und Vertreter der Landstände gegebenenfalls korrigieren und bestätigen zu lassen.[202] Hilchen arbeitete das Landrecht innerhalb von nur fünf Monaten (bis Anfang August 1589) aus und legte es den livländischen Landständen der Kommission und den Adelsdeputierten vor. Die

[197] Königl. Rescript vom 26. März 1597: „Ius, secundum quod nobilitatis causae iudicentur, Saxonicum illis permittendum S. R. M. putet – salvis tamen exceptis illorum, si quae excipienda putarit – eiusque rei causa quam primum generalem conventum totius provinciae illis indicere non intermittet."

[198] In der *Oratio* heißt es dementsprechend: „Ius Livonicum, quo provincia ea ab immemorabili tempore usa fuerat [sc. et quod] eiusdem regis mandato vel pervidendum vel corrigendum vel confirmandum regi, qui id etiam per legatos Livoniae se accepisse (...) profitetur, exhibueramus, ad hoc usque tempus iacet."

[199] Dort Art. 6. „Wegen des Rechts, so die vom Adel gebrauchen sollen, geben wir zu, daß sie zusammenkommen, und aus den polnischen, litauischen und alten livländischen Rechten mit Vorwissen der königlichen Kommissarien ein Recht abgefaßt werde, dessen *Confirmation* jedoch dem folgenden Reichstage vorbehältlich."

[200] Königl. Instruction vom 20. April 1598, Dogiel Nr. 214, S. 350: „Ad ius terrestre conscribendum operam dabunt, ut ex omnibus tribus palatinatibus (...) omnium trium nationum homines eosque maxime idoneos deput[e]nt idque mox ab initio commissionis, quo citius (...) negotium hocce finiatur. Confirmationem tamen eius ad Nos ordinesque regni referrent."

[201] Aus *Schwartz*, Versuch einer livländischen Rechtsgeschichte, S. 178.

[202] Im Kommissionsbericht heißt es: „Quod attinet ad ius Livonicum scribendum hoc quidem munus certis quibusdam personis ex tribus palatinatibus a nobilitate universa commissum erat, sed consensu omnium nationum electus est unus, notarius Vendensis D. Dav. Hilchen, qui istud accedente consensu nostro conscriberet conscriptumque deputatis offerret. Qua in re exsequenda dum sedulam ille operam impenderet hocque ius conscripsisset, nos commissarii iam Rigae exsistentes cum deputatis illud examinavimus (...)".

Landstände bestätigten den Entwurf ohne wesentliche Amendationen.[203] Anfang März des Jahres 1600 wurde der Entwurf auf dem Warschauer Reichstag Sigismund III. zur Bestätigung vorgelegt. Der König verabschiedete das Landrecht jedoch nicht, sondern benachrichtigte die livländischen Landstände, dass der Entwurf ein weiteres Mal durchgesehen werden müsse und die Bestätigung auf dem nächsten Reichstag erfolgen werde. Doch wurden durch ein königliches Respons vom 20. März[204] alle Bestimmungen des ersten Buches für gültig erklärt, die den Verwaltungsaufbau Livlands betrafen. Zudem waren alle Richter und Notare berechtigt, nach dem neuen Landrecht zu urteilen – eine Bestimmung, die anscheinend später wieder zurückgenommen wurde, denn als sich die livländische Ritterschaft im Jahr 1606 auf das Hilchensche Landrecht berief, wies der König die am 10. März mit dem Hinweis zurück, dass das Landrecht noch nicht bestätigt worden sei.

Sigismund III. hatte den Entwurf zurückgewiesen, weil mittlerweile der polnisch – schwedische Krieg ausgebrochen war und nahezu die gesamte Aufmerksamkeit des Königs in Anspruch nahm. Doch musste die Passivität des Königs noch andere Ursachen gehabt haben, denn die Unterteilung in Wojewodschaften war faktisch bereits vorgenommen, die neue Gerichtsverfassung bereits durchgesetzt worden,[205] und die nicht umgesetzten Bestimmungen des Landrechts waren zuvor stets auf die volle Zustimmung König Sigismunds III. gestoßen. Tatsächlich waren es die Stadt Riga und der polnische Adel gewesen, die ihren Einfluss am polnischen Hof nutzten, um die Verabschiedung des Landrechts zu verhindern.

Die Vorwürfe des rigaschen Rates gegenüber David Hilchen bezogen sich nicht nur auf angebliche persönliche Verfehlungen, sondern zu einem erheblichen Anteil auch auf die Auswirkungen des Landrechtsentwurfes für Riga. Hilchen hatte zwar den Rat der Stadt Riga dazu aufgefordert, Deputierte zur Bearbeitung und Bestätigung des Entwurfs in die Kommission zu entsenden, da „auch die Stadt einiges Interesse" daran haben könnte. Die Hansestadt hatte sich jedoch von Anfang an geweigert, sich an der Kommission zu beteiligen. Riga urteilte nach Stadtrecht und unterstand in seinen Urteilen nur dem König. Jeder Kontakt mit einem neuen allgemeinen Landrecht konnte diese Stellung nur verschlechtern. Die Befürchtung des rigaschen Rates hätte sich im Übrigen bestätigt: Im ersten Buch etwa, Tit. 19, § 2, wurde das Privileg zur Einrichtung eines Seehafens in Pernau erteilt, welches Riga nur abträglich sein konnte. Zudem wurden im 1. Buch, Tit. 12, § 14 die Privilegien der Stadt Riga formell beschnit-

[203] Die einzige Änderung überhaupt findet sich im zweiten Buch, Tit. 50 (S. 233).

[204] Dieses lag dem Verfasser leider nur in einer deutschen, jedoch zeitgenössischen Übersetzung vor. *„So viel nun anfänglich das Recht und Gerichtsordnung anlanget, sintemahl dieselbe Landschaft in drei Woywodschaften die Richter und Notare, maßen Sie von den Herrn Commissarien verordnet, erhalten und bestätiget, welche alle Sachen im Lande nach dem Landrecht zu richten vollenkommen Macht haben sollen."* Helmersen, Principien der Intestaterbfolge, S. 3 Fn 2.

[205] So *Schwartz*, Versuch einer livländischen Rechtsgeschichte, S. 193.

ten: „*Der rath Riga privilegia, zuvorab so wieder die vom adell, und dero freyheit außgebracht sollen ihnen durchauß nicht schädlich sondern aufgehoben und nichtig sein.*“ Zwar war dies nur eine Bestätigung des auch vorher bereits geltenden Grundsatzes, dass Sonderrechte nie zu Lasten der Privilegien Dritter ausgeübt werden durften, doch dessen ausdrückliche Niederschrift empfand der Rat als Provokation. In Riga wurde die Aufforderung der Kommission als Mittel verstanden, die Stadt indirekt über Mitwirkung an der Bestätigung des Landrechtes an selbiges zu binden. Die Einladung der Kommission wurde daher mit der Anweisung ausgeschlagen, den Rat schriftlich darüber zu informieren, wenn im Landrecht die Privilegien der Stadt betreffende Passagen enthalten sein sollten; im Übrigen wolle man unbehelligt bleiben.

Nicht dem durch den Krieg verheerten platten Land, sondern der reichen und einflussreichen Hansestadt galt das Hauptinteresse Polens, und so nützlich ein neues Landrecht aus polnischer Sicht erscheinen mochte – die Erhaltung der Loyalität Rigas blieb vorrangig. Solange sich Riga nach Kräften gegen das Landrecht sperrte, erschien der polnischen Krone eine Verabschiedung des Entwurfs zu riskant.

Sowohl der höhere als auch der niedere polnische und litauische Adel waren bereits in den vorangegangenen Jahrzehnten die treibende Kraft hinter den Polonisierungstendenzen der königlichen Politik gewesen. Jedes verschriftlichte Landrecht, das auf Betreiben der livländischen Ritterschaft zustande kam, konnte die faktisch unbegrenzten Befugnisse des polnischen Adels in livländischen Angelegenheiten nur begrenzen. Das genaue Ausmaß des Einflusses, den der polnische Adel damals auf das weitere Schicksal des Entwurfs ausgeübt hatte, lässt sich heute nicht mehr ermitteln, doch ist seine Rolle nicht zu unterschätzen.

III. Quellen des Hilchenschen Entwurfs

Der Hilchensche Landrechtsentwurf setzt sich aus zahlreichen Rechten und Rechtsfamilien zusammen. Schmidt hat auf den hohen Anteil litauischen und polnischen Rechts im Rahmen seines Beitrags in der Dorpater Zeitschrift für Rechtswissenschaft hingewiesen.[206] Doch finden sich auch Rechtssätze des mittleren und umgearbeiteten Ritterrechts, der preußischen Rechtsbücher, des Reichsrechts sowie Elemente des livländischen Gewohnheitsrechts wieder. Schließlich ist Hilchen selbst rechtsschöpfend tätig gewesen.

1. Deutsche Rechte

Das deutsche geschriebene Recht dominiert die Quellen des livländischen Landrechts nicht. Wörtlich aus Ritterrechten oder Reichsgesetzen geschöpft hat Hilchen nur in seltenen Fällen. Inhaltlich ergeben sich jedoch häufig so starke Parallelen, dass zumindest die livländischen Ritterrechte und die *Carolina* als Quelle zahlreicher Bestimmungen des Landrechts gelten können.

---

[206] *Schmidt*, Beitrag zur Quellenkunde, S. 65.

Die *kurländischen Statuten* von 1617, die *piltenschen Statuten* sowie die *Consuetudines Livonicae inveteratae et practicabiles* sind jünger als der Hilchensche Entwurf, doch wurden sie noch während der polnischen Zeit geschaffen. Daher wurden sie ebenfalls mit dem Hilchenschen Entwurf verglichen. Da es sich um keine Quellen des Entwurfs handelt, wurden diese Rechte in einem eigenen Kapitel beschrieben und interpretiert („Zeitgenössische livländische Rechte des Hilchenschen Entwurfs“, S. 155).

a) Ritterrechte

Da Hilchen bis auf wenige Ausnahmen keine Bestimmungen der Ritterrechte wörtlich übernommen hat, lässt sich nur schwer ermitteln, welche Fassung ihm vorgelegen hat. Schwartz ging lediglich davon aus, dass Hilchen überhaupt die alten Ritterrechte als Quelle für seinen Entwurf genutzt hatte, konkretisiert diese Auffassung jedoch nicht.[207]

Das mittlere Ritterrecht war die einzige Ausgabe der alten livländischen Rechte, die im Jahr 1599 in der Fassung von 1537 bereits gedruckt vorlag. Es ist wahrscheinlich, dass Hilchen auf diese Ausgabe zurückgriff, zumal sie nachweislich Mitte des 16. Jahrhunderts noch in Gebrauch war.[208] Aus diesem Grund wurde hier – repräsentativ für die übrigen Ritterrechte – das mittlere Ritterrecht zum Vergleich mit dem Landrechtsentwurf herangezogen.

Da die Oelrische Ausgabe von 1773 sehr fehlerhaft ist,[209] wurde auf den Abdruck des mittleren Ritterrechts bei Paucker, Dorpat 1845,[210] zurückgegriffen. Leider wurde das mittlere Ritterrecht hier nur insoweit gedruckt, als es mit dem harrisch-wierischen, rigasch-dörptschen, wiek-öselschen und umgearbeiteten Ritterrecht Parallelstellen aufweist, so dass zum Teil doch die Oelrichsche Ausgabe genutzt werden musste.

b) Constitutio Criminalis Carolina

Die „Peinliche Halsgerichtsordnung“ Kaiser Karls V. hatte sich als Subsidiärrecht Ende des 16. Jahrhunderts in Livland durchgesetzt. Im Hinblick darauf überrascht es, wie wenig sich Hilchen in seinem Landrecht auf die *Carolina* bezog, doch liegen einige Parallelen auf der Hand. Zum Vergleich mit dem Hilchenschen Entwurf wurde die Originalfassung des Reichsgesetzes in der Form herangezogen, wie sie 1824 von Koch gedruckt wurde.[211]

---

[207] *Schwartz*, Versuch einer livländischen Rechtsgeschichte, S. 208: „(...) muss man bedenken, dass [Hilchen] von den einheimischen Gesetzen nichts weiter, als die magern alten Ritterrechte vor sich hatte.“

[208] *Paucker*, Sammlung der Rechtsquellen, S. 9.

[209] So – stellvetretend für viele – *von Bunge*, in: Altlivlands Rechtsbücher, S. 11.

[210] *Paucker*, Sammlung der Rechtsquellen Liv-, Ehst- und Curlands, S. 95 – 230.

[211] Johann Christoph *Koch* (Herausg.): Hals- oder peinliche Gerichtsordnung Kaiser Karls V.

2. Polnische Statuten

a) Geschichte

Vor der Zeit Kasimirs des Großen (1333 - 1370) gab es in Polen keine schriftlichen Rechtsaufzeichnungen. 1347 hatte Kasimir auf dem Reichstag zu Wisliza ein allgemeines Statut entwerfen lassen, welches 151 Gesetze und sonstige Regelungen aus allen Rechtsbereichen enthielt, die jedoch hinsichtlich Anordnung und Bedeutung kein klares System aufwiesen. Seit Kasimir dem Großen hat beinahe jeder polnische König zum Teil zahlreiche weitere Statuten verfasst, welche die vorhergehenden Bestimmungen ergänzten und konkretisierten (die vorhergehenden Statuten wurden durch den Neuerlass nicht aufgehoben). Bis 1549, dem Ende der Regierungszeit Sigismunds I., sind die *„Statuta"* auf Latein, die folgenden, nunmehr *„Constitutiones"* benannten Statuten auf Polnisch verfasst. Die Zahl allein der mit dem Hilchenschen Entwurf Parallelen aufweisenden polnischen Bestimmungen deutet die legislative Produktivität der polnischen Könige seit Kasimir dem Großen an.

b) Die Polnischen Statuten und der Hilchensche Entwurf

Hilchen hat zahlreiche polnische Statuten als Quelle für seinen Landrechtsentwurf genutzt, und zwar ohne Ansehen ihres Alters oder ihrer Bedeutung. Einerseits griff Hilchen häufig auf die ältesten, unter Kasimir dem Großen entstandenen polnischen Rechte sowie die Statuten Sigismunds I. zurück, doch bilden auch die jüngsten Gesetze und Bestimmungen Sigismunds III. einen weiteren Schwerpunkt. Im Folgenden werden die von Hilchen genutzten polnischen Rechte in kurzer Form in der Reihenfolge ihrer Entstehung dargestellt. Dem Namen des Königs in deutscher Fassung folgt in Klammern die Schreibweise, in welcher er in den Statuten auftritt (lateinisch bzw. polnisch).

1) Hilchen nutzte die im Jahr 1347 erlassenen Statuten Kasimirs des Großen *(Casimirus Magnus)*, des letzten Piastenkönigs, ausgiebig.
3) Ebenso griff er auf die Statuten Wladislaws II. *(Vladislaus Jagiello)* von 1420 zurück.
4) Von den Statuten Kasimirs des Jagiellonen *(Casimir Jagellonus)* übernahm Hilchen Regelungen der Krakauer Fassung von 1420 sowie der in Petrikau *(Petricovia/Piotrków)* im Jahr 1447 erlassenen Fassung.
5) Von den Statuten Johannes Alberts *(Joannis Alberti Regis Statuta)* hat Hilchen neben den (Krakauer) Statuten von 1496 und 1504 auch die den Adel betreffenden, 1503 in Petrikau erlassenen Bestimmungen sowie die Gewohnheiten des Landkreises Krakau aus dem Jahre 1505 für seinen Entwurf genutzt *(Sub Alexandro Rege Proceres Petricoviae, Alex. Rex. Consuetudines Terrae Cracoviae)*.
6) Besonders häufig hat Hilchen auf Statuten Sigismunds I. (1467 – 1548) zurückgegriffen: Neben den 1519 zu Brest *(Statuta Sigismundi I. Brestae Cujav)*, 1519 zu Petrikau *(Statuta Sigismundi I. Petricoviae)* und 1532 zu Krakau *(Statuta Sigismundi I. Cracoviae)* erlassenen Statuten hat Hilchen

Teile des *„Processus judicarius"* und den *„Formula Processu Judicarij"* aus dem Jahre 1523 übernommen. Weiter hat Hilchen Passagen der 1538 zu Petrikau *(Statuta Sigismundi I, Petricoviae)* und der in den Jahren 1539, 1540 und schließlich 1543 zu Krakau erlassenen Statuten in sein Landrecht eingearbeitet.

7) Aus der Regierungszeit Sigismund Augusts hat Hilchen Bestimmungen der 1550 in Petrikau erfolgten Bestätigung der Kronrechte *(Potwierdzenie Praw Koronnych za Sigmunta Augusta w Piotrkowie)* und der Konstitutionen von 1562 *(Konstytucye Sigmunta Augusta)* übernommen.
8) Dem letzten Jagellonen Sigismund August im Jahr 1572 folgte Stephan Bathory, Prinz von Siebenbürgen, auf den polnischen Thron, unter dessen Regierung der Warschauer Sejm 1578 neue Konstitutionen erließ, die Hilchen ebenfalls für sein Landrecht nutzte *(Konstytucya za Stephana Krola Seymu Warsawskiego).*
9) Aus den Rechten der Regierungszeit Sigismund III. hat Hilchen Teile der Konstitutionen des Warschauer Sejms aus den Jahren 1588, 1589 und 1598 übernommen *(Konstytucye Seymu Warsawskiego Koronacyi Roku* (für 1588, sonst: *za Zygmunta)).*

c) Inhalt

Die polnischen Statuten regeln das Rechtslebens innerhalb der *Rzeczpospolita* in allen Aspekten. Aufgrund der großen Anzahl und der zum Teil beträchtlichen Länge einzelnen Statuten kann ihr Inhalt an dieser Stelle nicht im Einzelnen dargelegt werden; es sei insoweit auf die (im dritten Abschnitt abgedruckten) Statuten selbst hingewiesen. Sie sind ausnahmslos den ersten beiden Bänden der *Volumina Legum* entnommen. Herausgeber dieses – auf private Initiative erfolgten[212] – Kompendiums, das sämtliche polnischen Gesetze aus der Zeit von 1347 bis 1780 enthält, waren Jozef Załuski und Stanisław Konarski. Der erste Band enthält alle Statuten bis 1549 – also bis zum Ende der Regierungszeit Sigismund I., Band II alle zwischen 1550 und 1609 erlassenen Statuten. Enthalten sind übrigens auch solche Rechte, die gar nicht von der Krone stammen, aber in anderer Form Einfluss auf das polnische Rechtsleben hatten, wie etwa die Bulle Papst Gregors XI. von 1374, welche die Überprüfung *(reprobacija)* einiger übernommener Artikel des sächsischen und magdeburgischen Rechts betraf.

Die Universitätsbibliothek Tartu verfügt über alle acht Bände der 1732 – 1788 erschienen Reihe im Original. Band II liegt sogar in einer handschriftlichen lateinischen Übersetzung vor. Der genaue Titel der ersten beiden Bände lautet *„Volumina legum Tom. I et II. Leges, statuta, constitutiones Privilegia Regni Poloniae, Magni Ducatus Lithuaniae, omniumque Provinciarum Annexarum, a Comitiis Visliciae Anno 1347 celebritatis usque ad ultima Regni Comitia."* (so im ersten Band) beziehungsweise *„Prawa, konstytucye y przywileie Krolestwa Polskiego, y Wielkiego Xięstwa Litweskiego, y wszystkich Prowincyi*

---

[212] Näheres bei *Kutrzeba*, Historija żrōdeł dawnego prawa polskiego, Kap. XV. S. 243 ff.

należących: Na Walnych Seymiech Koronnych od Seymu Wiślieckiego Roku Pańskiego 1347 aż do ostatniego Seymu Uchwalone." (im zweiten Band). Als Erscheinungsort und -datum ist jeweils Warschau, 1733 angegeben. Die heutige Signatur lautet 4 – IV B Tartu Riikliku Ülikooli Raamatukogu 831 (für Band I) bzw. 832 (für Band II).

3. Litauische Statuten

Der Anteil litauischer Statuten als Quelle des Hilchenschen Entwurfs ist gering. Nur im ersten und zweiten Buch lassen sich vereinzelt Stellen finden, die offensichtlich litauischem Recht entnommen sind.

a) Geschichte

Bis zur Personalunion Litauens mit Polen unter Vladislaw Jagiello verfügte Litauen über kein geschriebenes Recht. Es herrschten die alten litauischen, russischen und polnischen Gewohnheitsrechte. Vom 15. Jahrhundert an wurden Privilegien und Gesetze auf Volksversammlungen erlassen, die das Großfürstentum einberief. Das erste Rechtsbuch, das alle Gesetze, Privilegien und Gewohnheiten zusammenstellen und vereinheitlichen sollte, wurde von König Sigismund I. im Jahr 1522 in Auftrag gegeben. 1529 war die Arbeit (die Kompilatoren sind unbekannt) vollendet, und die Sammlung, welche heute als *„altes litauisches Statut"* bekannt ist, wurde nach Bestätigung durch den König zum 1. Januar 1530 verabschiedet. Dieses Rechtsbuch, welches in ruthenischer (alt-weißrussischer) Sprache verfasst ist, ist nie gedruckt worden, und auch Abschriften des Statuts sind heute äußerst selten.

Da sich im alten Statut erhebliche Widersprüche fanden und Vorschriften zum gerichtlichen Verfahren gänzlich fehlten, veranlasste Sigismund August eine umfassende Umarbeitung des Statuts, die nach zwei Revisionen (1564 und 1566) bestätigt wurde und seitdem unter dem Namen *„Statut Sigismund Augusts"* oder *„Wolhynisches Statut"* bekannt ist. Auch dieses Statut war auf Ruthenisch verfasst und ist nie in Druck gegeben worden, doch sind viele polnische Übersetzungen und zahlreiche ruthenische und russische Exemplare erhalten.

Die Realunion Polens mit Litauen im Jahr 1586 war Anlass für eine dritte Reform des Litauischen Statuts. Alle den neuen staatsrechtlichen Verhältnissen widersprechenden Regelungen sollten ausgesondert und das materielle Recht gründlich reformiert werden. Dem Auftrag König Sigismunds III. kamen die Deputierten nach, indem sie die Gerichtsordnung und das Erbrecht verbesserten und vervollständigten sowie weitere Lücken mit Hilfe von Bestimmungen aus dem *Corpus Iuris Civilis* und dem kanonischen Recht schlossen. Das Statut wurde am 28. Januar von König Sigismund III. bestätigt. Im Gegensatz zu früheren Kodifikationen wurde es in Wilna unverzüglich sowohl in ruthenischer als auch in polnischer Sprache in Druck gegeben (tatsächlich gedruckt wurde zunächst nur die ruthenische Version. Die erste polnischsprachige Ausgabe erschien im Jahr 1614). Vom dritten Statut sind zahlreiche Neuauflagen erschienen, so auf Polnisch in den Jahren 1648, 1693, 1744 und 1786.

b) Inhalt

Hilchen hat das dritte, neueste Statut vorgelegen. Es ist in 14 Abschnitte (*Rozdziały*) unterteilt, die ihrerseits durch einzelne Artikel, im Ganzen 488 Stück, gegliedert werden. Der Vergleich mit dem bloß 368 Artikel zählenden zweiten Statut veranschaulicht das Ausmaß der Erweiterung. Die Methodik der Gliederung unterscheidet sich kaum von anderen zeitgenössischen Kodifikationen (z.B. Kap. V: *Über Aussteuer und Mitgift*; Kap. IX: *Über Testamente*; Kap. XI: *Über Güterrecht*).[213] Der polnische Einfluss ist unter den Änderungen sehr stark, doch blieben – vor allem im Prozessrecht – einige bedeutende Eigentümlichkeiten erhalten.[214] Dass das polnische Recht nicht die Hauptquelle dieses dritten Statuts darstellte, sondern im Wesentlichen eine litauische Schöpfung blieb, zeigt sich in der Entscheidung, das Statut nur auf altweißrussisch, der traditionellen Rechtssprache Litauens, zu drucken. Nach Mikalauskas[215] hielt der Litauische Kanzler Sapieha (litauisch *Sapiega*) eine Übersetzung des Statuts ins Polnische gar für „unpatriotisch".

Da auch die polnischen Abschriften bloße Übersetzungen der Urschrift darstellen, ist für den Vergleich mit dem Hilchenschen Entwurf keine polnische Ausgabe des Statuts gewählt worden, sondern eine deutsche Übersetzung des dritten Statuts. Die Handschrift aus dem Jahre 1632 befindet sich heute in der Universitätsbibliothek Tartu. Dieser Band trägt als „*Littauisches Statuten-Buch*" (so der Buchrücken) den Titel „*Das gantze Statuten Buch des Groß Fürsten-Thumbs Littawen. Aus dem Polnischen ins Teütsche gebracht und geschrieben.*" und umfasst das gesamte dritte Statut in einer klaren, altdeutschen Handschrift auf 598 Seiten zuzüglich eines Registers. Die Sprache der Übersetzung ähnelt der des Hilchenschen Entwurfs. Die heutige Manuskriptnummer ist 134, acc. 8478.

4. Das *Jus terrestre nobilitatis Prussiae*

Vor allem die Tit. 6 – 10 und 25 – 26 des ersten Buches sowie die Tit. 12 – 28 des dritten Buches sind nahezu ausschließlich dem *Jus terrestre* entnommen. Da es sich hier um bedeutende staats- und verwaltungsrechtliche Bestimmungen sowie um den Großteil des gesamten Prozessrechts handelt, verdient das *Jus terrestre* eine genauere Betrachtung.

a) Geschichte

Das *Jus terrestre* ist eine Ergänzung zum Kulmer Landrecht, dem Recht polnisch-Westpreußens. Die Inkorporationsprivilegien aus dem Jahre 1454 bestimmten, dass auf den nunmehr polnischen Gebieten des Deutschen Ordens neben dem magdeburgischen, polnischen altprussischen Recht das Recht der Stadt Kulm gelten sollte.[216] Wie Livland 1561, so war auch Preußen 1454 nicht durch

---

[213] Freie Übesetzung der polnischen Titel.

[214] *Kutrzeba*, Historija źródeł dawnego prawa polskiego, Bd. I, S. 78 ff.

[215] *Mikalauskas*, Das Strafrecht der drei litauischen Statuten, S. 106.

[216] *Kutrzeba*, ebenda Bd. I rozdział III 3., S. 38 ff.

Eroberung, sondern durch freiwillige Unterwerfung an Polen gefallen (im Gegensatz zu Livland jedoch direkt an die Krone). Preußen hatte sich ebenfalls die Beibehaltung sämtlicher Rechte, Freiheiten und Handfesten durch Polen ausbedingen können.[217] Im Jahr 1476 wurde unter König Kasimir dem Großen die preußischen, magdeburgischen und pommerschen Rechte abgeschafft und durch das Kulmer Recht ersetzt,[218] welches zu jener Zeit bereits weit verbreitet war. Die weitere Entwicklung des Kulmer Rechts verlief ruhig, bis im Jahr 1526 der Widerspruch der Städte eine bereits vorbereitete Reform des Kulmer Rechts verhinderte, da sich die Städte durch die Verfassung neuer Landessatzungen im Frühjahr desselben Jahres gegenüber dem Adel benachteiligt fühlten.[219] Erst 1554 war die Revision des kulmischen Rechts so weit fortgeschritten, dass königliche und fürstliche Abgeordnete in Heilsberg das neue Recht den Ständevertretern zur Überarbeitung übergeben konnten. Doch waren der Adel und die Städte uneins über den Geltungsbereich des reformierten Rechts; auch konnten sich nun königliche und adelige Vertreter über zahlreiche Bestimmungen nicht mehr einigen, so dass die Durchsicht 1566 unvollendet beendigt werden musste. Ein Beschluss, der hinsichtlich der ungeklärten Regelungen im Folgejahr in Heilsberg getroffen werden sollte, kam nicht zustande. Ab 1567 begann man hinsichtlich derjenigen Rechtsfragen, für welche sich mit dem Herzog keine Einigung erzielen ließ, eigene Bestimmungen zu schaffen. Im Jahr 1577 kursierte bereits ein Entwurf für ein solches Adelsrecht, der vom kulmischen Wojewoden zu Neumarkt eingebracht worden war, in der Praxis jedoch nicht angenommen wurde.[220]

Auf einen von den preußischen Ständen am 7. März 1580 in Neumarkt gefassten Antrag hin wurde dem westpreußischen Adel schließlich die königliche Genehmigung erteilt, ein besonderes Adels- und Landrecht auszuarbeiten. Am Entwurf dieses Landrechts waren neben Vertretern des Adels nun auch die westpreußischen Städte beteiligt, und so zogen sich die häufig unterbrochenen Verhandlungen bis ins Jahr 1598 hin. Die verfassungsrechtliche Bestätigung der Genehmigung durch das Konstitut von 1589 beschleunigten die Arbeiten nicht. Wie stockend die Verhandlungen liefen – das Kulmer Landrecht wurde bereits hinsichtlich seiner Geltung für die ganze Provinz Preußen angezweifelt – schildert Lengnich in seiner „*Geschichte der preußischen Lande polnischen Anteils*".[221] Neben der Frage, inwieweit die zu Heilsberg erfolgte Revision nur für die Städte oder auch für die Landsassen bindend gewesen sei, war vor allem die Bedeutung der Zugehörigkeit zum polnischen Reich für das kulmische Recht umstritten: Neben der herrschenden Meinung, dass das kulmische Recht kraft des Kasimirschen Privilegs stets von Polen als für ganz Preußen bindend aner-

---

217 § 20 und § 27 des zwischen Polen und Preußen geschlossen Vergleichs, der in den Privilegien der Stände des Herzogtums Preußen unter Nr. 5 zu finden ist.
218 *Bartels*, Jus Culmense ex ultime revisione, S. 32 f.
219 *Bartels*, ebenda S. 34.
220 *Bartels*, ebenda S. 46 § 84.
221 *Lengnich*, Geschichte der preußischen Lande, Band III, S. 359 ff.

kannt worden sei, wurde auch die Ansicht vertreten, dass anlässlich des Abfalls vom Deutschen Orden ein ganz neues Recht aus kaiserlichen, sächsischen und magdeburgischen Rechten sowie polnischen Statuten gebildet werden müsse.[222] Der Entwurf, der am Ende dieser Entwicklung von der preußischen Ritterschaft schließlich genehmigt wurde, basierte auf der Abhandlung des Historikers Reinhold Heidenstein[223] über Erbrecht und Prozess in Preußen.[224] Wie in Livland hatten auch in Preußen die Städte jegliche Beteiligung am Entwurf verweigert, da das *Jus terrestre* einen besonderen Schwerpunkt auf die Wahrung ritterlicher Privilegien – vor allem im Erbrecht – legte, an deren Bestand die Städte kein Interesse hatten. Im Gegensatz zum livländischen Landrecht wurde der preußische Entwurf, der nur zwei Jahre vor dem Hilchenschen in Warschau vorgelegt worden war, durch König Sigismund III. bestätigt. Dem preußischen Adel wurde gestattet, Änderungen des Gesetzes mit königlicher Genehmigung vorzunehmen[225] – ein Recht, welches von den Ständen umgehend in Anspruch genommen wurde. Auf einem allgemeinen Landtag wurden im Juli 1599 zahlreiche Nachbesserungen am Gesetz vorgenommen, deren Resultat das vorliegende *Jus terrestre nobilitatis Prussiae correctum* ist. Es ist noch im selben Jahr in Thorn gedruckt worden und bereits 1622 ein zweites Mal aufgelegt. Im Jahr 1625 ist es in Thorn in drei Sprachen übersetzt und vervielfältigt worden; zu dem lateinischen Original kam nun eine deutsche und polnische Fassung hinzu. Auch danach wurde das *Jus terrestre* mehrfach neu aufgelegt (so 1647, 1685, 1728, 1736, 1739, 1749 und 1754).

b) Inhalt

Das *Jus terrestre correctum* (auf Polnisch *korektura pruska*) zählt 158 Artikel, die in sieben Titel über die Erbfolge, über Schenkung und Testament, über Vormünder, über Verjährung, über Gerichte, über den Prozess in Zivilsachen und über Besonderheiten des Familienerbrechts unterteilt sind. Das *Jus terrestre* umfasste nicht das gesamte Adelsrecht im polnischen Teil Preußens, sondern regelte lediglich die Abweichungen vom allgemeinen Kulmischen Recht, welches subsidiär auch in Adelssachen weiter gilt. Es hat viele Bestimmungen des polnischen Kronrechts übernommen, dem es nachgebildet ist, doch finden sich selten wörtliche Parallelen. Das *Jus terrestre* wurde zum Teil an polnischen Gerichten angewandt, doch formell nie als ebenfalls in anderen polnischen Provinzen geltendes Recht anerkannt.[226]

Vom *Jus terrestre* sind insbesondere die beiden letzten Titel nahezu vollständig in den Hilchenschen Entwurf übernommen worden.

---

[222] *Lengnich*, ebenda S. 467 ff.
[223] *Schmidt*, Beitrag zur Quellenkunde, S. 67.
[224] Die Abhandlung Heidensteins geht ihrerseits auf eine Arbeit Nicolaus Niewiczińskis zurück, eines pomerellischen Landboten.
[225] Der Titel wurde daher von *Jus terrarum Prussiae* in *Jus terrestre nobilitatis Prussiae* abgeändert.
[226] *Kutrzeba*, Historija żródeł dawnego prawa polskiego, Band I, Rozdział III 3, S. 39.

Für diese Arbeit wurde ein Druck des 17. Jahrhunderts genutzt. Es wurde, da das Original in lateinischer Sprache verfasst war, eine lateinische Version gewählt, deren Druckjahr jedoch schwer bestimmbar ist; der Druck selbst gibt weder Verlagsort noch -jahr an. Während der Stempel der Universitätsbibliothek Tartu das Jahr 1655 vermerkt hat, ist handschriftlich das Erscheinungsjahr 1660 eingetragen – zudem beides Daten, an denen keine Neuauflage des *Jus terrestre* stattfand. Das gut erhaltene Büchlein zählt 32 beidseitig bedruckte Seiten à 14,5 mal 17,5 cm und wird von einem dreiseitigen Vorwort Sigismunds III. eingeleitet. Die Artikel der einzelnen Titel sind nur durch Absätze gekennzeichnet. Die Nummerierung der einzelnen Artikel erfolgte durch den Verfasser.[227]

5. Das römische Recht

David Hilchens Kenntnisse des römischen Rechts, die er sich in Ingolstadt und Heidelberg angeeignet hatte, haben auch seinen Landrechtsentwurf geprägt. Doch fand im Vergleich zu zeitgenössischen und früheren deutschen Rechtsschöpfungen wie dem Freiburger Stadtrecht Ulrich Zasius' von 1520, dem Laienspiegel Ulrich Tenglers oder den Brantschen Klagspiegel von 1516 das materielle römische Recht selten Eingang in den Hilchenschen Entwurf. Allein im Schuld- und Personenrecht ist ein starker römischrechtlicher Einfluss spürbar. Das Hilchensche Landrecht steht jedoch auch nicht in der Tradition hanseatisch-norddeutscher Rechte, in denen deutschrechtliche Elemente prägend waren; hierfür sind die polnisch-westpreußischen Einflüsse zu dominant. Zudem hat das römische Recht indirekt – über das polnische Recht – stärker Eingang in den Hilchenschen Entwurf gefunden, als ein direkter Vergleich des Landrechtsentwurfs etwa mit den Digesten Justinians vermuten lässt. Formal ist bereits der Aufbau in jeweils ein Buch zum öffentlichen Recht, zum Zivil- und Strafrecht sowie zum Prozess und zur Gerichtsverfassung dem in Polen üblichen System nachgebildet, welches seinerseits auf die klassische Einteilung des Gaius in *personae*, *res* und *actiones* zurückgeht. Bereits Prilusius[228] hatte in seinen *Statuta regni Poloniae*[229] aus dem Jahre 1548 das polnische Recht nach justinianischem Vorbild unterteilt, nämlich nach *personae* im ersten, nach *res* im zweiten und dritten und nach *actiones* im vierten Buch.[230] Nach Danilowicz[231] soll die Justinianische Ordnung der Institutionen bereits im Jahr 1532 von Taszicki für

[227] Nicht übernommen werden konnte die numerische Einteilung Oswald Schmidts, da diese nicht der Zahl der eindeutig die Sinnabschnitte kennzeichnenden Absätze entsprach und insoweit teilweise missverständlich war.

[228] Jakob Prilusius war katholischer Priester und Jurist, der sich jedoch zu den Lutheranern bekannte und heiratete. Aus: Johann Heinrich *Zedler*, Universallexikon, Bd. 29, S. 248.

[229] "Statuta regni Poloniae methodica dispositione propter faciliorem omnium causarum ex iure antiquo et novo definitionem conscripta", Krakau 1548.

[230] Die Titel der Bücher lauten: *I. De personis regni*; *II. De iure ac rebus seu fundis fisci regii; III. De rebus ac fundis regni municipum*; *IV. De iudiciis et actionibus terrestribus.* Die inhaltliche Anordnung des fünften und sechsten Buches (*V. De provinciis*; VI. *De re militari*) geht dagegen wieder auf polnische Eigenarten zurück.

[231] *Danilowicz*, Historischer Blick auf die Litthauische Gedsetzgebung, S. 387.

nianische Ordnung der Institutionen bereits im Jahr 1532 von Taszicki für seine Ausgabe der polnischen Gesetze zugrunde gelegt worden sein.

Das Hilchensche Landrecht ist ebenfalls in drei Bücher unterteilt. Der innere Aufbau des zweiten Buches folgt den Institutionen Justinians. Hier hat Hilchen im Personenrecht auch materiell einige der Institutionen zum Teil wörtlich übernommen. Nach O. Schmidt[232] stimmt das System des Hilchenschen Entwurfs am meisten mit dem *Promptuarium statutorum* von Szcerbic[233] überein, welches ebenfalls in sechs Bücher nach der Ordnung des Prilusius unterteilt ist, aber zudem die *Constitutiones* – die sich ebenfalls im Hilchenschen Entwurf finden – und einen ausführlichen Auszug aus beiden *Ordinationes* enthält. Das Werk muss Hilchen bekannt gewesen sein, da das in die Kompilation einleitende Gedicht von ihm für diesen Zweck verfasst wurde.

Das römische Recht in Livland

Da Livland in den ersten Jahrhunderten der Kolonisierung unter der Herrschaft geistlicher Landesherren stand, deren kanonisches Recht auf römischem Recht fußte, waren Grundkenntnissen des römischen Rechts in Livland von den ersten Anfängen vorhanden.[234] Ähnlich Norddeutschland hatte des römische Recht in Livland damals noch lange keine praktische Bedeutung gewonnen, und wenn sich zahlreiche Urkunden auf die Anwendung der „Rechte der christlichen Kaiser“ beziehen, ist darunter zu diesem Zeitpunkt noch nicht das Justinianische Recht zu verstehen. Erst im 16. Jahrhundert – namentlich auch durch die sich auf Livland beziehende Verordnung Kaiser Karls V. vom 18. April 1566 – ist das „kaiserliche Recht“ mit dem gemeinen Recht gleichzusetzen. Diese Verzögerung wurde unter anderem dadurch verursacht, dass Livland nach der Verleihung eines *Privilegium de non appellando* im Jahr 1424 in fast keiner Beziehung mehr mit dem Reichskammergericht stand, das nach gemeinem Recht urteilte.

Zu jener Zeit bildete die Rückkehr livländischer Studenten aus Deutschland die Hauptursache für die allmähliche Durchsetzung des römischen Rechts in der Praxis. Wurden im Spätmittelalter zunächst nur wenige Studenten zum Studium nach Italien geschickt, so wurde das Studium an einer deutschen Universität für die Söhne der wohlhabenden Kaufmannschaft und des Landadels zwar auch im 16. Jahrhundert noch nicht zur Regel, aber doch zu einer zunehmend geübten Praxis, denn mangels livländischer Universitäten[235] war ein sol-

---

[232] *Schmidt*, Beitrag zur Quellenkunde, Fn 26.

[233] Der volle Titel lautet „Promptuarium statutorum omnium et constitutionum regni Poloniae“.

[234] Zu alldem vertiefend *von Bunge*, Das römische Recht in den deutsche Ostseeprovinzen Russlands, S. 4 ff.

[235] *Russow* in den Chronica der Provinz Lyfflandt: „*Des hebben ock etlicke vam Adel ere Kinder up de hoge Scholen, unde an Hern unde Försten Höfe gar verne, in Düdeschlandt geschickt, unde sick apentlick hören laten, se wolden nemande raden, dat he syne Söns lange in Lyfflandt by sick beholden scholde, denn se tho huss nichts lerenden, unde wenn se gelick wat*

ches Studium die einzige Möglichkeit, eine akademische Ausbildung zu erlangen. Da sich der Handel fast ausschließlich mit norddeutschen Hansestädten sowie Russland und anderen Regionen abspielte, denen das römische Recht im ersten Fall zumindest nicht gängig, in den andern Fällen vollkommen fremd war, blieb es den heimkehrenden Absolventen deutscher Hochschulen vorbehalten, römischrechtliche Akzente im Rechtsleben Livlands zu setzen. Wie fremd Livland das römische Recht bis in das 15. Jahrhundert geblieben war, bezeugen die Rechtsbücher, und zwar in Form der Ritter- als auch der Stadtrechte. Entfernte Parallelen zum römischen Recht, wie sie etwa das mittlere Ritterrecht aufweist, sind stets nur mittelbar über den Sachsenspiegel in die livländischen Rechtsbücher gelangt. Über den regen Handelsaustausch mit Deutschland setzten sich jedoch zumindest im Prozessrecht römischrechtliche Grundsätze, vornehmlich zur Beweislehre, in dem Maße durch, in welchem sie in Deutschland bereits Gewohnheitsrecht bildeten.[236]

Die Bedeutung des römischen Rechts wuchs dennoch stetig. Engelbrecht von Mengden, Verfasser des livländischen Landrechts von 1643, schöpfte eine ganze Reihe von Bestimmungen unmittelbar aus dem *Corpus Iuris Civilis*,[237] und die meisten Lehren des Obligationenrechtes – insbesondere die Gesamtschuldnerschaft (Buch II Kap. 17 § 45) – entsprechen den Pandekten zumindest in der Methode.[238] Die erste livländische Kodifikation, die auch materiell römisch-rechtlich geprägt ist, ist das Estländische Ritter- und Landrecht von Phillip Crusius (Krusenstjerna), das 1650 der schwedischen Königin Christina vorgelegt, doch ebenfalls nicht bestätigt wurde. Anders als der Hilchensche und Mengdensche Entwurf wurde es dennoch von der Praxis angenommen und galt über einen Zeitraum von mehr als 200 Jahren.[239] Das estländische Landrecht bezeichnete das römische Recht sogar offiziell als Subsidiarrecht.

Um die Analyse des Hilchenschen Entwurfes nicht ausufern zu lassen, wurde sie auf einen Vergleich des Livländischen Landrechts mit den Institutionen Justininians als repräsentativem Querschnitt römischrechtlicher Wertungen beschränkt. Hierfür wurde die Ausgabe der Institutionen des *Corpus Iuris Civilis* von Behrends/Knütel zugrunde gelegt, Heidelberg 2. Auflage 1999.

---

lereden, so were doch ein Hussgetagen Kindt, als ein Rindt unde unerfaren, wenn he noch so klock were." Zitat abgedruckt in *von Bunge*, Römisches Recht, S. 7.

[236] *Schmidt*, Rechtsgeschichte, S. 60.

[237] So Buch II Kap. 15 „De causis matrimonialibus", Kap. 16 „De donationibus" und Kap. 18 „Von der Verjährung".

[238] *Blaese*, Bedeutung und Geltung des römischen Privatrechts in den baltischen Gebieten, S. 47.

[239] *Blaese*, ebenda S. 48.

IV. Inhalt und Bedeutung des Hilchenschen Landrechts

Aufgrund der beträchtlichen Länge des Landrechts sind die Bücher – zusätzlich zu den Titeln – in weitere Kapitel unterteilt worden. Zu Beginn jedes Kapitels wird die Herkunft der einzelnen Titel und ihrer Paragraphen tabellarisch dargestellt. In einem weiteren Schritt wird die Herkunft der jeweiligen Rechtssätze näher erläutert und der Inhalt der untersuchten Normen kurz zusammengefasst.

Die Quelle der Norm wird, soweit ermittelbar, in der jeweiligen Fußnote in der Sprache abgedruckt, in welcher sie zuerst erschienen ist. Eine Ausnahme bilden allein die „litauischen Statuten".[240] Das Original wurde auf altweißrussisch (kyrilliza) verfasst, und auch wenn dieses Vorgehen in gewisser Hinsicht inkonsequent ist, sind in dieser Arbeit der Einfachheit halber[241] die oben aufgeführte zeitgenössische deutsche Übersetzung der entsprechenden Normen abgedruckt. Jedes Kapitel wird jeweils von einer Interpretation abgeschlossen.

Schon aus Platzgründen konnte nicht auf jeden einzelnen der insgesamt 599 Paragraphen eingegangen werden; zudem differieren die Bestimmungen sehr stark in Bedeutung und Aussagekraft. Inhaltlich wurden alle Titel dargestellt oder – soweit nebensächlich – zumindest gestreift. Im Rahmen der Interpretation musste eine Auswahl getroffen werden, die jedoch den wesentlichen Aussagen des jeweils behandelten Titels gerecht wird. Die Interpretation eines jeden Abschnitts behandelt jeweils zusätzlich einen ausgewählten politischen, sozialen oder kulturgeschichtlichen Aspekt, der für die Gesamtkodifikation grundlegende Bedeutung hat und im jeweiligen Abschnitt besonders deutlich zutage tritt.

Vorwort / Das 1. Buch: Verfassungs- und Verwaltungsrecht

1. Vorwort (S. 185 – 187)

Das Vorwort bezieht sich auf das gesamte Landrecht und wurde von Hilchen am 20. März 1600 verfasst. Es ist als Reaktion auf eine königliche Resolution zu sehen, die am selben Tag erlassen wurde. Die Resolution erklärte alle Bestimmungen, welche die unmittelbare Verwaltung und den Erhalt der öffentlichen Ordnung des Landes betreffen, bis auf weiteres für anwendbar. Hilchen bedauert, dass der Entwurf, der auf so große Akzeptanz gestoßen und ohne wesentliche Änderungen von den Landständen angenommen worden sei, nicht verab-

---

240 Eine Ausnahme bilden insoweit ebenfalls das *Privilegium Sigismundi*, die *pacta subjectionis* und das *pactum unionis* (siehe dazu S. 35 ff.).

241 Zum einen ist es äußerst schwierig, diese Drucktype – die mit dem heutigen Kyrillisch nur entfernte Ähnlichkeiten aufweist – im Rahmen elektronischer Datenverarbeitung überhaupt zu verwenden. Der Aufwand wäre auch in der Hinsicht unverhältnismäßig gewesen, dass der Schwerpunkt dieser Arbeit auf der Klärung rechtlicher, nicht so sehr sprachlicher Zusammenhänge liegt.

schiedet worden sei. Mehrmals äußert er die Hoffnung, dass dies auf dem nächsten Reichstag nachgeholt werde.

Neben der Aufteilung in drei Wojewodschaften waren es hauptsächlich Bestimmungen der Gerichtsverfassung, die nach Wunsch des Königs bereits vor Verabschiedung des gesamten Landrechts gelten sollten. Alle Sachen seien vor den ordentlichen Gerichten abzuhandeln, mit Ausnahme der Strafsachen, für welche die Wojewoden zuständig seien. Als letzte Instanz solle jährlich ein Tribunal aus sechs rechtserfahrenen Männern gewählt werden. Diese Übergangsvorschriften entsprechen nur teilweise dem Hilchenschen Landrecht. Abweichende Bestimmungen wurden wahrscheinlich erst auf dem Reichstag im März 1600 oder unmittelbar davor geschaffen. Insoweit kommt dem Vorwort neben einer einleitenden auch eine materiellrechtlich novellierende Funktion zu.

Das Vorwort endet mit der Bitte um eine Generalamnestie für alle Livländer, denen im Laufe des livländischen Krieges Verrat an der polnischen Sache vorgeworfen worden war: die laufenden Untersuchungen gegen livländische Angeschuldigte, denen „Misshandlungen“ vorgeworfen worden waren, seien einzustellen, und Revisionsfälle auf dem Reichstag sollten in *„ewiges Schweigen“* verfallen. Hilchen bezieht sich hier auf ein Versprechen, das der König dem livländischen Adel bereits in den *Ordinationes Livoniae* von 1598 gegeben hatte.[242]

2. *Tit. 3 – 11: Die Ämter in Livland (S. 188 – 193)*

a) Übersicht

Tit. 3	Ordinatio II, § 18; Const. Liv., Art. 1
Tit. 4, §§ 1-4	Const. Liv., Art. 3; § 1 auch aus Ord. Liv. § 4
§ 5 (6)	Ordinatio II, § 11
§ 7	Const. Liv., Art. 21
§ 8	Const. Liv., Art. 10
Tit. 5 , § 1	Ordinatio Livoniae, § 5
§ 2	*[poln. Gewohnheitsrecht]*
Tit. 6	Const. Liv., Art. V
Tit. 7, § 1	Statuten des Vladislaus Jagiello, 1420
	Statuten des Königs Johannes Alberts, 1496
§ 3	Litauische Statuten, Kap. IV, Art. 37 § 1
§ 4	Konst. Sigmund Augusts v. 1562
§§ 5, 6	Const. Liv., Art. XI
§ 8	Const. Liv., Art. XXI zum “*capitaneus*“
§ 9	Konst. Kasimirs des Jagellonen von 1447
§§ 11 – 13	*[Grenzen der Hauptmannschaften]*
§ 14	Ordinatio I, § 9
§ 16	Ordinatio I, § 7

[242] **Ord. Livoniae II**, § 14: „Na ktorym Seymie, ieśliby rzeczy te o występkach nie mogły bydź skończone, iuż po tym o tych, ktorzyby obwinieni byli, wieczne milczenie nakazuiemy.“

Tit. 8, § 1	Const. Liv., Art. 6	
Tit. 9, 10		*[Übrige Ämter: Richter, Unterrichter, Land schreiber, Mundschenke, Truchsesse, Jäger]*
Tit. 11, § 2	Kurl. Statuten, Art. 131	

b) Inhalt und Herkunft

Nach der erneuten Bestätigung des Bischofstums zu Wenden in **Tit. 3**, die bereits in der zweiten *Ordinatio*[243] und den *Constitutiones*[244] erfolgt war, unterteilt Hilchen – ebenfalls entsprechend der zweiten *Ordinatio*[245] – Livland in **Tit. 4** in drei Wojewodschaften (Wenden, Dorpat und Pernau).

Die Wojewodschaften entsprechen ihren Grenzen und ihrer Funktion nach den alten Präsidentschaften. §§ 5 und 6 sind keinem der polnischen Legislativakte entnommen. Sie sind als Zusatz zu § 11 der zweiten *Ordinatio Livoniae*[246] zu sehen, indem sie livländischen Wojewoden die gleichen Rechte auf dem Reichstag zusprechen wie denjenigen aus Polen. § 6 garantiert den livländischen Wojewoden Sitz auf dem polnischen Reichstag, während § 7 die Hauptpflichten eines Wojewoden ausführt. Zu diesen zählt unter Anderem der Erhalt der öffentliche Ordnung und der Strafjustiz, die durch den Hauptmann vollstreckt wird, § 8, was auf die *Constitutiones* zurückgeht.[247]

Tit. 5 – 7 führen die polnischen Ämter des *Castellanen* (des Vertreters des Wojewoden), des *Succamerarius* (einer Art Grenzrichter) und des *Hauptmanns* (polnisch *Starost*) in das livländische Recht ein, deren Rechte und Pflichten in den folgenden Artikeln beschrieben werden. Art. 5 ist hierbei im Wesentlichen

---

243 **Ord. Livoniae II**, § 18: „Osobliwie się też starać maią, żeby X. Biskup Wendeński do possessyi y używania całego, y do zupełnego Biskupstwa welde fundacyi Przodka naszego Krola Stephana przyshedł, *salvo tamen jure advitalitio praesentis Capitanei Derpaten: et aliorum nobilium.*"

244 **Constitutiones**, Art. I: „Imprimis Deo optimo gratias pro victoria consecuta agentes ad eiusque cultum actiones nostras referentes, fundavimus episcopatum in eadem provincia – (...) [sc. loco] archiepiscopatus et episcopatuum, qui fuerunt superioribus temporibus primum discordia interna, deinde vero hostili gladio exterminati –, cuius sedes Vendae futura est. Ubi etiam canonicorum collegium instituimus ac item per civitates, oppida et villas nostras regales parochiales et scholas ritus catholici ereximus."

245 **Ord. Livoniae II**, § 4: „Woiewod trzech Ziemie Inflantckiey, mieysce w Radzie skoro po Woiewodach Koronnach y Litewskich, uchwałą Seymu tegop naznaczamy na mieysce Prezydentow."

246 **Ord. Livoniae II**, § 11: „A My nie będziemy od tego, abyśmy ludziom narodu Inflantckego, Indigenis dobrze y znacznie zasłużonym rozdawać nie mieli: wszakże za konsensem Panow Rad oboyga narodu na Seymie."

247 **Constitutiones**, Art. X: „In causis autem sanguinis et facti recentis indilatam iustitiam ministrent nec partes contendentes ad componendam amice inter se controversiam cogant nec ullas poenas exigant, nisi per iudicium decretas. Quorum poenarum tertia pars iudicio terrestri, reliquuae duae partes praesidi loci cedant."

der zweiten *Ordinatio* entnommen,[248] Art. 6 dem fünften Titel der *Constitutiones Livoniae.*[249] Die Struktur der livländischen Provinz entspricht nun dem polnischen Verwaltungsaufbau, wobei hervorgehoben wird, dass livländische Amtsträger in Polen nicht benachteiligt werden (Tit. 5 § 3). Das Hauptmannsamt (**Tit.** 7) wird ausführlich behandelt, was seiner Bedeutung den *Constitutiones* (so zu §§ 5, 6 und 8),[250] in den *Ordinationes Livoniae* (so §§ 14 und 16)[251] und in den polnischen Statuten entspricht. Diesen sind nahezu wörtlich § 1, [252] § 4[253] und § 9[254] entnommen. Der Hauptmann wird in seiner Hauptmannschaft (die

---

[248] **Ord. Livoniae II**, § 5: „Kasztellanow trzech osiadłych, po iednemu z każdego narodu postanawiamy, ktorym mieysce w Radzie zaraz po Kasztellanach Koronnych y Litweskich ukazuiemy."

[249] **Constitutiones**, Art. V: "Statuimus, ut in eadem provincia tres ibidem succamerarii sint, Vendensis, Derpatensis, Pernavensis, eadem auctoritate et functione, qua succamerarii sunt in terris Prussiae. Iidem finibus inter nobilitatem regundis praeerunt."

[250] **Constitutiones** zu §§ 5 und 6 **Art. XI**: „Praesides et capitanei ac quivis incolae Livoniae, sive Poloni sive Lithuani, aliique omnes citati tam in iudicio terrestri quam conventuum publicorum respondere sint obligati – exceptis obligationibus super bonis nostris regalibus emergentibus. Civitatibus etiam iudicia iuxta privilegia ipsorum relinquimus.", zu § 8 **Art. XXI**: „Statuimus, ut praesides et capitanei, quisque in suo praesidatu et capitaneatu, diligenter fines terrarum observent, ne praedones et grassatores ingrediendo impune grassentur."

[251] **Ord. Livoniae**, zu § 14 **Art. 19**: „Dzierżawy y minutiora bona w Inflanciech. Insze zamki y dobra, okrom wyżey omienionych zamkow, maią też bydź Inflantom zasłużonym do dzierżawy podawane, a minutiora bona pachołkom chudym zasłużonym, Polskiego, Litewskiego, y Inflantckiego narodow, in usumfructum advitalem dawane aequaliter.", zu § 16 **Art. 8**: „Przysięga Starostow Inflantckich. Ktorzy to Starostowie, według Konstytucyi na Elekcyi Krola Henryka uczynioney, przysięgać będą, że czasu Interregni zamkow y miast, ku szkodzie Rzeczypospolitey spolney nikomu nie podadzą, iedno Krolowi Polskiemu, y Wielkiemu X. Litewskiemu, wolnie y porządnie obranemu y koronowanemu. A iż spolney Rzeczypospolitey Koronny Polskiey, y Wielkiego Xięstwa Litewskiego wiernymi będą."

[252] **Statuten des Vladislaus Jagiello von 1420**, Bd. I S. 77: „Relatum est nobis, quod capitanei nostrarum terrarum communiter causas quascumque, quae minime ad eos dinoscuntur pertinere, iudicant, sententiant et discernunt. Volentes igitur imponere modum iudicandi decernimus, quod capitanei terrarum nostrarum non debeant alias causas praeter infra scriptos articulos iudicare, scilicet pro violentia feminarum, pro depraedatione stratae publicae, pro incendio et immissione ignis, pro violenta domicilii invasione alicuius, aliarum autem causarum minime iudicandi habeant facultatem."
Ebenfalls in **Joannis Alberti Regis Statuta Anno 1496**, Bd. I S. 250: „Quattuor articulos capitanei iudicaturi. Item statuimus, quod capitanei nostri non iudicent indistincte praeterquam quattuor articulos: pro concussione viae regiae, ubi mercatoribus violentia infertur, pro incendio, pro invasione domus violenta manu et oppressione feminarum."

[253] **Konst. Sigmund Augusts v. 1562**, Bd. II S. 619: „O dwoygu Stárostwie Sądowym. Gdyż iest rzecz słuszna, áby káżdy ná iednym Urzędźie przestał, aby tym pilniey powinnośći onego Urzędu wykonywał: ustawuiemy, aby żaden dwoyga Starostwa Sądowego dźierzrżeć nie mogł."

[254] **Casimir Jagell., Petricoviae constituit 1447**, Bd. I S. 153: „Mercatores non aliis, nisi antiquis transeant viis. Item prohibemus omnibus mercatoribus, ne cum rebus et mercimoniis suis audeant per novas vias et loca transire, sed iuxta constitutionem divae memoriae Domini Casimiri Secundi, Nostri praecedessoris, antiquas stratas observent. Alias omnes decreto huic

einzelnen Hauptmannschaften werden in §§ 11 – 13 aufgelistet) vom König eingesetzt. Er ist entweder als Organ der Strafrechtspflege[255] tätig (und muss dann in Livland erbgesessen sein, § 10), oder er widmet sich lediglich der Verwaltung (§§ 2, 3, 9, in gewisser Weise auch § 15) und unterliegt dann der Gerichtsbarkeit der Landgerichte (§ 5). § 3 ist im Wesentlichen den litauischen Statuten entnommen,[256] wobei die Bestimmung, dass Anwärter für das Richteramt der „reüßischen Schrift" mächtig sein müssen, entfiel.

Tit. 8, 9, und **10** behandeln die Einsetzung bzw. Bestätigung von Fähnrichen, Landschreibern, Mundschenken, Truchsessen und Jägern (letztere kümmern sich in Abwesenheit des Königs um den Erhalt der „königlichen Heiden und Holzungen", Art. 10). Sie sind teilweise[257] den *Constitutiones* entnommen.

Das öffentliche Verkehrsnetz wird vom jeweiligen Eigentümer oder Lehnsherren des Bodens, auf welcher die Straße sich befindet, instand gehalten. Die Aufsicht trägt der Brückenmeister (**Tit. 11**). Die Verkehrssicherungspflicht der Grundherren geht so weit, dass dem Reisenden, der wegen des schlechten Zustands öffentlicher Wege Schaden nimmt, ein direkter Schadensersatzanspruch gegen den Grundherren zusteht (Art. 11 § 2). Diese Anspruchsgrundlage wird später auch in die kurländischen Statuten aufgenommen werden.[258]

c) Bedeutung

Die *Constitutiones* und der *Ordinationes Livoniae* ließen Hilchen nur einen geringen Spielraum, was die Gestaltung des Verwaltungsaufbaus in seinem neuen Landrecht betraf. Zwar folgen nicht sämtliche Regelungen polnischen Direktiven, doch behandeln alle Punkte, die nicht polnischen Ursprungs sind, lediglich verwaltungsorganisatorische Details (siehe die Bestimmungen über Grenzen oder die Pflichten der jeweiligen Amtsinhaber), die sich auf die Rechtspraxis in Livland kaum auswirkten. Wie der gesamte Entwurf kann auch der Abschnitt

---

contravenientes permittimus et decernimus capitaneo nostro capi et bona eorum omnia et singula Nostro infiscari thesauro."

[255] Siehe Art. 7 § 1 a.E.: „.(…) auf frischer that, handlung von nothzüchtigung der weiber, von räuberung af freyer straßen, von mordbrennung, und von gewalttetigung in hauß und hoff, und von verfolgung und gefenglicher einziehung der banditen oder so in die acht erklehret sein". Der Aufgabenbereich entspricht dem des Wojewoden im Bereich der öffentlichen Sicherheit (Art. 1 § 7). Der Hauptmann ist insoweit der „Sachbearbeiter" des Wojewoden für dieses Ressort; siehe auch Art. 7 § 8 bezüglich des Grenzschutzes.

[256] **Litauische Statuten**, Kap. IV, Art. 37 § 1: „Wir ordnen auch, daß die gerichts Woywoden, und Haubtleute ein Jeder in Sonderheit in sein vom Ambt ihre Officirer alß Verwalter, oder unter Starosten, Schloßrichter und Schreiber, gute, ehrliche, tüchtige, und der reüßischen Schrift erfahrener Vom Adell in demselben Gebiet geseßene und geborene in Die im Großfürstentum Litauen erwehlen, und zum Gericht bestellen sollen (…)".

[257] So für Tit. 8 § 1 **Constitutiones** Art. VI: „Vexilliferi. Tres itidem praedictae Livoniae provinciae regiones tres suos vexilliferos habebunt subque signis a Nobis illis attributis necessitate exposcente (…) dictae provinciae nobiles et incolae ad bellum et defensionem progredientur."

[258] **Kurländische Statuten**, Art. 131: „Einjeder soll auf seinem Grund und Gütern die Landstraßen und brücken beßern, bey Straf 50 Fl. so oft darwieder gehandelt."

über die „Verwaltungsverfassung“ keinen Anspruch auf Vollständigkeit erheben. Jedoch fasst er zum ersten Mal alle rechtlichen Neuerungen, welche die Herrschaft Polens für Livland mit sich gebracht hatte, in ihren wesentlichen Aussagen zusammen. Sowohl die *Ordinationes* als auch die *Constitutiones* und alle weiteren Livland betreffenden Rechtsakte galten in Livland unabhängig von der Bestätigung des Hilchenschen Landrechts. Der erste Abschnitt des Hilchenschen Entwurfs hat insoweit nur deklaratorische Bedeutung.

Die Bestätigung des Bistums zu Wenden, Tit. 3, weist einen konfessionspolitisch brisanten Hintergrund auf: Das Bistum Wenden war eine polnische Gründung aus dem Jahre 1582. Dieses einzige katholische Bistum Livlands war vom polnischen König reichlich mit Gütern ausgestattet worden und vor allem dem Bischof zu Riga ein Dorn im Auge. Das Bistum Wenden sollte nach Plänen Stephan Bathorys Ausgangspunkt für die Gegenreformation in Livland und ganz Nordosteuropa werden. Mit einer formellen Bestätigung des Bistums blieb Hilchen innerhalb der durch die *Constitutiones* gestellten Mindestanforderungen, ohne die protestantische livländische Ritterschaft allzu sehr zu provozieren.

In den *Ordinationes* wurde den Livländern die Angleichung an das preußische Recht empfohlen. Dies erscheint durch die zahlreichen Parallelen zwischen Preußen und Livland plausibel: Beide waren durch Deutsche kolonisierte Ostseeanrainer, die als kirchliche Ordensgründungen später säkularisiert und von einer mächtigen Handels- und Hansestadt dominiert wurden – Riga in Livland, Danzig in Preußen. Beide Städte konnten parallel zueinander ihre Unabhängigkeit jeweils einige Jahrzehnte länger wahren als das Umland. Sogar staatsrechtlich erschienen die beiden Provinzen nahezu identisch: Während Preußen nur mit Polen vereinigt war, unterwarf sich Livland zunächst lediglich Litauen. Zudem durfte die Übernahme preußischen Rechts im deutschen Livland auf eine viel stärkere Akzeptanz stoßen als etwa die Rezeption polnischen oder litauischen Rechts.

Dennoch entnimmt Hilchen keine der Bestimmungen der ersten fünf Kapitel preußischen Kodifikationen. Der Grund hierfür lag darin, dass die tatsächliche Situation Livlands ungleich schwächer als diejenige Preußens war: Die Macht der livländischen Ritterschaften aufgrund des geringen deutschen Anteils an der Gesamtbevölkerung viel schwächer als die des preußischen Adels. Vor allem die isolierte Lage und der gefürchtete Nachbar im Osten, die aufsteigende Großmacht Moskau, gefährdeten permanent den Bestand Livlands. Auch gegenüber schwedischen Zugriffen war Livland ungleich stärker ausgesetzt als Preußen. Die Gesetze Preußens direkt auf Livland zu übertragen konnte und würde daher aus polnischer Sicht für eine Bestätigung nicht ausreichen,[259] was Hilchen bewusst war. Vor diesem Hintergrund müssen die teilweise harten Belastungen gesehen werden, die Livland durch polnische Bestimmungen zugemutet wurden. Nahezu während der gesamten Zeit polnischer Herrschaft in Livland stand Polen im Krieg mit den Moskowitern. Die verwaltungsorganisatorischen Neuerungen,

---

[259] In diesem Sinne *Kuntze*, Polska a Inflanty, § 3, S. 21: „Stosunki w Inflantach za Batorego“.

gegen welche sich Livland ständig zur Wehr setzte, dienten – neben machtpolitischen Aspekten, die freilich die Hauptrolle spielten – auch dem Zweck, in der hinzugewonnenen Provinz eine effizient und reibungslos arbeitende Verwaltung zu schaffen. Nur mit Hilfe eines straff organisierten Beamtenapparats konnten Angriffe abgewehrt und neue Truppen ausgehoben werden. Der neuzeitliche hierarchische Verwaltungsaufbau Polens erfüllte diese Kriterien und wurde daher durch Tit. 3 – 11 des Landrechtsentwurfs auch in Livland eingeführt.

3. Tit. 12 und 13: Der Adel (S. 193 – 196)

a) Übersicht

Tit. 12, §§ 1, 2	Konst. des Sejms unter König Sigismund von 1589, Bd. II, S. 1272
§ 3	Konst. König Stephans und des Sejms von 1578, Bd. II, S. 971
§§ 4 – 6	*[Ausländerrecht]*
§ 7	Const. Liv., § 18
§ 9	Statuten König Joh. Alberts von 1496, Bd. I S. 248
§§ 10 – 13	*[partielle Befreiung des Adels vom Kriegsdienst]*
§ 11	Mittleres Ritterrecht Kap. 1 § 3
Tit. 13, §§ 1 – 4	*[Adelsprivilegien]*
§ 5	Statuten König Alexanders von 1504, Bd. I, S. 298

b) Inhalt und Herkunft

Dem livländischen Adel werden diejenigen Privilegien bestätigt, welche zum Zeitpunkt der Union, also 1561, bestanden, **Tit. 13** § 3. Gleiches gilt für die Bischöfe und den Meister des Deutschen Ordens, § 2. Das Statut König Alexanders aus dem Jahre 1504 findet hingegen auf den livländischen Adel keine Anwendung, soweit es nicht mit späteren polnischen Statuten übereinstimmt, Art. 13 § 5, wie es schon im Statut selbst bestimmt war.[260]

Im Einzelnen darf der Adel unbegrenzt Grund und Boden erwerben sowie jedes öffentliche Amt bekleiden (**Tit. 12**, §§ 4 – 6). Er darf in gerichtlichen Verfahren weder gefangen genommen noch dürfen seine Güter eingezogen werden (§ 6 S. 2, § 9; letzterer ist dem polnischen Recht entnommen[261]). Nach polni-

[260] **Alexander Regis Statuta von 1504**, Bd. I S. 298: „De modo bonorum regalium inscribendorum. Quoniam de bonis mensae regalis status regius etiam specialem habere consuevit provisionem et illis non habitis necessarie status majestatis regiae publicis auxiliis deberet sustentari, tot vero onera in regno contingunt ferenda, ut etiam publicis auxiliis impossibile esset satisfacere et providendo statui regio et necessitatibus occurrendo, ut igitur successive evinci valeant bona mensae regiae (…), statutum est et per majestatem regiam approbatum esse debeat [sc. quod sequitur]".

[261] **Joannis Alberti Regis, Statuta Anno 1496**, Bd. I S. 248: „Confirmatio iurium. Imprimis igitur pollicemur verbo Nostro regio omnes regni Nostri incolas in iuribus quibusvis ipsis a praedecessoribus Nostris datis integraliter conservare nullaque bona recipi mandabimus aut captivari faciemus, nisi prius fuerit iure convictus."

schem Vorbild nimmt auch in Livland der Reichstag (oder – im Kriegsfall – der König) die Einsetzung in Helm und Schild vor, § 3.[262] Wie in den *Constitutiones*[263] unterstehen Bürger nicht der Gerichtsbarkeit des Adels (§§ 7, 8). Den Bürger, der sich als Adeliger ausgibt, erwarten – wie im polnischen Recht – empfindliche Strafen.[264] Der Adel unterliegt grundsätzlich nicht dem Kriegsdienst (§ 11) und soll auch im Übrigen vom Kriegswesen unbehelligt bleiben (§ 10). Ausländer dürfen ebenfalls Grund und Boden erwerben, doch erst nach Genehmigung durch die jeweilige Landschaft (§ 4).

Dem Verlust des Privilegienbriefes lässt Hilchen unbürokratisch abhelfen, Tit. 13, § 8: *„Würde jemandt sein* privilegium *verliehren, soll ihm die cantzeley auß der revision ein anders gleiches lautet geben."*

c) Bedeutung

Das Adelsrecht stellt einen der zentralen Regelungsbereiche des Hilchenschen Landrechtsentwurfs dar. Die für die Stände und darunter vor allem für die livländische Ritterschaft wichtigste Aussage eines jeden Landrechts musste die Bestätigung der Adelsfreiheiten des *Privilegium Sigismundi*[265] sein, die in Tit. 13 zumindest teilweise erfolgt. Doch regelt Hilchen in diesem Abschnitt auch wesentliche Fragen des Kriegs-, Straf- und Ausländerrechts.

Der Adel verlangte in erster Linie die Sicherung des *status quo* von 1561, die ihm in den ersten drei Paragraphen des Tit. 13 gewährt wird. Hilchen versucht polnische Interessen zu wahren, indem er die Verbürgung der Freiheiten sehr zurückhaltend, fast beiläufig formuliert, was durch die wenig exponierte Stelle mitten im ersten Buch unterstrichen wird. Zudem betont Hilchen das hohe Alter der Adelsrechte sehr stark: Es soll nicht der Anschein erweckt werden, dass der Ritterschaft durch den Hilchenschen Entwurf Rechte zugebilligt würden, die ihr nicht ohnehin längst bestätigt worden seien. Dennoch vermeidet es Hilchen peinlich, eine direkte Verbindung zum *Privilegium Sigismundi* herzustellen. Das *Privilegium Sigismundi* wird im gesamten Entwurf nur ein einziges

---

[262] **Konstytucya za Stephana Krola Seymu Warßawskiego 1578**, Bd. II, S. 971: „Plebeiorum Nobilitatio". Ustawiamy, aby Plebei nie byli kreowani na Szlachectwo, iedno na Seymie, za wiadomośćią Panow rad, albo w Woyszcze, dla znacznego w męstwie swego poczynania y dźielnośći."

[263] **Constitutiones**, Art. 18: „(...) nobiles et eorum subditi auctoritate seu potestate civili non capiantur, detineantur aut arrestentur nec nobiles auctoritate propria capiant aut detineant cives vel eorum subditos, sed unusquisque coram iudice suo ordinario conveniatur et iustitiam requirat, nisi in casibus recentibus et actionibus criminalibus. Nam delinquens in loco delicti deprehensus et contrahens de contractu recenti in loco contractus poterit conveniri."

[264] **Konstytucye Seymu Warsawskiego za Zygmunta Roku 1589**, Bd. II, S. 1272: „O Szlachectwie. Ieśliby się kto Szlachćicem mienił, y udawał nie będąc nim, aby dobra swoie tracił połowicę do Quarty, a połowicę do delatora, o co *forum* na Trybunał *inter causas officij*."

[265] Und zwar vor allem Art. VII des **Privilegium Sigismundi**: Es ist versprochen worden, „dass die Diplome über Begnadigungen mit Lehngütern (...), ferner die die besiegelten Urkunden, Besitzrechte und Gewohnheiten, Privilegien und Freiheiten (...) unverletzt beibehalten und bestätigt bleiben (...) sollen."

Mal (im zweiten Buch, Tit. 17 § 1) erwähnt, und selbst hier kommt dem *Privilegium* als Autorität nur eine untergeordnete Bedeutung zu.[266] Die Großzügigkeit der Zugeständnisse, welche das *Privilegium Sigismundi* den Livländern gewährt, war in Polen bekannt. Das *Privilegium Sigismundi* war aus gutem Grund seit Sigismund dem Großen durch keinen polnischen König wieder bestätigt worden. Eine pauschale Verweisung auf Bestätigung der „Privilegien“, ohne diese näher zu konkretisieren, erschien in diesem Zusammenhang unverfänglicher. Die Akzeptanzbereitschaft des livländischen Adels drohte bei einem Entwurf ohne jeglichen Bezugs zum *Privilegium Sigismundi* natürlich erheblich zu sinken.

Andererseits gewährte der Hilchensche Entwurf dem Adel ein Ausmaß an persönlichen Freiheiten, das in der gesamten livländischen Geschichte bislang nie erreicht worden war. Der Hilchensche Entwurf setzt damit eine Entwicklung der zunehmenden Verselbständigung der Ritterschaft fort, die parallel zu Deutschland verläuft. In Livland hat diese Verselbständigung durch die Lehnshoheit einer fremden Macht jedoch eine viel größere Bedeutung. Die Forderungen des *Privilegium Sigismundi* zielen nicht nur auf materielle und politische Unabhängigkeit, sondern tragen – im Gegensatz zu den innerdeutschen Adelsprivilegien – ebenfalls den religiösen, sprachlichen und kulturellen Unterschieden zwischen Polen und Deutschland Rechnung. Die Vereinigung mit Polen hatte das Interesse zahlreicher litauischer und polnischer Adeliger an livländischen Adelsgütern geweckt. Ein möglichst freier Lehnsverband mit der polnischen Krone war Bedingung für den Fortbestand einer deutschen Herrschaftsschicht in Livland. Die Lehnsverhältnisse waren bereits vor 1561 durch eine zunehmende Zahl von Ausnahmetatbeständen gelockert worden: Durch Gnadenrechte durfte in Ermangelung männlicher Nachkommen und naher Verwandten in den Seitenlinien das Lehngut nun ebenfalls auf Töchter vererbt werden, und über die Lehngüter begann sich ein weitgehend freies Verfügungsrecht über die Lehngüter durchzusetzen.[267] Das *Privilegium Sigismundi* hatte alle Lehngüter zu Gnadengütern[268] erklärt über diese die volle Veräußerungsbefugnis gewährt.[269] Zur

---

[266] Nach Buch II, Tit. 16 § 1 wurde Livland durch das Privilegium ein „gleichförmig Erbrecht“ gegeben, die Vielfalt der verschiedenen Lehnsformen somit aufgegeben. Materiell stellt gerade diese Passage kein Privileg für Livland dar.

[267] *Schmidt*, Rechtsgeschichte, S. 148.

[268] **Privilegium Sigismundi**, Art. X: „Aus königlichem Wohlwollen werde uns auch das Gnadenrecht, wie solches gewöhnlich genannt wird, zugestanden, damit wir danach die Lehnserbfolge (…) aufrecht erhalten, und zum ewigen Ruhm des glorreichen Namens, unsern Nachkommen hinterlassen können. Diese *Privilegium* bestehet nun ausdrücklich darin, dass wir das Recht nicht nu in absteigender, sondern auch in der Seiten dem Seitenlinie beiderlei Geschlechts dergestalt auszuüben befugt sind, dass das mannliche Geschlecht vorgeht, und das weibliche nach dem Zustande des nachgelassenen Vermögens ausgesteuert werde, und wenn keine männlichen Nachkommen vorhanden, die weiblichen zur Erbfolge des ganzen Nachlasses zugelassen werden: wobei jedoch Euer Königliche Majestät in Ermangelung solcher Erben das Recht, alsdann dergleichen Güter als offenes Lehn einzuziehen vorbehalten bleibt.“

Verfügung über Erbgüter äußert sich Hilchen erst in Tit. 16 § 3 des II. Buches: Adelige dürfen Landgüter *„auch ohne deß erbherrren consens und bewilligung ihres gefallens gantz und gar ohne einige verhinderunge veraußern."*[270] Die freie Verfügungsbefugnis wurde Ende des 16. Jahrhunderts bereits als Selbstverständlichkeit aufgefasst, so dass die Genehmigungspflicht von Verfügungen an und durch Ausländer als einzige Ausnahme regelungsbedürftig blieb.

Nach Tit. 12 § 13 wurde der livländische Adel grundsätzlich von jeder Form des Kriegsdienstes befreit. Noch durch das *Privilegium Sigismundi* wurde dem Adel dieses Privileg nur in begrenzter Form gewährt, Art. XVII §§ 3, 4. Die Ausführungen Hilchens zum Kriegsdienst erscheinen insoweit zunächst als Ausweitung der Adelsprivilegien. Doch ist nach Tit. 13 § 11 nur die Heranziehung zu Kriegsdiensten ohne Rechtsgrundlage unzulässig. Hilchen möchte ein Mitbestimmungsrecht der livländischen Ritterschaft auch im Kriegswesen gewährleisten und reduziert die Kriegspflicht im Übrigen auf Fälle der *„nothwendigen beschirmung des vatterlandes wieder den außerlichen feindt"*. Die Bestimmung, dass Kriegsdienste nur zur eigenen Landesverteidigung zu leisten sind, korrespondiert zudem mit Art. 1 § 3 des mittleren Ritterrechts.[271]

Der polnischen Herrschaft wurde vor allem im 19. Jahrhundert vorgeworfen, dass der livländischen Adel nur sehr begrenzten Einfluss auf die innerpolnische Politik habe nehmen können. Der polnische und litauische Adel habe in Livland alle Rechte wahrnehmen können, die er auch im Reich genoss, während der Adel Livlands seine Rechte nur in Livland habe ausüben können.[272] Eine solche Politik wird im Hilchenschen Entwurf nicht deutlich: In Tit. 12 § 6 heißt es, dass der livländische Adel *„so woll in Pohlen als in Littawen und in andern zugehörigen provintzien macht habe, landtgüter zu erwerben, auch würde und empter zu erlangen."*

Das Interesse polnischer Adeliger an Grundbesitz in Livland war viel stärker als die Expansionspläne der livländischen Ritterschaft, so dass für den livländischen Adel ein absolutes Erwerbsverbot von Grundeigentum im anderen Landesteil günstiger gewesen wäre. Bei den Interessen der livländischen Ritterschaft ist zu berücksichtigen, dass im Jahr 1599 von insgesamt 13.600 Lehen bereits 6000 an polnische Adelige vergeben waren.[273] Die Rossdienstliste[274] von

---

269 **Privilegium Sigismundi**, Art. VII § 5: „Dadurch werde uns dann die freie und vollkommenste Macht erteilet, über unsere Güter Verfügungen zu machen (…), sie überhaupt zu veräußern, und zu jedem uns gut dünkenden Nutzen anzuwenden, ohne Euer Königlicher Majestät oder irgendeines Vorgesetzten Einwilligung zu bedürfen."

270 Eine Genehmigung ist nur für die Weiterveräußerung von Lehngütern erforderlich, Buch II Tit. 15 § 1, doch handelt es sich bei diesem auch nicht um Eigentum des Adeligen.

271 **Mittleres RR**, Kap. 1 § 3: „De man syn ock plichtlich dem Bischopp denste binnen landes, unde syn landt tho wahrende, unde nicht buten landes."

272 *Schmidt*, Rechtsgeschichte, S. 149 f.

273 *Herbst*, Wojna Inflancka, S. 16.

274 Es handelt sich hierbei um eine Liste über die Verfügbarkeit von Pferden in Adelskreisen. Nach ihr weisen die Deutschen allein 714 Pferde auf, zusammen mit Polen und Litauern jedoch gut 1000. Siehe näheres bei Edgars *Dunsdorfs*, Die Roßdienstliste von 1599, S. 173 ff.

1599 legt ein Verhältnis der Polen zu Deutschen von etwa 30 % nahe.[275] Doch da sich viele Polen in der Bewirtschaftung nachlässig zeigten, hielten sich polnische Lehen häufig nicht lange und wurden schließlich wieder an einheimische Adelige vergeben.[276] Eine Sonderregelung für Livland, nunmehr Bestandteil Polens, war jedoch von vorneherein undenkbar. Hilchen musste sich auf die zumindest formale Gleichstellung livländischer Adeliger mit dem polnischen Adel beschränken. Auch werden dem livländischen Adel nicht sämtliche Rechte des polnischen oder litauischen Adel gewährt, doch steht dem livländischen Ritter diesem Titel nach zumindest beruflich jedes Amt offen. Versteht man unter den „Privilegien" des Tit. 13 § 3 die Rechte des *Privilegium Sigismundi*, so ist zudem auch dessen Art. IX in Tit. 13 § 3 inbegriffen. Hiernach genoss der livländische Adel ausdrücklich dieselben Rechte wie die *„Freiherrn und Edelleute des Reiches Polen, und zwar in der Form und der Weise, wie die Preussen, als sie sich Eurer Königlichen Majestät unterworfen, erlangt haben."* Das Vorgehen des Hilchenschen Entwurfs ist letztlich ein Versuch, livländische Kernforderungen dem König in möglichst annehmbarer Form zu präsentieren, wobei Hilchen mit seiner Formulierung kein allzu großes Wagnis einging.

Ein größeres Wagnis in Bezug auf seine Pflichten als Syndikus der Stadt Riga ist der Inhalt des bereits erwähnten Tit. 12 § 14: *„Der rath Riga privilegia, zuvorab so wieder die vom adell, und dero freyheit außgebracht sollen ihnen durchauß nicht schädlich sondern aufgehoben und nichtig sein."* In der Bestimmung zeigt sich der Interessenkonflikt, in welchem sich Hilchen in seiner Doppelfunktion als Interessenvertreter der Stadt Riga und als wendenscher Landnotarius befand. Diese Regelung war unabhängig davon, ob solche den Adel beeinträchtigenden Privilegien tatsächlich existierten, für Riga vollkommen inakzeptabel. Warum Hilchen eine solche Bestimmung in das Landrecht aufgenommen hat, lässt sich nur vermuten. Ohne Zweifel fand sie die volle Unterstützung der Ritterschaft, ist jedoch – da Abänderungen im Entwurf gekennzeichnet sind[277] – nicht erst auf ihr Betreiben in den Entwurf eingeführt worden. Hilchen kann zu diesem Zeitpunkt nicht mehr ernsthaft mit einer Mitwirkung Rigas gerechnet haben und hat folglich das Landrecht allein auf die Wahrung der Adelsinteressen hin konzipiert (wozu er als wendenscher Landnotarius ja ebenfalls verpflichtet war). Dass sich auf Dauer kein Landrecht gegen die Interessen Riga würde behaupten können, muss Hilchen jedoch bewusst gewesen sein, und sicherlich ist ihm als Stadtsyndikus die Vernachlässigung Rigas vorzuwerfen. Hilchen konnte sich in den wenigen Monaten, in welcher er den Landrechtsentwurf zu verfassen hatte, den Wirkungen seines Prozesses gegen den Rat, der zu dieser Zeit seine Höhepunkte erreichte, offenbar nicht entziehen. Hervorzuheben ist, dass Riga durch die Bestimmung rechtlich tatsächlich nicht beeinträchtigt wurde, denn die gewährten Privilegien waren bereits nach geltendem Recht nicht zu

[275] *Heyde*, Die Adelspolitik Polen-Litauens, S. 555.
[276] *Herbst*, Wojna Inflancka, ebenda.
[277] Siehe Tit. 50, nach § 3.

Lasten des Adels ausübbar. Umso ungeschickter war es also, diese Tatsache Riga im Landrecht deklaratorisch vorzuhalten.

4. *Tit. 14 – 22: Ordnungsrecht, Vermischtes (S. 196 – 203)*

a) Übersicht

Tit. 14	*[Landboten]*
Tit. 15, §§ 1 – 10	*[Versammlungsrecht]*
§ 3	Const. Liv., § 16
Tit. 17, §§ 1 – 8	*[Zollrecht]*
§ 7	Statuten Sigismunds I, Petrikau 1538, Bd. I S. 518
Tit. 18, §§ 1- 4	Const. Liv. § 19
§ 3	Mittleres Ritterrecht, Kap. 140, S.3
Tit. 19, §§ 1 – 3	*[Hafenprivileg für Windau]*
Tit. 20, §§ 1- 3	Mittleres Ritterrecht, Kap. 141 § 1, 2

b) Inhalt und Herkunft

Das in **Tit. 14** eingeführte Amt des Landboten ist ebenfalls polnischen Ursprungs.[278] Was die detaillierte Regelung der Zusammenkünfte betrifft (**Tit. 15** §§ 1 – 10), so lässt sich nur für § 3 überhaupt eine Quelle nachweisen.[279] Der Charakter der meisten Regelungen betrifft allgemeine Wahlprinzipien, wie Freiheit und Mehrheitsprinzip bei den Abstimmungen (§§ 7, 9, 10) oder Organisatorisches (§§ 4, 6, 8) und sind so praxisorientiert und homogen, dass Hilchen entweder selbst ihr Autor war oder Gewohnheitsrecht in Paragraphen gefasst hat.

Eine eigene Münze sollte Livland nicht haben, **Tit. 16**. Die zollrechtlichen Bestimmungen des **Tit. 17** entstammen ebenfalls nur in § 7 anderen Kodifikationen.[280] Sie bezwecken in erster Linie den Schutz vor Missbrauch durch die Erhebung von erhöhten Zöllen (§ 4) oder Zöllen gegenüber Nichtkaufleuten (§ 1) und enthalten insoweit Bestimmungen, die sich mit dem Gewohnheitsrecht jener

[278] **Ord. Livoniae II**, § 9: „A do tego Seymiku wszyscy mają należeć, wedle konstytucyey Krola Stefana, y Posły swe posłać po dwa z każdego narodu. A iż nabardziej y na konstytucyą Seymow 1589 y 1590 Ziemia tamta przez Posły swe, y przedtym y teraz utyskowała, mianowicie, iż ad aequalitatem w rozdawaniu zasmkow Inflantckich rowno z narodem Polskim y Litewskim przypuszczeni nie są: (…).“

[279] **Constitutiones**, Art. 15: „Conventus necessitatis publicae causa. Quando opus fuerit conventu pro necessitate publica, quem Nos et successores Nostri arbitrio Nostro loco et die, quo Nobis videbitur, indicemus, prius in singulis praesidatibus – Venden, Derpaten, Pernavien – sit nobilitatis conventio particularis, quam praesides in suis praesidatibus ad aliquem locum convenientem litteris suis de mandato Nostro convocent, ut nuntii ad huiusmodi conventum eligantur.“

[280] **Statuta Sigismundi I, Petricoviae 1538**, Bd. I S. 518: „Statuimus insuper et decernimus; ut deinceps futuris temporibus teloneatores Nostri omnes sint nobiles, possessionati, saeculares et christiani – exceptis locis istis, in quibus capitanei et praefecti arcium et civitatum Nostrarum habent in cura et possessione sua telonea Nostra. Nam ipsi pro teloneatoribus haberi et reputari debent."

Zeit decken. Auch das Zollwesen regelt Hilchen sehr ausführlich (so kostet eine Quittung über den entrichteten Zoll einen Groschen, § 6).

Das Wasserrecht, welches Hilchen in **Tit. 18** behandelt, wurde bereits in den *Constitutiones*[281] geregelt. Zudem finden sich im mittleren Ritterrecht Passagen, die Art. 18 entsprechen.[282] Die Flüsse sind in ihrer Schiffbarkeit zu erhalten (§ 1), und auch der *„durchgangk der fische"* (§ 3) soll nicht behindert werden. Die Häfen sollen erhalten und saniert, zum Teil sogar neu eingerichtet werden (**Tit. 19**). Gemäß **Tit. 20** werden gestrandete Güter nach ihrer Ablieferung durch den Finder einbehalten, ehe sie nach Jahr und Tag dem König oder dem Eigentümer des Landes verfallen (und nicht, wie es im in Art. 141 § 5 des mittleren Ritterrecht heißt, dem Richter persönlich: *„Kumpt darunder nemant, so mach de Richter dat gudt an syne fründe keren"*). Dem mittleren Ritterrecht entspricht jedoch die Sanktion: Die Nichtablieferung der Sache durch den Finder gilt als Unterschlagung (anders als beim Straßenfund, siehe 2. Buch, Art. 23 § 2). Art. 147 § 3 des mittleren Ritterrechts sieht eine ähnliche Sanktion bei Fundunterschlagung vor, nämlich die Bestrafung als Dieb.[283]

Tit. 21 schließlich bestätigt das unbeschränkte Eigentum des Königs an ihm verfallenen Gütern. Der letzte Titel des ersten Buches, **Tit. 22**, enthält die Eidesformeln für die Einsetzung sämtlicher oben benannter Amtsträger sowie der Stadtoberhäupter und des Adels. Sie sind teilweise polnischen Statuten entnommen, doch im Übrigen einander so ähnlich, dass Hilchen diese – wenn sie nicht ebenfalls aus anderen polnischen Bestimmungen stammen – auch selbst nach dem Vorbild der dem polnischen Recht entnommenen Eide verfasst haben kann.

c) Bedeutung

Dieser letzte Abschnitt des ersten Buches greift, wenn er zu großen Teilen auch polnischen Rechten entnommen ist, verhältnismäßig wenig in die rechtlichen Verhältnisse Livlands ein, was mit der Universalität der Regelungsmaterie zusammenhängt. Zoll konnte in Polen ebenso wie in Deutschland, Frankreich oder Italien nur von Kaufleuten verlangt werden. Bestimmungen zur Erhaltung der Schiffbarkeit der Flüsse und Häfen bedürfen keiner rechtlichen Bewertung. Teilweise – wie z.B. im Fundrecht – waren die Regelungen in polnischen und livländischen Rechten einander so ähnlich, dass eine genaue Herkunftsbestimmung nicht nur fast unmöglich, sondern auch unnötig ist. Der das Versamm-

---

[281] **Constitutiones**, Art. § 19: „De fluminibus. Praeterea ne fluminibus terrarum Nostrarum Livoniae quibuscumque ab antiquo navigabilibus obstacula fiant, ut tam piscibus quam navibus et lignis liber transitus permittatur – bonis ac iuribus Nostris regalibus et quorumque privilegiis antiquis et praescripta consuetudine salvis."

[282] **Mittleres RR**, Kap. 140, S.3: „Welckere waters ströme de dar flöth, dar ys gemeine yn tho varende, unde yn tho fischende, de fischer mach ock wol nütten dat erdtrick, so ferne he eins schridden kann uth dem schepe."

[283] **Mittleres RR**, Kap. 147 I: „Findet ein man wat, unde vorsaket he des, wen men darna fraget, ydt ys duffte (…)".

lungsrecht betreffende Tit. 15 ist demgegenüber hinsichtlich Regelungsdichte und Plausibilität des Inhalts eine der wirklich gelungenen Titel des Landrechts.

Doch werden in diesem Abschnitt auch Mängel des Hilchenschen Entwurfs sichtbar, was etwa die Zusammenstellung und Reihenfolge der behandelten Rechtsfragen betrifft. Weshalb das Amt des Landboten, der als eine Art Botschafter die Interessen eines Landes auf dem polnischen Reichstag vertritt, nicht im Zusammenhang mit den anderen Ämtern im Rahmen von Tit. 2 – 11 aufgeführt wird, kann sich nicht allein aus der Tatsache ergeben, dass der Landbote aus den Reihen des livländischen Adels gewählt werden sollte. Denn gleiches gilt für Wojewoden (welche zudem die Landboten einsetzen, Tit. 4 § 10), so dass eine Regelung in unmittelbarer Nachbarschaft des Tit. 4 schlüssiger erschienen wäre. Auch mag man in Tit. 20, der den Eigentumserwerb an Strandgut behandelt, einen öffentlich-rechtlichen Bezug erkennen, doch verschwimmen die Abgrenzungskriterien Hilchens, wenn andererseits der Eigentumserwerb an sonstigem Fundgut erst im 23. Titel des zweiten Buchs geregelt wird. Dass um die Wende zum 17. Jahrhundert auf dieser Ebene bereits klar differenziert wurde, zeigt das nur vierzig Jahre später entstandene Mengdensche Landrecht.[284]

Inhaltlich sind die Abweichungen des Fundrechts vom Ritterrecht, was das Schicksal der herrenlos bleibenden Fundsache betrifft, mit der auch für die damalige Zeit bereits veralteten Rechtsauffassung des Ritterrechts zu erklären:[285] Eine Regelung, die Amt und Privatleben des Richters so wenig trennte wie Art. 141 § 5 des mittleren Ritterrechts, war in einer neuzeitlichen Kodifikation kaum noch vertretbar.

Tit. 19 § 3 enthält – ein wenig versteckt – den zweiten Angriff des Landrechts gegen die Interessen Rigas. Die Einrichtung eines zweiten Handelshafens in Pernau konnte von der alten Hansestadt niemals gebilligt werden. Wieso Hilchen diese Bestimmung in das Landrecht aufgenommen hat, ist schwer ermittelbar. Der zweite Halbsatz des § 3, nach welchem der Adel im Rahmen des eigenen Bedarfs in Riga Handel treiben durfte, besagt bloß eine Selbstverständlichkeit. Umso überraschender ist der erste Halbsatz: *„In den Pernawischen haffen geben wir denen vom adell freye macht und gewalt, mit frembden kauffleuten handell und wandel zu treiben."* Pernau wurde dadurch Riga gleichgestellt, der Adel von der Regel „Gast handelt nicht mit Gast" ausgenommen. Beachtet man zudem, dass Tit. 12 § 14 und Tit. 19 § 3 die einzigen beiden Titel des Landrechts darstellen, welche Riga überhaupt betreffen, verwundert es nicht, dass Riga jede Stellungnahme zum Hilchenschen Entwurf kategorisch verweigerte.

---

284 Dort werden diese beiden Fragen im ersten Abschnitt (Art. 2 und 9) des zweiten Buches behandelt, der mit „Ordnungsrecht" betitelt werden könnte. Mengden hat die öffentlichrechtliche Komponente desAbhandenkommens auf öffentlichem Boden offensichtlich stärker bewertet als den Eigentumserwerb an sich.

285 Der Zusatz des Art. 20 § 1 *(„(...) Und darum soll keine wiedrige gewonheit behinderlich sein.")* bezieht sich auf die illegale Fundunterschlagung und nicht auf eine im livländischen Recht verankerte Gewohnheit.

Das 2. Buch: Privat- und Strafrecht

5. Tit. 1 –5: allgemeines Familienrecht (S. 204 – 205)

a) Übersicht

Tit. 1	Institutionen Just. I. 8
Tit. 2, § 1	Institutionen Just. I. 9, I., 3
§ 2	Mittleres Ritterrecht Kap. 67
§ 3	Statuten Kasimirs des Großen von 1347, Bd. I S. 32; Statuten Vladislaus von 1420; vgl. mit RR Art. 40
Tit. 4	*[Institutionen Just. I. 11, 1]*
Tit. 5, § 1	Mittleres Ritterrecht Kap. 42 § 1
§ 2	Mittleres Ritterrecht Kap. 41 § 2
§ 3	vgl. Mittleres Ritterrecht, Kap. 41 § 3
§ 4	Mittleres Ritterrecht, Kap. 42

b) Inhalt und Herkunft

Das zweite Buch leitet Hilchen in **Tit. 1** mit einer Übersetzung des 8. Titels, 1. Satz des ersten Buches der Institutionen Justinians[286] ein: *„Eß seindt die menschen entweder frey oder eines andern gewalt unterworffen."* Im Anschluss daran fährt Hilchen mit den Grundsätzen des Familien- und besonders des Eherechts fort.

Nicht nur, da es *„der ehrbarkeit und gutten sitten gemaß"*, sondern auch, weil *„solches daß natürliche recht"* erfordert (**Tit. 2** § 1), hat der Vater die absolute Gewalt über seine Kinder. Auch dieses Prinzip lehnt sich an das römische Recht an.[287] Söhne erwerben grundsätzlich für ihre Väter und können gegen sie, auch später, keine Prozesse führen (§§ 1, 2, 3). Der Grundsatz, dass nur aus eigener Tätigkeit Erworbenes veräußerbar ist, findet sich bereits im Ritterrecht (doch auf die Erben, nicht den Vater bezogen).[288] Nach § 3 erhält der Sohn die Güter der Mutter erst bei einer Wiederverheiratung des Vaters, bei grobem Fehlverhalten des Vaters oder mit Eintritt der unbeschränkten Geschäftsfähigkeit, also mit 25 Jahren. Diese Regelung stammt aus den polnischen Statuten[289]

---

[286] **Institutionen**, I. 1, 8: „De his qui sui vel alieni iuris sunt. Nam quaedam personae sui iuris sunt, quaedam alieno iuri subjectae sunt."

[287] Siehe etwa **Institutionen**, I. 1, 9: „In potestate nostra sunt liberi nostri, quos (...) iustis nuptiis procreavimus."

[288] **Mittleres RR**, Kap. 67: „Wat gudes överst ein man kofft, odder vordenet, edder vorworven hefft, dat mach he vorkoppen, edder vorsetten, sünder syner erven vullworde."

[289] **Casimirus Magnus, Statuten von 1347**, Bd I S. 32: „De filiis, qui moriente matre petunt a patre portionem maternam, antequam secundam uxorem ducat. Ex communi usu in regno Nostro extitit observatum, quod moriente matre pueri omnium bonorum a patre ipsorum tollunt medietatem pro portione et hereditate materna. Propter quod saepe contingit filios in teneris annis existentes rebusque suis consulere non valentes sic receptam hereditatem inutiliter consumere, expendere et dissipare consuevisse. Patri denique de pietate et beneficiis ingratitudinem exhibentes impellunt plerumque (...) eundem vergere ad inopiam (...). Quare ae-

und verschlechtert die Rechtsposition des Kindes: Nach dem mittleren Ritterrecht trat die Volljährigkeit bereits zum 20. Lebensjahr ein.[290]

Der Sohn tritt aus der väterlichen Gewalt durch Gründung eines eigenen Hausstandes, **Tit. 3** §§ 2 und 3. **Tit. 4** regelt in wenigen Worten die Annahme an Kindes statt. Ob Hilchen mit diesen Bestimmungen livländisches Gewohnheitsrecht aufgenommen hat, ist wahrscheinlich, aber nur schwer nachweisbar. Die Regelung ist in jedem Fall zu fragmentarisch, um dem römischen Recht entnommen worden zu sein, wenn der Grundgedanke des Tit. 4 mit den Institutionen I 11 S. 1 freilich übereinstimmt.

Das mittlere Ritterrecht äußerst sich erst wieder zu der im folgenden Titel angesprochenen Thematik: Nach § 1 des **Tit. 5** darf eine Ehefrau ohne Einwilligung ihres Ehemanns ebenso wenig ihre Habe veräußern wie nach dem mittleren Ritterrecht.[291] Gleiches gilt für die folgenden Paragraphen: Kinderlose Witwen dürfen sowohl nach § 2 als auch nach Ritterrecht veräußern. Entgegen § 3 des Landrechts sind nach dem Ritterrecht ebenfalls Jungfrauen veräußerungsbefugt, denn sie sind ausdrücklich wie Witwen zu behandeln.[292] Wieder mit dem Ritterrecht[293] identisch ist § 4, wonach die Frau einen Eid selbst, und nicht durch ihren Vormund, schwören soll.

c) Bedeutung

Im zweiten Buch taucht das römische Recht zum ersten Mal auch materiell auf. Hilchen hatte in Deutschland das römische Recht studiert und war in einem humanistisch geprägten Umfeld aufgezogen worden. Dass seine rechtlichen Ausführungen zur Familie römischrechtliche Grundlagen aufweisen, überrascht insoweit nicht. Zudem finden sich im konservativen, doch geschäftigen Livland Parallelen zum Römischen Reich Justinians: Auch wenn mit den Unfreien nun die einheimischen Bauern und keine Sklaven mehr gemeint sind, bezeugt Tit. 1 des zweiten Buches, wie problemlos noch die vorangeschrittene Neuzeit das Gesellschaftsverständnis des *Corpus Iuris Civilis* adaptieren konnte. Zudem fügt

---

quum visum extitit Nobis et Nostrae militiae, ut matre moriente filii non petant bonorum et hereditatis maternae devolutae portionem et successionem a patre, donec ad secundas nuptias convolabit, nisi tunc (...) prodigus bona et hereditates illas communes indebite dissparet."
Zu den Söhnen **Vladislaus Jagello, Statuten von 1420**, Bd. I S. 73: „In quadam constitutione Nostri praedecessoris decretum extitit, quod moriente matre puerorum patre cum alia contrahere volente pueri a patre petere valeant portionem maternam (...)".

[290] **Mittleres RR,** Kap. 40 § 1: „Wenn ein man twintich iar olt ys, so ys he tho synen iaren gekamen".

[291] **Mittleres RR,** Kap. 41 § 1: „Ein wiff mach er gudt nicht vorgeven noch egen noch lifftucht uplaten, ane eres mannes vollwort edder vorlöff".

[292] Beide Paragraphen zu **Mittlerem RR**, Kap. 41, §§ 2, 3: „Megede, unde unbemande wive, mögen liff tucht uplaten, wenn se dat willen, ane eres vormünders vorlöff, he en sy den erve dartho, so en mach se des nicht don, Megede, unde wive mögen vormünder hebben, an welcker klage, up dat men se nicht verthuegen en mach, dat se vor gerichte sprecket, edder deit."

[293] **Mittleres RR,** Kap. 42: „Wor ydt den frouwen tho ede kumpt, de schollen se sulven don, unde nicht ere vormünder."

sich die altrömische Figur des *pater familias* problemlos in das persönliche Gesellschaftsbild Hilchens ein. Er erhöhte das Alter, in welchem der mütterliche Erbteil geltend gemacht werden konnte, von 20 auf 25 Jahre (was der Altergrenze in den Institutionen Justinians entspricht)[294] und verstärkte dadurch noch weiter die väterliche Gewalt.

Die kaum beschränkte Macht des Vaters über die Familie leitet Hilchen neben der Tradition aus dem *natürlichen Recht* her. Zwar sollte es auch in Westeuropa noch einige Jahre dauern, bis etwa Hugo Grotius seine Schriften veröffentlichte, und ohne Hilchen als Vorreiter der Naturrechtslehre sehen zu wollen – in seinem Kodifikationsentwurf weht ein aufklärungsfeindlicherer Geist als in vielen erheblich älteren ausländischen Rechtsschöpfungen – Hilchen zeigt sich an dieser Stelle doch als Kind seiner Zeit, welches das Studium an einigen der renommiertesten Universitäten Deutschlands in seiner Weltanschauung geprägt hatte. Der naturrechtliche Gehalt des Tit. 2 §1 darf andererseits auch nicht überbewertet werden. Die Rückführung der väterlichen Gewalt auf das „natürliche Recht" ist schließlich bereits in römischer Zeit erfolgt.[295] Der Kontrast wird erst im Vergleich mit Rechten wie dem *Formulare Procuratorum* sichtbar.

Hilchen hat im Familienrecht gleichermaßen auf römische, polnische als auch altlivländische Rechtssätze zurückgegriffen. Insbesondere die Bestimmungen zur Absonderung in Tit. 3 §§ 1 und 3 weisen Parallelen zur römischrechtlichen *emancipatio* auf.[296] Analog zur *emancipatio Justiniana* findet die Emanzipation vor Gericht oder wenigstens im „Beywesen guter freunde" statt.[297] Freilich lässt sich hinsichtlich der Regelungen, für welche das Ritterrecht als Quelle angegeben wurde, nicht mit Sicherheit nachweisen, ob Hilchen die fraglichen Paragraphen tatsächlich dem Ritterrecht entnommen oder nur in der Rechtspraxis etablierte Gewohnheiten niedergeschrieben hat. Hier spricht die Kongruenz der entsprechenden Stellen jedoch für eine Übernahme aus den livländischen Ritterrechten, da sowohl Reihenfolge als auch Inhalt nahezu identisch sind.

Aus Polen wird Hilchen keine Vorgaben erhalten haben, polnisches Recht zu nutzen, da die politische Bedeutung des Familienrechts im engeren Sinne gering war. Wir sehen im Familienrecht somit die erste vollkommen autonome Zusammenstellung Hilchens. Für eine Bewertung muss in Betracht gezogen werden, dass es sich um keine besonders komplexe Materie handelt. Doch stellt das Ergebnis eine homogene Behandlung der Thematik in annähernd gleichmäßiger Regelungsdichte dar (wenn man vom Adoptionsrecht, Tit. 4, absieht), die in schlüssigem Vortrag und in der Logik der Anordnung überzeugt.

---

294 **Institutionen**, I. 23, 1: „Masculi puberes et feminae viripotentes usque ad vicesimum quintum annum completum curatores accipiunt."

295 **Digesten** des Ulpian 1, 1, 1, 3: „Ius naturale est, quod natura omnia animalia docuit. (...) hinc descendit maris atque feminae coniugatio, quam nos matrimonium appellamus, hinc liberorum procreatio et educatio."

296 **Institutionen**, I. 12, 6 ff.: „Praeterea emancipatione quoque desinunt liberi in potestate parentum esse."

297 *Blaese*, Bedeutung und Geltung des römischen Rechts, S. 43.

6. *Tit. 6 – 9: Vormundschaftsrecht (S. 206 – 208)*

a) Übersicht

Tit. 6, § 1	J.t.n.P., Tit. III § 1; Just. Inst I 13, 3
§ 2	J.t.n.P., § 2; Inst. Just. I 15
§ 3	J.t.n.P., § 4 und Inst. Just. I 20; vgl. Mittleres Ritterrecht, Kap.10 § 3; Kurländische Statuten, Art. 66
§§ 5, 6	J.t.n.P. Art. 3 § 10, § 10; Kurl. Statuten 174; Pilt. Stat. II, 3 II 9
Tit. 7	Institutionen Just. I 26 2, 3, 9, 11, 5, 13; vgl. Mittleres Ritterrecht Art. 51 § 1, Art. 40
Tit. 8, §§ 1,2	J.t.n.P., Art. 1 § 5
Tit. 9, § 1	J.t.n.P., Art. 1 §§ 6, 7 und 16; Lit. Stat. VI 4; vgl. auch Mittleres Ritterrecht, Art. 49 § 2
§§ 2 – 5	vgl. Mittleres Ritterrecht Kap. 41
§ 4	Mittleres Ritterrecht, Art. 50 § 1; Inst. Just. I 23
§ 5	Inst. Just. I 24; vgl. Mittleres Ritterrecht Art. 50 § 2

b) Inhalt und Herkunft

Tit. 6 – 9 folgen im Aufbau Buch I Tit. XIII-XV, XX der Institutionen Justinians. Auch wenn das Vormundschaftsrecht unmittelbar dem dritten Titel des *Jus terrestre* entnommen wurde, so fallen materiell zahlreiche Parallelen mit den Institutionen auf. Hilchen waren die Vorzüge der römischrechtlichen Regelungen zur Vormundschaft bekannt. Indem er diese nur indirekt über das *Jus terrestre* übernahm, konnte er der Billigung durch die polnische Krone sicher sein.

Inhaltlich gewährt § 1 des **Tit. 6** – parallel zum römischen Recht[298] – dem Vater das Recht, testamentarisch für seine Kinder Vormünder einzusetzen.[299] Nach § 2 sind anderenfalls die nächsten Verwandten väter- und mütterlicherseits Vormünder.[300] Fehlen auch diese,[301] soll sowohl nach dem *Jus terrestre* als auch nach § 3 der König oder das Landgericht Vormünder bestellen.[302] Diese Regelung steht zumindest teilweise im Widerspruch zu Kap. 10 § 2 des mittleren Ritterrechts, wonach die Vormünder zum einen nur aus der väterlichen Linie bestimmt werden dürfen, zum anderen der Bischof – und nicht der König oder das

---

298 **Institutionen**, I. 13, 3: „Permissum est itaque parentibus liberis impuberibus, quos in potestate habent, testamento tutores dare."

299 **Jus terrestre**, Tit. III, § 1: „Omnibus liberos impuberes habentibus integrum sit quoscumque illis videbitur tutores vel testamento vel ad acta quaecumque authentica constituere."

300 **Jus terrestre**, Tit. III, § 2: „Si quis nullis tutoribus relictis decesserit, tutores legitimi sint proximi agnati (...)", ebenso in **Institutionen**, I. 15, 1: „Quibus autem testamento tutor datus non sit, his ex lege duodecim tabularum adgnati sunt tutores, qui vocantur legitimi."

301 Was nach dem corpus iuris die Ersatzeinsetzung eines Vormunds „a praetore urbano", den Stadtprätor, nach sich zieht, siehe Institutionen I. 20, 1.

302 **Jus terrestre**, Tit. III § 4: „Quod si nullos agnatos tutores (...) habeat, iudicium terrestre (...) tutores duos aut tres idoneos dare pupillis tenebitur."

Gericht – die Vormünder einsetzt.[303] Sie wird jedoch später im Einklang mit den kurländischen Statuten stehen, wonach der Fürst für die Einsetzung der Vormünder zuständig ist.[304] Die Bestimmung der Vormünder durch den König anstelle des Bischofs entspricht der beginnenden Verweltlichung des Familienrechts durch die Reformation und dem damit einhergehenden Aufkommen des Obrigkeitsstaates. Sie ist insoweit typisch für ein protestantisch geprägtes Landrecht des ausgehenden 16. Jahrhunderts.

§ 5, der eine Schadensersatzpflicht des Vormunds bestimmt, entspricht nicht nur dem *Jus terrestre*,[305] sondern wird später ebenfalls in § 174 der kurländischen Statuten[306] und Art. 22 der piltenschen Statuten enthalten sein.[307] Hier wurde offensichtlich ein Rechtssatz übernommen, der sich nicht nur im Kulmer Landrecht, sondern ebenfalls im livländischen Recht durchgesetzt hatte.

Eine maßgebliche Änderung zum mittleren Ritterrecht[308] findet sich in **Tit. 7**, wonach die Vormundschaft unter bestimmten Bedingungen aufsagbar ist, die dem Ritterrecht unbekannt waren. Hilchen hat sie ausnahmslos dem 26. Titel des ersten Buches der Institutionen entnommen.[309] Ablehnungsgründe sind neben der Tätigkeit im Staatsdienst (I. 26, 2,3), Krankheit (I. 26, 7), Feindschaft mit der Familie des Mündels (I. 26, 9,11) und der Betreuung von bereits mindestens drei anderen Mündeln (I. 26, 5) auch das Erreichen eines Alters von 70 Jahren (I. 26, 13). Wie bereits Helmersen[310] andeutete, widerspricht vor allem der

---

[303] **Mittleres RR,** Kap. 10, § 3: „Unde mögen tho vormundern kesen einen des Stichtesman, den se willen (...)".

[304] **Kurländische Statuten,** Art. 66 a.E.: „(...) auf solchen Fall der Fürst den Unmündigen Vormünder setzen".

[305] **Jus terrestre**, Art. 3 § 10: „Cum plures tutores fuerint, etsi unus tutelam administrarit, pupillis (...) in solidum obligati erunt."

[306] **Kurländische Statuten**, Art. 72: „Alle Vormünder sollen sämtlich in gemein wegen vorgestandener Vormundschaft haften (...)."

[307] **Piltensche Statuten**, Tit. 22 „Von Vormundtschafften" (S. 13 oben): „Schulden (...) sollen die Vormünder unförmlich hinnehmen, aber den Schaden, wann dieser auß ihrer Nachlässigkeit erfolget, denselben ersetzen."

[308] **Mittleres RR,** Kap. 51 § 1: „Vormündtschop mach men upgeven, weme men will". Dass mit „weme" hier nicht nur die Wahl der Person, sondern auch die Aufgabe der gesamten Vormundschaft gemeint ist, zeigt ein Vergleich mit dem Umgearbeiteten Ritterrecht Bd. I Kap 26 und dem Ältesten Ritterrecht Art. 14, in welchen es – hochdeutsch übersetzt – heißt: „(...) wem man will und auch absetzen, wen man will".

[309] **Institutionen**, I. 24, 2 f.: „Item qui rei publicae causa absunt, a tutela et cura excusantur (...). Et qui potestatem aliquam habent, excusare se possunt (...)"; 7: „Item propter adversam valetudinem (...) excusatio locum habet." 9, 11: „Item si propter inimicitias aliquem testamento tutorem pater dederit, hoc ipsum praestat ei excusationem (...). Inimicitiae, quas quis cum patre pupillorum vel adultorum exercuit, si capitales fuerunt nec reconciliatio intervenit, a tutela solent excusare." 5: „Item tria onera tutelae non affectatae vel curae praestant vacationem, quamdiu administrantur." 13: "Item maior septuaginta annis a tutela vel cura se potest excusare."

[310] *Helmersen*, Beitrag zur Geschichte der Intestaterbfolge, S. 7

letzte Punkt eindeutig den Regelungen des Ritterrechts, in welchem die Altersgrenze für den Verzicht auf derartige Geschäfte bei 60 Jahren lag.[311]

Tit. 8, der die Erziehung der Unmündigen behandelt, ist wieder dem *Jus terrestre*[312] entnommen, wobei vor allem in § 2 das Hilchensche Bildungsideal dominiert (Ziel ist, *„daß die unmündigen (...) zum* studiren *gehalten, und in künsten und sprachen, auch ehrbaren sitten, unterwiesen und geübet werden"*).

Auch **Tit. 9** ist zunächst fremden Rechten entlehnt,[313] doch bestehen ebenfalls Übereinstimmungen mit dem mittleren Ritterrecht. Diese zeigen sich bereits am Ende des ersten Paragraphen, wonach dem Vormund – wie nach dem Ritterrecht[314] – ein Verwendungsersatzanspruch zusteht. In den folgenden Paragraphen beschreibt Hilchen die Pflichten der Vormünder. Eine ausdrückliche Sanktion, wie sie Art. 41 des Ritterrechts vorsieht, nämlich die Aberkennung der Vormundschaft, wird nicht bestimmt. § 4 spricht den vormals Unmündigen mit Erreichung des 25. Lebensjahres die Übergabe ihrer gesamten Güter zu und läuft insoweit parallel zu Art. 50 § 1 des Ritterrechts[315] (mit Ausnahme des Alters selbst, das auch hier bei 20 Jahren liegt, siehe Fußnote 290). § 5 schließlich konstituiert eine Schadensersatzpflicht des Vormunds bei Verzug. Eine solche Regelung war nach den Institutionen Justinians nicht erforderlich, da dort der nicht von Amts wegen oder testamentarisch eingesetzte Vormund Sicherheit zu leisten hatte.[316] Nach dem Ritterrecht (ebenfalls Art. 51) bestand nur eine Widerrufsmöglichkeit der vormundschaftlichen Verfügungen binnen Jahr und Tag.

c) Bedeutung

Dass sich Hilchen im Vormundschaftsrecht an den Justinianischen Konstitutionen orientierte, mag in Anbetracht der ebenfalls hoch entwickelten ritterrechtli-

---

[311] So im **Mittleren RR**, Art. 40: „Wenn ein man (...) sostich iar [ist], so ys he baven syne dage gekamen, so mach he vormünder kesen, yfft he will, unde krenket syn recht nicht darmede."

[312] **Jus terrestre**, Art. I § 5: „In educandis pupillis (...) proximorum agnatorum aut cognatorum tutores spectent."

[313] **Jus terrestre**, §§ 6, 7, 16: „Sive autem testamentarii fuerint sive legitimi sive dati tutelae suae administrationem a confectione inventarii ordiantur (...)";
Litauische Statuten, Kap VI, Art. 4, § 1: "Wir ordnen, daß ein Jeder Vormund, sofern er die Vormundschaft an sich nehmen will, zuforderst im beysein des vom Gericht Deputirten Tronbohtens und zweener Vom adell der Kinder, blutts Verwandten, oder da keine bluttsfreunde wären, der Vormund würde sie nicht dahin erbitten und bewegen können (...), auch andrer zweener doch glaubwürdiger in dem gebiet woll geseßener, und die den gütern gahr nahr nachbahren wären, ein ordentlich *inventarium* schreiben oder machen soll über alle Güter, Unterthanen, (...)".

[314] **Mittleres RR,** Kap. 49 § 2: „Kumpt de vormünder in yennigen schaden, van erent wegen, den schaden sollen se dregen."

[315] **Mittleres RR,** Kap. 50 § 2 „Synt se överst benedden eren iaren, so mögen se ydt (d.h. das gut) wedderkeren (...)".

[316] **Institutionen**, I. 24: „Ne tamen pupillorum pupillarumve et eorum, qui quaeve in curatione sunt, negotia a tutoribus curatoribusve consumantur aut deminuantur, curat praetor et, ut tutores et curatores eo nomine satisdent."

chen Bestimmungen zunächst unverständlich erscheinen. Doch sind zum einen die Unterschiede in den wesentlichen Punkten nicht so groß, dass die Entscheidung Hilchens für das im *Jus terrestre* aufgenommene römische Recht von Bedeutung wäre. Im Übrigen lagen die allgemeinen Ursachen für die europaweite Rezeption des römischen Rechts auch im altlivländischen Vormundschaftsrecht vor: Das klar konzipierte und folgerichtig aufeinander aufbauende römische Recht war im Zweifel das bessere Mittel, die komplexe Materie der Vormundschaft zu behandeln. Die entsprechenden altlivländischen Bestimmungen waren zwar ebenso detailliert, doch mangelte es ihnen an der Konsequenz und Einheitlichkeit der römischrechtlichen Lösung.

In Tit. 9 greift Hilchen zudem zum ersten Mal auf die litauischen Statuten als Rechtsquelle zurück. Tit. 9 ist keine der zentralen Bestimmungen des zweiten Buches, so dass die Analyse der Beweggründe, die der Wahl des litauischen Statuts in dieser Frage zugrunde lagen, müßig ist. Interessanter ist vielmehr, welchen Einfluss die litauische Gesetzgebung überhaupt und hierbei insbesondere das III. Statut auf den Landrechtsentwurf hatte.

Angesichts der Union mit Polen und der räumlichen Nähe zu Livland überrascht es nicht, dass Hilchen litauisches Recht als Quelle für seinen Entwurf nutzte. Es stellt sich viel eher die Frage, warum Hilchen sich nicht noch stärker auf das für damalige Verhältnisse hochaktuelle III. Statut von 1586 gestützt hat, welches Änderungen aufgenommen hatte, die durch eine ganz ähnliche Situation, nämlich die Realunion Litauens mit Polen, notwendig geworden waren.

Allein die Tatsache, dass im Jahr 1599 noch keine polnischsprachige Druckversion vorlag, kann kein Hinderungsgrund gewesen sein. Zwar ist es unwahrscheinlich, dass Hilchen das Ruthenische beherrschte. An der Jesuitenuniversität in Wilna, die Hilchen in seiner Jugend besuchte, wurde Latein gesprochen, und während seiner diplomatischen Reisen, die ihn fast ausschließlich nach Polen führten, wird er mit dem Kirchenslawischen äußerst selten in Kontakt geraten sein, zumal das Polnische zu jener Zeit eine Hochblüte erlebte. Es waren aus diesem Grunde auch zahlreiche polnische Abschriften des letzten litauischen Statuts im Umlauf, so dass Hilchen nicht auf das kirchenslawische Original zurückgreifen musste. Der Einfluss, den das III. litauische Statut auf die polnische Rechtsentwicklung ausübte, sollte zudem nicht unterschätzt werden:[317] Noch im Jahr 1775 erkannte Kaiserin Maria Theresia das litauische Statut als offizielle Ergänzung des polnischen Erbrechts für Galizien an,[318] und das litauische Statut war im Geistesleben Polens so präsent, dass es sich selbst in der Literatur niederschlug. So lässt Franciszek Zabłocki in seiner 1785 erschienenen Komödie *Sarmatyzem* gegenüber den Regenten folgendes ausführen: *„Die Kron- und die litauischen Statuten sagen uns, was der Adlige dem Bauern, was der Bauer dem Adligen schuldig ist."*[319]

[317] Detailliert dazu *Bardach*, Statuty litwewskie a prawo rzymskie, S. 90 – 95.
[318] *Wawel-Louis*, Początkowe sądownictwo austriackie w Galicji, 1772 – 1784, S. 15.
[319] *"Koronny i litewski Statut nam to powi,*
Co chlopu szlachcic, chlop co winien szlachcicowi." Aus *Bardach*, ebenda.

Hilchen hat vielmehr deswegen nicht häufiger auf die litauischen Statuten zurückgegriffen, weil zum einen viele Regelungen des litauischen Statuts mit den entsprechenden polnischen Bestimmungen so ähnlich waren, dass es häufig nicht erforderlich war, für Livland passendere rechtliche Lösungen im litauischen Statut zu suchen. Politisch war Polen zwar eindeutig dominant, doch dem Lubliner Unionsvertrag nach handelte es sich bei der Union Polens mit Litauen um den Zusammenschluss zweier souveräner Staaten, während Livland annektiert wurde. Die nationale Unabhängigkeit Litauens erstreckte sich so weit, dass die Grenze zu Polen durch litauisches Militär ständig bewacht wurde und Polen ohne einen besonderen Ausweis das litauische Gebiet nicht betreten durften.[320] Den litauischen Statuten ließen sich daher keine staatsrechtlichen Regelungen entnehmen, welche auf die Neuordnung Livlands übertragbar waren.

Aus der außenpolitischen Dominanz Polens erklärt sich auch der Vorzug, den die polnischen Statuten als Quellen des Landrechtsentwurfs genossen. Daher ist im Zweifelsfall auch stets von einer polnischen, nicht litauischen Provenienz auszugehen. Lediglich Tit. 9 weist so starke Parallelen mit Kap. VI Art. 4 § 1 auf, dass eine Entlehnung aus dem litauischen Statut offensichtlich ist. Hilchen mag die Ähnlichkeit mit der römischrechtlichen Regelung weiteren Anlass gegeben haben, sich im Vormundschaftsrecht nach litauischem Recht zu richten.

Was die übrigen Regelungen zur Vormundschaft betrifft, so hat sich Hilchen in Fragen, in denen es nicht um die Darstellung, sondern um tatsächliche rechtliche Wertungen handelte – wie dem Verwendungsersatzanspruch –, häufig ebenfalls nach dem Ritterrecht gerichtet. Auch in Bezug auf dieses Kapitel kann Hilchen nicht vorgeworfen werden, deutsches Recht vernachlässigt zu haben. Dass Hilchen im Zusammenhang der Vormünderhaftung nicht bloß eine Verwendungs-, sondern auch eine – durchaus konsequente – allgemeine Schadensersatzpflicht einführt, welche bisher weder nach römischen, polnischen noch altlivländischen Rechten existierte, spricht zudem für die Eigenständigkeit des Hilchenschen Entwurfs.

7. *Tit. 10 – 12: Dienstrecht (S. 208 – 211)*

a) Übersicht

Tit. 10, § 1	Consuetudines Art. 1 § 1
§ 2	Consuetudines Art. 1 §§ 2 – 4, Statuten Johannes Alberts von 1496, vgl. auch mittl. RR Art. 234
§ 4	Consuetudines Art. 1 § 5
§ 5	Consuetudines Art. 1 § 6; Mittleres Ritterrecht Kap. 149 § 3
Tit. 11, §§ 1- 8	vgl. Mittleres Ritterrecht Kap. 216 §§1,2; Privilegium Sigismundi Art. XXII, XXIII

[320] *Mikalauskas*, Das Strafrecht der drei litauischen Statuten, S. 34

Tit. 12, § 2	z.B. Statuten des Sejms von 1557 Art. 18; Konstitutionen des Petrikauer Sejms, 1562/1563, Art. 62
§§ 3 – 4	*[Bettlerwesen]*

b) Inhalt und Herkunft

Tit. 10 und **11** beziehen sich auf das Dienstrecht im Allgemeinen. Ein besonderer Schwerpunkt liegt auf dem Verhältnis zwischen Gutsherrn und Knecht. Zwar ist § 2, der dem Gutsherrn die Gerichtsbarkeit für Vergehen seines Knechtes zuweist, den polnischen Statuten entnommen,[321] doch findet sich diese Gerichtsbarkeit bereits ansatzweise im Ritterrecht.[322] § 5, der dem entlaufenen Knecht den Entzug des doppelten Lohns als Strafe auferlegt, ist sogar mit der entsprechenden Regelung[323] des Ritterrechts fast identisch.

Die Figur des „Erbpawrn", der Gegenstand des Art. 11 ist, ist im Ritterrecht[324] noch nicht in dem Maße ausgebildet wie im Hilchenschen Entwurf, wohl aber im *Privilegium Sigismundi.*[325] Art. 216 §§ 1, 2 spricht nur von der Möglichkeit, sich vor Gericht jemanden „zu eigen" zu geben. Die Regelungen des Tit. 11 sind in der Praxis dennoch angenommen worden, denn sie haben zu

---

[321] **Joannis Alberti Regis Statuta Anno 1496**, Bd. I S. 273: „De eo, qui inculpatur, quod familiaris suus domum violaverit. Cum vero aliquis homo cuiuscumque status exsistens inculpatus fuerit, quod ipsius familiaris violentiam domesticam fecerit (…) aut familiarem eius invadens manu violenta in domo eadem interfecerit; in eo casu illum violatorem apud suum dominum per nobiles et ministerialem arrestari decernimus, cum quo taliter inculpato dominus suus ius ministrare tenebitur et, si personaliter requisitus ius ministrare denegaverit, extunc pro eo respondebit dominus (…)";
S. 274: „De servitore violatore (…) fugiente, quid cum domino faciendum. Talis autem familiaris si aufugerit per nobilesque arrestatus non fuerit, dominus suus pro ipso citatus non aliter se innoxium de crimine tali expurgabit, nisi iuramento per eum cum duobus testibus similiter praestitis, quod videlicet nec suo scitu nec consensu nec mandato aut voluntate crimen id est commissum nec dedit aufugiendi occasionem servitori."

[322] Siehe **Mittleres RR,** Kap. 234: „Wor ein here ein dorp hefft, dar mach he synen buren geven ein sünderlick recht."

[323] **Mittleres RR,** Kap. 149 § 3: „Entgheit de knecht dem heren mit unwillen, he schal dem heren so vele geven, also de here em gelavet ahdde, unde wat em gegulden ys synes lohns, dat schal he dubbelt wedder geven."

[324] **Mittleres RR,** Kap. 216 §3 1, 2: „We sick vor gerichte tho eygen gifft (…), beheldt en ock de here beth synen dodt, ne beholt syne Erve."

[325] **Privilegium Sigismundi zu § 2**, Art. XXII: „Die Bauern, welche mit Genehmigung des Füsten oder durch Erbfolge in irgend jemandes Botmäßigkeit sich befinden, müssen von andern nicht als Gefangene aufgenommen oder vorenthalten, sondern auf Aufforderung desjenigen, der an selbige Anspruch machte, ausgeliefert, und nach dem angenommenen Herkommen und den alten gesetzlichen Gewohnheiten Livlands zurückgestellet werden."
Zum Eigentum am Bauern Art. XXIII: „Ferner bitten wir alle Vorsorge dafür zu haben, daß die Bauern der Adelichen bloß zu den Diensten für ihren Eigenthumsherrn, wie bisher nach dem alten beobachteten Gebrauch, verpflichtet bleiben, und nicht zu andern Dienstbarkeiten zum Nachteil unserer Freiheiten gezwungen werden."

großen Teilen Eingang in die *Consuetudines Livonicae inveteratae et practicabiles* gefunden.[326]

Tit. 12 behandelt das Bettlerwesen und ist stark von persönlichen Motiven Hilchens geprägt. Es ließen sich bislang keine vergleichbaren Stellen ermitteln, abgesehen von § 2, der sich gegen Juden und „Zigeuner" wendet und Parallelen zu den meisten zeitgenössischen Kodifikationen aufweist.[327] Hilchen beklagt, dass „*viel starcke gesunde leute unter dem schein der bettler herumb laufen*", anstatt zu arbeiten, und bedroht jeden mit Strafe, der solchen Personen Unterschlupf bietet. Zudem darf jeder solche „*müßiggänger*" aufgreifen und zwingen, Arbeit zu verrichten. Gleiches gilt für Zigeuner, die „*verbottener weyse herumb ziehen, undt der armen einfältigen leute geldt undt güter gleich stehlen*". Selbst Tagelöhner und Gesellen, die sich nicht innerhalb dreier Tage an ihrer Arbeitsstelle einfinden, sollen durch den Rat oder den Bürgermeister zur Arbeit „*in den graben und uff den wällen*" angehalten werden.

c) Bedeutung

Das siebte Kapitel behandelt mit den Bestimmungen über die Beziehungen des Gutsherrn zur Bauernschaft wieder eine der wichtigeren Materien. Die Macht des livländischen Adels beruhte auf einem folgsamen Bauernstand. In Livland war – anders als in Deutschland – die Tatsache, dass der Bauernstand von Nichtdeutschen gebildet wurde, ein weiterer wichtiger Gesichtspunkt, unter welchem es die Beherrschung des Landvolkes zu erhalten und möglichst weiter auszubauen galt. Zwar waren Bauernaufstände, wie sie Deutschland 60 Jahre zuvor geprägt hatten, in Livland nicht denkbar, doch die regelmäßigen Aufstän-

---

[326] **Consuetudines**: **Zu § 1** des Entwurfs § 1: „Die Erpauren, und so von ihnen gebohren, seindt mit ihrer Haab und Gutt in ihrer Herrschaft Gewalt, und können ohne der Herrschaft Vorwissen nichtes vergeben oder endtreissen." **Zu § 2 S. 1** § 2: „Die Herrschaft meg dero Erbpauren lassen uffgreiffen, jedoch daß sie dieselben der Herrschaft alwor sie betreten werden, vorstellen, und die Außantwortunge begehre, mit Weib, Kinder und Habsehligkeit."
Zu S. 2 § 3: „Will der Verhalter ihm nicht extradiren, soll die Erbherrschaft denselben peremptorie an das Landtgericht citiren und dafern er ad primam citationem nicht comparirer, soll er 20 ungar. Floren dem Part erlegen und deme Pauren dennoch extradiren." **Zu S. 3** § 4: „So ein Paur 10 Jahr a tempore scientiae, von Zeit der Wissenschaft, friedsam gesessen, denselben kann der Erbherr nicht mehr ausforderen." **Zu § 4** § 5: „Wann ein Paur von seinem Herrn frei gelassen wirdt, und sich hernach gutwillig hinwieder zur Dienstbarkeit einlässet, und über 3 Jahren darinnen beharret, derselbe ist ferner nicht frey, die Kinder auch so er nach der Zeit zeugen wirdt, sollen dem Herrn bleiben, da aber zuvorn gezeuget, bleiben dem vorigen Junker, dafern sie nicht mit dem Vatter gleich freigelassen sein." **Zu § 5** § 6: „Dieses hatt auch staat von dehnen gemeinen Gärtnern, so gewisse Arbeit für eine Gartenstelle thun."

[327] Als Beispiel sei hier in Bezug auf die „Zigeuner" nur der besonders griffige Art. 18 der **Statuta Seymu Warszawskiego Roku 1557** genannt: „Cygani, abo ludzie niepotrzebni będą przez nas z ziemie wywołani, y na potym nie mają bydź do niey przyimowani.", hinsichtlich der Juden Art. 62 der **Konstytucye Seymu Piotrkowskiego, 1562/1563**: „A iż też Posłowie skarżą, że przez żydy wszystkie handle y żywności mieszczanom a poddanym naszym są odięte: roskazuiemy aby w tey mierze był zachowan statut anni 1538 paragrapho, volumus praetera. Ktemu, aby żyd żup, ceł, y naymow żadnyh nie trzymał, tak iako statut o tym uczy."

de etwa der Esten während der ersten Jahrhunderte der Kolonisation waren überliefert und Teil des allgemeinen Gedächtnisses. Im *Privilegium Sigismundi* wird die Leibeigenschaft als stärkste Form der Abhängigkeit daher nicht mehr gefordert, sondern bildet bereits den Ausgangspunkt für weitreichendere Forderungen:[328] Art. XXII verlangt die Bestätigung des Herausgaberechts gegen den „Besitzer" eines entlaufenen Bauern, Art. XXIII die Bestätigung des ausschließlichen „Nutzungsrechts" des Eigentümers. Hilchen übernimmt diese Forderungen in sein Landrecht und arbeitet sie weiter aus. Hierbei zeigt er sich als harter Vertreter ritterschaftlicher Interessen.

Es ist bezeichnend, dass sich die lettische Geschichtswissenschaft – und die lettische geschichtliche Rechtswissenschaft im Besonderen – vor allem auf den ersten Paragraphen des 11. Titels konzentriert hat, der die *„dzimtbūšana"*, die Leibeigenschaft, behandelt. Spekke schreibt in seiner „Latvijas vēsture" auf Seite 161, dass in diesem Paragraphen *„die sozialen Verhältnisse des aktuellen Zustands und seine Natur in extremer Ausbildung"* sichtbar würden. *„Wenn sich Hilchens Gelehrsamkeit, die von renommierten westeuropäischen Humanisten so hoch geschätzt wurde (...), auch in diesem Entwurf widerspiegelt, so bleibt es eine Tatsache, dass dieser bekannteste Humanist Livlands auch der Urheber jenes Prinzips ist, welches den livländischen Bauern einem Sklaven gleichstellte. Insoweit untermauert es Vipers provokante Bemerkung, dass die Sklaverei in Livland ein Kind des Humanismus' und der Reformation gewesen sei. (...)."*[329] In seinem Beitrag „Sigismunda Augusta Livonija politika" sieht A. Švābe die Bedeutung des Hilchenschen Entwurfs vor allem darin, dass sich in *„diesem die maximalen Ansprüche und Bestrebungen der Ritterschaft niederschlagen."*[330] In der „Latvijas tiesibu vēsture" B. Ābers' wird schlicht festgestellt, dass das Landrecht gegen die Bauern *„besonders hart"* gewesen sei.[331] Selbst eine polnische Großbibliographie – freilich in der bereits kommunistisch geprägten Ausgabe

---

[328] **Privilegium Sigismundi**, Art. XXII: „Die Bauern, welche (...) in jemandes Botmäßigkeit sich befinden, müssen von andern nicht als Gefangene (...) vorenhalten, sondern auf Aufforderung desjenigen, der an selbige Anspruch machet, ausgeliefert (...) werden." Art. XXIII: „Ferner bitten wir alle Vorsorge dafür zu haben, daß die Bauern der Adelichen bloß zu den Diensten für ihren Eigenthumsherren (...) verpflichtet bleiben (...)."

[329] Übersetzung des Verfassers aus *Spekke*, Latvijas vēsture, S. 161: „(...) Mēs redzam šeit socialo apstākļu aktualo stāvokli un to dabu galējā veidojumā. (...) Ja Hilchena erudicija, ko tik ļoti cildina daži visai pazīstami rietumu humanisti, ar kuriem viņš ilgus gadus ir sarakstījies, izteicas arī šajā projektā, tad fakts paliek tas, ka tieši viņam, visvairāk pazīstamajam no visiem Livonijas humanistiem (sk. nāk. nod.), ir bijis jābūt par autoru teoretiskam projektam, kurš Vidzemes zemniekus padara gandrīz par vergiem, kas dod labu pamatu R. Vipera kodīgai piezīmei, ka dzimtbūšana Livonijā ir humanisma un reformacijas laikmeta berns. Visu to var izskaidrot ar šis politiski-militarās pierobežas zemes sevišķiem apstākļiem, bet līdz ar visu citu tas skaidri liecina par kolonialo civilizaciju, varētu arī sacīt, par civilizaciju, kuras garīgās saknes lielākā vai mazākā mērā ir vienīgi tikai gaisā."

[330] *Švābe*, in Dunsdorfs „Latvijas vēsture", S. 429: „Hīlchena projekta nozīme ir, ka tas rāda muižniecības maksimālās prasības un centienus."

[331] *Ābers*, Latvijas tiesibu vēsture, Vorlesungsgrundlage S. 117: „Pret zemniekiem viņš ir stipri bargs (...)".

von 1948 – stellt im Rahmen des Beitrags zu Hilchen als einziges Merkmal des Landrechtsentwurfs heraus, dass Hilchen *„sich bemühte, die Leibeigenschaft der Bauern zu rechtfertigen, indem er diese mit dem Sklavenstand des alten Roms gleichsetzte und aus dem römischen Recht begründete."*[332] Ähnlich bewertet die sowjetische „История латвийской ССР" den Entwurf: *„Dieses Dokument, welches die aktuellen Interessen der Ritterschaft äußerte, bezweckte die völlige Unterdrückung der lettischen Bauernschaft."*[333] Die Doppelstellung der Bauernschaft als Stand und als eigenes Volk vereint daher zwei gegensätzliche Lager in gemeinsamer Kritik am Hilchenschen Entwurf: Die sowjetische und sowjetisch geprägte Literatur verurteilt die Unterdrückung der Letten und Esten als Bauern, die lettisch-estnische Geschichtswissenschaft – soweit sie nicht der kommunistischen Ideologie unterworfen war – beklagt die Abhängigkeit der Untergebenen als Letten beziehungsweise Esten. In diesem Zusammenhang muss bedacht werden, dass die baltischen Staaten während der Zugehörigkeit zur Sowjetunion in viel stärkerem Maße als andere Länder Ost- und Mitteleuropas in der objektiven Erforschung der eigenen Geschichte eingeschränkt waren, so dass die Tätigkeit unabhängiger lettischer oder estnischer Historiker im Regelfall, wie die hier genannten in Schweden verfassten Darstellungen, im Exil stattfinden musste. Die offizielle Geschichtswissenschaft Lett- und Estlands konzentrierte sich zwangsläufig, soweit sie sich mit dem Hilchenschen Entwurf überhaupt befasste, allein auf die soziale, nicht ethnische Unterdrückung durch die deutsche Herrschaft. Eine Betonung der ethnischen Komponente hätte die Zeit der deutschen Herrschaft unerwünscht nah an die nunmehr russische Machtpolitik gerückt.

Die Bestimmungen Hilchens zum Bauernrecht sind tatsächlich alles andere als revolutionär. Doch ist das Hilchensche Landrecht in dieser Hinsicht nicht restriktiver als zeitgenössische deutsche oder polnische Rechte. Getreu der religiös-patriarchalischen Auffassung der Reformation hatte im Hilchenschen Weltbild jeder seinen festen Platz, an welchem er seine Aufgaben fleißig und gehorsam zu erfüllen hatte. Diesem Gedanken entspringt auch die – in den Kodifikationen der frühen Neuzeit wohl einzigartige – generelle Arbeitspflicht des Tit. 12. Der Arbeit maß die „protestantischen Ethik" (Max Weber) eine im Vergleich zum Mittelalter viel größere Bedeutung zu. Wurde weltliche Arbeit zunächst nur als Buße und Lebenspflicht verstanden, sah die Reformation die Arbeit als Dienst am Mitmenschen und dadurch als Gottesdienst. Doch nicht nur ethisch-soziologisch verhilft Hilchen mit dieser Bestimmung protestantischen Werten zur Geltung, er stärkt durch die Aufwertung des Faktors Arbeit auch die Entwicklung Livlands zu einer überregionalen Handelsmacht. Bestimmungen im Geiste des Tit. 12 boten die Voraussetzungen für die Ausbildung eines kapitalistischen Wirtschaftssystems neuzeitlicher Prägung. Der protestantische Arbeits-

[332] Polski słownik biograficzny, Krakau 1946 – 48, unter Hilchen (S. 513): „(...) W swojej kodyfikacji usiłował usprawiedliwiać poddaństwo chłopów, przyrównując je do niewolnictwa rzymskiego i uzasadniając prawem rzymskim."

[333] *Zutis*, История латвийской ССР, S. 183: „Выражая насущные интересы дворянст-ва, этот документ способствовал полному закрепощению латышского крестьянства."

begriff bewirkte, dass diese Umwandlung in protestantischen Ländern – man nehme Holland, England oder eben Livland als Beispiel – als erstes einsetzte. In wenigen Kodifikationen der frühen Neuzeit tritt diese Haltung so offen zutage wie im Hilchenschen Entwurf. Hierin liegt die eigentliche rechtshistorische Bedeutung des Tit. 12. In der Praxis hätte sich Tit. 12 kaum ausgewirkt; auch Hilchen wird bewusst gewesen sein, dass angesichts der zahllosen Flüchtlinge aus dem kriegsversehrten Umland eine solche Regelung niemals durchsetzbar gewesen wäre.

In Tit. 11 §§ 1 und 2 wird die Möglichkeit, durch den Aufenthalt in einer Stadt nach Jahr und Tag die Freiheit zu erlangen, nicht genannt. Ābers sieht in der Auslassung dieser Bestimmung eine weitere Benachteiligung der Städte, Rigas im Besonderen, was faktisch jedoch nicht der Fall war.[334] Tatsächlich rekrutierte Riga beispielsweise seine niederen Arbeitskräfte – Mägde, Lastträger, Tagelöhner – aus der lettischen Bevölkerung des Umlandes, wobei der einmal in die Stadt Entflohene dem jeweiligen Stadtrecht unterstand und damit frei werden konnte, da der Ritter gegen die Stadt dann keine rechtliche Handhabe mehr hatte, den Bauern wieder herauszufordern. Und zudem wurde jenes Recht, welches im 19. Jahrhundert mit der Formel „Stadtluft macht frei“ umschrieben wurde, im 16. Jahrhundert auch in Deutschland längst nicht mehr in dem Maße in Anspruch genommen wie in den Zeiten der „ersten Leibeigenschaft“ bis zur großen Agrarkrise des 14. Jahrhunderts.[335] Das Schweigen des Hilchenschen Entwurfs über diese Art der Selbstbefreiung mag daher ebenfalls theoretisch den Interessen Rigas widersprochen haben, praktisch war die Normierung eines solchen Rechts damals jedoch ebenso unüblich wie ineffektiv geworden.

8. Tit. 13 – 16: Eigentumsrecht (S. 211 – 214)

a) Übersicht

Tit. 13, 14	*[jurist. Einführung]*
Tit. 15, § 1	vgl. Mittleres Ritterrecht Kap. 33
Tit. 16, §§ 1	*[zweierlei Lehen]*
§ 2	Ordinatio I
§ 4	Mittleres Ritterrecht Kap. V § 1-4, Art. 6, Art. 7, Art. 8
§ 6	Mittleres Ritterrecht Kap. 10, § 4; vgl. auch Art. 9
§ 7	Mittleres Ritterrecht Kap. 5 § 5

b) Inhalt und Herkunft

Tit. 13 unterteilt gleichsam als Überschrift die Rechte an Gütern als Erb- und als Lehnrechte, als Rechte an beweglichen und unbeweglichen Gütern ein. Der folgende **Tit. 14** behandelt die Erbgesessenen. Es wird hierbei die gewohnheitsrechtliche Grundstruktur durch einige Zusätze, die der Wechsel zum polnischen

---

[334] *Ābers*, Latvijas tiesibu vēsture, Vorlesungsgrundlage, ebenda.
[335] *Wesel*, Geschichte des Rechts, S. 309, Rn. 213.

Verwaltungsaufbau mit sich führte, ergänzt. Höhere Beamte sollen z.B. erbgesessen sein (§ 5).

Wenn **Tit. 15** § 1 die Wirksamkeit einer Veräußerung davon abhängig macht, dass sie im Gerichtsbuch eingetragen wurde, so weicht dies erheblich von Kap. 33 des Ritterrechts ab,[336] wonach dem Veräußerer stets so viel von seinem Grund und Boden bleiben muss, dass er einen Wagen darauf wenden kann. An dem Vergleich solcher Stellen wird deutlich, wie sehr sich der Entwurf Hilchens bereits vom Wesen mittelalterlicher Rechte entfernt hat. Nicht nur der hier offensichtliche Einfluss römischen Rechts, sondern die gesamte Art des abstrakten Herangehens zeichnen den Hilchenschen Entwurf als neuzeitliche Kodifikation aus.

Die Grundsätze des Lehnrechts werden in **Tit. 16** dargestellt. Die ersten Paragraphen stellen eine Art Einführung dar, worin der *status quo* grundsätzlich bestätigt wird – freilich mit der Änderung, dass nun der polnische König alleiniger Lehnsherr ist. Hilchen arbeitet die Bestimmung der ersten *Ordinatio*[337], Lehen jeweils *minutiora bona* zu verleihen, in Tit. 16 § 2 ein. § 3 regelt die Vererbung von Erblehen. Die Rechtsfigur der *Gesamten Hand*, einer dem polnischen Recht fremden livländisch-deutschrechtliche Eigenart, bleibt auch im Hilchenschen Entwurf unangetastet. Sie ist im Ritterrecht[338] detailliert geregelt und sieht vor, dass unter nahen Verwandten – vorzugsweise unter Brüdern – nur einer von beiden belehnt werden muss. Stirbt dieser, hat der Bruder eine Anwartschaft auf das Lehen auf Jahr und Tag (er muss jedoch die Aussteuer der weiblichen Anverwandten des verstorbenen Bruders auszahlen). Findet die Auseinandersetzung vor dem Tod einer der beiden statt, erlischt die „sammende Hand".

Die Unterscheidung in „newe" und alte Lehen, welche in § 5 eingeführt wird, ist hingegen eine polnische Neuerung. Ein Lehen galt im polnischen Recht dann als neu, wenn es durch weniger als vier Generationen vererbt wurde. Nur alte Lehen konnten jedoch auf die Seitenlinien vererbt werden, während die Vererbung neuer Lehen auf die Abkömmlinge beschränkt war.[339] Hilchen modifiziert dies, indem er auch bei neuen Lehen der mütterlichen Seite zumindest die Aussteuer zukommen lässt, was seinen eigenen Angaben zufolge einem *„alten livländischen Brauch"* entspricht.

---

[336] **Mittleres RR,** Kap. 33: „Ein man mach vorgeven, vorköpen, unde vorlehnen syn gudt, des he behelde, einen halven höcken, unde so vele hoves, dar men einen wagen in keren möge, dar aff he synem heren möge edes plegen, so he mögende sy, dat he by guder lüde hülpe, up ein pert möge sitten, unde riden wor he werve hefft."

[337] **Ord. Livoniae I**: „Dzierżawy y minutiora bona w Inflanciech. Insze zamki y dobra, okrom wyżey omienonych zamkow, maią też bydź Inflantom zasłużonym do dzierżawy podawane, a minutiora bona pachołkom chudym zasłużonym, Polskiego, Litweskiego, y Inflantckiego narodow, i usumfructum advitalem dawane aequaliter."

[338] **Mittleres RR,** Kap. 5 – 8, über die „samende handt". Aus Platzgründen musste auf einen Abdruck leider verzichtet werden.

[339] *Zalaszowski*, Jus regni Poloniae, Posen 1702, Tom II S. 333.

Wenn Hilchen Frauen die Lehnsfähigkeit in § 6 abspricht, kodifiziert er damit lediglich bereits sich aus dem Ritterrecht Bekanntes.[340] Ebenso bestand schon die Zuerkennung eines Witwengeldes nach § 7 im Ritterrecht.[341] §§ 8 und 9 regeln schließlich Erwerb und Verlust der Lehen.

c) Bedeutung

Tit. 13 – 16 stellen die materiellrechtliche Ausprägung der Tit. 12 und 13 des ersten Buches dar, da sich das Wesen der Adelsherrschaft im Verhältnis des Grundherrn zu seinem Grund und Boden konzentrierte. Auch wenn die Titel sich auf das Eigentum allgemein beziehen, so behandeln sie nur das Grundeigentum des Adeligen.

Strukturell und thematisch sind die Tit. 13 – 16 weniger gelungen. Tit. 13 etwa stellt klar, dass zwischen dreierlei Arten von Grundbesitz zu unterscheiden sei: Es gebe Erb-, Lehn- und zu Lebtag gegebene Güter. Sämtliche Titel des folgenden Kapitels befassen sich jedoch der Überschrift nach allein mit dem Erbgut, was jedoch nicht bedeutet, dass die Lehngüter überhaupt nicht abgehandelt würden: Sie werden insoweit im ersten Buch zumindest in Tit. 13 und 21, im zweiten Buch in Tit. 15 § 1, *„Von den landgütthern"* sowie in Tit. 16, *„Von der vom adell erbgütthern"* (dem Titel nach also somit genau das Gegenteil betreffend), hier in §§ 1, 5, 6, 7, 8, 9 und 10 behandelt. Zu den „zu Lebtag gegebenen Gütern" äußert sich Hilchen hingegen überhaupt nicht.[342] Inhaltlich schwankt Hilchen zwischen einer fast schon historischen Darstellung,[343] die nicht immer objektiv bleibt,[344] sowie juristischen Empfehlungen[345] und der Regelung von Detailfragen.[346] Hilchen war die Wichtigkeit dieser Materie bewusst. Wieso er dennoch einen so unklaren Aufbau und eine so unterschiedliche Regelungsdichte gewählt hat, lässt sich zum einen seiner Arbeitsüberlastung zuschreiben. Zum anderen hat Hilchen diese Passage bewusst undurchsichtig gestaltet, um dem polnischen König in dieser ihn als Lehnsherrn direkt betreffenden Materie mög-

---

340 **Mittleres RR**, Kap. 10 § 4: „De döchter darffen kein gudt entfangen, unde nene Manschop don, (...)".

341 **Mittleres RR,** Kap. 5 § 5: „(...) hefft he överst ein wiff, de beholt ere lifftucht, edder ere morgengave an eres mannes gude, hefft he ock döchter, de beholten ock ere lifftucht daranne, gelick der moder, edder se schollen se beraden."

342 Bereits *Schwartz* rügt dies im „Versuch einer livländischen Rechtsgeschichte", S. 191.

343 So etwa in Tit. 16: *„§ 2. So haben auch die jetzt regierende königliche Majestät in dem jüngst anno 98 zu Warschaw gehaltenen reichstage zugesaget, (...)"*.

344 So in Tit. 16 § 1, *„...und recht schlecht lehn bey denen so dem meister Teutschen ordens..."*.

345 So in Tit. 14, *„§ 1. Eß ist aber viel daran gelegen, daß jemandt begütert und erbgeseßen ist, sintemahl dieselbige in vielen rechtsfällen es besser haben alß welche nicht geseßen sein."*

346 So in Tit. 16, *„§ 7. Damit aber gleichwohl die betrübten wittwen nicht gar verlaßen sein, und die unberadene Töchter ein ehegeldt haben mögen, ordnen und setzen wier, daß die wittwen den genießlichen brauch auf ihres sehligen ehemannes gütter ein gantzes jahr über haben, undt daß verstorbenen töchtern soll der, welchem die königliche Majestät von newem die güter verlehnet, wann die güter taxiret werden, deß fünfften theil einkünfften so in vier jahren auß den güttern könten gehoben werden, zu geben und zu erlangen schuldig sein"*.

lichst wenig Angriffsfläche zu bieten. Hilchen betont zudem die historische Komponente sehr stark, um den König in Sicherheit zu wiegen, dass der Entwurf den Livländern lediglich durch Traditionen und frühere Privilegien ohnehin bereits verbürgte Rechte zuweise.

So unübersichtlich dieses Kapitel in sprachlicher und struktureller Hinsicht auch ist, so interessengerecht ist materiell die Verknüpfung livländischer und polnischer Rechte. Kernpunkte livländischer Rechtstradition wie die „sammende Hand", das Verbot der Erbnahme durch Frauen oder die freie Verfügbarkeit über Erbgüter blieben unangetastet, doch formell dem polnischen Recht und vor allem der neuen staatsrechtlichen Situation angeglichen. Soweit das Güterrecht materiellrechtlich ergänzt wurde – wie etwa durch die Unterscheidung in neue und alte Lehen, Tit. 16 § 5 –, handelt es sich doch nicht um so erhebliche Änderungen, dass Klagen des livländischen Adels zu befürchten waren. Zieht man schließlich Änderungen in Betracht, die schlicht dem Fortschritt in Abstraktionsvermögen und Rechtstechnik geschuldet waren (man siehe Tit. 15 § 1), so zeigt sich, dass die formellen Mängel dieses Kapitels inhaltlich zum Teil durchaus kompensiert werden.

9. *Tit. 17 – 23: Deliktsrecht (S. 214 – 216)*

a) Übersicht

Tit. 17, § 1	Mittleres Ritterrecht Kap. 2, 239
Tit. 18, §§ 1 – 3	vgl. mit Inst. Just. 2 I
Tit. 19, § 1	Lit. Stat. Kap. 10, Art. 18; Const. Livoniae § 23
§2	Lit. Stat. Kap. 3 Art. 47
§ 3	Consuetudines Art. 2 § 1
§ 5	Consuetudines Art. 2 § 2
Tit. 20	vgl. Mittl. Ritterr. Kap.140 § 2; Consuetudines Art. 3
Tit. 22, § 1	vgl. Mittleres Ritterrecht Kap.140 § 1
Tit. 23, § 1	Mittleres Ritterrecht Art. 141 § 2
§ 2	vgl. Mittleres Ritterrecht Kap. 147 § 1
§ 3	vgl. Mittleres Ritterrecht Kap. 147 § 4

b) Inhalt und Herkunft

Tit. 17 konstituiert ein weiteres Mal die Gerichtsbarkeit des Grundherren über seine Bauern. Ähnlich wie im Ritterrecht[347] ist sie jedoch begrenzt; nach § 2 müssen etwa Streitigkeiten zwischen dem Herrn und seinem Bauern im Beisein „etlicher vom Adel" entschieden werden. **Tit. 18** regelt den Abbau von Boden-

[347] So **Kap. 2** des **mittleren RR**, wo die Belehnung durch den Bischof mit aller Freiheit, d. h. auch „mit rechte in handt unde in hals, (…) so verne eines mannes marck kehret", also der peinlichen Gerichtsbarkeit, erfolgt. Weiter konkretisiert wird dies in **Kap. 239**: „Wor ein here ein dorp hefft, dar mach he synen buren geven ein sünderlick recht, Men nen recht mach he en geven, noch sulven kesen, dar se de landes rechte mede krenken, edder breken, edder syn gewedde minderen, edder wehren mögen."

schätzen und die Rechte an *„bernstein oder anderen köstlichen steinen"* in starkem Kontrast zu den Institutionen:[348] Nicht der Finder wird Eigentümer, sondern der Eigentümer der Küste (welche im römischen Recht nach Naturrecht in niemandes Eigentum stand).[349]

Die folgenden Artikel betreffen die Rechte des Eigentümers und dessen Schutz und sind, was das Jagd- oder Forstrecht nach **Tit. 19** und 21 betrifft, Litauischem Recht[350] entnommen beziehungsweise den *Constitutiones Livoniae*[351] entlehnt, was das Bewaffnungsverbot für Bauern angeht. Hilchen beschreibt vor allem das Jagdrecht sehr detailreich *(„(...) daß männiglich von osterfeyertagen an biß uf sankt Bartholomei sich der starcken haasen jagdt uf frembden grundt undt boden entfallen soll").* Diese Bestimmung sowie das nach Tierart gestaffelte Register für Schadensersatz des § 3 finden sich noch in den *Consuetudines.*[352] Eine härtere Strafe als nach Ritterrecht erwartet nach **Tit. 20** des Hilchenschen Entwurfs den Bienenstockräuber: ihm wird im Falle einer Wiederholungstat der Kopf abgeschlagen (nach Ritterrecht bloß Schadensersatz)[353] – eine Bestimmung, die sich auch in den *Consuetudines* erhalten hat.[354]

Tit. 21 spricht Schadensersatz für widerrechtlich geschlagenes Holz zu, säuberlich nach Baumart gestaffelt; er weicht insoweit von den Regelungen des Ritterrechts ab, in denen sich der Schadensersatz für fremd geschlagene Bäume nicht nach der Baumart richtet, sondern ein Pauschalbetrag zu entrichten ist (Siehe Fn. 353). Dieser Pauschalbetrag bezieht ebenfalls das Weiden auf fremden Boden mit ein, das Hilchen in **Tit. 22** ebenfalls viel konkreter regelt *((...) soll er vor ein jedes haupt-rindviehs 2 groschen zahlen (...))* als das Ritterrecht.

---

[348] **Institutionen**, II. 1, 18: „Item lapilli, gemmae et cetera, quae in litore inveniuntur, iure naturali statim inventoris fiunt."

[349] **Institutionen**, II. 1, 1: „Et quidem naturali iure communia sunt omnium haec: aer et aqua profluens et mare et per hoc litora maris."

[350] **Litauische Statuten**, Kap. 10, Art. 18: „Alßweilen die Jäger den leuthen in Ihrem getreyde großen schaden zu thun, und zu Hertreten pflegen, als ordnen wir, daß von Pfingsten an, biß nach der Erndte niemand in eines andern bottmäßigkeit jagen soll, würde aber Jehmand innerhalb der Zeit Jagen und schaden thun, soll dem beleidigten 3. schock erlegen, und den schaden sonderlich zu zahlen schuldig sein." Kap. 3 Art. 47: Wir ordnen auch wenn Jehmand auf dem wege Korn oder ander getreydig (...) [zerstört, so muss er den schaden ersetzen]." (Zusammenfassung durch Verfasser)

[351] **Constitutiones Livoniae**, § 23: „(...) ne rustici cum bombardis, radis, culpidibus, lanceis, gladiis aut similibus armis publice aut privatim incedant atque ea deferant (...)".

[352] **Consuetudines zu § 3** Art. 2 § 1: „Der ein Elendt auff frembt Grundt fället, soll 45 Floren Polnisch dem Grundtherrn erlegen, der einen Bähren 5 Floren, und für da Gewalt die er uff frembdes Grund gejaget, 50 Floren zur Straffe einbringen."
Zu § 5 Art. 2 § 2: „Die Pauren sollen keine kurtze oder lange Rhöre uff frembdes Grundt und Bohden mit sich tragen, bey Verlust derselbigen."

[353] **Mittleres RR,** Kap. 140 § 2: „(...) Houwet (he) holt da gesettet ys, edder böme de fruchte dregen edder brecket he syn avet, edder hpuwet he malböme, (...) *edder houwet he honich böme* de dar flegen, he moth IX marck landes geven, den schaden gilt he up ein recht".

[354] **Consuetudines**, Art. 3: „Der einen Immenstock zum ersten Mahl bestiehlt, soll mit Rhuten gestrichen, bestiehlt er es aber zum andern Mahl soll ihm das Haupt abgeschlagen werden."

Das Fundrecht wird in **Tit. 23** behandelt, und zwar zunächst im Einklang mit dem Ritterrecht:[355] Der Fund wird aufbewahrt und öffentlich verkündet (bei Hilchen von den Kanzeln der Kirchen). Jedoch ist die Sanktion für Fundunterschlagung unterschiedlich: Während das Ritterrecht[356] die Bestrafung des Fundunterschlagenden gleich einem Diebe vorsieht, ist der Finder nach dem Hilchenschen Entwurf nur die Zahlung des doppelten Wertes der Fundsache schuldig. Ähnlich wie beim Seefund fällt auch hier die Sache nach Ablauf der Verwahrungsfrist nicht zu zwei Teilen an den Richter, wie nach Ritterrecht,[357] sondern zu gleichen Teilen dem Finder, dem weltlichen, und dem geistlichen Herren des Fundortes zu (§ 3).

c) Bedeutung

Tit. 17 ist hier bloß aus Praktikabilitätsgründen mit Tit. 18 – 23 in einem Kapitel zusammengefasst. Da letztere den Inhalt und Schutz des Eigentums betreffen, während Tit. 17 dem Adel die Gerichtsgewalt über die Bauern in Strafsachen zuweist, wäre Tit. 17 systematisch besser entweder bei den Adelsprivilegien (und zwar in Buch II in Tit. 10 § 2, wo eine solche Gerichtsbarkeit für handgreifliche Fälle wie den „haussturmb" bereits zugewiesen wurde) oder direkt vor dem materiellen Strafecht (Buch II ab Art. 39) einzuordnen gewesen.

Die Gerichtsbarkeit über die Bauern war dem livländischen Adel schon im *Privilegium Sigismundi*[358] zugesprochen worden und entsprach einer Praxis, die in Livland die niedere (also bürgerliche und polizeiliche), in Harrien und Wierland auch die höhere (Hals-) Gerichtsbarkeit umfasste.[359] Insoweit weicht die Regelung Hilchens nur unwesentlich vom Ritterrecht ab. Zumindest der Form nach werden ebenfalls bäuerliche Interessen gewährt. Die Gerichtsbarkeit soll etwa deswegen beschränkt werden, damit die Herrschaft der Grundherren *„nicht in eine Tyranney verwandelt werde"*, Tit. 17 § 1.

Was das Jagd- und Forstrecht betrifft, so war es unter anderem sicherlich die klare Fristenregelung des litauischen Jagdrechts, die Hilchen dazu bewegte, Tit. 19 und 21 des Entwurfs den Kap. 10 Tit. 18 und Kap. 3 Tit. 47 des III. litauischen Statuts nachzubilden. Doch muss gerade bei sehr detaillierten Bestim-

---

[355] **Mittleres RR,** Kap. 41 § 1: „Wenn eines andern mannes varende have entflüet (…), he [d.i. der Finder] schal se ock upbeden, unde beholden se vorthan, sös weken."

[356] **Mittleres RR,** Kap. 147 § 1: „Findet ein man wat, unde vorsaket he des, wen man darna fraget, ydt ys duffte".

[357] **Mittleres RR,** Kap. 147 § 4: „En kumpt överst nemandt (…), so nimpt de Richter dwe dele, unde yenne dat drüdde deel."

[358] **Privilegium Sigismundi,** Art. XXVI: „Da es sich schon in Livland ereignet hat, daß einige livländische Edelleute von ihren eigenen Bauern, heimlich umgebracht worden sind, so bitten die livländischen Edelleute, zur Abschreckung von künftigen solchen Untaten, daß ihnen aus besonderer Gnade, und Kraft der Eurer Königlichen Majestät zustehenden executiven Statsgewalt, auf ihren Höfen das Privilegium der peinlichen und bürgerlichen Gerichtsbarkeit, so wie es die Edelleute des Herzogthums Ehstland vormals schon von den dänischen Königen erhalten, und bis auf den heutigen Tag beibehalten haben, hinzugefüget und verstattet werde."

[359] *Von Bunge*, Geschichtliche Entwicklung der Standesverhältnisse, § 10 S. 15.

mungen ein besonnener Abwägungsprozess Hilchens zwischen verschiedenen Normen nicht immer stattgefunden haben. In der Tat ist die Möglichkeit nicht von der Hand zu weisen, dass der vielbeschäftigte wendensche Landnotarius die damals in Polen-Litauen geltenden Rechte (soweit sie ihm verfügbar waren) in der Weise „abarbeitete", dass er teilweise diejenige Bestimmung als Grundlage für eine Regelung innerhalb seines Entwurfes nahm, welche das zu klärende Problem überhaupt regelte oder – in Einzelfällen – der er als erster habhaft werden konnte. Umso schwieriger gestaltet sich die Analyse von Rechtssätzen, die offenbar keinem der damals geltenden Rechte entnommen sind. Um einen solchen Fall handelt es sich zum Beispiel bei Tit. 20, *„Von Immenstöcken"*: Weder das polnische noch das litauische Recht sehen die Todesstrafe für den Diebstahl von Bienenstöcken vor, und das Ritterrecht verfährt ebenfalls milder mit dem Honigdieb (während der gemeine Dieb sein Leben verwirkt hatte, siehe Fußnote 409). Dass das Bienenrecht bereits im Ritterrecht so ausführlich geregelt worden war, hängt mit der hervorgehobenen Stellung zusammen, welche die Bienenwirtschaft in den baltischen Ländern, gerade bei der lettischen und estnischen Bevölkerung, einnahm und bis heute bewahrt hat. Im Mittelalter wurde sie zudem stark durch die deutschen Bistümer unterstützt, da diese auf das Bienenwachs für die Produktion von Kerzen angewiesen war, welche die römisch-katholische Liturgie in großen Mengen benötigte. Nach der Reformation ging die Nachfrage nach Bienenwachs stark zurück, so dass die gesamte Bienenwirtschaft erhebliche Einbrüche zu verzeichnen hatte.[360] Um so mehr wäre daher Anlass gegeben gewesen, auch den Diebstahl von Bienenstöcken oder „Honigbäumen" weniger streng zu sanktionieren. Möglich ist freilich, dass durch den verminderten Bedarf die Sicherung der Bienengärten gelockert wurde und sich daher die Diebstähle durch die einheimische Bevölkerung häuften, deren Bedarf an Honig als nahezu alleinigem Süßungsmittel nach wie vor ungebremst war, und dass Hilchen dieser Entwicklung Einhalt gebieten wollte. Dorošenko[361] hat zudem darauf verwiesen, dass die große Bedeutung, die vor allem der Revaler Wachsimport etwa seit den 20er Jahren des 16. Jahrhunderts trotz der infolge der Reformation zurückgegangenen Kerzenproduktion besaß, auf eine Süd-Nord-Verschiebung im Wachshandel zurückging.[362] Nicht auszuschließen ist auch, dass – ähnlich wie im Umfeld der Väter des Bürgerlichen Gesetzbuches – in Hilchens Freundes- und Bekanntenkreis Bienenzüchter (nahezu jeder Gutsherr hielt damals Bienen) vertreten waren, die Hilchen die Berücksichtigung ihrer Interessen nahelegten. Doch dies sind nur zwei von vielen Deutungsmöglichkeiten, die im Übrigen auch im Rahmen wirtschaftlicher und gesellschaftlicher Aspekte eine nähere Untersuchung verdienen.

Die Rechte des Forst- und Flureigentümers, die in Tit. 22 – 23 behandelt werden, sind in ihren Abweichungen vom Ritterrecht insoweit plausibel, als die-

---

[360] *Dorošenko*, Русские связи таллинского купца в 30-х годах в. XVI. в. , S. 47 – 58.
[361] *Dorošenko*, ebenda.
[362] *Flöttmann*, Der Revaler Russlandhandel von 1509 bis 1558, S. 111 ff, S. 130.

ses dem Grunde nach übernommen, aber differenzierter ausgearbeitet wird. Hilchen lag viel daran, rechtliche Detailfragen, die das tägliche Leben betrafen, so genau wie möglich zu regeln. Diese Haltung ist ohne Zweifel auf seine Tätigkeit als Syndikus der Stadt Riga zurückzuführen, die ihn in Kontakt mit allen aktuellen Rechtsfragen Rigas und der Umgebung brachte. Die Berechnung des Schadensersatzes nach der jeweiligen Baumart spiegelt die Erfahrungen, welche Hilchen aus seiner Tätigkeit ziehen konnte, in besonderer Weise wider.

10. Tit. 24 – 27: Erbrecht (S. 216 – 221)

a) Übersicht

Tit. 24	*[Grundsätze des Erbrechts]*
Tit. 25, §§ 1-5	Inst. Just. II 12, 14, 19; lit. Statuten Kap. 8 Art. 4
§ 1	Kurländische Statuten, §§ 172, 167
§§ 6,7	J.t.n.P.; Tit. II § 5
§ 8	Kurländische Statuten, §§ 162, 163
§§ 8,9	J.t.n.P. Tit. II § 3; Institutionen Just. II 10, 4
§ 10	J.t.n.P. Tit. II § 5
§ 11	Mittleres Ritterrecht, Kap. 21 – 24 [Hergewede]
Tit. 26, § 1	Kurländische Statuten, § 174
§ 2	Casimirus Magnus 1347; J.t.n.P. Tit. I § 1, 4, 5, 6; Consuetudines Art. 4
§ 3	J.t.n.P. Tit. I § 6, Consuetudines Art. 4; Sylvestersches Gnadenrecht v. 1457
§ 4	vgl. kurländische Statuten, § 170; Litauische Statuten, V, 3 § 2; III, 17 § 2; Consuetudines Art. 4; vgl. auch Estnisches Ritter- und Landrecht v. 1650, Buch II Tit. IV. Art. 3
§ 5	vgl. Mittleres Ritterrecht, Kap. 231
§ 6	vgl. Mittleres Ritterrecht, Kap. 35, 36
Der ander Grad.	Kurländische Statuten § 174
§ 1	J.t.n.P. Tit. I § 14
§ 2	J.t.n.P. Tit. I § 13
§ 3	Mittleres Ritterrecht Kap. 18
Der Dritte Grad. § 3	Lit. Statuten Kap. 5 Art. 3; Kap. 3, Art. 17 § 2; J.t.n.P. § 15
§§ 4,5	J.t.n.P. § 16
Tit. 27, § 1	Kurländische Statuten §§ 182, 179, 180
§ 2	Mittleres Ritterrecht Kap. 12 § 2

b) Inhalt und Herkunft

Auf das Erbrecht hatte sich Hilchen schon während seiner Studienzeit besonders konzentriert; bereits in Tübingen hielt er eine Disputation über die Erbeinsetzung durch Testament (siehe S. 48). Das Erbrecht ist daher auch im Landrechtsentwurf ausführlich behandelt worden. In **Tit. 24** beschreibt Hilchen die Grundprinzipien der Vererbung, um dann in **Tit. 25** auf die gewillkürte Erbfolge einzugehen. Die ersten fünf Paragraphen sowie §§ 8 und 10 stellen das Wesen des Testaments in einer schulmäßigen Zusammenfassung einiger Grundideen der Art. 12, 14 und 19 des II. Buches der Institutionen dar.[363] Insbesondere das Prinzip der Universalsukzession (Tit. 24 § 2) hat Hilchen dem römischen Recht entnommen.[364] Es bestehen zudem Parallelen zu den Litauischen Statuten.[365] §§ 1 und 8 wurden dem Inhalt nach in die kurländischen Statuten[366] übernommen. Die folgenden fünf Paragraphen sind hingegen wieder dem *Jus terrestre*[367] entnommen. § 11 schließlich verweist ausdrücklich auf das bis dahin in Livland geltende Recht, indem es alle Gewohnheiten, die das „Hergewede" betreffen, in ihrer Gültigkeit bestätigt. Das Hergewede, im Sachsenspiegel (Landrecht I 22, 4) „heergevät" genannt, ist eine militärische Grundausstattung, welche die Söhne, ähnlich einem Voraus, nach dem Tode des Vaters unabhängig von den testamentarischen Bestimmungen einfordern konnten.[368] Es wird im mittleren Ritterrecht in Artt. 21 – 24 geregelt.

---

[363] Vergleiche **Institutionen**, II. 10, 4 mit Art. 25 § 8: „(...) ut nulla fraus adhibeatur, hoc additum est, ut per manum testatoris vel testium nomen heredis exprimatur et omnia secundum illius constitutionis tenorem procedant." oder **Institutionen** II. 12 mit 25 § 1 (testierunfähige Personen), siehe dazu auch Kurl. Statuten § 172 (siehe Fn. 366).

[364] *Blaese*, Bedeutung und Geltung des römischen Rechts, S. 43.

[365] **Lit. Statuten**, Kap. 8, Art. 1: „Wir ordnen, daß ein jeder ein Testament zu machen über seine bewegliche güter frey und macht haben soll: außgenommen die untenbenanten Persohenn, welche nachdem sie von Rechts wegen nichts eigenes frey haben, alß können sie auch einem andern das ihrige nicht vertestamentiren. Als erstlich Die unmündigen Kinder, die Ordensleute so da einen privilegirten orden angenommen und ihre profession schon geleistet. (...) Gleicher weise auch die Banditen und in die Act erklärte, können und sollen kein testament machen".

[366] **Kurl. Statuten,** § 172: „Die unter 20 jahren, die nicht vollkommenen verstandes seyn, item banditen und in die acht erklärte persohnen, können kein testament machen."
Ebenda 167: „(...) alle testamenten, sie seiend *nunenpativa*, dass ist eines testirers, oder eines gesunden und vollkommen verstandes, mit worten aus (...)". Ebenda 162: „So der vater das testament nicht ganz geschrieben, sondern mit seiner und zweier zeugen unterschrift verzeichnet, soll bey kräften erhalten werden." Ebenda 163: „eines vaters testament unter seinen kindern gemacht, und mit seiner eigenen hand vollkommen geschrieben, soll bei kräften gehalte werden."

[367] **Jus terrestre,** Tit. II § 3: „Ut firma ac legitima testamenta (...)"; § 5: "Si hereditati, in quam debebat (...)".

[368] Nach **Mittlerem Ritterrecht**, Art. 21 ist dies „dat beste perdt mit dem besten sadel, twe knechte perde mit den thömen, unde fedelen, unde allent wat men darup plecht tho vatende, unde alle de wapen, de ein Ridder plecht tho vörende tho synem live."

Tit. 26 behandelt die gesetzliche Erbfolge. § 1 führt mit dem Parentelsystem in das livländische Recht eine bis dahin völlig unübliche Rechtsfigur – die Justinianische Erbklassenordnung – ein.[369] Offensichtlich konnte der Hilchensche Entwurf diese in Livland heimisch machen, denn das Prinzip wurde 18 Jahre später sowohl in die kurländischen Statuten[370] als auch – höchstwahrscheinlich bereits früher, in jedem Fall jedoch viel weitgehender, was die weitere Aussagen (§§ 2 – 4) des Tit. 26 betrifft – in die *Consuetudines*[371] übernommen. Für § 2 hingegen, der Einzelheiten der Absonderung sowie der Beziehungen zwischen Brüdern und Schwestern regelt, existieren sowohl Parallelstellen in den polnischen Statuten als auch im *Jus terrestre*, dem zudem § 3 entnommen ist.[372] § 4 regelt den Verleib des Brautschatzes regelt und ist offensichtlich den Litauischen Statuten entnommen (V, 3 § 2; III, 17 § 2) und hat später Eingang in die kurländischen Statuten gefunden.[373]

---

[369] *Blaese*, Bedeutung und Geltung des römischen Privatrechts, S. 43.

[370] **Kurländische Statuten**, § 174: „Ohne *testament succediren* zum ersten die in der absteigenden *linie in infinitum* und unter denen brüder und schwestern *in capita*, aber brüder und geschwisterkinder, wenn sie nicht ihres vatern brüdern und schwestern *concurriren*, *succediren in stirpes*."

[371] **Consuetudines**, Art. 4, Abschnitt „Von Erbschafft". **Zu § 2 S. 3** S. 1: „Die Schwestern lassen sich an ihrer Aussteuwer so ihnen von ihren Eltern benennet begnügen, und können so lange die Brüder leben, an die Gütter nicht kommen, noch ihre Ausstewer vergrößern." **Zu § 2 S. 4** S. 2: „Des verstorbenen Bruders Antheil, felt an den Brüdern, und Bruder Kindern, und nicht zugleich an die Schwester." **Zu § 3** S. 3: „Der verstorbenen Schwester Antheil nehmen Schwestern und Brüdern zugleich Theille." **Zu § 4** S. 4: „Nach des Vattern Todt wird die gantze Erbschafft taxiret, darvon nimmt ein Bruder 3 Theil, ein Schwester ein Theill, der Mutter Verlassenschaft, theilen Bruder und Schwester gleich; seindt sie aus verschiedener Ehe, nimmt ein Jedtweder seiner Mutter Theill."

[372] **Casimirus Magnus, Statuten von 1347**, Bd. I, S. 45: „De filia vivente patre dotata. Statuimus etiam, quod, postquam aliquis Nostrorum nobilium filiam suam vivens nuptui tradiderit et dotem sibi assignaverit competentem, ipso tandem defuncto eadem plura a fratribus repetere non poterit." **Jus Terrestre**, Tit. I § 1: „In quaecumque bona (...) aequis sortibus filii tantum succedant, masculis deficientibus filiae." § 4: „Dote autem ita illis assignata nullum ultra eam sibi ius hereditatum in bonis paternis vel maternis (...)"; § 5: „(...) illae sortes fratrum steriliter decedentium ad fratres solos aut fratrum masculini sexus liberos, qui supervixerint, pleno iure devolventur."

[373] **Litauische Statuten**, Kap. 5 Art. 3: „Welcher Gestalt die Töchter nach des Vatern Tode aus den Väterlichen Gütern sollen außgestewert werden. Wir ordnen auch wann ein Vater einer Tochter außgestewert hätte, und hernach stürbe, und mehr töchter einließe, als sollen die übrigen töchter laut des Vaters testament, und wie er ihnen darinnen Verschrieben, von seiner hinterlaßenenen baurschaft außgestewert werden. Wann aber soviel nicht verhanden wäre, das der bruder der anderen schwester davon sov viel mitgeben könnte, als der vater der ersten mitgegeben, so soll der bruder den vierten theil des väterlichen guts schätzen laßen, und seine schwester allzugleich außstewern und daraus geben. (...)" Kap. III, Art. 17 § 2: „Kämen die güter aber von der mutter, so gehen die brüder und schwestern zu gleicher teilung, geschehe denn der fall dass alle brüder ohne leibes erben, alsdann kommen alle väterlichen güter wieder auf die schwerstern und ihr erben."

Das mittlere Ritterrecht behandelt die Thematik des § 5, der Erbschaft nach dem Tod der Frau, nicht, doch äußert es sich in Art. 231 zur Erbschaft nach dem Tod des Ehemannes (die Ehefrau erhält das bewegliche Gut). Die fehlende Erbfähigkeit unehelicher Kinder wird jedoch sowohl in § 6 des Hilchenschen Entwurfs als auch in Kap. 35, 36 des Ritterrechts[374] statuiert.

„Der ander Grad der Erbschaft“ beschreibt die Erbfolge für den Fall, dass ein Kind vor seinen Eltern verstirbt. Es erben dann die Eltern alles bis auf die durch eigene Arbeit erworbenen Güter, welche auf die Brüder (nachrangig auch auf die Schwestern) des Verstorbenen übergehen. Diese Regelung entspricht sowohl dem *Jus terrestre* (§ 2 entspricht dessen § 14, § 3 dessen § 13) als auch später den kurländischen Statuten. § 3 schließlich – der Erhalt der Leibzucht – findet eine Parallelstelle im mittleren Ritterrecht.[375]

„Der dritte Grad der Erbschaft“ schließlich behandelt die Erbfolge nach dem Tod der Eltern. Geschwister beerben sich gegenseitig, wobei Hilchen hier auf die alte deutschrechtliche Gewohnheit der Zuweisung nach Schwert- und Spindelwagen acht gibt. Da §§ 3, 4 und 5 mit §§ 15 und 16 des *Jus terrestre* identisch sind, zeigt sich hier, dass auch das *Jus terrestre* Regelungen enthält, die livländischen Gewohnheiten entsprachen. Helmersen[376] geht in seiner Annahme sogar so weit, dass sämtliche Rechtsfiguren des § 26 rein deutschrechtlichen Ursprungs seien, wie die Zurückerbung auf das väterliche Geschlecht, oder der Satz, dass das Gut bei dem Blut bleibe oder die Bestimmung der Erbschaftsgrade anhand der deutschen Sippenordnung. O. Schmidt führt dagegen an, dass § 26 des Hilchenschen Entwurfs zwar gewisse Ähnlichkeiten mit deutsch-livländischen Rechten aufweise, doch tatsächlich polnischen und litauischen Statuten entnommen sei. So sei § 2, der sich auf die Auszahlung der Aussteuer der Tochter bezieht, sogar völlig den Litauischen Statuten entnommen.[377] Tatsächlich besteht auch nach polnischem Recht der Grundsatz, dass Töchtern nur dann, wenn sie nicht mit Brüdern konkurrierten, ein Erbrecht zustand.[378] Doch führt Helmersen zu Recht aus, dass dies auch unabhängig von Polen in Livland üblich war, denn bereits das *Privilegium Sigismundi*[379] garantierte Livland den

---

Anders jedoch Tit. 170 der **Kurländischen Statuten**: „Wenn der Vater den Töchtern im Testament eine gewiße Portion zugeeignet, sollen sie an selbiger sich gnügen lassen. Und soll in des vaters freyer willkür stehen, den söhnen ein teil und den töchtern zwei teil zu vermachen.“

[374] **Mittleres RR**, Kap. 35: [ein kind,] „dat tho frü gebaren sy, mach des mannes gudt nicht besitten“. Ebenso „na eres manes dode“ (Kap. 36).

[375] **Mittleres RR**, Kap. 18. „Lifftucht enkam den frowen, noch jungfrowen, noch papen (…), nen man brecken“.

[376] In Abhandlungen aus dem Adelsrechte, S. 9

[377] Und zwar nicht, wie *Helmersen* annimmt, in den **Litauischen Statuten** Kap. III Art. 17, sondern Kap. V Art. 3. Siehe Fußnote 373 und *Schmidt*, Rechtsgeschichte S. 72.

[378] *Ostrowski*, Civilrecht der polnischen Nation, Bd. 1 S. 152 f.

[379] **Privilegium Sigismundi**, Art. X: „Hoc est, ut habeamus potestatem succedendi non modo in descendenti, sed etiam in collaterali linea utriusque sexus – ita tamen, ut praeferatur masculinus et femellae pro modo facultatum dotentur, masculis vero non existentibus femellae in omnibus succedant (…)“.

Erhalt gerade dieses Rechtszustandes. Schließlich kann der Einwand O. Schmidts auch nicht für die von Helmersen aufgeführten deutschrechtlichen Rechtssätze gelten; auf diese geht O. Schmidt in seinem Beitrag gar nicht ein.

Tit. 27 behandelt die Erbteilung unter Brüdern. Die Bestimmungen entsprechen zum einen wieder den kurländischen Statuten,[380] zum anderen existiert zu § 2 auch eine – wenn auch nicht ganz identische – Parallelstelle im mittleren Ritterrecht.[381]

c) Bedeutung

Wurde die Vererbung von Immobilien in Tit. 16 des II. Buches nur gestreift, so folgt in diesem Abschnitt die Darstellung des Erbrechts von Grund auf. Die Tit. 24 und 25 stellen trotz ihrer Ausführlichkeit keine wesentlichen Neuerungen für die livländische Rechtspraxis dar. Die Grundprinzipien des Erbrechts hatten sich im 16. Jahrhundert in Mitteleuropa und dem Baltikum so sehr aneinander angeglichen, dass Hilchen mit der Übernahme der entsprechenden Bestimmungen aus den litauischen Statuten und dem *Jus terrestre* kein großes Wagnis einging. Zudem trägt Hilchen im selben Abschnitt den Interessen der traditionsbewussten Ritterschaft Rechnung, indem er altdeutschrechtliche Rechtsfiguren wie das Hergewede – das im ausgehenden 16. Jahrhundert tatsächlich längst ein Anachronismus war – in die neue Kodifikation aufnahm.

Tit. 26 wurde hingegen nur häufig kontrovers diskutiert, sondern führte auch, bei allen Zugeständnissen an das Ritterrecht, einige wesentliche Änderungen in das livländische Recht ein.

Man betrachte zum Beispiel das Erbrecht der Töchter an dem väterlichen Vermögen nach Tit. 26 § 4. Während sich die Ritterrechte nicht konkret zu den Erbansprüchen von Frauen im Rahmen der gesetzlichen Erbfolge geäußert hatten, setzte der wolmarsche Landtagsbeschluss von 1507 die Herausgabe von höchstens 400 Mark an die Witwe fest.[382] Die Auswirkungen des Beschlusses sind noch im estnischen Ritter- und Landrecht von 1650 zu spüren, in welchem der Witwe ebenfalls höchstens 400 Mark, der Schwester – wenn das Gut aus Not

---

[380] **Kurländische Statuten**, § 182: „Es ist in allen adeligen geschlechtern erlaubet die sahmende hand mit ihren nächsten *agnaten cognaten* , oder auch fremden aufzurichten, vermöge des rechts, weil die weibsbilder ausgeschlossen werden, soll derjenige der ehs wegen sahmender hand gerechtigkeit, *succediren* wollte, den weibsbildern drey teil der erbschaft geben, und ein theil vor sich behalten (…).

§ 179: „Aus verschiedener Ehe gezeugte Kinder sollen ihr mütterliches vorabnehmen, und werden von der mutter erbschafft nur außgeschlossen die brüder und schwerstern, so von einem vater, und nicht die von einer mutter, gebohren."

§ 180: „Wenn der vater sich in die ander ehe begiebt, soll all sein haab und wohlfahth mit den kindern der ersten ehe teilen, und vom genus des theils, welches er behalten oder den kindern zum besten verwenden kann, soll er sie erlich unterhalten, und außstewern."

[381] **Mittleres RR**, Kap. 12 § 2. „Sundert de vader einen von van sick mit gude, will he na synes vaders dode, an syner bröder dele spreken, so moth he in de delinge bringen, alle dat gudt, darmede he affgefundert was, mit geschwarnen eden, wolde he de delinge hebben (…)".

[382] *Helmersen*, Principien der Intestaterbfolge, S. 11.

verwertet werden musste – der hälftige Anteil herauszugeben war.[383] Dem traditionellen Recht der Ritterschaft nach stand der Tochter auch im 16. Jahrhundert noch die Hälfte beziehungsweise zumindest ein Drittel der Erbschaft zu,[384] solange der Vater kein anderslautendes Testament verfasst hatte. Hilchen berücksichtigte diesen Brauch, obwohl er ihm ohne Zweifel geläufig war, nicht, sondern stellte auf den Maßstab des litauischen Statuts ab, das der Tochter ein Viertel der Erbmasse zusprach. Als fremdartig ist der Hilchensche Maßstab in der Praxis nicht aufgenommen worden.[385] Bereits das Mengdensche Landrecht von 1640 kehrt zu den ritterrechtlichen Maßstäben zurück; in Buch II Kap. 13 § 9 erhält die Tochter den halben Anteil des Sohnes, also ein Drittel der Erbmasse.

In Tit. 26 § 5 weist Hilchen, was die Erbnahme aus dem mütterlichen Vermögen betrifft, den Töchtern dagegen (wie im Ritterrecht) die Hälfte zu. Die Regelung des Tit. 26 § 3 2. Halbsatz, wonach Brüder und Schwestern nach dem Tod einer Schwester diese zu gleichen Teilen beerben, widerspricht jedoch wieder dem älteren livländischen Recht, wonach den Söhnen das ganze Erbe gebührte.[386] Anders als bei Tit. 26 § 4 scheint Hilchen hiermit jedoch ein bereits zum Ende des 16. Jahrhunderts bestehendes Gewohnheitsrecht aufgenommen zu haben, denn das Geschwistererbrecht in der Hilchenschen Ausprägung galt in Livland noch bis frühestens in die erste Hälfte des 19. Jahrhunderts.[387]

Das Erbrecht stellt eines der bedeutendsten und interessantesten Rechtsgebiete des Landrechts dar. Hilchen gelingt es größtenteils, livländische Gewohnheiten mit positivem polnischem oder preußischem Recht zu verbinden. Erbrecht war in Livland in vielen Detailfragen Gewohnheitsrecht, das besonders stark auf richterliche Bestätigung angewiesen war. Dass das einzige livländische Urteil aus polnischer Zeit, welches dem Verfasser zur Verfügung stand, das Erbrecht behandelt, überrascht daher nicht.

Bei diesem Urteil handelt es sich um den Richtspruch König Sigismunds III., den dieser im Jahr 1615 in Sachen Heinrich von Uexküll gegen Magdalena

[383] **Estnisches Ritter- und Landrecht** von 1650, Buch II Tit. IV. Art. 3: „Gegen die Mitgabe soll die Morgengabe wieder entrichtet werden, welches also zu verstehen, daß wenn die Mitgabe der 400 ausgekommen, alßdann die Morgengabe der 800 der Witwe aus des Mannes Gütern, als gedoppelt, wieder gebühren; kommen aber die 400 nicht aus, so hat auch die Witwe nicht mehr als die simple Morgengabe, als 400 zu fordern." Siehe auch Art. 2 a.E.: "Wäre es aber sache, daß die Güter aus hoher Nothdurft verkauft würden, so soll man jeder Schwester nach Abziehung der Erbschulden, daraus geben ihren Anteil, und eignet ihr nicht mehr, als ein anvart der Brüder aus den Gütern. (…)"

[384] *Helmersen* zieht diesen Schluss aus Art. 170 (nach seiner Zählung 171) des kurländischen Statuts von 1617. Siehe Principien der Intestaterbfolge, S. 12.

[385] *Helmersen*, ebenda S. 14.

[386] In diesem Falle dem **Sylvesterschen Gnadenrecht** aus dem Jahre 1457: „Vorstorne ok eyn Mann und lethe rechte elike Kindere na, also Sone und Dochter, ys denne der Dochter welk beraden, de sall sick yn nenerley wise mogen theen to eruende, an eres Vaders Erne und Gudere, de wile des Sone und umberaden Dochter leven, nach mogen sick mit nenem rechte theen an eres Vaders Erue und Gudere, dwyle de Sone leven, sunder de Sone sollen de umberaden Dochter beraden (…)." Auszug abgedruckt bei *Helmersen*, ebenda S. 16 f.

[387] *Helmersen*, ebenda S. 17: *„(…) ein noch jetzt geltendes Gewohnheitsrecht (…)"*.

von Vietinghof fällte. Magdalena war mit Johann von Uexküell verheiratet gewesen. Nach dem Tod ihres Mannes hatte sie wieder geheiratet, blieb mit Georg, ihrem Sohn aus erster Ehe, jedoch weiterhin in Vermögensgemeinschaft, ohne sich auseinanderzusetzen, wovon bald auch die Kinder aus zweiter Ehe profitierten. Heinrich von Uexküell, Vetter der Kinder zweiter Ehe im Mannesstamm der Uexküellschen Familie, forderte nun Herausgabe des Gutes sowie des gesamten beweglichen Vermögens, das auf Georg nach dem Tode Johanns übergegangen war, als rechtmäßiger Erbe.

Der Klage wurde in den Hauptpunkten stattgegeben und damit der deutschrechtliche Satz „Das Gut bleibe dort, woher es gekommen" bestätigt. Der Witwe wurde allein die Witwenrechte aus dem Vermögen ihres früheren Mannes *(dotalium)* zugesprochen. In diesem Punkt beruht das Urteil auf dem Sylvesterschen Gnadenrecht. Der Anspruch Heinrichs jedoch war bislang weder im Gnadenrecht noch in anderen Rechtsquellen kodifiziert worden, sondern entsprach lediglich Gewohnheitsrecht. Das Gericht erließ zudem ein Gestaltungsurteil, in dem die Vermögensgemeinschaft in Form der „samenden Hand", welche die Beklagte mit ihrem Sohn bis zu dessen Tod aufrechterhalten hatte, mit dem Zeitpunkt der Wiederverheiratung als aufgehoben betrachtet wird (obwohl der Kläger die Wirksamkeit der „samenden Hand" gar nicht bestritten hatte). Diese Konstellation war ebenfalls bislang nicht kodifiziert worden, so dass es offensichtlich ist, dass das Gericht an dieser Stelle rechtssetzend tätig werden wollte.

Das Urteil zeigt, dass die polnische Krone das alte deutsche Recht nicht nur unangetastet ließ, sondern zudem deutsches Gewohnheitsrecht soweit wie möglich durch Urteilsspruch bestätigte, um ihm damit eine stärkere Legitimation in der livländischen Rechtspraxis zu verschaffen. Es war für König Sigismund III. selbstverständlich, dass die Streitigkeit ausschließlich nach deutschem Recht entschieden werden konnte. Der Urteilsspruch ist ein weiteres starkes Indiz dafür, dass der Einfluss der polnischen Herrschaft auf das livländische Privatrecht viel geringer war als die rechtsgeschichtliche Forschung des 19. Jahrhunderts annahm, und von einer „Polonisierung des livländischen Rechts" im Sinne Seraphims (Fn. 12) kann am allerwenigsten die Rede sein.

11. Tit. 28 – 42: Schuldrecht (S. 221 – 228)

a) Übersicht

Tit. 28 § 1	Lit. Stat. III, § 45 § 1
§ 2	Lit. Stat. III, 45 §§ 3, 4
§ 3	Institutionen Just. , II 7 2
§§ 6 – 18	Statuten Kasimirs des Großen v. 1347
§ 16	Mittleres Ritterrecht, Kap. 179 I
§ 19	*[nach Januszowski poln. Gewohnheitsrecht]*
Tit. 30, § 1	Mittleres Ritterrecht Kap. 13 § 3, 50 § 1; Kurl. Statuten § 123
Tit. 31, § 5	Mittleres Ritterrecht, Kap. 127 § 2

Tit. 32	Kurländische Statuten, § 62
Tit. 33, § 1	Konstituten des Sejms aus dem Krönungsjahr 1588
§§ 2, 3	Statuten des Vladislaus Jagiello v. 1420
§ 4	Statuten des Kasimirs des Großen v. 1347
Tit. 34, §§ 1 – 3	*[Veräußerung von Land]*
Tit. 35	Mittleres Ritterrecht Kap. 189 § 1, Kurl Statuten § 103
Tit. 37, § 1	Institutionen Just. , III 14
Tit. 38	Mittleres Ritterrecht Kap. 112 § 3
Tit. 39, §§ 1.- 3	Konstituten des Sejms aus dem Krönungsjahr 1588
Tit. 40, § 3	Mittleres Ritterrecht Kap. 195 § 1
§ 6	Institutionen Just. III 2
Tit. 41, §§ 1 – 4	vgl. Mittleres Ritterrecht, Kap. 15

b) Inhalt und Herkunft

Die ersten Bestimmungen des Schuldrechts befassen sich mit der Verjährung, **Tit. 28**. Hierbei beschränkt sich Hilchen nicht auf die Verjährung zivilrechtlicher Ansprüche, sondern behandelt alle rechtlichen Zusammenhänge, in denen der Zeitablauf eine Rolle spielt. So setzt Hilchen an dieser Stelle auch Fristen für die Anzeige von Straftaten, §§ 13, 16. Die ersten Paragraphen, in denen Hilchen zunächst Sinn und Zweck der Verjährung ausführt, sind parallel zu den Litauischen Statuten ausgeformt.[388] Die polnischen Statuten waren neben § 1 Vorbild für die meisten schuldrechtlichen Verjährungsbestimmungen, also §§ 6 – 10, 12 – 18 (aus Platzgründen als Endote[a] abgedruckt). Dem römischen Recht ist offenbar die *accessio temporis* des § 3 entnommen.[389] Doch das bedeutet nicht, dass im livländischen Recht nicht ähnliche Verjährungsfristen gegolten hätten. Die Frist von drei Tagen, innerhalb derer das Opfer einer Vergewaltigung diese laut beklagen muss (und ansonsten als Verleumderin verurteilt wird), findet sich bereits im mittleren Ritterrecht in Art. 179 I,[390] ist aber viel wahrscheinlicher ebenfalls den Statuten Kasimirs des Großen entnommen, dessen Parallelstelle

---

388 **Lit. Statuten: Für § 1 III, § 45 § 1:** „Wir ordnen auch wenn Jemand etwaß gegeben, oder verkauft auch entweder von uns oder unserm landgericht gerichtlich verschrieben wäre, derselbe aber dem es gegeben, verkauft oder verschrieben, solches in 10 Jahren nicht annehmen, oder gebrauchen, noch solches in deßen gerichtlich suchen würde, der soll nach Außgang der 10 Jahres solches nicht fehig werden können, sondern dem besitzer soll es ewig behalten." **Für § 2 III, 45, 3, 4:** „Wenn aber etws unmündig kindern verschrieben wäre, die sollen an solcher verjährung nicht schuldig sein, wenn sie es nur nachdem sie erwachsen nicht Versäumen und Verjahren laßen. Da Jehmand in frembden landen wäre, dem kann auch nicht verjahren, wenn er nur nachdem er angelandet 10 Jar nicht überschießen oder verfließen ließe."

389 Zum Beispiel **Institutionen,** II. 6, 12: „Diutina possessio, quae prodesse coeperat defuncto, et heredi et bonorum possessori continuatur, licet ipse sciat praedium alienum. Quodsi ille initium iustum non habuit, heredi et bonorum possessori, licet ignoranti, possessio non prodest. Quod Nostra constitutio similiter et in usucapionibus observari constituit, ut tempora continuentur."

390 **Mittleres RR,** Kap. 179 I: „Wiff edder maget, de nodt vor dem rechten klaget, de schollen klagen mit gerüchte, dorch de handthafftige dadt, unde dorch de nodt de se dar bewisen schollen (...)".

Hilchen auf das wesentliche beschränkend zusammenfasst.[391] Bei Regelung, dass ein Urteil erlischt, wenn es nicht innerhalb von drei Jahren und sechs Monaten vollstreckt wird, handelt es sich nach O. Schmidt, der sich auf Januszowski[392] bezieht, um polnisches Gewohnheitsrecht.

Das Schenkungsrecht wird in seinen Grundzügen in **Tit. 29** nur kurz angesprochen. Auch das Wesen des Vertrags handelt Hilchen in **Tit. 30** in nur zwei Paragraphen ab. Der Grundsatz *pacta sunt servanda* des Tit. 30 § 1 ist als eines der Grundprinzipien der meisten Rechtsordnungen auch im mittleren Ritterrecht[393] und später in den kurländischen Statuten[394] zu finden. Die Regelung des § 1 2. Hs., dass Verfügungen über Gut des Unmündigen seiner Genehmigung bedürfen, bestand ebenfalls im Ritterrecht.[395]

Tit. 31 behandelt den Eid. Hilchen sorgt vor, dass ein Eid niemals abgegeben wird, wenn er nicht tatsächlich erforderlich ist, doch ermöglicht andererseits in § 4 eine Art abstraktes Schuldanerkenntnis mittels Eid – eine Rechtsfigur, die ähnlich schon dem mittleren Ritterrecht[396] bekannt war.

Tit. 32 führt in das Eherecht ein und hat später Eingang in die kurländischen Statuten gefunden.[397] **Tit. 33** hingegen entstammt vollständig polnischen Rechten,[398] wenn sich auch in § 5 Parallelen zum Ritterrecht insoweit entdecken

---

391 **Casimirus Magnus, Statuten von 1347**, Bd. I S. 46: „Si vero virgo de oppressione aliquem accusaverit calumniose et in ea signa non apparuerint oppressionis, extunc, si is, quem accusavit, cum sex suae conditionis hominibus se expurgabit, (...) calumniatrix, cuiuscumque status et conditionis exsistat, poena debita castigetur."

392 Januszowski, Statuta, Prawa y constitucie koronae, S. 552 § 17.

393 **Mittleres RR,** Kap. 13 § 3. „Wer ichtes borget, edderlavet, dat schal men gelden, unjde wat he deit, dat schal men stede holden".

394 **Kurländische Statuten**, Art. 123: „Alle Pacta und Verträge (...) sollen vollkommen gehalten werden."

395 **Mittleres RR,** Kap. 50 § 1: „Ein vormünder mach kein guft vorköpen (...) ane vullwort derjenigen, der he vormünder ys."

396 **Mittleres RR,** Kap. 127 § 2: „Wer ock eyde lavet edder schuldt, unde leistet he er nicht tho rechter tidt, he wert an der schult vorwunnen de dar vör gelavet was, het en beneme en, denn echte nodt de men bewisen mach (...)".

397 **Kurländische Statuten**, Tit. 62: „Die Kinders, so noch unter väterlicher gewalt sein, sollen ohne bewilligung ihrer Eltern sich nicht verheiraten, bey Strafe der Enterbung (...)."

398 So zu § 1 **Konstytucye Seymu, Koronacyi Roku 1588**, Bd. II, S. 1213: „Na dobrach posażnych, y w przezyskach. Wźiętych, prescrypcya iść nie ma. Dobra w posagu zawiedzione y sapitane, także ex decreto w przezyskach *per intromissionem* wźięte y dźierżane, nie mogą się w prawo dźiedćiczne wieczne, ale zawzdy są na skupie: także *dobra in vim reemptionis*, *alias* na wyderkas zapitane."

Vladislaus Jagiello, Statuten von 1420, Bd. I S. 74: „De eo, qui filios habuerit superduxeritque secundam uxorem et filias propagaverit. Declarantes statuimus, quod, si contigerit patrem cum secunda uxore filios non habere, sed filias et cum prima habuerit filios, extunc patre mortuo puerorum praedictorum pars aliqua secundae uxoris filios non continget, sed filii (...) primae uxoris superstites sorores suas iuxta consuetudinem terrae maritabunt assignata ipsis in pecuniis dote competenti. Cum vero pueri primae uxoris portionem suam aequalem a patre alienis sponte ex divisione perpetua datam obtinuerint, tunc portio secundae uxoris (...) filiabus eiusdem cedere debet integraliter."

lassen, dass die alte Rechtsfigur des Leibzuchtsrechts im Gute fortlebt (und zwar reduziert auf die Witwenversorgung, nachdem die Leibzucht statt Morgengabe zur Zeit Hilchens längst außer Gebrauch gekommen war).[399]

Die folgenden Titel behandeln in knapper Form schuldrechtliche Schwerpunktthemen, so den Verkauf von Immobilien (**Tit. 34**), das Gewährleistungsrecht (**Tit. 35**) und das Mietrecht (**Tit. 36**). Eine Gewährleistung für die verkaufte Sache besteht nach dem Hilchenschen Entwurf grundsätzlich nicht – im Gegensatz zum Ritterrecht[400] und später den kurländischen Statuten.[401]
Auch in Tit. 36 § 2 finden sich weitere Ausführungen zum Gewährleistungsrecht: Der Werkunternehmer, der mit der Herstellung oder Ablieferung der Sache in Verzug gerät, wird für drei Tage in den Turm geschickt und muss zusätzlich für den gesamten Schaden – inklusive der durch die nun zwangsläufige Selbstabholung entstandenen Kosten – aufkommen. Die Leihe wird in **Tit. 37** geregelt und stellt eine weitere „Anleihe" Hilchens aus den Institutionen[402] dar.

In **Tit. 38** statuiert Hilchen das Verbot von *„Uffzugksbrieffen"*, also dem Verbot, eine Schuld sogleich zu bezahlen. Es ist offensichtlich dem Art. 112 § 3 des Ritterrechts entnommen.[403] Die Rechte des Gläubigers nach **Tit. 39** entstammen wiederum polnischen Statuten,[404] entsprechen aber – durch die Einfüh-

---

Casimirus Magnus, Statuten von 1347, Bd. I S. 48: „De treugis pacis seu salvo conductu dandis de regno fugientibus. (…) quo anno [sc. praedicto, intra quem uxor sua in bonis suis pacifice dimissa in quiete iis fruitur] evoluto, intra quem gratiam Nostram semper quaerere debeat, etsi ipsam invenire non poterit (…), propter hoc infamis non debet reputari nec ipsum per terrigenas captum ad mortem Nobis aut Nostro capitaneo dare tenebuntur nec propter hoc indignationem aut offensam Nostram incurrant terrigenae supradicti."
Nach O. Schmidt zudem auch Bd. I S. 326, **Alexander rex Confir. Ter. Crac. 1505**: „De crinili nuptarum virginum". Doch heißt es dort „triginta marcae pro crinili aut trium marcarum proventum alias censum sibi constituent mariti successores", so dass die Passagen nicht identisch sind.

399 Siehe auch *Helmersen*, Principien der Intestaterbfolge, S. 18.

400 **Mittleres RR,** Kap. 189, § 1: „We eines kopes bekennet, de schal dorch rechte gewehrndt werden, des dinges dat he vorkofft hefft."

401 **Kurländische Statuten,** Art. 103: „Würde aber der Eigentümer sich von den Mängeln, welche so der Käufer es vorhin gewußt, er nimmermehr das Ding gekauft hätte, verschweigen, soll er das Verkaufte wiedernehmen, und den Kauf=Schilling erstatten."

402 **Institutionen,** III. 14, 2: „Quas res [d. i. Wein, Getreide oder Geld] aut numerando aut metiendo aut pendendo in hoc damus, ut accipientium fiant et quandoque nobis non eaedem res, sed aliae eiusdem naturae et qualitatis reddantur."

403 **Mittleres RR,** Kap. 112 § 3: „Alle schuldt mach ein gelden eer syne dage, des he twe man daraver hefft, ded at seen unde horen, yfft ydt em darna nodt sy, dat se em mögen helpen tügen, dat he de schuldt gegulden hebbe."

404 **Konstytucye Seymu Koronacyi Roku 1588,** Bd. I S. 1290: „O ważności zapisow. Deklaruąc *in universum* waść zapisow, aby się ludźie nie zawodźili, pozyczaiąc pieniędzy *super bona onerata.* Postanawianemy, ić kto będzie miał pierwszy prawo zapiś *ad bona aliqua*, tego będźie *potioritas*: y choćby też przezyski possessyą za pośledznieszym zapisem otrzymał, tedy pierwszego zapisu *summa* y przezyski mają być ważnieysze, y naprzod isc, wyiąwszy gdyby kto był triennalis *possessor*, abo de iure prawo iego nalazło się bydź nie ważne. W czym żeby zabieżało fraudi et dolo, tedy waruiemy, żeby wszelakie zapisy, ktoreby w Księ-

rung der Hypothek in das livländische Recht – auch römischrechtlichen Grundsätzen.[405]

Auch **Tit. 40**, der sich der Bürgschaft widmet, steht unter römischrechtlichem Einfluss, wobei das Wesen der Bürgschaft auch dem Ritterrecht nicht unbekannt war; die Grundstruktur der Bürgschaft findet sich etwa in Art. 195 § 2.[406] In mancherlei Hinsicht sind die Regelungen Hilchens, auch wenn sie einige Elemente der Institutionen beinahe wörtlich übernehmen,[407] sogar detaillierter als das *Corpus Iuris Civilis*, etwa was die sich aus der Mehrzahl von Bürgen ergebende Problematik betrifft, die Hilchen in den §§ 4 und 5 behandelt. Das Pfand, im Landrecht geregelt in **Tit. 41**, kommt ebenfalls im Ritterrecht[408] in ganz ähnlicher Form zur Sprache. Das Schuldrecht wird abgeschlossen mit einer kurzen Ausführung zum Wesen der ungerechtfertigten Bereicherung, **Tit. 42**, aus der wieder ganz der römisch-rechtliche Geist spricht: zwar benennt Hilchen die einzelnen Kondiktionen nicht mit ihren Fachtermini, doch beschreibt Hilchen die *condictio indebiti* und die *condictio ob causam finitam* mit den entsprechenden Rechtsfolgen, also Herausgabe des Erlangten ohne Schadensersatz oder Zins, in kurzen, auch dem Laien verständlichen Sätzen.

c) Bedeutung

Dieses Kapitel stellt eines der Umfangreichsten des zweiten Buches dar. Vor dem Hintergrund, dass in den 14 Titeln das gesamte Schuldrecht (allgemeiner und besonderer Teil) abgehandelt wird, wirkt der Abschnitt im Vergleich mit etwa den das Erb- oder Grundstücksrecht behandelnden Abschnitten dennoch verhältnismäßig knapp. Tatsächlich zählt auch der Inhalt des Hilchenschen Schuldrechts nicht zu den bedeutenderen Teilen des Landrechts.

Die Gründe hierfür liegen zum einen in der Gesellschaft, auf deren Bedürfnisse hin das Landrecht geschrieben war. Ein Stadtrecht, in welchem der Handel die zentrale Rolle spielte, hätte das Kauf – und Gewährleistungsrecht niemals in zwei dermaßen pauschalen Titeln abgehandelt. Das Landrecht wendet

---

Księgach iakich odległych Grodzkich abo Ziemskich zeznane, były, *ad proprium forum Terrestre vel Castrense, ubi bona recognoscentis consistunt, per modum oblate, per creditorem vel debitorem,* abo sługę ktorego z nich, wpisowane dla wiadomości każdego były. *A prioriates* tego zapisu ma bydż liczona od onego aktu, gdy będzie in proprio foro per oblatam aktykowany. To też waruiemy, iż ieśliby byakie zapisy na zmowie, ku oszukaniu kredytorow uczynione, abo z iakiey przyczyny podeyrźrzane: tedy o to bdzie wolno prawem czynic drugim kredytorom, ktorymby się ten zapiś zdał bydż ku szkodżie."

405 *Blaese*, ebenda S. 43; im Hilchenschen Recht privilegiert die Hypothek den Gläubiger im Konkurs.

406 **Mittleres RR,** Kap. 195 § 2: „Kumpt överst de gebörgede man vor gerichte, tho rechter tidt, unde büth sick dar tho nrechte, he hesst synen börgen gelöset."

407 So **Institutionen**, III. 2 für Tit. 40 § 6: „Fideiussor non tantum ipse obligatur, sed etiam heredem obligatum relinquit."

408 **Mittleres RR,** Kap. 15: „Wer dem andern varende have lehnet, effte vorsettet, edder tho bewaren deit, will he ydt em vorsacken, edder synen erven na synem dode, (...) [dem soll er es zurückgeben]."

sich als Ritterrecht primär an den Gutsherrn (der „Kauffhandel" nach Tit. 37 bezieht sich folglich nur auf den Kauf von Landgütern). Dass die Bestimmungen zur Bürgschaft so ausführlich ausgefallen sind, widerspricht diesem Zweck nur zum Teil, denn für größere Erwerbungen – meistens Land oder Landgüter – herrschte ein erheblicher Bedarf an Krediten, die häufig nur gegen Bürgschaften gewährt wurden. Daher regelt Hilchen auch der *Creditoren privilegien* sehr ausführlich. Materiell durften die Regelungen Hilchens kaum auf Widerstand stoßen, denn in den Rechtsfragen, wie Hilchen sehr differenziert regelt – wie Tit. 28, 33, 36 § 2, Tit. 37 § 2, Tit. 39, 40 und 41 –, sind seine Lösungen so interessengerecht, dass auch kleinere Abweichungen vom Ritterrecht nicht ins Gewicht fielen, während die pauschalen Regelungen der Tit. 29, 30, 31, 32, 34, 35, 36 § 1, 37 § 1 und 38 kaum Angriffsfläche für Kritik boten. Teilweise ist der rechtliche Gehalt (wie in Tit. 39) so gering, dass Hilchens Absichten im Unklaren bleiben.

Vor allem die Regelungen, welche Hilchen dem polnischen Recht entnommen hat – und dies sind im Schuldrecht besonders viele, s.o. –, sind in ihrer Vielzahl von beträchtlicher praktischer Relevanz. Die Fristenregelungen des Tit. 28 stellen insoweit ein eigenes Rechtsbüchlein dar. Den Zweck der Verjährung stellt Hilchen eingangs klar: Sie diene der *„straffe der hinläßigen unachtsamen leute, so ihre sachen nicht in acht nehmen"*. Vom Straf- über das Güter-, Ehe-, Erb- und Kaufrecht behandelt Hilchen alle Fragen, die durch Fristen im täglichen Leben aufgeworfen werden, wobei er seine Bestimmungen häufig mit Begründungen versieht *(§ 8: „Damit aber der boßheit kein fürschub gegeben werde...")*.

So oft sich Hilchen an livländischen Rechten orientierte, so modern fällt häufig ihre Einarbeitung aus. Tit. 37, der die Leihe behandelt, ist nach der entsprechenden Bestimmung der Institutionen Justinians aufgebaut (s.o.), und derart feine Differenzierungen, wie sie Tit. 39 anstellt, lassen sich in den Ritterrechten noch nicht finden.

Bei aller Zweckdienlichkeit eines möglichst knappen Schuldrechts überrascht doch, in welchem Maße sich Hilchen in diesem Kapitel von seinen Erfahrungen als Syndikus der Stadt Riga lösen konnte, eines Amtes, bei dessen Ausübung das Schuldrecht eine zentrale Rolle spielte. Im Detail wird in den meisten Titel deutlich, dass sie der Feder eines erfahrenen Juristen entstammen. Die Reihenfolge der Artikel kann sich auch hier jedoch des Vorwurfs einer gewissen Willkür nicht entziehen, und in einigen Titeln – wie Tit. 30 und 42 – drängt sich der Eindruck auf, dass Hilchen Materien, die wegen ihrer grundsätzlichen Bedeutung in jedem Fall Bestandteil eines allgemeinen Landrechts sein mussten, etwas lieblos abgearbeitet hat.

Rechtsfragen mit hoher sozialer oder religiöser Relevanz wie das Eherecht und – in Maßen – auch die Bestimmungen zum Eid hat Hilchen hingegen wieder ausführlicher abgehandelt. Hier zeigt sich ein weiteres Mal, dass Hilchen in seinem Landrechtsentwurf gesellschaftspolitische Akzente setzen wollte. Hilchen untermauert etwa in Tit. 32 die Genehmigungsbedürftigkeit der Ehe durch die

Eltern mit Begründungen (*„Die den eltern schuldige ehrerbietung erfordert, undt alle ehrbare gesetze befehlen es auch, dass (...)"*), und aus den Ausführungen zum Eid in Tit. 31 § 2 spricht energische Kritik an dem ausufernden Gebrauch dieses noch zu Hilchens Zeit mit bedeutsamsten Beweismittels: *„Dieweill aber offtmalß auch in geringschätzigen sachen von etlichen gefehrlicher weyse der eydt gefordert wirdt, welcher ein ehrbar biederman auß furcht der göttlichen Majestät undt wegen seines redlichen nehmens zu leisten nie bedencken hatt, und dagegen ein ander, welcher uf Gott undt sein wordt nicht groß achtet, und [69] leichtsamb ein eydt schweret (...)."* Hilchen war fest im protestantischen Glauben verankert; sein damals im besten Sinne konservatives Gesellschaftsbild ging Hand in Hand mit einer tiefen Religiosität. Der Missbrauch des Eides war ihm nicht nur wegen der rechtlichen Konsequenzen des Meineids auf das Endurteil, sondern vor allem wegen der Beleidigung Gottes ein Greuel. Vor dem Hintergrund seiner Biographie und seines Einsatzes für die protestantische Kirche wäre durchaus auch eine Kodifikation möglich gewesen, die noch stärkere religiöse Bezüge aufgewiesen hätte. Die Ritterschaft war nahezu ausschließlich lutherisch-evangelisch, und gerade im Hinblick auf den Katholizismus Polens wäre in dieser Hinsicht in einem allgemeinen livländischen Landrecht eine ganze Reihe von Punkten regelungsbedürftig gewesen. Hilchen wählt auch in dieser konfliktträchtigen Materie den sicheren Weg, indem er konfessionelle Fragen gar nicht und die Religion selbst nur im obligatorischen Gottesbezug der Eide mit einbezieht.

Die Tit. 31, 32, und 33 weichen in ihrem Stellenwert nur unerheblich von den übrigen Reglungen des 11. Kapitels ab und dürfen insoweit nicht überbewertet werden. Aber allein dadurch, dass Hilchen die Bestimmungen mit einer persönlichen Wertung versieht, hebt sie sich von den auf das Nötigste reduzierten Regelungen (etwa zum Bereicherungsrecht) ab.

12. Tit. 43 – 47: Strafrecht „Allgemeiner Teil" und Vergehen (S. 229 – 232)

a) Übersicht

Tit. 43, § 1	Vgl. Mittleres Ritterrecht, Kap. 79 § 1; Art. 131 § 1
§ 2	Mittleres Ritterrecht, Kap. 134
§ 3	Mittleres Ritterrecht, Kap. 179 (hins. Geisteskranker 187 § 2); Carolina Art. 164
§ 4	Mittleres Ritterrecht Kap. 131 § 9
Tit. 44, §§ 2, 3	Statuten Kasimirs des Großen v. 1347
Tit. 45, § 1	hins. der Notwehr Mittl. Ritterrecht, Kap. 134
§ 6	Konstituten des Sejms aus dem Krönungsjahr 1588; auch Mittleres Ritterrecht Kap. 136 §§ 1, 2
Tit. 47, § 1	vgl. Mittleres Ritterrecht, Kap. 157
§ 2	vgl. Mittleres Ritterrecht, Art 191; auch Institutionen IV. 8

b) Inhalt und Herkunft

Die dem heutigen „Allgemeinen Teil“ entsprechende Grundstruktur eines Delikts erklärt Hilchen am Beispiel des Diebstahls inzident. So werden nach der kurzen Aussage, dass der Dieb *„nach ordnung der rechte gestraffet werden“* solle[409] (**Tit. 43** § 1), die Notwehr (§ 2, wenn auch indirekt), das Vorsatzerfordernis (§ 3), die Beihilfe (§ 4) und die Mittäterschaft (§ 5) behandelt. Inhaltlich stützt sich Hilchen zum Teil auf das Ritterrecht, wie bei der Notwehr (Art. 134),[410] beim Vorsatz und der fehlenden Strafbarkeit Minderjähriger und Geisteskranker (Art. 179,[411] 187 § 2[412]) und der Beihilfe (131 § 9),[413] doch sind diese Rechtsfiguren auch polnischen und litauischen Rechten nicht fremd gewesen, so dass eine Herkunftsbestimmung mit letzter Gewissheit nicht möglich ist. Allein die Parallele des § 3 mit Art. 164 der *Constitutio Criminalis Carolina* ist so auffallend, dass der Einbezug der *Carolina* in den Hilchenschen Entwurf durch diese Stelle als gesichert gelten kann.[414]

Die Ausführungen zur Beleidigung, **Tit. 44**, stammen zumindest in ihren Paragraphen 2 und 3 aus den polnischen Statuten.[415] Für die tätlichen Beleidigungen, Tit. 45, gilt dies nur hinsichtlich § 6.[416]

---

409 Nach dem **Mittleren RR**, Art. 79 § 1, ist dies der Tod („ Welck man rovdes edder hufsgewelde vor gerichte averwunnen wert, dat ys syn hals, düffte de galge, ys se eines ferdinges werdt.“); siehe auch Art. 131 § 1.

410 **Mittleres RR,** Kap. 134: „Sleit ein man den andern dodt, dorch nodt unde dat he dorch angest nicht by eme blivet, dat he en vor gerichte bringet, unde aver en richte dorch synes lives angste.“

411 **Mittleres RR,** Kap. 179: „Sleit ydt (d.h. das Kind) einen man, edder lehmet ydt einen, syn vormünder schal darvör beteren mit yennes wehre gelde, yfft dat up einen gebracht würde.“

412 **Mittleres RR,** Kap. 187 § 2: „Aver rechte doren, unde synlose menner, en schal men ock nicht richten (...)“.

413 **Mittleres RR,** Kap. 131 § 9: „We düffte, edder rossgudt enthegen nimpt, edder de mit hülpe stercket, werden se daran vorwunnen, men schul se richten, gelick den yenne de dat don.“

414 **Carolina**, Art. 164: „Item so der dieb oder diebin jrs alters under vierzehen jaren weren, die sollen umb diebstall, sonder ursach, auch nit vom leben zum todt, gericht, sonder der obgemelten leibstraff gemeß, mit sampt ewiger urphede gestrafft werden. Wo aber der dieb nahent bei vierzehen jaren wer, und der diebstall groß oder obbestimpt beschwerlich umbstende, so geuerlich dabei gefunden würden, also daß die boßheyt das alter erfüllen möchte, so sollen Richter und urtheyler deßhalb auch, (wie hernach gemelt) radts pflegen, wie eyn solcher junger dieb an gut, leib oder leben zustraffen sei.“

415 **Casimirus Magnus, 1347**, Bd. I S. 34: „De improperationibus seu turpiloquio alicui illato. Cum ommnis scurrilitas verborum et turpiloquorum homines ad rixas provocans apud virtuosos homines non immerito debeat evitari atque – nisi metu poenae quandoque aliqui prohibentur a talibus et refrenantur – nequeunt alias prohiberi, unde volumus, ut, si quisquam linguam suam non refrenans sic nobilis nobili improperaverit afferens eum esse filium meretricis et statim non revocat aut negat, quod dixit, neque probat eum esse talem, ut afferebat, pro illius, quem sic vituperavit, ratione poenae solvat sexaginta marcas grossorum, veluti ipsum occidisset. Item dicimus: Si matrem ipsius meretricem nominaverit nec probaverit, quod afferuit, in similem poenam ipsum decernimus incidisse. Et revocando debet dicere: id, quod sum locutus, mentitus sum sicut canis.”

Tit. 45 behandelt die *thätlichen injurien*, also die Körperverletzung. Hilchen führt ein nach Art und Schwere der Verletzungen und Verstümmelungen gestaffeltes Bußgeldregister auf, was in Struktur und Inhalt dem des Ritterrechts sehr ähnlich ist.[417]

Straf- und Deliktsrecht waren auch zu Hilchens Zeit noch nicht so klar getrennt, dass Hilchen in dem strafrechtlichen Abschnitt auf die Festsetzung von Bußgeldern hätte verzichten können. In der Tat schöpft er auch hier mit dem Ritterrecht wieder aus mittelalterlichen Rechten, wenn es um die Buße für getötetes Vieh (**Tit. 46**) oder um von Vieh angerichteten Schaden (**Tit. 47** § 1) geht. Art. 157 des mittleren Ritterrechts[418] differenziert bei Viehschaden jedoch nicht, sondern verpflichtet den Eigentümer des Tieres zur Zahlung eines Pauschalbetrags. Tit. 47 § 2 schließlich spricht dem Eigentümer auch dann einen Schadensersatzanspruch zu, wenn es um die Verendung gepfändeten Viehs geht – und setzt sich damit in Widerspruch zu Art. 192 § 2 des Ritterrechts, nach welchem der Pfandgläubiger nur seinen Rückzahlungsanspruch verliert, aber keinen Schadensersatzanspruch leisten muss.[419] Die Ritterrechte regelten diesen Schaden somit viel differenzierter als das *Corpus Iuris Civilis*, das den Tierschaden in den Institutionen Justinians bloß als Unterfall der Noxalklage behandelt.[420]

c) Bedeutung

Für das Strafrecht hat Hilchen weder dem polnischen noch dem livländischen Recht zusammenhängende Passagen entnommen. Wo Parallelen zu geschriebenen Rechten auftauchen, erscheinen diese nicht systematisch. Hilchen war – anders als im Zivilrecht – bemüht, dem Strafrecht so etwas wie einen „Allgemeinen Teil" voranzustellen, der materiell zwar nicht besonders stark von den livländischen Ritterrechten und den polnischen Statuten abweicht, aber als solcher

---

416 **Konstytucye Seymu Koronacyi Roku 1588**, Bd. II S. 1215: „O ranach Szlackeckich. Rany Szlacheckie mają bydż sowito płacone: to iest, krwawa, grzywien dwadźieśćia. A śina groszy sześć. Z winą sądową: a obliczna rana znaczna krwana grzywien trzydźieśći. Ućięćie palca każdego, trzydźieśći grzywien. Wybicie zęba każdego, grzywien dwadźieśćia. A chromota wieczna na ręce nodze y oślepienie oka, także ućięćie nosa ma bydć płacone, iako połowica głowy, wedle teraźnieyszey Konstytucyi."

417 **Mittleres RR,** Kap. 136 §§ 1, 2: „Den mundt, ogen, nesen, tungen, oren, unde des mannes gemechte, hande, unde vöte, desser iwelick dar ein man anne beleidiget wert, dat schal men mit einem halven manbothe betteren. We ein dem andern den dumen affhouwet, he betert en mit 6 mark landt gudes, den Finger darnegest mit 5, den middelsten (...)".

418 **Mittleres RR,** Kap. 157: „We syn vee drifft up eines andern mannes korn, edder up synen hogschlach wedende, he schal em synen schaden gelden, up recht, unde boten mit dren marck landt gudes."

419 **Mittleres RR,** Kap. 192 § 2: „Stervet överst ein perdt, edder ander vee binnen vorsettinge, ane des yennen schuldt, de ydt under em hefft, Bewiset he dat, unde dar he dar syn recht thon don, he en gelt es nicht, he hefft överst syn gelt vorlaren, dar ydt em vorstünde."

420 **Institutionen,** IV. 8, pr.: „(...) noxales actiones proditae sunt, quibus domino damnato permittitur aut litis aestimationem suffere aut hominem noxae dedere." 9. Titel: „Animalium nomine, quae ratione carent, si quidem lascivia aut fervore aut feritate pauperiem fecerint, noxalis actio (...) prodita est."

hier im livländischen Landrecht zum ersten Mal auftaucht. Insoweit sind die unter b) aufgeführten „Quellen" vielmehr als materiellrechtliche Anhalts- und Vergleichspunkte, nicht als tatsächlicher Ursprung der Hilchenschen Fassung zu verstehen. Für eine direkte Entnahme aus den oben angeführten Quellen weicht der Entwurf in seinem Aufbau zu sehr von diesen ab.

Hilchen stellt seinen „Allgemeinen Teil" aus Gründen der Anschaulichkeit anhand des Diebstahls dar. Hiefür bedient er sich zahlreicher Beispiele, z.B. in Tit. 42 § 4 zur Beihilfe: *„(...) alß wen einer die leder an die fenster setzet, oder auch die fenster undt haußthür aufbricht damit einander den diebstahl vollenbringen möge, oder auch solche sachen dazu giebt, dadurch etwaß kann ufgebrochen werden, oder die ledderen, damit die fenster könten erstiegen werden, ihme lehnet oder auch wißsentlich die gestohlene dienge an sich nimbt (...)"*. Subtrahiert man diese Beispiele von Tit. 43, bleibt die übrige rechtliche Aussage sehr knapp. Doch steckte die Strafrechtswissenschaft zu Hilchens Zeit noch in den Kinderschuhen, und weitergehendere Ausführungen als die des Landrechts wurden Ende des 16. Jahrhunderts in keiner Kodifikation erwartet.

Viele Paragraphen stellen auch einmalige Anweisungen an die Verwaltung dar, etwa Tit. 44 § 9, wonach in jeder Wojewodschaft ein (Gefängnis-) Turm einzurichten sei, *„zwölff ellen tieff, von dem loch an zu rechnen, darin der gefangener eingelaßen wirdt"* – eine Bestimmung, in welcher das Mittelalter unverändert fortlebt. Das Bußgeldregister des Tit. 45 – mag es auch einen beträchtlichen praktischen Nutzen haben – orientiert sich ebenso sehr an der Vergangenheit. Hilchen sieht das Strafrecht noch als Anhängsel des Zivilrechts, was auch der Aufbau des zweiten Buches verdeutlicht.

Eine konkrete Strafe wird im Hilchenschen Entwurf nur selten benannt. Das Strafmaß richtet sich jeweils nach „Ordnung der Rechte", siehe z.B. Tit. 43 § 1. Zu diesen Rechten zählt, neben dem vor allem im Strafrecht besonders stark verbreiteten Gewohnheitsrecht, auch die *Constitutio Criminalis Carolina*. Nach ihrer Verkündung im Jahr 1533 wurde sie in Livland zunächst nur zögerlich angenommen, galt aber zum Ende des 16. Jahrhunderts nahezu flächendeckend (wenn auch subsidiär). Diese Tatsache bezeugt, wie gering der rechtliche Einfluss fremder Herrschaft in Livland auf strafrechtlichem Gebiet war. Livland war kein Teil des römischen Reiches mehr, doch die Geltung der *Carolina* wurde als Subsidiarrecht weder von der livländischen Ritterschaft noch von Polen – oder später Schweden – in Frage gestellt.

Hilchen hat sich nur an wenigen Stellen auf die *Carolina* bezogen; eine direkte Verbindung taucht nirgends auf. Sprachlich könnte der Eindruck entstehen, dass sich Hilchen von dem um 66 Jahre älteren Reichsgesetz hat inspirieren lassen: auch in der *Carolina* erscheint der Gesetzgeber redend, und die Phrase *„(...) setzen und ordnen wir"* nimmt in der *Carolina* eine dominante Stellung ein (siehe z.B. Art. 1, 77, oder 104 S. 2).[421] Hilchen gebraucht diese Form noch häufiger. Doch ist dies eher auf polnische und preußische Vorbilder zurückzu-

[421] *Von Weber*, Die Peinliche Halsgerichtsordnung Kaiser Karls V., S. 163.

führen: im *Jus terrestre* heißt es *„Statuimus"*, in den polnischen Statuten *„Postanawianemy, że (...)"*, *„Waruiemy"* oder *„Approbuiemy"*. Möglich ist freilich, dass sich Hilchen in der übrigen Form der Darstellung durch die Sprache der *Carolina* bestätigt sah.

Dass Hilchen sich materiell nicht stärker auf die *Carolina* bezogen hat, ist einmal auf die im Vergleich mit der *Carolina* viel geringeren Regelungsdichte des Landrechtsentwurfs im materiellen Recht zurückzuführen: wird in der *Carolina* dem Diebstahl ein ganzes Kapitel gewidmet, beschränkt sich Hilchen auf einig typische Beispiele, die nach „Ordnung der Gesetze" bestraft werden sollen. Differenzierungen wie etwa die Körperverletzung mit Todesfolge, in der *Carolina* in Art. 147 geregelt, kennt das Landrecht nicht. Dem Strafprozessrecht widmet Hilchen zwar im dritten Buch einen eigenen Abschnitt, doch folgt auch dieser einem ganz anderen Maßstab als die peinliche Halsgerichtsordnung.

Zum anderen war eine solche detaillierte Regelung auch gar nicht notwendig, denn die *Carolina* galt ja subsidiär. Hilchen musste theoretisch nur solche Rechtsfragen gesondert regeln, die von der *Carolina* abwichen. Sofern Hilchen Bestimmungen aus dem polnischen Recht oder bestimmte Bräuche des Gewohnheitsrechts in das Landrecht übernommen hat, geschah dies aus diesem Grunde. Dass Hilchen trotzdem so viele strafrechtliche Regelungen schafft, die der *Carolina* einerseits nicht widersprechen, andererseits zu pauschal sind, um ihr entnommen zu sein, lässt sich schlicht mit dem Bestreben nach Vollständigkeit erklären, welches die gesamte Arbeit Hilchens kennzeichnet.

13. Tit. 48 – 67: Strafrecht II: Verbrechen sowie Vermischtes (S. 232 – 241)

a) Übersicht

Tit. 48, § 1	*[Hochverrat]*
§ 2 – 3	Poln. Statuten Sigismunds I., Krakau 1539
Tit. 49, § 1	Mittl. Ritterrecht Kap. 131 § 8; vgl. Carolina Art. 139
Tit. 50, § 1 – 6	*[Bannung von Privatfehden]*
§ 7	Statuten des Sejms aus dem Krönungsjahr 1588
§ 8	Constitutiones, Art. 22
Tit. 51	Institutionen Just. IV 6 (nach Lex Pompeia) Kurländische Statuten §§ 203, 204
Tit. 52, §§ 1 – 3	Mittleres Ritterrecht, Kap. 131 § 7
Tit. 53, §§ 1 – 4	Statuten des Sejms aus dem Krönungsjahr 1588; Statuten des Sejms unter Sigismund II. von 1598; vgl. auch Mittleres Ritterrecht, Kap.144 § 1, 116 § 1
Tit. 54, §§ 1 – 3	Statuten des Sejms aus dem Krönungsjahr 1588
Tit. 55	Mittleres Ritterrecht Kap. 132; Carolina, Tit. 130
Tit. 56	Carolina, Tit. 104
Tit. 57	Mittl. Ritterr. Kap. 131 §§ 3, 7; Carolina Tit. 171 – 175
Tit. 58, § 1	Statuten Sigismunds I. v. 1532
Tit. 60	vgl. Carolina Tit. 121

Tit. 61, §§ 1 – 2	Mittleres Ritterrecht Kap. 131 § 6; Carolina Tit. 106
Tit. 62, §§ 1 – 2	vgl. Mittleres Ritterrecht Kap. 39; Carolina Tit. 170
Tit. 63	Statuten des Vladislaus Jagiello v. 1433.
Tit. 64	Mittleres Ritterrecht, Kap. 144 § 2
Tit. 65, § 2	Mittleres Ritterrecht, Kap. 184 § 1
Tit. 66, §§ 1 – 2	Mittl. RitterR, Kap. 44 § 1, 116 § 1; Carolina, Tit. 110
Tit. 67, § 1	J.t.n.P., Tit. VI § 48; Mittleres Ritterrecht, Kap. 182 § 2

b) Inhalt und Herkunft

Die Majestätsverletzung wird von Hilchen unter allen Straftaten gegen die Allgemeinheit, die **Tit. 48** behandelt, in farbigen Worten als das *„höchste undt beschwerlichste"* gesehen. Doch stammt nur die sprachliche Ausführung von ihm persönlich; inhaltlich sind §§ 2 und 3 den polnischen Statuten entnommen.[422]

Der Totschlag, **Tit. 49**, wurde selbstverständlich bereits im Ritterrecht kodifiziert.[423] Auch nach § 1 des Hilchenschen Entwurfs zog er die Enthauptung nach sich. Wie in der Carolina[424] – und meisten anderen Nachbarrechten Livlands – ist im Hilchenschen Entwurf der durch Notwehr gerechtfertigte Totschlag ebenfalls nicht strafbar, § 2 (es sei denn, das Opfer ist adelig, § 3).

In **Tit. 50** versucht Hilchen nachdrücklich, gegen das Fehdewesen vorzugehen, indem er beide Seiten mit hohen Strafen belegt. In zeitgenössischen Rechten ließ sich nur eine Entsprechung zu §§ 1 und 7, und zwar in den polnischen Statuten, ausfindig machen.[425] Das Bewaffnungsverbot gegenüber Bauern, § 8, bestand bereits nach den *Constitutiones*.[426]

---

[422] **Statuta Sigismundi I. Cracoviae Anno 1359**, Bd. I S. 550: „Crimen laesae majestatis (...) volumus nisi in persona Nostra locum habere et non in alios quantumvis publicas personas gerentes extendi. Si quod autem per quempiam facinus vel homocidium in his fuerit commissum, qui extra personam Nostram vel senatoria vel aliqua publica dignitate, loco et officio fungerentur, in eum secundum statutum animadvertetur. Tempus vero recentis criminis annus et sex septimanae."
Für § 3 siehe **Statuten aus dem Krönungsjahr 1588**, „De crimine laesae Majestatis" (siehe Endnote d).

[423] **Mittleres RR,** Kap. 131 § 8: „De einen man sleit, rovet, edder bernet, sunder mordtbrandt, edder maget, edder wiff nodttöget (...), den ys ydt umb dat hövet affthoslande."

[424] **Carolina**, Art. 139: „Item welcher eyn rechte notweer, zu rettung seines leibs und lebens thut, unnd den ihenen der in also benöttigt inn solcher notweer entleibt, der ist darum niemnats nit schuldig."

[425] **Konstytucye Seymu koronacyi Roku 1588**, Bd. II S. 1213, **zu § 1**: „O odpowiedźi. Expedit Reip. Aby każdy spokoynie żył, ani się swych krzywd privata authoritate mśćił, ale Prawem pospolitym się kontentował: przeto ustawiamy, gdyby kto Szlachćicowi sobie rownemu odpowiedź posłał, a byłby o to poprzyśięże, cum poena centum marcarum skazan.
Zu § 7: „A gdyby kto będąc pozwany criminaliter bronić się chciał odpowiedźią, ktorąby ante crimen miał posłać: tedy się inakszą bronić nie może, iedno taką, ktorąby przez Woźnego y dwu Szlachćicow uczynił: y onę dał do Ksiąg onego Grodu, pod ktorymby mięszkał ten komu odpowiedźiał, wpisać peronaliter: a po wpisaniu do Kśiąg odpowiedźi takowey, nie ma przećiwko stronie on odpowiednik nic violentum poczynać tak nie zachował, tedy mu takowa

Die außerordentlich grausame Strafe für den Vatermörder in **Tit. 51** (er soll mit *„heißen zangen angegriffen, in einen leddern sack mit sambt einer [89] otter, schlangen, hunde, katzen undt hanen gestecket, undt in der nehest belegenen fluß geworffen werden"*) ist eine Abwandlung der Lex Pompeia[427] von 55 v. Chr., die Hilchen offenbar ebenfalls den Institutionen[428] entnommen und im Hinblick auf die Umweltbedingungen Livlands abgewandelt hat; Otter und Katze müssen in der livländischen Version den Affen ersetzen. Das Ritterrecht bestrafte den Mörder, nicht weniger grausam, mit dem Rad.[429] Nach den kurländischen Statuten wurde der Vatermörder – wie Blutschänder, Zauberer und Mordbrenner – lebendig verbrannt, nur der Straßenräuber wurde mit dem Rad bestraft[430]. Hausstürmer und Mordbrenner lässt Hilchen in **Tit. 52** § 2 einer nicht näher bestimmten Todesstrafe zuführen; Mordbrenner wurden noch nach dem Ritterrecht ebenfalls gerädert (siehe Fn. 429).

Die Freiheitsberaubung, wie sie Hilchen in **Tit. 53** behandelt, entstammt dem polnischen Recht.[431] Die Gefangennahme fremder Untergebene war nach dem Ritterrecht nicht unter Strafe gestellt; es bestand nur eine „Verantwortlichkeit" für den Gefangenen.[432]

---

odpowiedź nie ma iść, ad defensionem criminis. W czym też scrutinium respectu temporis, z pilnośćią odprawiać się ma."

[426] **Constitutiones**, Art. 22: „Rustici arma non ferant. Et praetera: Ne rustici cum bombardis, cuspidibus, lanceis, gladiis aut similibus armis publice aut privatim incedant atque ea deferant, nisi ad venationem aut publicam pacem tuendam a dominis et potestatibus suis evocati fuerint – scultetis etiam exceptis, quibus ob publicam functionem armatos esse liceat."

[427] Vgl. D 48, 9; ebenso C 9, 17, 1 (318 – 319).

[428] **Institutionen**, IV. 6: „(…) insutus culleo cum cane et gallo gallinaceo et vipera et simia et inter eius ferales angustias comprehensus, secundum quod regionis qualitas tulerit, vel in vicinum mare vel in amnem proiciatur (…)".

[429] **Mittleres RR,** Kap. 131 § 7: „Alle mörder de den hacken roven (…), edder mordtberner, de schal men alle radebreken."

[430] **Kurländische Statuten**, Art. 203, 204: „Zauberer, Elternmörder, Blutschänder Mordbrenner sollen lebendig verbrant werden. 204. Straßendiebe sollen mit dem Rade gestossen werden (…)".

[431] Ebenda: **Konstytucye Seymu Koronacyi Krolewskiey R. 1588**, Bd. II S. 1213, **zu § 1**: „O poimaniu y więźieniu Szlachćica. Gdyby Szlachćic Szlachćica umyślnie gwałtem poimał, y do więźienia privata authoritate wźiął, ma bydz karan winą sta y dwudźiestu grzywien, y ma śiedźieć na dnie w wieży Rok, pro poena publica, iż sobie rownego poimał y niewolił: i znowi ma tyle troie śiedźieć, iako go długo w więźieniu trzymał, sub poena infamie. A nad to ieszcze szkody powinien odlożyć, na ktore aktor przyśiędże: y rany ieśliby iakie miał, według prawa zapłaćić, o co sąd Ziemki ma ex scrutinio uznawać: (…)", sowie **zu § 3 Konstytucye Seymu Warßawskiego za Zygmunta Roku 1598**, Bd. II, S. 1470: „O slugach. Deklaruiemy Konstytucyą Anni 1588 o imaniu y więźieniu Szlachecćica, gdyby sługę swego rękodaynego złodźieia albo zdraycę, ktory Pan pomał, pod tę Konstytucyą podpadać nie ma."

[432] **Mittleres RR,** Kap. 144: „Welck ein man gevangen hefft, de moth antworden einem jweliken synem heren, unde synem magen, edder synem wive".

Ebenfalls dem polnischen Recht entnommen sind die Bestimmungen zum „freyen geleydt" nach **Tit. 54.**[433] Es folgen einige kurze Titel zu spezielleren Straftaten, die materiell der *Carolina* entsprechen: Der Giftmischer (**Tit. 55**, in der *Carolina* Tit. 130[434]) wird ebenso wie der Zauberer (**Tit. 56**, in der *Carolina* Tit. 104[435]) oder sonst jemand, der *„sonderliche gemeinschafft undt verbündtniß mit dem teuffel"* hat, am Leben gestraft. Das Ritterrecht sah hinsichtlich beider Tatbestände als konkrete Todesform den Scheiterhaufen vor.[436]

Den Kirchenräuber erwartet nach Hilchen gemäß **Tit. 57** der Tod. Der Kirchenschänder – d.h. wer auf *„heyligen städte in der kirchen undt uffen kirchhoffe jenige gewaldt übt"* – sollte ebenfalls hingerichtet werden, aber *„vielmehr undt harter"*. Nach dem Ritterrecht sah der Kirchenräuber mit der Räderung ebenfalls der damals härtesten und – neben dem Galgen – entehrendsten Strafe entgegen.[437] Auch die *Carolina* bestrafte den Kirchenraub härter, doch stellt sie die Höhe der Strafe in das Ermessen des Gerichts.[438]

Der Titel über die *„gewaltsame wegführung der jungfrawen"*, **Tit. 58**, ist in seinem ersten Paragraphen dem polnischen Recht[439] entnommen und stellt im

---

[433] **Konstytucye Seymu Koronacyi Krolewskiey R. 1588**, Bd. II S. 1209: „O niedawaniu Gleytow. Statut Anni domini 1543. o niedawaniu Gleytow, sługom y poddanym przećiw Panom: iako Mieszczanom, tak generaliter omnibus incolis cujuscunque Civitatis, y prywatnym osobom przećiw Szlachćicom y ich poddanym, approbuiemy: y żeby te gleyty nie były więcey z Kancellaryi naszey wydawane, waruiemy wiecznemi czasy. Wzakże Nam będzie wolno dawać gleyty między Starostami y Dźierżawcami, a między Mieszczany y Kniećmi Naszemi Krolewskimi. Także też tym nie zabraniamy dawania zakładow Naszych, Nobili contra Nobilem, także między Szlachtą a osobami mieyskimi Miast Naszych, y Duchownych, specyfikuiąc iednak osoby. O ktore zakłady forum Szlacheckie nie ma bydź diedno w Ziemstwie, et per appellationem na Trybunale. (...) A gdźieby co in contrarium z Kancellaryi było wydano, tedy to ma bydż irritum et inane, a między Mieszczany, i unszemi osobami, nie mają bydz bez słuszney y w prawiech opisaney przyczyny, przez Kancellaryą dawane."

[434] **Carolina**, Tit. 130: „Item wer jemandt durch gifft oder venen, an leib oder leben beschedigt, ist es eyn mannßbild, der soll eynem fürgesatzten mörder gleich mit dem rath zum todt gestarfft werden (...)."

[435] **Carolina**, Tit. 104: „Item so jemandt den leutten durch zauberey schaden oder nachtheyl zufügt, soll man straffen vom leben zum todt, und man soll solche straff mit dem fewer tun."

[436] **Mittleres RR,** Kap. 132: „Welck Christen man ungelövich ys, edder mit töverye umbgheit, edder mit vorfifftnis, unde des vorwunnen Wert, den schal men up ein hordt bernen."

[437] Er ist wie ein Mörder zu bestrafen, siehe Art. 131 § 7 (Fn 429).

[438] **Carolina**, Art. 171 – 175, z.B. Art. 172: „Item so eyner eyn Monstrantzen stielt, da das heylig Sacrament des altars inn ist, soll mit dem fewer vom leben zum todt gestrafft werden." Art. 174: „(...), doch soll inn solchen kirchen rauber unnd diebstahlen weniger barmherzigkeit beweist werden, dann inn weltlichen diebstalen."

[439] **Statuta Sigismundi I. Cracoviae Anno 1532**, Bd. I S. 504: „Ad submovendam dubitationem, quae circa statutum de raptu virginum et feminarum conditum oriri saepe solet, visum est Nobis et senatui Nostro per praesens decretum illius intelligentiam ita declarare, ut, cum raptor virginis aut mulieris viduae seu coniugatae ad praesentiam Nostram pro raptu commisso citatus fuerit, tum demum secundum antiquiora statuta iure convictus in privatione honoris intellegatur, cum virgo aut mulier vidua seu coniugata in praesentia Nostra constituta confessa fuerit sibi per raptorem citatum vim fuisse illatam et se contra eius voluntate et consensu ullo esse rapta. Per hanc enim raptae virginis vel mulieris viduae seu coniugatae confessionem

Übrigen eine scharfe Waffe im Kampf gegen nicht standesgemäße Eheschlüsse dar. § 3 ist insoweit ein weiterer[440] Hinweis dafür, dass die Ehefrau Hilchens nicht adliger Herkunft gewesen sein kann, wie noch Bergmann behauptet.[441]

Die Gerichtsbarkeit über Ehesachen weist Hilchen in **Tit. 59** den kirchlichen Gerichten zu (das kirchliche Urteil soll jedoch durch die Landgerichte vollstreckt werden). Blutschande und Bigamie möchte Hilchen – entgegen der *Carolina*[442] – trotz ihres eherechtlichen Charakters mit dem Tode bestraft wissen, wie er in **Tit. 60** klarstellt. Gleiches gilt für Urkunden- oder Münzfälschung, **Tit. 61**, und zwar auch dann, wenn der Fälscher selbst Inhaber oder Aussteller der gefälschten Urkunde war. Dieses Strafmaß entspricht dem für Betrug, Maß- und Gewichtsfälschung nach Art. 131 § 6 des Ritterrechts[443] und materiell den entsprechenden Bestimmungen der *Carolina*.[444]

Milder verfährt Hilchen mit demjenigen, der öffentliche und ihm anvertraute Gelder unterschlägt; er hat nach **Tit. 62** nur das Sechsfache des entnommenen Geldes als Strafe (zu einem Drittel an den Anzeigenden, zu zwei Drittel an den *„gemeinen Kasten"*) zu leisten. War ihm das Geld nicht anvertraut, soll er gehenkt werden (§ 2). Die *Carolina* sieht diese Sanktion grundsätzlich als Strafe vor.[445] Nach dem Ritterrecht zog die Unterschlagung hingegen nur Guts- und Ehrverlust nach sich.[446]

---

raptor citatus ad extendendam contra se poenam privationis honoris censeatur esse sufficienter iure convictus. Alioquin, rapta virgine vel muliere vidua seu coniugata expressa in praesentia Nostra (...) consensu suo proprio undecumque abductam citatus de raptu a poena statuti honoris privationis liber esse censeatur."

440 Vertiefend dazu *von Ramm-Helmsing*, Biographie, S. 5 f.

441 *Bergmann* im Magazin für Russlands Geschichte, 1. Band S. 133: „Die Mutter stammte aus der adlichen Familie Kalb her", wobei er sich auf folgende Passage aus den Literae nobilitatis Hilcheniorum bezieht: „Matre Catharina Kalb, antiquae nobilitatis foemina natus."

442 **Carolina**, Art. 121: „Item so eyn ehemann eyn ander weib, oder eyn eheweib eyn andern mann, inn gestalt der heyligen ehe bei leben des ersten ehegesellen nimbt, welche übelthat dann auch eyn ehebruch und größer dann das selbig laster ist, und wiewol die Keyserliche recht, auff solche übelthat keyn straff am leben setzen So wollen wir doch welcher solch lasters betrüglicher weiß, mit wissen und willen ursach gibt und volnbringt, daß die nit weniger dann die ehebrüchigen peinlich gestraft werden sollen".

443 **Mittleres RR**, Kap. 131 § 6: „Dat sulvige recht (hier Unterziehung der Feuerprobe, bei Nichtbestehen Tod duch den Galgen) horet ock aver unrechte mathe, unde unrechte wage, unde aver unrechten kope, yfft man sodant under se findet, wente se denne synt aller lüde."

444 **Carolina**, Tit. 106: „(...) Erstlich wann eyner [Münzen fälscht], die sollen nach gewonheyt auch satzung der recht mit dem fewer vom leben zum todt gestraft werden (...)."

445 **Carolina**, Art. 170: „Item welcher mit eyns andern güttern, die im inn guttem glauben zu behalten und verwaren gegeben sein, williger unnd geuerlicher weiß, dem glaubiger zu schaden handelt, solch missethatt, ist eynem diebstall gleich zu straffen."

446 **Mittleres RR**, Kap. 39: „Welk man truweloss geredet wert, mit synem apenen breve, edder in noden van synem heren flücht, edder in synes heren werven untruw ys, also dat he synen egen framen wervet, unde synes heren vorsümet, dem vordelet men syne ehre, unde gudt, unde nicht synen liff.""

Die letzten Titel des zweiten Buches widmet Hilchen strafprozessrechtlichen Bestimmungen. Untersuchungshaft soll nach **Tit. 63** nur bei den hier aufgeführten Straftaten angeordnet werden (nämlich *„gewaltsamb einfalß, mordtbrennens, straßen räuberey, gewaldtsahme wegführung, und nothzüchtigung der weiber“*), eine Regelung, die dem polnischen Recht entstammt.[447] Sie darf ebenso bei Betreffen auf frischer Tat verhängt werden. Die Definition dieser *„handthafften that“*, bei Hilchen in **Tit. 64**, entstammt dem Ritterrecht.[448]

Die *„unterschleiffer und fürschüber“* im Sinne des **Tit. 65** sind Beihelfer einer Straftat, die – wie schon Tit. 42 § 4 bestimmt – ebenso gestraft werden wie der *principal*. Die Vorschrift findet eine entsprechende Regelung im polnischen Recht.[449] Für § 2, der den Unterschlupf bietenden Adligen wegen Beihilfe bestraft, besteht eine ähnliche Parallele zum Ritterrecht,[450] Art. 184 § 1: Die Burg oder das Haus wird *verfestet*, d.h. es verliert allen öffentlichen Landesschutz.[451]

Tit. 66 – und viel mehr noch Tit. 45 § 8 – stellen die Verleumdung unter dieselbe Strafe, die den Beschuldigten erwartet hätte. Hilchen hat sich hier auf entsprechende Bestimmungen des Ritterrechts bezogen, die dort sowohl in Art. 44 § 1 als auch 116 § 1 aufgeführt sind.[452] Auch die *Carolina* verurteilte den Verleumder auf diese Weise.[453] Der letzte Titel des zweiten Buches, **Tit. 67**, verbietet jede Form der Selbstjustiz in Form der Pfandnahme an Haus und Hof des Schuldners. Im Falle eines Verstoßes wird dem Verletzten im Anschluss an eine summarischen Prüfung einstweiliger Rechtsschutz gewährt. Diese Bestim-

---

[447] **Vladislaus Jagello Anno 1433,** Bd. I S. 93. „Ceterum promittimus et spondemus, quod nullum terrigenam possessionatum pro aliquo excessu seu culpa capiemus seu capi mandabimus nec aliquam vindictam in ipso faciemus, nisi iudicio rationabiliter fuerit convictus et ad manus Nostras vel Nostrorum capitaneorum per iudices eiusdem terrae, in qua idem terrigena residet, praesentatus – illo tamen homine, qui in furto vel in publico maleficio (...) deprehenderetur, similiter illis, qui de se nollent debitam facere cautionem vel dare, iuxta quantitatem excessus vel delicti dumtaxat exceptis.”

[448] **Mittleres RR,** Kap. 144 § 2: „De handtaftige, dat ys, wor men en begripet mit der dadt, edder duffte, edder roff, findet in syner were, dar he den slötel tho drecht.“

[449] **Konstytucye Seymu Koronacyi Roku 1588,** O Pomocnikach, siehe Fn. 503.

[450] **Mittleres RR,** Kap. 184 § 1: „Up welckerem huse edder hoffe man den fredebreker holt wedder recht, wenn de Richter mit gerüchte davör geladen wert, unde he en den fredebreker affeschet, al dat recht ys, dat men dat hören möge up dem huse, gifft he en nicht aff, edder uth tho rechte, men vorfeste de borch, edder de hof, unde dde darup unne ynne synt (...).“

[451] Diese Interpretation gibt jedenfalls *Schwartz*, Versuch einer livländischen Rechtsgeschichte, S. 472.

[452] **Mittleres RR,** Kap. 44 § 1: „We den andern wundet, edder dodet, unde en gevangen vor gericht voret, unde en tho einem fredebrecker will bereden, mach he des nicht vullenkamen, he sülven ys vorwunnen, des ungerechtes des he an em gedan hefft.“ 116 § 1: „Wen ein man einen dodet, edder vorwundet beth in den dodt, bringet he en vor gerichte, unde will en vor einen missdeder anklagen, mach he des nicht vullenvoren, he schal in dersulvigen schult stan, dar he den andern yn bringen wolde.“

[453] **Carolina,** Art. 110: „Item welcher jemandt (...) unrechtlicher unschuldiger weiß laster und übel zumißt, wo die mit warheyt erfunden würden, (...) derselbig boßhaftig letzterer soll (...) mit der peen, inn welche er den unschuldigen geschmechten (...) hat bringen wollen, gestrafft werden.“

mung ist wörtlich dem *Jus terrestre* entnommen,[454] doch finden sich Parallelen auch im Ritterrecht.[455]

c) Bedeutung

Die Verbrechen hat Hilchen in seinem Landrecht relativ umfassend geregelt. In seiner sprachlichen Vielfalt und ihrem breiten Spektrum vom Hochverrat über die „Blutschande" bis zur Unterschlagung ist dieses Kapitel auch für den Laien eines der interessantesten des Landrechts.

Tit. 49 § 3 zeigt Hilchen aufs Neue als einen überzeugten Verteidiger der Standesgrenzen. Die Abgrenzung zwischen Adel, Bürgern und Bauerntum (einen Klerus gab es im protestantischen Livland praktisch nicht mehr) sollte sich im Laufe des folgenden Jahrhunderts noch vertiefen.[456] Hilchen zeigt, indem er etwa den Angriff eines Adligen als nicht notwehrfähig einstuft oder die nicht standesgemäße Heirat (für den Adeligen!) unter Todesstrafe stellt (Tit. 58 § 3), Gespür für die gesellschaftliche Entwicklung Livlands.

Die Bestimmungen über „kempffe und entsagung" gestaltete Hilchen besonders detailliert. Die „Entsagung" bezieht sich auf die Privatfehde, also die Entsagung des Friedens. Auch wenn Duellierungen im 16. Jahrhundert im Falle einer Ehrverletzung noch nicht obligatorisch waren, so waren sie im öffentlichen Leben nicht so geächtet, wie es sich Hilchen wünschte. Zwar hielt Hilchen selbst Werte wie Treue und Ehre, besonders die Familienehre, sehr hoch, doch kämpfte er gegen jede Form von irrationaler Maßlosigkeit und blindem Eifer – Charakterzüge, die das Duellwesen auszeichneten. Hilchen sieht für die Aufforderung zum Duell die Todesstrafe vor, Tit. 50 § 3. Selbst derjenige, welcher die Herausforderung annimmt und sich zum Duell stellt, soll – sofern er überlebt – mit „willkürlicher Strafe" belegt werden, § 2. Von allen Bestimmungen des Landrechts war dies die einzige Regelung, an der die Kommission Anstoß nahm: Sie wurde dahingehend abgeändert, dass derjenige, welcher *„beywesen fürnehmer ehrlicher leute seines gleichen"* herausgefordert wird, die Herausforderung straflos annehmen darf. Die Landstände bewerteten die öffentliche Reputation des Herausgeforderten offensichtlich höher als sein Leben, was dem damaligen Ehrbegriff – wenn er auch längst noch nicht so überhöht wurde wie im 19. Jahrhundert – durchaus entsprach.

Die Korrektur durch die Landstände ist nicht so sehr wegen ihres Inhalts aufschlussreich, sondern vielmehr dadurch, dass sie überhaupt vorgenommen wurde: Sie zeigt, dass sich auch die übrigen Mitglieder der Kommission und die Vertreter der Ritterschaft eingehend mit dem Entwurf beschäftigt und – da dies

---

[454] **Jus terrestre,** Tit. VI § 48: „Si quis ex possessione fundi alicuius sive feminam dotem in bonis aliquibus inscriptam habentem sive quemcumque alium bonorumque quorumque vi aut alio quocumque modo expulerit, ad officium palatini loci duabus septimanis ante terminum citatione posita in ius vocatus primum peremptorium habebit."

[455] **Mittleres RR,** Kap. 182 § 2: „Men schal nenem man wissen van synem gude, dat he in wehren hefft, ydt en werde em den affgewunnen mit rechte."

[456] *Wittram*, Baltische Geschichte, S. 94.

die einzige Emendation bleiben wird – im Übrigen ohne jeden Einwand gebilligt haben. In Anbetracht der wesentlichen Änderungen zum Ritterrecht oder dem *Formulare Procuratorum* lässt sich diese Haltung entweder dadurch erklären, dass von einem neuen Landrecht tiefgehende Änderungen erhofft und erwartet wurden oder aus der Befürchtung heraus, dass Kompromisse in diesem Ausmaß ohnehin einzugehen seien, wenn ein neues Landrecht tatsächlich durch die Krone bestätigt werden sollte.[457]

Auch wenn Hilchen viele Bestimmungen dem polnischen Recht entnommen hat, so blieb der „Besondere Teil" des Strafrechts doch materiell vom Ritterrecht geprägt. Prozessual ist gegenüber den alten livländischen Rechten ein wesentlicher Fortschritt zu verzeichnen: nicht nur die prozessuale Behandlung des Duells (Tit. 50 §§ 5, 7), sondern auch die Prozesse wegen Freiheitsberaubung (Tit. 53 § 2) und mit Selbsthilfe verbundenen Hausfriedensbruchs (Tit. 67 § 1) werden differenziert dargelegt. Sie stehen den ausgefeilten zivilrechtlichen Verfahrensgängen des dritten Buches nur in der Länge, nicht in der Tiefe nach. Doch auch hier trennt Hilchen nicht zwischen Straf- und Zivilrecht: Tit. 50 § 5 etwa beschreibt inmitten zahlreicher Vorschriften zur Strafzumessung die Situation, in welcher der Herausgeforderte Schadensersatz dafür verlangen kann, dass er *„furcht halber sich einheimisch halten oder zu seiner beschirmung diener annehmen"* musste.

[457] Nur aus letzterem Grund sind zum Beispiel Bestimmungen zur Einführung des Lateinischen als maßgebliche Gerichtssprache zu verstehen.

Das 3. Buch: Gerichtsverfassung und Verfahren

14. Tit. 1 – 6: Gerichtsorganisation (S. 242 – 255)

a) Übersicht

Tit. 1, §§ 1 – 2	Constitutiones Livoniae, § 7
§ 3	Petrikauer Statuten Sigismunds Augusts v. 1550
§ 4	Petrikauer Statuten Alexanders v. 1503
§ 6	Brester Statuten Sigismunds Augusts v. 1519
§ 7	Statuten Sigismunds v. 1532
§§ 11 – 14	Statuten Sigismunds v. 1543
§ 15	Const. Livoniae, § 8
§§ 22 – 24	Prozessformeln Sigismund Augusts v. 1532; Statuten Kasimirs des Großen v. 1326
§ 25	J.t.n.P. Tit. V § 27
§ 26	*[Latein als Protokollsprache]*
§ 27	J.t.n.P. Tit. V § 22
§ 28	Statuten Kasimirs des Großen v. 1326
Tit. 2, §§ 2, 4	Statuten Alexanders v. 1505

Tit. 3	J.t.n.P. Tit. VII[458]	Consuetudines
§ 1		Art. 4 § 1
§ 2		
§ 3		§ 1
§ 4		§ 1 S. 2
§ 5		§ 2 *[zuzüglich zwei Wochen]*
§ 8		§ 3
§ 11	§ 12	
§ 12	§ 13	§ 4
§ 13	§ 14	
§ 14	§ 15	§§ 4, 5 a
§ 15	§ 16	b
§ 16		c
§ 17	§ 16	d
§ 18	§ 16[459]	e
§ 19	§ 17	f *[zuzüglich 30 Jahre]*
§§ 20-22	Jag. Stat. v. 1420	§ 6
§ 22	Jag. Stat. v. 1420	§ 7
§ 23	§ 17	§ 8
§ 24	§ 18	
§ 25	§ 19	§ 9

[458] Identische Paragraphennummern werden in der Tabelle nicht aufgeführt.
[459] Basierend auf den **Statuten Kasimirs von 1346** und den **Statuten Vladislaus Jagiello von 1420**.

Tit. 3	J.t.n.P. Tit. VII	Consuetudines
§ 26	§ 21	
§ 27	§ 20	§ 10 S. 1
§§ 28, 29	§ 21	§ 10 S. 2
§ 29	-	§ 11
§ 30	§ 22	§ 12
§ 32	§ 23	§ 13

Tit. 4, §§ 1, 2	Statuten Johannes Alberts v. 1496; Konstituten des Sejms aus dem Krönungsjahr 1588
Tit. 5, §§ 1 – 3	Consuetudines, Art. 4 (Abschn. *„von Commissarien"*)
Tit. 6. §§ 2-6, 8, 9	Statuten des Sejms unter König Stephan v. 1578

b) Inhalt und Herkunft

Die ersten drei Titel des dritten Buches regeln den Aufbau, die Besetzung und den Betrieb der Land-, Schloss- und Succamerariengerichte. Vor allem Titel 1 und 3 zeichnen sich hierbei durch eine außergewöhnliche Ausführlichkeit aus (der erste Titel zählt 23, der zweite 31 Paragraphen), da im ersten Titel inzident die gesamte Gerichtsverfassung, in Titel 3 das formelle Grundstücksrecht abschließend dargestellt wird.

§§ 1, 2, 14, 15 und 16 des **Tit. 1** ist den *Constitutiones Livoniae* entnommen, und zwar deren § 7, was die Aufzählung der Landgerichtsbezirke betrifft, deren § 8 bezüglich der Wahl der Richter, Unterrichter und Landnotare durch den Adel.[460] Nur diese rechtmäßig gewählten Beamten werden anschließend vom König bestätigt, § 3, wie es schon das polnische Recht bestimmte.[461] Die rechtliche Gleichstellung von livländischen und polnischen Richtern (§ 4) war bereits in polnischen Gesetzen festgelegt.[462] Nach polnischem Brauch schwören

---

[460] **Constitutiones Livoniae,** § 7: „Iudicia terrestria in singulis praesidatibus quotannis bis celebrentur ita, ut in praesidatu Vendensi prima iudicia feria tertia post Dominicam Quasimodogeniti, secunda feria tertia post Lamperthi, in Pernaviensi duabus post hebdomadibus, in Derpatensi duabus post aliis observentur. Ex quibus quidem iudiciis terrestribus appellationes ordinariae fient ad conventum Livoniae."
§ 8: „Iudicia terrestria iudicabuntur ab iudice. Iudex autem (...) ex quattuor a nobilitate propositis unus per Nos assignari debet, cui assidebunt sex scabini ex duodecim a nobilitate propositis a nobis designati. Notarium vero terrestrem ex quattuor a nobilitate electis unum itidem designabimus, qui acta et decreta iudicii terrestris conscribet et edet. Pro incidentibus vero passim necessitatibus publici tabelliones in conventibus Livoniae (...) habendis, qui fuerint testatae ac probatae fidei, ex conventus illius sententia creari poterunt."

[461] **Potwierdzenie Praw Koronnych za Sigmunta Augusta w Piotrkowie R. 1550**, Bd. II, § 42, S. 598: „Aby weszem wolność Szlachecka, się zachowała, wolne obieranie Sędźiego, Podsędka, y Pisarza m abydź. A My żadnemu innemu takowego Urzędi nie damy, iedno iednemu tych czterech, ktorzy obrani od wszystkich wobec bą, a Nam otworzystym listem bą opowiedzeni."

[462] **Sub Alexandro Rege Proceres Petricoviae A 1503**, Bd. I. 1 S. 293: „De dignitatibus et officiis per majestatem regiam conferendis. (...) dignitates et officia terrestria per majestatem regiam incolis tantummodo terrarum possessionatis idoneis conferantur nec ille, cui dignitas

Richter gemäß § 4 ihren Eid vor dem Adel.[463] Geistliche konnten keine Richter werden, § 5; doch verwahrt ein Geistlicher die Gerichtssiegel (§ 8), deren Aussehen in §§ 9 – 10 beschrieben wird. Der Richter verrichtet sein Amt – wie nach polnischem Recht[464] – stets persönlich, § 7. §§ 11 – 13 stellen die unentschuldigte Abwesenheit des Unterrichters unter Strafe (so ebenfalls nach polnischen Statuten).[465] Die praktischen Fragen des Gerichtswesens werden in §§ 14 – 21 geregelt, und zwar durchaus detailreich *(„§ 21. Die gerichte sollen des morgens frühe um 7 uhr nichtern biß umb 11 uhr zu mittage geheget werden.")*, wobei Hilchen betont, dass stets *„alle nach dem newen Lieffländischen rechte gerichtet werden"* sollen. § 22 (Prioritätsprinzip bei Aktenbearbeitung), §§ 23 und 24 (Prozessverlust bei dreimaligem Nichterscheinen) sowie § 28 (Richterwechsel bei Befangenheit) beinhalten bedeutende Prozessregelungen, die allesamt dem polnischen Recht entnommen sind.[466] Aus dem *Jus terrestre* stammt hingegen §§ 25, der Zivilsachen den Landgerichten zuweist.[467]

---

vel officium contra praemissa collata fuerint, eadem dignitate seu officio uti permittatur neque eo ulla praestetur oboedientia. (...) secus faciens (...) privilegio communi iniuriam intulisse censeatur."

[463] **Statuta Sigismundi I Brestae Cujav: A 1519**, Bd. I S. 390: „Iudices terrestres et castrenses, subiudices et notarii iurati esse debent. Iudices terrestres et castrenses, subiudices et notarii sint iurati et imprimis terrestribus terminis iuramentum praestent sub poena privationis officii – terrestres videlicet iudices coram palatinis suis aut satellanis illius terrae, castrenses vero iudices coram capitaneis aut vicecapitaneis (...)".

[464] **Statuta Sigismundi I, Cracoviae Anno 1532**, Bd. I S. 506: „Iudices terrestres ac castrenses necnon subiudices et notarii terrestres sint iurati iuxta tenorem statuti super eo conditi et officia illis incumbentia diligenter curent et per semetipsos expleant. Notarii tamen terrestres substitutos seu vicenotarios, qui in scribendo dumtaxat illos adiuvent, habere permittimus hoc expresso, ut ipsimet praesentia sua tam iudiciis terrestribus quam repositioni librorum et alliis iuridicis actibus intersint et litteras ac rescripta (...) manu sua subscribant."

[465] **Statuta Sigismundi I. Cracoviae Anno 1543**, Bd. I S. 572: „Quod si iudices, subiudices et notarii terrestres propter veram infirmitatem a terminis terrestribus abfuerint propterque illorum absentiam termini, quominus procederent, impedirentur, tum in futuris proxime terminis, antequam in suis locis considebunt, tenebuntur praestare iusiurandum corporale."

[466] **Casimirus Magnus Anno 1346,** Bd. I S. 7: „De iudiciis dumtaxat a mane ad horam nonam tractandis. (...) Itaque decernimus et volumus, ut certis temporibus sive horis et cum debita animi discretione iudicia pertractentur et observentur et quod deinceps iudices diebus terminorum et ad praesidendum consuetis a mane usque ad horam nonam sive ad meridiem in quibuslibet causis debeant praesidere et causas pertractare. Et, si primo die terminorum ad horam meridiei omnes litigantes in causis et litibus ipsorum non poterint expediri, volumus, quod sine alicuius causae vulneratione aut abbreviatione diebus proxime sequentibus praesidendo dumtaxat ad horam praedictam omnes et singuli litigantes debito modo secundum ordinem (...) expediantur."

Ebenda S. 8: „Quis modus et ordo sit servandus in personis vocandis ad iudicium. (...) Quod si altera partium vocata se praesidentibus non exhibuerit, sive quovis casu fuerit impedita et tribus vicibus evocata, tunc mox pars adversa, quae fuerat praesens, de audientia removeatur et alii litigantes, secundo loco inscripti nominentur et ad audientiam evocentur. Et nihilominus pars (...) extunc condemnetur." Davor die § 24 entsprechende Regelung: „Statuimus, quod ad locum audientiae, in quo iudices praesident, non secundum merita personarum nec secundum

Die Schlossgerichte, **Tit. 2**, sind unterste Instanz sowie Sondergerichte für besondere Verbrechen. Recht wurde hier durch Hauptmänner gesprochen, siehe auch Buch I Tit. 7 §§ 2, 3. Die – aus heutiger Sicht harten – Bestimmungen über mittellose Angeklagte, §§ 2 und 4, sind polnischen Statuten entnommen.[468]

Tit. 3 behandelt die Succamerariengerichte (also Sondergerichte für Grenzstreitigkeiten) und stellt eine wortwörtliche Abschrift entsprechender Vorschriften des *Jus terrestre* dar (§§ 18 und 21 -13 ausgenommen, die polnischen Rechten entlehnt sind),[469] wobei der Inhalt häufig dem *Corpus Iuris Civilis* diametral entgegensteht, man siehe z. B. § 17.[470] Die Bestimmungen zum Grenzverfahren sind offenbar in der Praxis angenommen worden, denn ein Großteil

---

maioritatem vel minoritatem causarum, sed secundum ordinem litigantium tantummodo actor vel reus vocati accedentes per iudices audiantur et expediantur."

Formula Processsu Judicarij, terraru Cracoviensis, Sadomiriensis, Lublinensis, Russiae, Belzensis, et podoliae, Sigismundi I. A. 1523, Bd. I S. 403: „Debebit autem iudex praesidens a partibus comparentibus ante sententiae prolationem inquirere, an haberent aliqua sua munimenta vel documenta defensionesque iuridicas ad causae prosecutionem opportunas, ne homines simplices ruditate sua in causis suis succumberent. Et licebit utrique partium introducere res subsidiarias et verbales et litteratorias ante prolationem sententiae."

[467] **Jus terrestre** Tit. V. § 22 , **zu § 25**: „Causas civiles iudicium terrestre omnes iudicabit."

[468] **Alex. Rex Consv. Ter. Crac. Confirmat Anno 1505**, Bd I S. 329: „De impossessionatis citandis. Si impossessionatus seu orbatus alias *Holota* cuipiam reus esset in aliquo, respondebit cuilibet in iudicio castrense pro re qualibet."; **zu § 4**

Konstytucye Seymu Koronacyi Roku 1588, Bd. II S. 1217 : „*De impossessionatis.* (...) Iż gdy nieośiedłemu skażą *satisfacere rei judicate* w Sądzie Grodzkim, ma to czynić takim sposobem, że ab pieniądzmi gotowemi me się wyswobodzić nadaley do dwu Niedźiel: abo rękoiemstwo stawić ludźi ośiadłych, iż dosyć uczyny rzeczy osądzoney nadaey do sześći Niedźiel. (...). "

[469] **Casimirus Magnus, Anno 1346**, Bd. I S. 3: „De fluvii aut rivuli fluxu seu alveo novo et antiquo alias *Rzeczysko* hereditates limitante. (...) Et idem fluvius seu rivus pro limite semper sit habendus, qui fluvius seu rivus, si etiam omisso primaevo alveo per alia loca suum divertit meatum seu defluxum sine ministerio hominis, sed propria virtute naturali, nihilominus eiusdem fluvii primaevus alveus, ubi ante decursus aquae fuit, verus limes hereditatum illarum erit."

Vladislaus Jagello Anno 1420, Bd. I S. 76 : „De limitibus et terminis figendis. (...) Illum, qui meliora et notabiliora signa seu scopulos ostenderit, discernens sub honore et conscientia debebit et tenebitur mittere ad probandum. Ubi autem utraque pars signis notabilibus inter hereditates caret, extunc actor ad probationem limitum cum testibus (...) admittatur."

Ebenda: „De venditore hereditatis. Ex consuetudine et iure antiquo servabatur, quod vendens hereditatem emptorem per tres annos et tres menses ab impetitione quacumque ad interveniendum et liberandum eundem sit adstrictus. Sed quia multotiens contingit, quod vicini illius venditae hereditatis (...) emptorem vexare postponunt, donec venditor et intercessor praescriptione emptionis evadat, (...) ea propter volumus et statuimus, quod (...) vicini (...) per emptorem (...) evocentur, quod illi ostensioni intersint. Qui si venire noluerint (...) et intra tres annos et tres menses possessori quaestionem pro limitibus non moveant, tunc possessor ad probationem suae emptionis cum testibus admittatur praescriptioneque tanti temporis iuvabitur."

[470] **Institutionen**, II. 23: „Quod si naturali alveo in universum derelicto alia parte fluere coeperit, prior quidem alveus eorum est, qui prope ripam eius praedia possident (...)".

der Vorschriften des Tit. 3 ist ebenso in die *Consuetudines* aufgenommen worden. Die entsprechenden Parallelstellen sowie der 7. Titel des *Jus terrestre* wurden aus Platzgründen erst im Anhang an diese Analyse abgedruckt.[b] Der Schwerpunkt liegt auf der Behebung von Grenzstreitigkeiten, die im Rahmen eine Ortstermins erfolgt: Nachdem jede Partei ordnungsgemäß geladen und der *Succamerarius* vor Ort erschienen ist, entscheidet er anhand *„ufs wenigste drey hügell steine oder andere handtliche zeichen im felde, und in der holtzung creutze in beumen gehacken"* oder Zeugenaussagen, wo sich die tatsächliche Grenze befindet. Hernach bestätigt er diese durch *„uffwerffunge der hüegell, undt anderen mahlzeichen"*, damit sie *„hernacher zu ewigen zeiten bleiben undt erhalten werden"*. Dieses tut er jedoch nicht kostenlos: *„Für einen jeden grentzzug, so viel derhalben gemachet, wan auch uff einen tag derselben viele konten verrichtet werden, soll daß theill, so den grentzug erhalten, uber kost undt zehrunge dem gerichte 5 Fl zu geben schuldig sein"*. Wer nicht oder zu spät erscheint, verliert den Prozess; der *Succamerarius* muss bei eigenem Fehlverhalten für den Schaden aufkommen; wer eigenmächtig Grenzen zieht, wird in den Turm geworfen – dies sind einige der bereits aus anderen Passagen hinlänglich bekannten Grundgedanken, welche die übrigen 29 Paragraphen charakterisieren.

Bei Grenzstreitigkeiten zwischen Adligen und Hauptmännern ist nach **Tit. 4** ein gesondertes Verfahren einzuleiten, wie es schon im polnischen Recht vorgeschrieben war.[471] Da es hier um die Grenzberichtigung zwischen privaten und staatlichen Gütern geht, kann nicht der königliche (und somit möglicherweise parteiische) *Succamerarius* das Verfahren leiten, sondern es wird eine *Commission* gebildet. Das Verfahren, das dann unter der Leitung der *Commissare* aufgenommen wird, ist etwas aufwendiger, doch im Prinzip mit dem der Succameriengerichte vergleichbar, nur dass die Rechte der – nach Hilchen schutzwürdigeren – Privatperson hier gesondert aufgeführt sind. So hat jeder Adlige den Anspruch auf Einsetzung einer solchen *Commission*, § 2, und nach einem Jahr *„friedlichen Besitzes"* darf der Adlige bis zur landgerichtlichen Entscheidung unbehelligt in königlichen Gütern wohnen bleiben, § 9.

[471] **Joaniis Alberti Regis, Statuta 1496**, Bd. I S. 275: „De (…) limitatione inter bona regalia et terrigenarum et numero commissariorum ac modo iudicandi. (…) Secundum statuta antiqua ad discernendum aequitatem commissarios illius terrae et districtus, in quibus bona limitanda consistunt, videlicet duos dignitarios et duos officiales cum suo camerario, deputabimus (…)"; ebenso **Konstytucye Seymu Koronacyi Krolewskiej R. 1588**, Bd. II S. 1210: „O kommissyach y Kommissarzach na Granicach. (…) **Zu § 1:** "Ktorzy Kommissarze gdy się na innotescencyą podpiszą, powinni na termin zlechać, y onę kommissyą w executią przywieść, uczynieniem granic." **Zu § 4**: „A gdyby się iednego dnia skończyć nie mogły tedy subsequentibus diebus, nie odieżdżaiąc, zkończyć ie mają, aby ona Kommissya Szlachćicowi nie spełzła. A gdźieby Kommissarz podpisawszy się na innotescencyą, nie pprzyiechał na termin, przepada stronie sto grzywien o ktorą forum ma mieć na Trybunale, *excepta vera infirmitate*, ktorą wedle prawa pownien poprzyśiądz." **Zu § 7**: „A iżby się perjuria z o brażeniem Bożym nie dżiały, maią Kommissarze pierwey przypatrzyć się znakom z obu stron przez starca pokazanym, i uważyć to u siebie według summienia swego: y ieśliby ktora strona słuzne znaki i podobieństwa pokazała: tedy tey dowod przez starce mają nakazać. (…)".

Commissare sind auch einzusetzen, wenn es um die Erbschichtung, also die Aufteilung des Erbgutes unter Familienangehörigen geht, **Tit. 5**. Doch fügt Hilchen hinzu, dass die Einsetzung einer Commission nur im Notfall erfolgen soll, und dass die „*Commissare „ihrem ampte genugk tun, wan sie für entlicher erörterung also verfahren, daß sie sich bemühen die nahe verwanten in guten verstandt undt zur einigkeit zu bringen*", § 2. Auch Tit. 5 wurde nahezu wörtlich in die *consuetudines* übernommen.[472]

Das Obergericht oder *Tribunal* ist nach **Tit. 6** – neben dem königlichen Gericht auf dem Reichstag – das höchste Gericht in Livland und für Appellationen von den Landgerichten zuständig. Das Tribunal ist mit sechs Richtern (drei geistlichen und drei weltlichen) besetzt, § 9, deren Urteilsspruch dieselbe Kraft hat, als wäre er auf dem Reichstag gesprochen worden, §§ 13, 14. Nicht vom Tribunal zu behandeln, sondern an das königliche Gericht zu verweisen sind Sachen, die den Fiskus, königliche Güter oder das Städterecht betreffen, § 12. Die übrigen Paragraphen enthalten keine wesentlichen Neuerungen und sind größtenteils den polnischen Statuten entnommen.[473]

c) Bedeutung

Das dritte Buch unterscheidet sich grundlegend von den beiden vorangehenden Abschnitten: Die Anzahl der Titel sinkt, die Zahl der Paragraphen steigt. Die Regelungsdichte ist relativ ausgeglichen, und thematisch folgt der Aufbau Hilchens einer logischen Struktur. Detailfragen werden im Zusammenhang geklärt, und es handelt sich fast ausschließlich um formelles Recht.

Der Ursprung der Quellen ist ähnlich einheitlich: Zeigte sich so mancher Titel des zweiten Buches hinsichtlich seiner Herkunft als „Flickenteppich" verschiedenster Rechtsordnungen, entfällt im dritten Buch diese Vielfalt. Viele Quellen werden gar nicht mehr herangezogen; so entstammt im vorliegenden Abschnitt kein einziger Paragraph mehr livländischen Rechten.

Die prozessualen Bestimmungen des dritten Buches hat Hilchen in erster Linie den jüngeren polnischen Statuten und dem *Jus terrestre* entnommen. Auf diese Quellen lässt sich zwar nicht die Mehrzahl aller einzelnen Bestimmungen

---

[472] **Consuetudines**, Abschnitt „Von *Commissarien*" des 4. Art. **Zu § 1** des Tit. 5: „Von der H. H. *Commissarien* Urtheill soll die Appellation ans Obergericht gehen." **Zu § 2**: „*Commissarii* sollen sich bemühen, die Parten der Gütte zu vergleichen; wann solches nicht sein kan, die Sache summarischer Weise auffnehmen; und kein Appellation, alß allein vom Definitiv verstatten." **Zu § 3**: „Bey dehnen *Commissionibus* soll allezeit der erste *terminus peremptorius* sein, damit die Parten nicht in unnöthig Kosten gesetzt und gebracht werden mögen. Die Erinnerungsbriffe sollen 4 Wochen zuvorn unterschrieben und denen Parten *insinuiret* werden."

[473] **Konstytucya za Stephana kr, seymu Warszawskiego R. 1578**, Bd. II S. 962: „Porządek do obierania Sędźiow. W każdym Woiewodztwie z Ziemi, na tym mieyscu gdźie wedle starego zwyczaiu obieraią osoby Sądowe: naznaczamy authoritate praesentis Conventus, dźień y czas, to iest, pierwszy Poniedźiałek po Narodzeniu Pani Maryi w tym ninieyszym roku, a potym na każdy Rok tegoż czasu do obierania Sędźiow do Sądow, judiciorum generalium ordinariorum Tribunalis Regni (...).

zurückführen, doch enthalten jene Regelungen, die nicht diesen Rechten entnommen sind, bloß technische Angaben zur Erleichterung des Verfahrensablaufs oder beziehen sich auf Orte, bestimmte Termine im Jahreslauf oder Ähnliches, also Inhalte, die wertneutral sind.

Dieser Bruch mit dem einheimischen Recht lässt sich aus der Überwindung des Formularprozesses[474] im Sinne des *Formulare Procuratorum* erklären, jenes Rechtsbuches, das schon zur Zeit seiner Drucklegung 1537 veraltet war. Ein neuzeitliches, straffes Prozessrecht römischrechtlicher Prägung war in Livland überfällig. Da Livland selbst keine Modelle eines solchen Prozessrechts aufweisen konnte, musste auf ausländische Kodifikationen zurückgegriffen werden. Dass hierbei die Wahl auf ein polnisch-preußisches Recht und nicht auf eine ähnlich weit entwickelte deutsche Rechtsschöpfung fiel, lag nicht nur an der freien Verfügbarkeit der polnischen Statuten und des preußischen *Jus terrestre* in Form zahlreicher Drucke. Es war für die Wahrung livländischer Interessen schlicht unerheblich, ob ein deutsches oder polnisches Recht zum Modell eines livländischen Prozessrechts gewählt wurde. Die Gefahr politischer Beeinflussung war bei der Schaffung lediglich formellen Rechts viel geringer als etwa im Verwaltungs- oder Lehnrecht, und eine große, identitätsstiftende Tradition, wie sie im materiellen Recht durch den in den Ritterrechten fortlebenden Sachsenspiegel bestand, existierte im Prozessrecht nicht.

Über die Praxis der Prozessführung während der polnischen Periode ist durch den Verlust der meisten Prozessakten kaum etwas bekannt. Das Verfahren, das öffentlich und zunächst mündlich war, hatte sich bereits zum Ende der Ordensperiode zu verschriftlichen begonnen.[475] Nach dem Zusammenbruch des Ordensstaates war das gesamte Land in Kreise eingeteilt worden, denen jeweils ein mit Planstellen ausgestattetes Landgericht vorstand. Der bisherige Charakter der Gerichte als Versammlungen der Standesgenossen ging somit vollständig verloren.[476] Im Hilchenschen Entwurf sind livländische Eigentümlichkeiten, die sich im Zusammenhang dieses Wechsels in der Prozesskultur entwickelt hatten, höchstwahrscheinlich berücksichtigt worden, denn das Hilchensche Landrecht unterscheidet sich in zahlreichen – wenn auch häufig unerheblichen – Punkten vom kanonischen Prozess, was nicht nur auf Besonderheiten des *Jus terrestre* oder des polnischen Rechts zurückzuführen ist.

Der Aufbau der Land- und Schlossgerichte sowie des Obergerichts, des sogenannten *Tribunals*, folgt europaweit bekannten Mustern. Das Verfahren bei Grundstücksstreitigkeiten, das Hilchen durch eine fast wörtliche Abschrift des siebten Titels des *Jus terrestre* besonders gründlich festlegt, stellt in seiner Ausführlichkeit eine polnisch-preußische Besonderheit dar und wirkt im Hilchenschen Landrecht im Vergleich zu den übrigen Verfahren etwas breit.

---

[474] Auch wenn das Werk Fabers vielfach von Grundsätzen des römisch-kanonischen Rechts beeinflusst war, folgte sie in der Darstellung doch mittelalterlichen Schemata.

[475] *Schmidt*, Rechtsgeschichte, S. 130.

[476] *Schmidt*, Zur Geschichte des livländischen landrechtlichen Civilprocesses, Bd. 1, S. 8.

Inhaltlich enthält der vorliegende Abschnitt mit Tit. 1 § 25 eine der folgenschwersten und für den livländischen Adel eigentlich kaum annehmbaren Vorschriften: „*Was in den gerichten gesprochen undt decretiret, soll in lateinischer sprachen den landtbüchern eingeschrieben (...) werden.*" Für die Regelung lassen sich keinerlei Quellen finden, so dass Hilchen selbst als ihr Urheber zu sehen ist. Das mühsam vom livländischen Adel erkämpfte Zugeständnis deutscher Amtssprache (im *Privilegium Sigismundi* jedoch nur mittelbar beurkundet, siehe Fußnote 478) scheint hier gleichsam ausgehöhlt werden zu sollen. Die Landbücher waren bis dahin sämtlich in deutscher Sprache geführt worden, und Hilchen ermöglicht den Gerichtsschreiben in § 25 nicht die Wahl zwischen dem Deutschen und dem Lateinischen, sondern bestimmt das Lateinische als die für das Protokoll allein maßgebliche Sprache. Angesichts der vielen kleinen Ungereimtheiten im Hilchenschen Entwurf wäre man fast geneigt, dies für ein Missverständnis zu halten, doch wird die Bestimmung in Tit. 23 § 18 – wenn auch modifiziert – bestätigt: Am Ende der Verhandlung soll der Richter „*in lateinischer oder teutscher sprache, daß urtheil auß der schrifft vorlesen, undt den parteyen nicht anders alß in lateinischer sprache daßelbige mittheilen.*" Was verfolgte Hilchen mit dieser Bestimmung? Der Vorwurf der Livlandfeindlichkeit dieser Vorschrift[477] wird sich unter diesen Umständen nicht völlig aus der Welt schaffen lassen, doch ist er abzumildern.

Hilchen hat im übrigen Landrecht vorzugsweise livländische Interessen vertreten. Die Macht Polens war Ende des 16. Jahrhunderts durch die Politik Sigismunds III. so gewachsen, dass ein Landrecht auf Basis der politischen Stellung Livlands zur Zeit des *Privilegium Sigismundi* nicht mehr durchzusetzen war. Ob Hilchen vom polnisch-litauischen Adel Anweisungen erhalten hatte, das Lateinische als Sprache der maßgeblichen Prozessurkunden einzuführen, ist möglich, doch letztlich irrelevant: Ihre Interessen wurden durch die Bestimmung in erster Linie gewahrt. In gewisser Weise war sie angesichts der steigenden Anzahl litauischer und polnischer Gutsherren, die des Deutschen nicht mächtig und trotzdem livländisch-deutschem Recht unterworfen waren, sogar sinnvoll.

Zum Ende des sechzehnten Jahrhunderts wurde noch kaum nach Sprachgrenzen und ethnischen Gruppierungen unterschieden. Die Einführung des Lateinischen in den Gerichtsprozess hätte schon damals zu einer erhebliche Schwächung des Deutschen in Livland beitragen können, doch wurden solchen Fragen in der vornationalen Zeit bei Weitem nicht die Bedeutung zugemessen, wie es etwa im 19. Jahrhundert der Fall gewesen wäre. Regelungen wie diese, zumal wenn sie technischer, hier rein prozessrechtlicher Natur waren, wurden zu Hilchens Zeit nicht in erster Linie politisch gedeutet – und dann gegebenenfalls

---

[477] So etwa *Schwartz*, Versuch einer livländischen Rechtsgeschichte, S. 190.

bereits „aus Prinzip" bekämpft – sondern mit einer gewissen Pragmatik beurteilt. Die Vorteile des Lateinischen gegenüber dem Deutschen in technischer Hinsicht waren offenbar: Die damalige *Lingua franca* der Wissenschaften hatte der Volkssprache eine einheitliche Orthographie sowie präzisere Ausdrucksformen durch allgemein anerkannte *termini technici* voraus und war zudem bei gleicher Aussagekraft kürzer, was einzelne Textabschnitte betraf.

Für Hilchen mag zudem der Effekt der „Akademisierung" des livländischen Gerichtswesens ausschlaggebend gewesen sein: in erster Linie beherrschten nur Universitätsabsolventen das Lateinische so gut, um Urkunden und Schriftsätze juristischen Inhalts zu verfassen. Selbstverständlich stellt diese Bestimmung auch materiell eine Absage an die alten Livländischen Ritterrechte und damit an das deutsche Recht dar und erleichtert im Gegenzug dem römischen Recht den Zugang auch in die livländische Rechtsprechung.

Für jemanden, der viele Jahre in und unter Polen gelebt hatte und fließend polnisch sprach, mag der Rückgriff auf eine „neutrale" und zudem international anerkannte Sprache vielleicht weniger nachteilig für Livland erschienen sein als es höchstwahrscheinlich in Wahrheit der Fall gewesen wäre, wäre das Landrecht bestätigt worden. Im *Privilegium Sigismundi* war allein der Erhalt der deutschen Obrigkeit garantiert worden, von einer „deutschen Gerichtssprache"[478] war nicht die Rede. Da Livland als Bestandteil Polens keinerlei staatliche Souveränität mehr genoss, wäre eine Einführung des Polnischen als Gerichtssprache – was angesichts der deutschsprachigen Bevölkerung natürlich utopisch gewesen wäre – im Falle einer noch stärkeren Abhängigkeit Livlands theoretisch ebenfalls möglich gewesen.

Tit. 1 § 25 und Tit. 23 § 18 sind ohne Zweifel die für Livland nachteiligsten Bestimmungen des Landrechts. Doch ist auch zu beachten, dass der livländische Adel an diesen Punkten bei seiner Durchsicht nichts auszusetzen hatte; der Abänderung eines Details im Titel *„über Kempffe und Entsagung"* (siehe S. 123) wurde eine größere Bedeutung zugemessen. Seine Funktion in der Bewertung des Hilchenschen Entwurfs unter dem Gesichtspunkt des polnisch-livländischen Interessenausgleichs sollte daher nicht überbewertet werden.

15. Tit. 7 – 11: Gerichtsordnung (S. 255 – 258)

a) Übersicht

Tit. 7, § 2	Petrikauer Statuten Sigismunds v. 1538
§ 4	Prozessformeln Sigismunds v. 1523.
§ 5	Statuten Johannes Alberts v. 1496
§ 7	Petrikauer Statuten Sigismunds v. 1519
§ 8	Statuten Johannes Alberts v. 1496
§ 9	Petrikauer Statuten Sigismunds v. 1511

[478] Freilich ergibt sich das Deutsche als Gerichtssprache inzident aus der deutschen Obrigkeit. Die Bestimmung, Urteile in einer bestimmten Sprache niederzuschreiben, widerspricht dem Gedanken der Einstellung bloß deutscher Gerichtsbeamter jedoch nicht.

Tit. 8, §§ 1, 2	Statuten des Sejms unter König Stephan v. 1578
§ 3	Consuetudines Art. 4 (Abschnitt „Vom Gerichte“)
§ 5	Mittleres Ritterrecht Kap. 109 § 1; Art. 183 § 2
§ 6	Consuetudines Alexanders v. 1505
§§ 7–9	J.t.n.P. Tit. V §§ 27 – 29
§ 10	J.t.n.P. Tit. V § 41
Tit. 10, § 3	Petrikauer Statuten Sigismunds v. 1511
Tit. 11, § 3	Statuten des Sejms unter König Stephan v. 1578

b) Inhalt und Herkunft

Tit. 7 widmet sich zunächst den Modalitäten der Aktenverwahrung. In allen drei Wojewodschaften sollte – wie schon nach polnischem Recht[479] – für die Aktenverwahrung ein sicherer Ort eingerichtet werden. Hilchen schlägt ein *„gewelbtes gemach“* vor, § 2. Die Schlüssel hat der Richter oder der Unterrichter in seiner Obhut; wird jemand von ihnen krank, *„soll der richter dem unter richter undt dieser hiewieder jenen seine schlüßell überschicken“*, § 3. Auch, was den reibungslosen Außenkontakt betrifft, hat Hilchen – ebenfalls nach polnischem Vorbild[480] – Vorrichtungen getroffen: *„Eß sollen, die so dem gerichte für sein, mit fleiß uffmercken, waß es für eine gelegenheit mit der persohn habe, welche da recognosciren will, waß in den gerichts büchern verhanden ist, ob er nemblich volenkommen alters und guten verstandes sey“*, § 4. Auch dem polnischen Recht entnommen sind § 5 über Gerichtsbücher[481] sowie § 7 über die Eintragungspflicht aller Dekrete[482] bei sonstiger Nichtigkeit, § 8.[483] § 9, der eben-

[479] **Statuta Sigismundi I. Petricoviae Anno 1538**, Bd. I S. 534 : „De libris terrestribus servandis. Decernimus, ut libri terrestres ubique locorum in regno Nostro sub tribus clavibus secundum statuorum dispositionem in bona custodia serventur.”

[480] **Processus judicarius Sigismundi I.R.P.A. 1523**, Bd. I S. 416: „Iudices diligenter considerare debent aetatem, discretionem, bonam aut adversam corporis valetudinem eius, qui aliquam facit inscriptionem. Notandum, quod iudicio praesidentes debent diligenter intendere et considerare personam recognoscentem aliquam inscriptionem, si habeat debitam aetatem aut discretionem bonam. Quod si aliter non suscipiatur inscriptio. Etiam debent considerare, si est sanus corpore. Tunc potest scribi: sanus mente et corpore. Sed si aeger corpore exsistat, compos tamen rationis (…), scribatur ita, videlicet: aeger et languens corpore, tamen sanus mente et compos rationis.“

[481] **Joannis Alberti Regis Statuta Anno 1496**, Bd. I S. 250: „De libro iudiciorum. Item statuimus, quod pro iudiciis iuste expediendis et negotiis in iudicium deductis scribendis fideliter fiat unus liber iudiciorum seu actorum in quolibet districtu. Et dum in aliqua causa in iudicium deducta super aliquo articulo audita propositione et responsione fuerit in iudicio sententiatum quid, illa sententia in librum actorum insribatur, ut postea super eodem articulo vel ei simili, similis sententia proferatur.”

[482] **Statuta Sigismundi I Petricoviae Anno 1519**, Bd. I S. 389: „Iudices cum subiudicibus providere debent, ut inscriptiones diligenter per notarios in libros inscribantur. Iudices cum subiudicibus provideant, quo inscriptiones diligenter per notarios in libros inscribantur et non mutentur. Ad [sc. id], quod et ille, qui actionem habebit, et res sua illis erit curae, intendant.“

[483] **Joannis Alberti Regis Statuta 1496**, Bd. I S. 257: „De inscriptionibus castrensibus ad terrestrem librum transferendis. In quorum libris et iudiciis si quae inscribentur inscriptiones aut ex causa aut necessitate huiusmodi, illae ad librum terrestre transferantur ante anni decur-

falls dem polnischen Recht entstammt, regelt die Anwesenheitspflicht des Mandanten während der rechtsgeschäftlichen Vertretung durch seinen Anwalt und gehört thematisch somit bereits in den folgenden Abschnitt an, der das Prozessrecht behandelt.

Hilchen sorgt vor, dass der Gerichtsbetrieb im Gerichtsgebäude reibungslos abläuft. § 1 des **Tit. 8** konstatiert zunächst, dass jedem der Zutritt zum Gericht verboten sei, *„er habe dan etwas da zu schaffen"*. Die Sanktion folgt in § 2 auf dem Fuße: *„Würde jemandt anderer gestalt hinein gehen undt, wan er ermahnet, sich nicht davon machen wolle, oder ein geschrey oder unwesen im gerichte anrichten undt mit ehrenrührigen worten wieder den richter, notarium oder daß gegentheill außfahren"*, wird er dem Gericht die Zahlung von 20 Florin schuldig. 10 Florin Strafe – wie schon in Polen Gesetz[484] – musste derjenige zahlen, der *„daß gerichte verkleinert, oder uffm tische mit dem arme lieget"*, § 6. *„Wer mit gewalt sich an daß gerichte vergreiffet"*, § 3, wird zur Zahlung von 200 Florin Buße verpflichtet und für 15 Wochen in Haft genommen – eine Bestimmung, die (in Verbindung mit § 10) auch in den *consuetudines* noch erhalten ist.[485] Hilchen schildert in den vorhergehenden Paragraphen weiteres Fehlverhalten und ihre Sanktionen, die bis zum Tode reichen, § 5: *„Würde jemandt im gerichte seine wehre blößen, wann er gleich niemandt damit verwundet, dieweil er aber dennoch ursach undt gelegenheit zu empörung gegeben, soll er am leben gestraffet werden"*. Dieses Verhalten war auch schon nach dem Ritterrecht[486] unter – wenn auch mildere – Strafe gestellt. Doch misst auch das deutsche Recht der Würde des Gerichts eine hohe Bedeutung zu: Wer zum Beispiel auf dem Manntag in Waffen erschien, hatte ebenfalls sein Leben verwirkt.[487] Auch das bloße Beisichführen der Waffe, welches Hilchen in den §§ 7, 8 behandelt, war bereits nach dem *Jus terrestre* strafbar.[488] Die Tötung eines Landbotens stand schon im *Jus terrestre*[489] einer Bluttat am Gericht gleich.

---

sum unius, quo decurso nullius roboris censeantur esse in libro castrensi sine translatione relictae."

[484] **Alex. Rex. Consuetudines Terrae Cracoviae Anno 1505**, Bd. I S. 328: „De inhonorato iudicio. Item si quis iudicium inhonoraverit aut posuerit se in mensa, ubi iudicant, poenam trium marcarum succumbet (...)".

[485] **Consuetudines**, Art. 4 Abschnitt „Vom Gerichte": „Wer den landtbohten in seinen *Officio* letzet, der verfällt in 15 wöchentlich Hafft, midt 200 Floren, und wird angesehen, alß wann er das Gericht verletzet hätte."

[486] **Mittleres RR**, Kap. 109: „We syn swerdt edder wapen thüt, vor gerichte, up eines manndes schaden, de schal dem Richter dat swerdt unde dat wapen antworden, unde dartho tein maerck sulvers dem Richter wedden vor den broke."

[487] **Mittleres RR**, Kap. 183 § 3: „Alle de darbaven wapen vören, se schollen ydt wedden up de högesten wedde."

[488] **Jus terrestre,** Tit. V §§ 27 – 29: „§ 27. Arma praeter gladium, acinacem aut pugionem, quibus nimirum consuetudine sua nobilitas utitur, nemo in iudicium afferat. § 28. Cum sclopeto aut simili armorum genere deprehensus quindecim aureorum Ungaricalium mulctam dependat neque ante solutionem eorum a iudicio recedat sub alia quindecim aureorum poena. Ob quas quidem mulctas, si priore non soluta a iudicio abscesserit, ad palatinum loci peremptorie nomine iudicii evocabitur et utraque mulcta sine appellatione exigetur. § 29. Si in iudi-

Tit. 9 enthält außer der Aussage, dass die Sachen im Prozess rechtmäßig erörtert werden sollen, keinen weiteren rechtlich relevanten Inhalt. **Tit. 10** führt das Amt des rechtlichen Vertreters in das Landrecht ein. Jeder ist frei, sich einen solchen *procurator* zu nehmen, § 1; begeht dieser Parteiverrat, ist er willkürlich zu bestrafen, § 2. Er kann – wie im polnischen Recht[490] – Rechtsgeschäfte jedoch nur im Beisein seines Mandanten führen. Die Einsetzung und Pflichten der Gerichtsboten werden in **Tit. 11** erläutert.[491] Den Gerichtsboten, der eine Ladung nicht zustellt, erwartet im Übrigen ein hartes Los: Nach Tit. 11 § 2 wird er „*offentlich mit ruthen außgestrichen, nase undt ohren ihme abgeschnitten, undt seines ampes entsetzet*".

c) Bedeutung

Dieses kurze Kapitel regelt den technischen Rahmen, in welchem der Prozess bei Gericht stattzufinden hat. Dass er größtenteils den polnischen Rechten entnommen ist, wirkte sich auf das livländische Rechtsleben kaum aus, da diese Ordnungsbestimmungen keine juristischen Wertentscheidungen trafen, sondern lediglich einen möglichst reibungslosen Verfahrensablauf gewährleisten sollten und daher politisch neutral sind. Die Bestimmungen könnten jeder europäischen Rechtsordnung der frühen Neuzeit entnommen sein. Sprachlich verfährt Hilchen auch hier wieder sehr konkret, was die jeweiligen Verfehlungen betrifft.

Zukunftsweisend waren die Bestimmungen zur Anwaltschaft, den *procuratoren*, Tit. 10. Das Amt des Parteivertreters wird Ende des 16. Jahrhunderts bereits viel differenzierter gesehen. Eine am 15. August 1578 für die Stadt Riga erlassene Prokuratorenordnung beschränkte die Zahl der anzustellenden Prokuratoren auf vier und untersagte Anwälten die Annahme von Sachen, von deren

---

ciorum loco aliquem quis vel vulneraverit vel occiderit, a quocumque comprehensus per officium palatinale capitis poena puniatur. Si etiam evaserit, ad idem officium palatinale citetur itidemque capitali supplicio afficiatur."

489 **Jus terrestre,** Tit. V § 36 (zwar nicht auf den Landboten bezogen, aber hinsichtlich des Rechtsgedankens identisch): „Si quis ministerialem eo tempore, quo officio suo fungitur, occiderit, vulneravit aut pulsaverit, eadem poena, qua violator securitatis publicae iudiciorumque, puniri debet."

490 **Statuten Sigismundi I. Petricoviae Anno 1511**, Bd. I S. 377: „De potestate procuratoris pro suo principali in iudicio apparentis. Item antiquum statutum aequa moderatione interpretantes statuimus, ut procurator sive possessionatus sive non possessionatus habens sufficiens procuratorium possit in iudiciis apparere omniaque agere et exercere, quae ipsius principalis causam vel casus attinent seu tangunt, etiam partem citatione verbali alias *Nadwornym* citare et iudicem movere ac alia omnia facere, quae ad defensionem causae pertinent, praeter inscriptiones, quas nec novas facere nec de antiquis quietare nec pecunias tollere inscriptas poterit sine praesentia sui principalis seu actoris."

491 **Konstytucya za Stephana Krola Seymu Warßawskiego Roku 1578**, Bd. II S. 973, **zu § 1**: „Woźnych beśpieczeństwo. Ieśliby kto Woźnego na ten czas gdy sprawuie urząd swoy, zabił, zranił, abo zbił, ma bydź karan iako violator securitatis judiciorum, iuxta statutum." **Zu § 3**: „A Woźny każdy choćia y Generał, gdźieby exces iaki uczynił, ma odpowiedać przed Woiewodą illius loci, gdźieby się exces stał."

Gerechtigkeit sie nicht überzeugt waren. Das Honorar wurde anhand einer Gebührentabelle berechnet.[492] Hilchen unterscheidet in seinem Landrecht zudem zwischen rechtlichem Können und Dürfen (§ 3). Im Übrigen richtet er sich an den Grundsätzen der Prokuratorenordnung aus: Er wird in Tit. 26 auf die Honoraransprüche des *procuratoren* eingehen, und da eine kompetente rechtliche Vertretung an diesen nicht scheitern soll, spricht er (ähnlich Art. 6 der Prokuratorenordnung) in § 1 *„armen leuten undt anderen elenden persohnen"* einen Anspruch auf Prozesskostenhilfe zu.

16. Tit. 12 – 28: Zivilprozessrecht (S. 259 – 275)

a) Übersicht

Tit. 12 – 28	J.t.n.P., Tit. VI
Tit. 12, §§ 1-3	§§ 1 – 4
Tit. 13, §§ 1-4	§§ 5 – 8
Tit. 14, § 1	§ 9
Tit. 16, §§ 1-7	§§ 10 – 16
§§ 11 – 14	§§ 17 – 20
§§ 18 – 19	§§ 22, 23
Tit. 17, §§ 1-4	§§ 24 – 27
Tit. 18, §§ 1-3	§§ 28 – 29
Tit. 19, §§ 1-2	§§ 30 – 32
Tit. 20, §§ 3, 4	§§ 33 – 34
Tit. 21	§ 35
Tit. 23, §§ 1, 2, 4-19	§§ 36 – 44
Tit. 24, §§ 1, 2	§§ 45 – 47
Tit. 25, §§ 1-5	§§ 49, 50
Tit. 26, §§ 1, 2	Tit. V §§ 36, 37
Tit. 27, §§ 1-11	§§ 51 – 58
Tit. 28, §§ 1-3	§§ 59, 60

b) Inhalt und Herkunft

Das Zivilprozessrecht ist nahezu ausnahmslos dem *Jus terrestre* entnommen (siehe Endnote[c]), wobei Rechtssätze und Gewohnheiten livländisch-deutschen Ursprungs diesem durchaus nicht widersprechen. So lassen sich dem Ritterrecht zahlreiche Passagen entnehmen, die dem Hilchenschen Prozessrecht zwar nicht gleich, aber doch sehr ähnlich sind.

Prozessfähig ist nach **Tit. 13** – bis auf *Bandirte* und Ehrlose – jedermann. Die *„stum, taub, minderjährig undt wanwitzig sein, wie den auch die weiber"*, müssen sich von ihrem Vormund vertreten lassen, § 1. Urteile, die von einem unzuständigen Gericht gesprochen wurden, sind nichtig, § 2, es sei denn, die Parteien erkennten es beide an, § 3.

---

492 *Von Bunge*, Geschichte des Gerichtswesens, S. 265. Die zitierten Rechtsgedanken sind aus den Art. 1, 5 und 6 der *Procuratoren-Ordnung* entnommen.

aa) Die Klage und Ladung zu Gericht

Die *citation*, Tit. **14**, ist die Ladung im heutigen Sinne. Dem Kläger wird vom Gericht ein *Citationsblankett* ausgehändigt,[493] auf dem er nach §§ 1 und 2 die Namen des Königs, des Beklagten und des Anklägers sowie eine kurze Sachverhaltsschilderung und den Klagegrund aufführen soll, und zwar ohne *„ehrenrührige wörter, ohne welchen doch die sachen erzehlet werden können"*; ansonsten werden Kläger oder Anwalt *„eine wochen lang im thurm darumb sitzen"*, § 3. Vom Gerichtsboten wird diese Ladung vier (bei *Commissarien* sechs, bei Schlossgerichten zwei) Wochen vor dem Gerichtstermin dem Beklagten zugestellt, § 1 des **Tit. 15**. Hat er keinen festen Wohnsitz, wird ihm die *Citation* persönlich überreicht oder an der Kirchentür angeschlagen, **Tit. 16** § 1.

Tit. 16 – 28 regeln im Folgenden den gesamten Zivilprozess. Aufgrund ihrer beträchtlichen Komplexität sollen sie nicht ausschließlich nach der Reihenfolge ihrer Paragraphen, sondern in thematischen Zusammenhängen dargestellt werden.

bb) Versäumnisurteile

Ein Tag vor Verhandlungsbeginn finden sich Kläger und Beklagte beim Notar ein und lassen sich in ein Register eintragen, das darauf an den Türen des Gerichts öffentlich ausgeschlagen und ausgerufen wird, § 16. Dieser erste Termin ist grundsätzlich nicht peremptorisch, § 5, d.h. erscheint der Beklagte nicht, wird noch kein Urteil zugunsten des Klägers gefällt, sondern die Abwesenheit des Beklagten wird protokolliert und ein *decretum contumaciae* erlassen. Darauf wird dem Beklagten eine zweite – nunmehr peremptorische – *Citation* zugestellt, § 6. Erst bei erneutem Ausbleiben des Beklagten wird dieser verurteilt und das Urteil vollstreckt, §§ 9, 13 – soweit der Kläger dieses nicht vor Sonnenuntergang desselben Tages *arrestiert*, § 11, und damit das *decretum*, welches inhaltlich die Abwesenheit des Beklagten statuiert, widerlegt. Der Beklagte kann die Vollstreckung abwenden, indem er im „ersten" – d.h. nächsten – Gerichtstermin nachweist, die *Citation* nicht erhalten zu haben oder aus wichtigen Gründen ferngeblieben ist, § 8. Das *decretum contumaciae* wird dann eingezogen und die Sache in den vorigen Stand zurückversetzt.

Bleibt der Kläger aus, folgt der Prozess demselben Schema, § 14: Erst das Ausbleiben beim zweiten Termin löst ein die Klage abweisendes Urteil aus, während der erste Termin nicht peremptorisch ist. Der Kläger kann jedoch sowohl bis Sonnenuntergang das *decretum arrestieren* als auch im folgenden Termin die Einziehung des *decretum* durch eine Rechtfertigung seines Ausbleibens bewirken.

---

[493] Ein Brauch, wie er sich in Kurland bis ins 19. Jahrhundert gehalten hat.

cc) Der erste Termin

Finden sich beide Parteien ein, so steht es jeder Partei frei, von der anderen Kaution für die Gerichtskosten zu verlangen, **Tit. 17** (und zwar nur zu Beginn des Prozesses, § 4). Weigert sich die gegnerische Partei, wird die Klage abgewiesen bzw. die Beklagte verurteilt.

Im Anschluss daran soll der Beklagte seine Einreden vorbringen, und zwar zunächst die Dilatorischen, **Tit. 18**, §§ 1, 2 und **Tit. 19** § 3, dann die Peremptorischen, **Tit. 20**, § 1. Erkennt das Gericht, dass diese nicht haltbar sind, wird der Beklagte *„den krieg zu gefestigen gezwungen*", wie es in § 2 (und § 7) heißt, er muss sich also in die Hauptsache einlassen.

Gegen diese Entscheidung des Gerichts, das *decretum*, kann – und muss, wenn sie es möchte – jede Partei stehenden Fußes eine sog. *hängende Appellation* an den Oberrichter einlegen, Tit. 20, §§ 3 und 4, doch muss diese vom Unterrichter angenommen werden. Nimmt er sie an, prüft der Oberrichter im nächsten Termin die richterliche Entscheidung und verweist sie zurück, wenn er die Berufung für begründet hält, § 5; der Unterrichter muss neu entscheiden. Nimmt der Unterrichter die Berufung hingegen nicht an, fährt er im Verfahren fort, § 3. Gemäß **Tit. 21** hat der Kläger gegen jede Einrede des Beklagten das Recht zur Erwiderung. Nimmt er dieses Recht nach jeder neuen Einrede erfolgreich in Gebrauch, wird der Klage – aus sich selbst verständlich – stattgegeben.

dd) Beiweisaufnahme und Urteilsspruch

Es folgt die Beweisaufnahme, vorzüglich mittels Urkunden, **Tit. 22**. Die Parteien haben grundsätzlich bis zum nächsten Gerichtstermin Zeit, Zeugen, Urkunden oder andere Beweismittel beizubringen, **Tit. 23** § 2; Zeugen sollen drei Wochen vor dem Termin geladen werden, § 5. Nach § 16 soll eine allein von der Gegenseite durch Urkunden oder Zeugen untermauerte Tatsachenbehauptung nicht beschworen werden. Führen beide Seite Urkunden und Zeugen an, so soll dem schlüssigeren Teil der Eid gestattet werden. Um die Zeugenbefragung effektiver zu machen, darf sich der Richter eines vorgefertigten Katalogs bedienen, § 8. Hat der Richter alle Einreden (*replicationes*, *duplicationes* und gegebenenfalls *triplices*) gehört und die Zeugen und anderen Beweise erwogen, fällt er ein Urteil, das er anschließend – wie bereits ausgeführt – nach § 18 in lateinischer oder deutscher Sprache verliest. Den Parteien hat er das Urteil sogar ausschließlich auf Latein mitzuteilen.

ee) Appellation und Gerichtskosten

Gegen alle gerichtlichen Entscheidungen ist die Appellation zulässig, **Tit. 24** § 1, es sei denn, der Partei ginge es nur darum, Zeit zu gewinnen oder Schikane zu treiben, § 2. Wer trotzdem appelliert, ist nach § 5 dem Gericht 50 Florin Buße schuldig. Die unterliegende Partei trägt die Gerichtskosten, § 6 (ebenso Tit. 25 § 1). Wie sich die Gerichtskosten berechnen, erläutert § 2 des **Tit. 25**: Die Summe dessen, was der Obsieger *„den procuratoren gegeben, waß uff die reisen gangen undt waß er sonst mit reinem gewißen nach gelegenheit der persohn,* *zeit undt sachen außgegeben, erweisen kann*". Diese Summe soll er vom Richter *moderieren* lassen und anschließend mit seinem Eid beschwören, § 2. Doch konnte er sich, wenn er sich einem Eid nicht gewachsen fühlte (ein Eid war zu Zeiten Hilchens eine ernste Angelegenheit, die einem religiösen Menschen sehr zu schaffen machen konnte) mit einem Pauschalbetrag von 50 Florin oder weniger zufrieden geben, den er vom Richter auch ohne Eid zugesprochen bekam, § 3. Die Gebühren, welche die Gerichtsbediensteten verlangen dürfen, sind ebenfalls – in **Tit. 26** – festgesetzt. Sie reichen von 2 Reichstalern für den Erlass eines *decretum contumaciae* bis zu 16 Groschen pro beschriebenen Bogen für Auszüge aus Gerichtsakten. Wie viel dem *procurator*, § 3, zukommt, ist leider nicht erkennbar: „*Dem procuratori soll für eine geringschätzige sache zu bedienen.*" Anscheinend fehlt hier das Ende des Satzes (und zwar in allen Abschriften). Viel kann es wegen des Verweises auf „geringschätzige Sachen" nicht gewesen sein. Möglich ist auch, dass der *procurator* für diese gar kein Honorar verlangen sollte, allerdings ist eine solche Deutung aus der Syntax nicht erkennbar.

ff) Vollstreckung und Verjährung

Kommt der unterlegene Teil dem Urteilsspruch nicht nach, so wird dieses sechs Wochen nach Urteilsschluss durch zwei Adlige und einen Gerichtsboten vollstreckt, **Tit. 27** § 2, indem diese den obsiegenden Teil in die Güter des Unterlegenen zur Befriedigung anweisen. Verweigert jener dem Gegner den Einlass, übernimmt der Wojewode, *Castellan* oder Starost des Ortes die Vollstreckung, indem er dem Unterlegenen das Urteil vorzeigt. Weigert dieser sich immer noch, wird ein Vollstreckungstermin auf zwei Wochen nach diesem zweiten Vollstreckungsversuch angesetzt. In diesen zwei Wochen hat er Gelegenheit, im Rahmen einer „Vollstreckungsgegenklage" gegen das Urteil vorzugehen, falls es in seiner Abwesenheit gefällt wurde, er niemals zu Gericht *citiert* wurde und er auch im übrigen entschuldigt gefehlt hat, oder er nachweisen kann, dass der Schuldner den Gläubiger bereits befriedigt hat, § 3; in diesem Falle wird die Vollstreckung eingestellt. Fährt der Gegner trotzdem mit der Vollstreckung fort, darf der Unterlegene an das Obergericht appellieren. Appelliert er nicht und verweigert trotzdem die Befriedigung, wird er gefangen genommen und muss sich binnen 12 Wochen mit seinem Gegner vergleichen oder ihn befriedigen. Zudem kann er keine Veräußerungen mehr vornehmen, die den Obsiegenden benachteiligen, § 4. Hat er diesen befriedigt, wird ihm eine Quittung ausgestellt, durch deren Vorlage er wieder auf freien Fuß gesetzt wird, § 5. Anderenfalls wird er nach Ablauf der 12 Wochen gemäß § 7 der obsiegenden Partei übergeben oder in den Turm geworfen, wo er so lange bleiben wird, bis er sich mit dem Obsiegenden verglichen oder diesen befriedigt hat.

Die Vollstreckung verläuft in dieser Form nur gegen Erbgesessene, § 9. Das Vollstreckungsverfahren gegen Unbegüterte ist erheblich kürzer: dem unterlegenen Teil bleiben nach §§ 10 und 11 zwei Wochen Zeit, die Summe aufzubringen oder einen Bürgen zu stellen, bevor er in den Turm geworfen wird, wo er ebenfalls bleibt, bis der Gläubiger befriedigt ist. Das gleiche Schicksal droht jedem, der dem flüchtigen Schuldner Unterschlupf oder sonstige Hilfe gewährt.

Dieses Verfahren trifft nur die Schuldner von Adel. Ist der Schuldner bürgerlich, so wird er dem Gläubiger übergeben, der *„zwar ihme an seinem leibe kein leidt zufüegen soll, aber biß so lange er die schuldt bezahlet, soll er ebenmeßig alß daß ander haußgesinde, haußarbeit undt ander dienst thun, jedoch daß der creditor ihn mit nottürftigen esten undt trincken versorge"*. Im Gegensatz zum Adligen, dessen Stand eine solche Art von Arbeit verbot, hatte der bürgerliche Schuldner also eine gewisse Chance, seine Schuld abzuarbeiten.

Die erhobene, aber nicht weiter verfolgte Klage verjährt nach **Tit. 28** § 1 nach einem Jahr und sechs Wochen. Ein gefälltes Urteil verjährt nach drei Jahren und 18 Wochen, wobei Hilchen klarstellt, dass der obsiegende Teil zwar aus diesem Urteil nicht mehr vollstrecken, doch ein neues Verfahren aus anderen Gründen gegen den Unterlegenen anstrengen darf, § 2.

c) Bedeutung

Das 15. Kapitel ist der dichtesten und anspruchsvollste Abschnitt des Landrechts. Seine Aussagen sind so komplex und abstrakt, dass sie im Vergleich zu den meisten übrigen Normen des Landrechts zunächst wie ein Fremdkörper wirken. Leicht ließe sich der Schluss ziehen, dass der Grund hierfür in der häufig wörtlichen Übernahme aus dem sechsten Buch des *Jus terrestre* liegt. Doch Hilchen hat das *Jus terrestre* nicht mechanisch kopiert, sondern zum einen den livländischen Verhältnisse angeglichen, zum anderen erläutert und zudem eine ganze Reihe von Zusätzen geschaffen, welche nachweisen, dass Hilchen den Prozess des *Jus terrestre* verinnerlicht und kompetent bearbeitet hat.

Tit. 16 § 15 regelt zum Beispiel die prozessuale Rechtsnachfolge beim Tod einer Partei, eine Frage, die im *Jus terrestre* nicht behandelt wurde. § 16 desselben Titels klärt die Situation, in welcher der Gerichtsbote auf dem Weg zur Partei verstirbt und damit die heikle Frage der Wirksamkeit der in diesem Zusammenhang zu übermittelnden *citation*. Auch die Appellationsfrist des Tit. 24 § 3 von einem Jahr und sechs Wochen entstammt – freilich nach deutschrechtlichem Vorbild – Hilchens Feder. Ebenfalls eine Schöpfung Hilchens ist die Bestimmung des Tit. 27 § 12, wonach sich der Schuldner durch Arbeit im Hause des Gläubigers von seiner Schuld befreien kann.

Eine rechtshistorisch bedeutsame Besonderheit ergibt sich aus Tit. 18, §§ 1, 2, Tit. 19 § 3 und Tit. 20, § 1, wonach im ersten Termin zunächst sämtliche dilatorischen Einreden vorzubringen sind, bevor peremptorische Einreden eingelegt werden können.

Anders als im römisch-kanonischen Prozess[494] müssen die peremptorischen Einreden noch vor der Einlassung vorgebracht werden. Da das Vorbringen zu diesem Zeitpunkt die einzige Möglichkeit darstellt, den Prozess aufzuhal-

---

[494] Dort dürfen diese bis zur Spruchfassung eingebracht werden. Siehe Corpus Iuris Civilis, Constitutiones 7, 50, 2 pr.: „Peremptorias exceptiones omissas ab initio, antequam sententia feratur, opponi posse perpetuum edictum manifeste declarat."

ten – der Beklagte hat sich sonst einzulassen und damit auf die Einreden zu verzichten –, muss nicht zwischen prozesshindernden und sonstigen peremptorischen Einreden unterschieden werden, da alle peremptorischen Einreden die Funktion von prozesshindernden Einreden haben. Diese Eigentümlichkeit steht deswegen um so mehr in starkem Kontrast zum kanonischen Recht, da dort eine peremptorische Einrede niemals vor Klageeinlassung vorzubringen war. Ein solches Vorbringen wäre vor dem Beweis der vom Beklagten verleugneten Tatsachen durch den Kläger verfrüht gewesen, denn gelang dieser Beweis nicht, konnte auf das Vorbringender peremptorischen Einreden ganz verzichtet werden. Praktisch ist dieser Unterschied vor allem deswegen bedeutsam, weil er sich im livländischen Prozess bis in das späte 19. Jahrhundert gehalten hat,[495] was zudem bezeugt, dass sich der Hilchensche Entwurf trotz mangelnder offizieller Verabschiedung durchaus im Recht der folgenden Jahrhunderte auswirkte und in den wenigen Jahren seiner vorläufigen Gültigkeit Tatsachen schuf, die als Eigenarten des livländischen Rechts bestehen bleiben sollten.

Hilchen hat diese Bestimmung nicht selbst erdacht, sondern sie dem polnischen Recht nachgeformt. Direkt übernommen hat er die entsprechenden Vorschriften jedoch nicht, denn nach polnischem Recht waren die dilatorischen und peremptorischen Einreden in einer formalisierten Reihenfolge vorzubringen, während es beim Hilchenschen Entwurf nur maßgeblich war, dass sie vor der Einlassung auf die Klage vorgebracht wurden.

Insgesamt ist das Zivilprozessrecht des Hilchenschen Entwurfs eine höchst moderne, umfassende und interessengerechte Schöpfung, welche die veralteten prozessrechtlichen Gewohnheiten, die zudem in Livland längst nicht mehr flächendeckend galten, durch ein allgemeingültiges und klar strukturiertes Prozessrecht ersetzt, das sich rechtstechnisch zudem auf der Höhe seiner Zeit befand. Mit dem überkommenen *Formulare Procuratorum*, welches römisches Recht nur sehr zaghaft und in mittelalterlicher Form auf das Prozessrecht übertragen hatte, hat der Zivilprozess des Landrechts nichts mehr gemein, und zwar weder in sprachlicher noch struktureller noch inhaltlicher Hinsicht. Vielmehr zeigt sich hier die jahrlange Erfahrung eines kompetenten Juristen römischrechtlicher Schule. Die Qualität der Arbeit Hilchens – die trotz der eindeutigen Angleichung an das *Jus terrestre* nicht unterschätzt werden sollte – zeigte sich in der teilweisen Rezeption des Hilchenschen Prozessrechts im Rechtsleben Livlands, ohne formell bestätigt werden zu müssen.

[495] Siehe *Schmidt*, Zur Geschichte des livländischen Civilprocesses, S. 15.

17. Tit. 29 – 31: Strafprozessrecht (S. 276 – 282)

a) Übersicht

Tit. 29, §§ 1, 3 – 4	Konstitutionen des Sejms aus dem Krönungsjahr 1588, *Constitutiones Livoniae* § 18
§ 2	Petrikauer Statuten Sigismunds v. 1538
§ 6	Statuten Kasimirs des Großen v. 1347
Tit. 30, §§ 2 – 11	Konstitutionen des Sejms aus dem Krönungsjahr 1588
Tit. 31, §§ 1 – 13	Statuten aus dem Jahr der Königskrönung 1588

b) Inhalt und Herkunft

Das Strafprozessrecht ist größtenteils den polnischen Statuten entnommen, abgesehen von einigen von Hilchen selbst hinzugefügten Passagen (wie Tit. 29 § 7), die jedoch nur erläuternden Charakter haben oder längst gefestigte Gewohnheiten bestätigen. Grundlage waren die Konstitutionen des Sejms aus dem Krönungsjahr 1588, vor allem deren 463. Titel *„O Mężoboycach, y scrutyniach, y wieży"*.[496]

Tit. 29 § 1 führt zunächst ein weiteres Mal den Grundsatz aus, dass Adelige nicht in Untersuchungshaft genommen werden dürfen, wenn sie nicht auf frischer Tat betroffen worden waren. Er beschreibt zudem das Verfahren, welches – nach den Vorgaben der *Constitutiones Livoniae*[497] – stattdessen angewandt werden sollte: der Beschuldigte sollte im Rathaus gefangen gehalten werden, bis der Rat, der Burggraf oder der zuständige Richter sein Urteil über ihn gefällt hatte. Kam kein solches zustande, sondern war die Sache an das königliche Gericht zu verweisen, sollte der Adlige bis dahin in einer *„bequemen ehrlich bürgerlichen custodio gehalten"* werden, § 2 – Regelungen, welche direkt dem polnischen Recht entnommen sind,[498] während der einfache Bürger und

---

[496] **Konstytucye Seymu Koronacyi Roku 1588**, Bd. II, S. 1214/1215: „O Mężoboycach, y scrutyniach, y wieży. Iż statuty przeciw mężoboycom uczynione, do tych czasow exekwucyą nie przychodziły, dla czego moderstwom zabieżeć się nie mogło: bo ci ktorzy mieli popierać nagłownika, y konwikcyą głowy czynić, iednali się, y głowę zaiednawszy, abo kogo inszego w relacyi, a druzy zmyśloną osobę na zmowie mienowali: abo w procesie sądowym tak folgowali, że głownicy win prawem opisanych uchodzili. Co iż jest przeciw prawu, ktore takowego iednania broni: przetoż (iż wina siedzenia w wieży iest *poena publica*) waruiemy, aby się o głowę zabitą szlachecką powinni ktorym należeć będzie tak nie iednali, iakoby głownik siedzienia w wieży uchodził. (…)"

[497] **Constitutiones Livoniae,** § 18: „Et cum aliquis nobilis decreto publici conventus, iudicio praesidum aut terrestri capitur, sub certis poenis in potestatem aut carcerem civilem non tradatur, sed in manus praesidum. Si quis autem in civitate, ubi nulla arx est, capitur et auctoritate conventus praesidis aut iudicii in carcerem civilem coniicitur, in protestate eorundem et non civitatis permaneat. Fideiussoria autem cautione a carcere huiusmodi liberetur, nisi causa fuerit criminalis, et sub poena viginti florentorum Ungaricalium (…) cedat (…)".

[498] **Statuta Sigismundi I. Petricoviae Anno 1538**, Bd. I S. 522: „Officium civitatis vel oppidi illius, ubi violator captus fuerit, nullum penitus iudicium faciet, nec aliquam poenam exiget de eodem nobili, nisi prius ad eorum requisitionem capitaneus vel vicecapitaneus illius iurisdictionis Nostrae regalis, sub quo talis civitas vel oppidum situm fuerit, praesens interfuerit ei-

Bauer im Hilchenschen Landrecht durch keinerlei Bestimmungen über die Haftbedingungen geschützt wurde.

Der Gang des Strafverfahrens selbst wird zunächst am Beispiel des Totschlags verdeutlicht. Die Verwandten oder wer sonst von Rechts wegen zur Anzeige der Tat verpflichtet ist, sollen diese binnen 12 Wochen von der Tat an[499] bezeugen und mittels eines Gerichtsboten ins Buch der Wojewodschaft eintragen lassen, § 3, wie es schon die polnischen Statuten bestimmten.[500] Ist der Verwandte minderjährig und wollen seine Vormünder die Tat nicht verfolgen, darf sich der Minderjährige zu diesem Zwecke neue Vormünder suchen, **Tit. 30** § 10. Anderenfalls wird die Frist von 12 Wochen bis zum Eintritt seiner Mündigkeit verlängert, § 11. Auf die Anzeige hin wird der Angeschuldigte in das Obergericht zitiert, wo er sich zum nächsten Termin, der auf vier, spätestens zwei (Tit. 30 § 2) Wochen nach der *Citation* gesetzt wird, einfinden soll, § 5. Erscheint er nicht, ergeht ein *decretum in contumaciam* gegen ihn, und er wird erneut zitiert. Findet er sich auch auf dem zweiten Termin nicht ein, so wird er verurteilt.

Erscheint er jedoch, so hat er – wie der Ankläger – die Zeugen und Beweismittel mit sich zu führen und zu schwören, dass er keine Zeugen bestochen habe, Tit. 30 § 2. Alle Zeugen sollen nach § 3 objektiv und sorgfältig befragt werden, doch *„denjenigen außage, so es von hörensagen haben, wann gleich derselben viell sein, wirdt vergebliche wejse uffgezeichnet"*. Verweigert ein Zeuge die Aussage, hat er eine Geldbuße an das Gericht zu zahlen, § 5. Befindet sich der Zeuge fernab vom Gerichtsort, kann er gemäß § 6 seine Aussage auch einem Gerichtsboten mitteilen; dieser wird sie dem Gericht in Form eines *rotuls* übermitteln, § 7[501] – eine Vorgehensweise, die sich in Polen bis in das späte 18. Jahrhundert gehalten hat.[502] Hilchen weist in § 9 darauf hin, dass in Strafsachen, die gegen das Leben oder den gemeinen Nutzen gerichtet sind, kein Vergleich zwischen Ankläger und Angeklagtem möglich ist. Art. 28 § 7 stellt sicher, dass

---

dem civili iudicio, quod ministrari et fieri debet pro violentia contra dictum nobilem (...). Si vero talis capitaneus Noster (...) non poterit se concordare super sententiam cum officio civili contra talem nobilem, extunc ipse captivus interea temporis in decenti captivitate civili detineri debet (...)".

[499] Bei weit entfernt wohnenden Verwandten beginnt die Frist nach Ablauf von 12 Wochen ab Kenntnis zu laufen, § 4 .

[500] **Konstytucye Seymu Koronacyi Roku 1588**, Bd. II, S. 1214 f.: „Ale żeby nadaley do dwunaśćie Niedziel relacyą abo protestacyą obwiedźienia głowy, w Akta Grodzkie, pod ktorą iurisdycią mężoboystwo się stało, prawdźiwie wwodźili, y w praw należnym, według wstępku, sine intermissione popierali y pokonali. Tego dokładaiąc, iż, ieśliby się zabićie stało, daleko od przyiaćioł zabitego, żeby tak prędko do uczynienia relacyi przybzydź nie mogli: tedy od pierwszey wiadomośći, uczyć ią iako naprędzey, y popierać głowę będą powinni. (...)".

[501] Ebenda: „A te wszystkie scrutinia pisane, mają bydź in *occluso rotulo* zawarte, y stronom, każdemu iego wydane."

[502] *Ostrowski*, Zivilrecht der polnischen Nation, Band 1 S. 46.

ein Adliger unter keinen Umständen peinlich befragt werden darf; § 8 schließlich, der ein weiteres Mal die Grundsätze der Beihilfe erläutert, ist ebenfalls dem polnischen Recht entnommen.[503]

Nach Abschluss der Beweisaufnahme wird das Urteil gefällt. Handelt es sich um die Todesstrafe, so soll sie – dem polnischen Recht entsprechend[504] – nur auf den Eid des Klägers hin, dass der Angeklagte tatsächlich schuldig sei, sowie in dessen Beisein vollstreckt werden, Tit. 30 § 6.

Das dritte Buch endet mit **Tit. 31**, der die Majestätsverletzung behandelt und fast ausschließlich den polnischen Konstitutionen von 1588 entnommen ist.[d] Da die Majestätsverletzung eine der schwersten Verbrechen überhaupt sei, wird *„hochärgerlich also auch daß gerichte auff eine sonderliche wejse gehalten"*, § 1: Und zwar eröffnet das Verfahren auf Anzeige oder eigenen Verdacht hin (§ 12) der *königliche Instigator*, der den Angeschuldigten (der im Rahmen dieses Titels immer vom Adel ist) auf den nächsten Reichstag *citiren* soll. Die *Citation* soll zudem durch Landboten auf der Zusammenkunft zu Wenden publik gemacht werden. Dem Beschuldigten wird von Amts wegen ein *Procurator* angeboten, welcher jedoch drei Tage Bedenkzeit hat, bevor er sich entscheiden muss, das verantwortungsvolle Amt anzunehmen, § 2. Handelt es sich um ein Verfahren wegen Majestätsverletzung, weist der König nach der Beweisaufnahme die Senatoren und die zu diesem Amt gewählten acht Landboten (§ 4) an, ein gerechtes Urteil zu fällen, um dann den Saal zu verlassen, § 3; handelt es sich um ein Verbrechen gegen die Allgemeinheit, nimmt er an der Urteilsfindung selbst teil, § 12. Bei mangelnder Beweislage oder Stimmengleichheit wird der Angeklagte freigesprochen. In diesem Fall wird der Ankläger oder Anzeiger nach § 11 zu 200 Florin Strafe sowie zu einem halben Jahr Gefangenschaft im Turm verurteilt, soweit er ebenfalls von Adel ist; anderenfalls wird er hingerichtet.

c) Bedeutung

Das Strafprozessrecht behandelt Hilchen weitaus weniger differenziert. Der eigentliche Strafprozess wird nur in Tit. 30 §§ 2, 3, und vier geregelt; Tit. 29 behandelt strafprozessuale Privilegien für Angehörige des Adelsstandes. Der Strafprozess ist allgemein darauf ausgerichtet, dem Beschuldigten und später dem Angeklagten ein nach den Maßstäben der Zeit rechtsstaatliches Verfahren zu gewährleisten. Die Folter ist – selbstverständlich – nicht verboten, doch wird sie im Prozess des Landrechts nicht ausdrücklich als Mittel zur Beweiserlangung

---

[503] **Konstytucye Seymu Koronacyi Roku 1588**, Bd. II S. 1217: „O Pomocnikach. Iż wiele pomocnikow złych rzeczy y mężoboyszw pod pretextem ewazyi przez przyśięgę ukrywa, z występkow swych wychoźi: tedy temu zabiegaiąc, uchwalamy, aby contra complices in causis criminalibus, także scrutinium wyprawowane ab utraque parte, iako y *contra principales* było. A gdy się ukaże *ex scrutinio complicitas* umyślna, tedy *post convictionem* ma bydź karan, iako y pryncypał iego."

[504] **Casimirus Magnus, Anno 1347**, Bd. I S. 50: „De causis criminalibus in absentia actoris rex vel capitaneus cognoscere non debet. Statuimus, quod in causis criminalibus in absentia accusantis seu actoris, cuius interest, Nos vel Nostri successores aut capitanei Nostri cognoscere non debemus nec aliquem hominem condemnare, nisi convictum iudicio et confessum."

genannt. Der Prozess findet nicht vor Ablauf von zwei Wochen statt, während derer sich der Angeklagte auf den Prozess vorbereiten konnte. Hauptbeweismittel sind Zeugen und der Eid. Das polnische Recht, denen der Großteil dieser Bestimmungen direkt entnommen ist, unterschied sich in seinen strafprozessualen Vorschriften nicht wesentlich von denen in Deutschland oder anderen bestehenden Rechten europäischer Staaten der frühen Neuzeit. Auch gegenüber den am Ende des 16. Jahrhunderts aktuellen livländischen Rechtsbräuchen stellte das polnisch-Hilchensche Strafprozessrecht keine bedeutende Neuerung dar.

Das Verfahren wegen Majestätsverletzung verläuft nach eigenen Gesetzmäßigkeiten. Ein eigenes Verfahren kannte Livland, der ehemalige Ordensstaat ritterlicher Prägung, für dieses Verbrechen bislang nicht.

Die Positionierung des Hochverrats als Eingangsnorm der Verbrechenstatbestände des zweiten Buches, Tit. 48 – 67, und – hinsichtlich des Verfahrens – als letzte Bestimmung des dritten Buches, mit welchem das Landrecht endet, ist Zeichen einer neuen Zeit. Polen war noch weit entfernt von einem absolutistischen Herrschaftsgefüge, aber die wachsende Macht des Staates schlägt sich in Normen wie dieser und der Stellung, die Hilchen ihnen strukturell im Landrecht zuweist, nieder. Die zentrale Rolle im Verfahren wegen Hochverrats spielte der *Instigator*, dem in erster Linie inquisitorische Aufgaben zukommen. Er leitet das Verfahren, über welches am Ende der König persönlich das Urteil fällen wird, solange die Anklage nicht auf Verrat an der Person des Königs lautet. Verräter ist nämlich auch bereits, wer etwas gegen den *„gemeinen Nutzen"* unternimmt, II. Buch, Tit. 48 § 3. Hier kündigt sich bereits der Polizeibegriff der frühen Neuzeit an. Ein enges Geflecht von Wirtschaftsverwaltung und Militärbehörden zeichnete das Polen-Litauen des frühen 17. Jahrhunderts zwar noch nicht aus, doch wurde dieses offiziell angestrebt – die Zahl der Ämter (Hauptleute, *Succamerarien*, *Castellanen*, Landboten) wäre durch das Hilchensche Landrecht abrupt gestiegen.

Der Stellenwert des Hochverrats hängt selbstverständlich auch mit der politischen Gesamtsituation und der strategischen Lage Livlands zusammen: Man hatte sich Polen nicht aus innerer Verwandtschaft, sondern mangels besserer Alternativen unterworfen. Der nahe „Moskowiter" stellte dabei für Polen zu diesem Zeitpunkt bereits eine geringere Gefahr dar als das aufsteigende Schweden, das Polen-Litauen im Zeitpunkt der Abfassung des Entwurfs machtpolitisch zu überholen begann.

V. Zeitgenössische livländische Rechte des Hilchenschen Entwurfs

1. Kurländische und piltensche Statuten

Wie in Livland hatte sich auch die Ritterschaft in Kurland bald nach der Unterwerfung unter Polen um die Schaffung eines Landrechts oder „Statutenbuchs" bemüht. Bereits der Landtag von 1567 beantragte gegenüber dem Herzog ein *„beschriebens Landrecht"*.[505] Allerdings waren die retardierenden Elemente in Kurland noch stärker als in der großen Nachbarprovinz, so dass der Landtag zu Doblen 1579 feststellen musste, dass wegen der *„engen ungelegenen Zeit"* noch gar nichts geschehen war.[506] Am 21. Februar 1601 wandte man sich vergeblich an Herzog Friedrich mit der Bitte, sich in dieser Sache stark zu machen. Erst weitere 16 Jahre später war der Unmut des Adels über den Mangel eines eigenen Landrechts so groß, dass der Ritterschaftshauptmann Otto von Grothuß mit einer *„Apologie für den kurländischen Adel"* an den polnischen Hof entsandt wurde. Auf seine Klage hin wurde 1617 eine Kommission geschaffen, welche die *kurländischen Statuten* und eine neues Verfassungsgesetz, die *Formula regiminis*, schuf. Die Mitglieder dieser Kommission sind nicht bekannt.[507]

Die *piltenschen Statuten* wurden im Jahr 1611 für den Kreis Pilten, das ehemalige Bistum Kurland, von einem unbekannten Juristen (vielleicht – doch hier ebenfalls unwahrscheinlich – Engelbrecht von Mengden) geschaffen und von König Sigismund III. am 28. Oktober bestätigt. Sie beruhen in erster Linie auf den livländischen Bearbeitungen des Sachsenspiegels, doch finden sich auch römischrechtliche Bestimmungen.[508] Im Gegensatz zu den kurländischen Statuten wurden sie noch auf Deutsch verfasst.

Kurland gehörte Anfang des 17. Jahrhunderts nicht mehr zu Livland. Doch stellen die kurländischen Statuten eine der wenigen Kodifikationen aus polnischer Zeit dar; sie ermöglichen Rückschlüsse auf die rechtlichen Verhältnisse auch in Livland. Aus diesem Grunde ist das Inhaltsverzeichnis zu Vergleichszwecken am Ende dieses Abschnittes abgedruckt.[e] Ähnliches gilt – freilich in viel geringerem Maße – für die piltenschen Statuten. In der Analyse des Hilchenschen Entwurfs sind daher auch Parallelen mit den kurländischen und piltenschen Statuten aufgezeichnet, soweit der Hilchensche Entwurf als ihre Quelle offensichtlich ist.

Das Original der kurländischen Statuten war in lateinischer Sprache verfasst, was auf einen starken polnischen Anteil an der Kommissionszusammensetzung schließen lässt. Inhaltlich beziehen sich die kurländischen Statuten, die mit 288 Paragraphen viel kürzer als das Hilchensche Landrecht sind, zum Teil auf die piltenschen Statuten, auf das römische und das polnische Recht und – nicht zuletzt – auf den Hilchenschen Landrechtsentwurf. Der Regelungsschwer-

---

[505] Landtagsschluss bei *von Bunge*, Archiv II (1. Aufl.), S. 173.
[506] Ebenda S. 229.
[507] Dass – wie teilweise angenommen – Engelbrecht von Mengden Mitglied dieser Kommission war oder ihr sogar vorsaß, ließ sich bislang nicht nachweisen.
[508] *Blaese*, Bedeutung und Geltung des römischen Privatrechts, S. 58.

punkt liegt auf dem bürgerlichen Recht, doch finden sich auch straf- und prozessrechtliche Bestimmungen, die entsprechend der Kürze des Werkes freilich sehr knapp gehalten sind.

Ursprünglich sollte als Vergleichsmaterial das lateinische Original herangezogen werden. Leider war dieses nicht auffindbar. Doch verfügte das lettische Staatsarchiv über eine zeitgenössische deutsche Übersetzung der Statuten, die sich in einem kleinen ledergebundenen Buch befindet, das auch die *Formula Regiminis* der Herzogtümer Kurland und Semgallen sowie zahlreiche Privilegien Sigismunds III. enthält (Signatur Fonda 4038, Apraks 2). Da ein inhaltlicher Vergleich des Hilchenschen Entwurfs durch die Verwendung einer deutschsprachigen Version nicht beeinträchtigt wird, wurde diese zum Abdruck ausgewählt.

Die piltenschen Statuten konnten in einer zeitgenössischen deutschen Abschrift im estnischen Staatsarchiv ausfindig gemacht werden, und zwar in den *„Abschriften und Extracten von Privilegien, Reglementen und Institutionen der Polnischen und schwedischen Könige"*, die vom pernauischen Magistrat erstellt wurden. Diese durchnummerierte Loseblattsammlung enthält die piltenschen Statuten auf S. 11 – 30, und auf den Seiten 106 – 120 finden sich sogar Auszüge des Hilchenschen Entwurfs. Die heutige Signatur der piltenschen Statuten ist Fond Nr. 1000, Nimistru Nr. 1, Säiliku Nr. 179.

2. Die Consuetudines Livonicae inveteratae et practicabiles

Auf diese – mit insgesamt 29 Paragraphen nicht sehr umfangreiche – Rechtsaufzeichnung ist von Bunge im Jahr 1847 (oder kurz davor) im Nachlass des Vizepräsidenten Hermann von Brevern gestoßen.[509] Sie lässt sich durch den Gebrauch der ungarischen Florin und die Nennung des Amtes des *Succamerarius* eindeutig der polnischen Zeit zuordnen, doch fehlen der Name des Verfassers oder des Ortes ebenso wie jegliche Datumsangabe. Von Bunge war davon überzeugt, dass die Aufzeichnung vollständig und genau kopiert wurde, also nicht bloß einen Auszug aus einer anderen Rechtsquelle darstellt.[510]

Der Großteil der Bestimmungen der *Consuetudines* stimmt mit den entsprechenden Passagen des Hilchenschen Landrecht überein (siehe Analyse). Jedoch finden sich auch einige Abweichungen, wie z.B. Art. 4 „Vom Gerichte", S. 2: *„Ein Edelmann soll bei seinen Adelichen glauben an Eydes staat zeugen."* – eine Bestimmung, die der Hilchensche Entwurf nicht kennt.

Der Zusatz *practicabiles* lässt darauf schließen, dass die *Consuetudines* verschriftlichtes Gewohnheitsrecht enthalten und nicht etwa die Abschrift eines bereits geschriebenen Rechts darstellten. Dies könnte den Schluss nahelegen, dass die *Consuetudines* eine der wenigen livländischen Rechtsquellen seien, aus denen Hilchen direkt geschöpft habe. Die Tatsache, dass nicht alle Bestimmungen der *Consuetudines* mit dem Hilchenschen Landrecht übereinstimmen, spräche nicht gegen diese Vermutung, denn Hilchen hat auch die Bestimmungen an-

---

[509] *Von Bunge*, Archiv für die Geschichte Liv-, Est- und Kurlands, XVIII, S. 284 ff.: „Livländische Rechtsgewohnheiten aus der Zeit der polnischen Herrschaft", dort S. 284.
[510] *Von Bunge*, ebenda S. 285.

derer Rechtsquellen nur in erheblich abgeänderter Form in sein Landrecht aufgenommen. Doch spricht Art. 4 der *Consuetudines* klar gegen eine solche Annahme: dieser stellt eine verkürzte Fassung des Tit. 3 des III. Buches des Hilchenschen Entwurfs dar, der seinerseits eindeutig vollständig dem *Jus terrestre* entnommen ist (siehe oben Kap. 16). Dass eine verkürzte Form der Bestimmungen über Succamerariengerichte des *Jus terrestre* bereits vor dem Hilchenschen Entwurf in das livländische Gewohnheitsrecht Eingang gefunden hätte, ist bereits deswegen ausgeschlossen, weil das *Jus terrestre* selbst erst 1598 geschaffen wurde. Vielmehr geben uns die *Consuetudines* den wertvollen Hinweis dafür, welche der Bestimmungen des Hilchenschen Entwurfs – trotz fehlender Bestätigung und der schwindenden Macht Polens – noch während der Zugehörigkeit zu Polen in die livländische Rechtspraxis aufgenommen worden sind. Freilich sind die Bestimmungen der *Consuetudines* vornehmlich solche, die eine besonders ausgeprägte Praxisrelevanz besaßen und zudem nicht allein dem in Livland fremden polnischen Recht entnommen waren. Doch zeigt die nahezu wörtliche Übereinstimmung der Bestimmungen der *Consuetudines* mit dem Hilchenschen Entwurf, dass sich die Kodifikation zum einen sehr schnell in Livland verbreitete – und zwar in genau der Form, die uns heute noch vorliegt – und zum anderen auch im praktizierten Recht tatsächlich angewandt wurde. Nun findet sich in den *Consuetudines* nur ein Bruchteil des Hilchenschen Entwurfs. Da jedoch einige Bestimmungen des Entwurfs, die sich zum Teil bis in das 19. Jahrhundert halten konnten – man denke an Elemente des Prozessrechts –, nicht in den *Consuetudines* enthalten sind, steht fest, dass diese von Anfang an nur fragmentarischen Charakter haben konnten. Hierfür spricht auch die relativ willkürliche Zusammenstellung der Bestimmungen; möglich ist, dass es sich um eine private Aufzeichnung aller subjektiv für wichtig erachteten Bestimmungen des Hilchenschen Entwurfs handelte.

Selbstverständlich war das Bedürfnis nach einem allgemeingültigen Landrecht enorm, und es gab in dieser Hinsicht keine Alternative zum Hilchenschen Entwurf. Doch wurde der Entwurf zum einen nicht bestätigt, zum anderen geriet die gesamte Frage nach einem livländischen Landrecht angesichts anderer Probleme sehr schnell in Vergessenheit; allein die Alltagstauglichkeit des Entwurfs führte zu seiner Anwendung in der Praxis. Bei allen Mängeln sind diese Beachtung und Bewährung in der livländischen Rechtspraxis dem Hilchenschen Entwurf nicht hoch genug anzurechnen.

Den *Consuetudines* vorangestellt ist eine weitere, viel kürzere Rechtsaufzeichnung, die offensichtlich aus derselben Zeit und vom selben Verfasser stammt. Im Gegensatz zu den *Consuetudines* weist dieser kurze Abschnitt, der mit „*Wegen der Erbpauren*" betitelt ist, zwar inhaltliche Ähnlichkeiten, aber keine wörtlichen Parallelen zum Hilchenschen Entwurf auf. Da er jedoch ebenfalls Schlüsse auf die rechtliche Position der Bauern während der polnischen Zeit ziehen lässt – in diesem Fall stimmen sie inhaltlich mit jenen aus dem Landrecht überein –, ist diese Rechtsaufzeichnung am Ende dieses Abschnitts ebenfalls abgedruckt.[f]

3. Die Engelbrechtsche Kodifikation

Das Schicksal des Hilchenschen Landrechtsentwurfs sollte sich gut fünfzig Jahre später in ähnlicher Form, aber vor einem völlig unterschiedlichen politischen Hintergrund wiederholen.

Engelbrecht von Mengden, im Jahr 1587 auf dem Familienstammgut Altenwoga in Livland geboren, ebenfalls in Deutschland studiert, ließ sich zunächst in Kurland nieder, wo er ab 1617 durch die königliche Kommission in Hasenpoth zum Landnotarius des piltenschen Kreises mit Stimmrecht im Kollegium der sieben Landräte ernannt wurde.[511] Nach elf Jahren legte er sein Amt nieder, um sich unmittelbar darauf in Livland in schwedische Dienste zu begeben.[512] Eine der Hauptbeweggründe lag im Bestreben Mengdens, das nach dem Fall an Schweden dem Oberst Jörgenreich verlehnte Mengdensche Familienstammgut wiederzuerlangen. Altenwoga hatte sich seit 1490 im Besitz der Familie befunden, und da Mengden ein Empfehlungsschreiben des Generalgouverneurs Johann Skytte mit sich führte, erhoffte er sich viel von der Unterredung, die er im Frühjahr 1631 in Kammin mit König Gustav Adolf persönlich führte. Doch hatte sich Mengden zu viel erhofft; ihm wurde erst 1636 die Anwartschaft für Altenwoga eingeräumt (die jedoch 1661, nach dem Aussterben der Jörgenreichs im Mannesstamm, vom Sohn Mengdens ausgeübt wurde). Eine Anstellung als hoher Verwaltungsbeamter wurde Mengden ebenfalls zunächst nicht gewährt. Dafür wurde er am 10. Januar 1638 zum Kriegskommissar, kurz darauf zum Kriegsrat ernannt, eines der höchsten Ämter in der livländischen Provinz, dessen Ausübung ihn häufig an den königlichen Hof nach Stockholm führte.

Während einer dieser Aufenthalte, im Sommer 1640, wurde Mengden vom schwedischen Reichskanzler Axel Oxenstierna zur Abfassung eines *„livländischen Landrechts"* angeregt, wie sich aus den Korrespondenzen Mengdens ergibt.[513] Doch war auch unabhängig davon der Wunsch nach einer Kodifizierung eines neuen Landrechts in Livland ein schon lange öffentlich geäußert worden.[514] Bereits am 5. Juni 1642 vollendete er das dritte Buch, am 14. August das gesamte Werk. Am 22. Januar 1643 wandte er sich schriftlich an Oxenstierna. Dort heißt es, er habe sich, da, *„wan viele das werk unter handen nehmen sollten, es langsamb zum end kommen würde"*, allein daran gesetzt und *„theils aus der cron Schweden rechten, reichstäglichen* constitutionibus et nobilitatis privilegiis, *theils* ex jure communi *und alten liefländischen ritterrechten"* ein corpus juris „colligiret *und* moderno statui patriae accomodiret" habe. Insbesondere habe er die *„jura Majestatits"* in Acht genommen und nichts aufgenommen, was *„mit der cron Schweden rechten und adelichen privilegien streiten sollte"*. Er hoffe zum einen, dass die Livländer einsähen, dass sie *„glücksehlige leute sein würden, wann die stände uns ihrer freiheiten, rechten und privile-*

---

[511] *Rummel*, Quellen des kurländischen Landrechts I, Lieferung 4, Vorwort S. XIV.

[512] *Bienemann*, zur Geschichte Engelbrecht von Mengdens und seines Landrechtsentwurfs, S. 58.

[513] *Bienemann*, ebenda S. 66.

[514] siehe dazu *Menius*, Hist. Prodromus, S.2.

gien theilhaftig machen theten", zum anderen, dass damit ein „*gutes* fundament *zu anderen der cronen freiheiten und* beneficiis *den Liefländern geleget und sie durch dies mittel in dem herlichen cronenstamme als seithero frembde reusslein kondten eingepfropfet und* naturalisiret *würden*", wie es in der Oxenstiernaschen Korrespondenz heißt.[515] Dem Brief war wenige Tage zuvor ein Landtag in Riga vorangegangen, auf welchem Mengden als Anführer einer Deputation bestimmt worden war, die sich in Stockholm um die Begründung eines Landratskollegiums bemühen sollte. Auf dem Landtag ist auch der Mengdensche Entwurf begutachtet und genehmigt worden; in Stockholm sollte ebenfalls das neue Landrecht königlich bestätigt werden. Am 8. Juni 1643 wurde der Landrechtsentwurf von Königin Christina zur Zensur angenommen, wie der Ritterschaft mitgeteilt wurde. Danach bricht die Geschichte des Entwurfs ab. Eine Bestätigung erfolgte nie, und er ist auch nie wieder zur Sprache gekommen. Die Gründe hierfür wurden teils in Kreisen der livländischen Ritterschaft vermutet, die das Landrecht ablehnten. Tatsächlich ist im Entwurf das *Privilegium Sigismundi* mit keinem Wort erwähnt, und der Verkauf von Lehngütern sollte nur noch mit Zustimmung der Regierung möglich sein. Doch galt das Verbot hinsichtlich des Verkaufs allgemein und wirkte sich nicht erst dadurch aus, dass es im Landrechtsentwurf enthalten war. Auch waren die Grundgedanken des *Privilegium Sigismundi* Livland von der schwedischen Krone unabhängig von einer Fixierung im Landrecht schon zugesichert worden. In vielen anderen Bereichen hätte der Landrechtsentwurf jedoch die lange ersehnte Rechtsklarheit auch in ritterschaftlichen Angelegenheiten geschaffen, so dass für eine innere Ablehnung durch die Ritterschaft kein Anlass gegeben war.

Es fällt auf, dass der nur neun Jahre später eingereichte Antrag des Hofgerichtspäsidenten Mörner auf Erlass eines förmlichen livländischen Landrechts den Mengdenschen Entwurf mit keinem Wort erwähnt. Im Einzelnen ist hier noch vieles ungeklärt.

Inhaltlich stellt das Livländische Landrecht[516] Mengdens eine sorgfältigere Schöpfung dar als Hilchens Werk. Das Landrecht ist in fünf Bücher unterteilt: Das erste Buch handelt von „*der Personen Hoheit und Rechten*", also – ähnlich dem Hilchenschen Entwurf – vom öffentlichen Personenrecht. Das zweite Buch behandelt sowohl das Privat- als auch öffentliche Recht, soweit es nicht um die Provinzverfassung, sondern um materielles Verwaltungsrecht geht (zum Beispiel Wasser-, Forst- und Münzrecht). Das Gerichtswesen samt dem Zivilprozessrecht wird im dritten Buch behandelt. Das vierte Buch regelt das Straf- und Strafprozessrecht, während sich das fünfte Buch dem Kriegs- und Kommunalverwaltungsrecht zuwendet.

---

515 *Bienemann*, ebenda S. 67; das Original befindet sich in Stockholm, Reichsarchiv, Oxenstierna samling.

516 Heute finden sich hervorragend erhaltene Abschriften des Entwurfs etwa in der Universitätsbibliothek Dorpat Manuskriptensammlung unter Nr. 469 oder im Lettischen Staatsarchiv in der Handschriftensammlung unter Fonda 4038, Aprakst 2, Lieta 537.

Mengden hat der Hilchensche Entwurf ohne Zweifel vorgelegen. Nahezu alle Titel des Hilchenschen Landrechts finden sich – teils inhaltsgleich – im Mengdenschen Entwurf wieder,[g] so dass das Mengdensche Landrecht als Weiterentwicklung des Hilchenschen Vorgängers gelten kann. Die Struktur des Mengdenschen Rechts ist hinsichtlich der Aufteilung der Bücher klar und konsequent, die Titel sind – anders als bei Hilchen – thematisch gruppiert und inhaltlich von annähernd gleichmäßiger Regelungsdichte. Es werden neben dem bedeutenden Nutzen, den Mengden aus der Vorarbeit Hilchens gezogen hat, der viel längere Entstehungszeitraum und die Sorgfalt sichtbar, den Mengden im Gegensatz zu Hilchen auf die Ausarbeitung des Entwurfs aufwenden konnte und ersichtlich auch aufgewendet hat.[517]

VI. Endnoten

---

[a] Poln. und Litauische Statuten als Quellen zu Buch II, Tit. 28 (S. 221 - 223)

Casimirus Magnus 1347, Bd. 1 S. 19, **zu** § 9: „De praescriptione hereditatis petendae. Cum praescriptio propter segnitiem et pigritiam dominorum fit instituta, proinde statuimus et decernimus, quod, si aliquis credit vel reputat se habere aliquod ius ad aliquam hereditatem, quam aliquis praesentialiter possidet, si intra tres annos et tres menses tempore pacis et concordiae sustinet et patitur pacifice ipsum possessorem possidere eandem hereditatem, [sc. tanti temporis taciturnitate et praescriptione excludatur]".

Ebenda S. **40, zu § 6**: „De divisione facta coram amicis cum praescriptione triennali. Cum omnis dissensionis et discordiae sit mater ipsa communio, in qua etiam fratres et quidam germani exsistentes ad odia et lites non modicas saepius provocantur, ad quas evitandas, ne in periculum vitae utrique incidant, consueverunt plerumque homines vivere et stare in domibus propriis separatim, statuimus nostra auctoritate, ut quicumque fratres vel amici consanguinei aut remoti sexus utriusque abinvicem separati fuerint vel divisi et in hac separatione vel divisione steterint per tres annos et per tres menses in taciturnitate iudicium non provocantes (...) praescriptione obiecta legitime excluduntur. "

Ebenda S. **21, zu § 3**: „In venditione bonorum seu hereditatum, quae praescriptio possessoribus data est. Statuimus et declaramus propter quietam et pacificam possessionem habitam per tres annos et tres menses venditionem praedictam perpetuam habere firmitatem obstante tanti temporis taciturnitate et praescriptione."

Ebenda S. **76, zu § 14** (z. T.): „De venditore hereditatis. Ex consuetudine et iure antiquo servabatur, quod vendens hereditatem emptorem per tres annos et tres menses ab impetitione quaecumque ad interveniendum et liberandum eundem sit adstrictus. Sed quia multotiens contingit, quod vicini illius venditae hereditatis, quorum limites etiam ipsam contingunt, intra praefatos tres annos et tres menses emptorem vexare postponunt, donec venditor et intercessor praescriptione emptionis evadat, qua elapsa primo emptorem pro limitibus inquietare non formidant, licet venditioni praesentes extiterint, ea propter volumus et statuimus, quod, cum aliqua hereditas emptori per venditorem ostenditur, vicini illius hereditatis per emptorem cum ministeriali evocentur, quod illi ostensioni intersint. Qui si venire noluerint sic per ministerialem vocati et intra tes annos et tres menses possessori quaestionem pro limitibus non moveant, tunc possessor ad probationem suae emptionis cum testibus admittatur, praescriptioneque tanti temporis iuvabitur. "

---

[517] Vergleiche *Schwartz*, Versuch einer livländischen Rechtsgeschichte, S. 110.

Ebenda S. **41** , **zu** **§ 9:** „De viduis et maritatis et earum praescriptione. Cum realis distinctio personarum habeatur, inter quas quaedam personae sunt liberae ut virorum, aliae autem ut mulierum, quae minus libere agere possunt in iudicio super rebus et hereditatibus ipsis debitis et obligatis, propter quod statuimus, ut viris et masculis praescriptio triennalis currat, viduis vero sex annorum praescriptio propter fragilitatem sexus apponatur, mulieri autem maritatae, cum non habeat sui ipsius potestatem liberam propter maritum, decem annorum apponatur praesriptio."

Ebenda S. **20, zu § 10** : „(...) declaramus et statuimus, quod praedicta Lucia, postquam cum marito fuerit sive steterit per tres annos et tres menses ad causam non provocato, sive sit minorennis sive maior, de cetero non poterit nec debebit agere pro quibuscumque bonis (...)".

Ebenda S. **21, zu § 12** : „De praescriptione petendae restitutionis frumenti. Franciscus Gregorio mutuavit viginti mensuras tritici, quas pluries monitus non restituit. Gregorius autem quaesivit ab ipso Francisco, quando sibi praedictum triticum mutuasset. Respondit quattuor annos esse elapsos. Nos ipsi Francisco imposuimus silentium propter tanti temporis decursum et suam taciturnitatem."

Ebenda S. **41, zu § 13**: „De illis qui calumniose de crimine homicidii accusantur, ut calumniis malorum hominum viae praecludantur. Consueverunt enim quidem homines litigiosi calumniose viros innocentes de crimine homicidii commissi ante multos annos querulose accusare, cuius probatio vel expurgatio propter facti vetustatem haberi non potest. Unde statuimus, ut, si quis de crimine homicidii vult accusare vel agere contra aliquem poenam pro capite sibi cupiens vendicare et obtinere, antequam tres anni elabentur a die criminis commissi, hoc in iudicium deducat. Alias, tribus annis elapsis petenti et agenti pro poena capitis obstabit praescriptio et exceptio praescriptionis."

Statuta Sigismundi, 1540, Bd. I S. 558, **zu § 14**: „De repetitione debiti per mercatores. Statutum de registris mercatorum (...) in robore conservato hoc adiecto, ut mercatores ipsi, debita in registris eorum scripta a nobilibus intra trium annorum decursum repetant. Alioquin, elapso triennio debitum huiusmodi repeti non poterit a nobili iuxta illius statuti dispositionem obstante triennali praescriptione (...)".

Casimirus Magnus, 1347, Bd. I S. 46, **zu § 16**: „De violationibus virginum et oppressionibus viduarum vel maritarum. Quicumque vero virgini seu viduae vel coniugatae in campo, silva, domo aut ubicumque opprimendo violentiam fecerit, etsi virgo seu mulier evadens violentiam oppressoris et intra triduum ad villam viciniorem veniens seu in villa exsistens ad villanos clamaverit (...) narrando sibi violentiam esse illatam et signa oppressionis in ea apparuerint manifesta et subsequenter iuraverit, in gratia nostra amicorumque eius idem oppressor exsistat (...)".

Joannis Alberti Regis Statuta 1496, Bd. I S. 257, **zu § 17**: „De inscriptionibus castrensibus ad terrestrem librum transferendis. In quorum libris et iudiciis si quae inscribentur inscriptiones aut ex causa aut necessitate huiusmodi, illae ad librum terrestre transferantur ante anni decursum unius, quo decurso nullius roboris censeantur esse in libro castrensi sine translatione relictae."

Statuta Sigismundi I. Cracoviae 1540, Bd. I S. 560, **zu § 19**: „De cautione verbali. (...) Statuimus, ut verbo tenus factae [sc. cautiones] pro rebus seu summis et contractibus quibusvis non ulterius robur firmitatis obtineant dumtaxat per unum annum et sex hebdomadas."

Lit. Statuten III, § 45 § 1, zu § 1: „Wir ordnen auch wenn Jemand etwaß gegeben, oder verkauft auch entweder Von uns oder unserm landgericht gerichtlich verschrieben wäre, derselbe aber dem es gegeben, verkauft oder verschrieben, solches in 10 Jahren nicht annehmen, oder gebrauchen, noch solches in deßen gerichtlich suchen würde, der soll nach Außgang der 10 Jahres solches nicht fehig werden können, sondern dem besitzer soll es ewig behalten."

Zu § 2: III, 45, 3, 4: „Wenn aber etws unmündig kindern verschrieben wäre, die sollen an solcher verjährung nicht schuldig sein, wenn sie es nur nachdem sie erwachsen nicht Versäumen und Verjahren laßen. Da, auch Jehmand in frembden landen wäre, dem kann auch nicht verjahren, wenn er nur nachdem er angelandet 10 Jar nicht überschießen oder verfließen ließe."

[b] Das Ius terrestre als Quelle zu Buch III, Tit. 3 (S. 246 - 250)

Ius terrestre Nobililtatis Prussiae correctum Tit. 7 (Immobilienrecht)
Die Nummerierung der Paragraphen entstammt nicht dem Urtext, sondern wurde nachträglich anhand der Absätze vorgenommen.

TITULIS VII DE FINIBUS regundis.
Die ersten zehn Paragraphen des Jus terrestre Nobilitatis Prussiae stimmen in der Paragraphennummer mit dem Tit. 3 des dritten Buches des Hilchenschen Landrechts überein.

§ 1. Qui iure regere fines voluerit, ad iudicium terrestre duabus septimanis ante terminum citatione insinuata vocare vicinum vicinosve debet atque aestimationem quidem in citatione nullam ponere, sed tantummodo ad decernendum sibi ductum sequente aut simili forma citare:
Qui te citat ad constituendos limites inter bona sua hereditaria villae N. ab una et tua itidem hereditaria villae N. ab altera partibus, ad videndum audiendumque sibi actori ductum decerni vigore praesentis citationis, ad quem iudicaliter respondebis: datum.

§ 2. Alii etiam vicini, qui contiguas cum bonis iis, inter quae iudicium finium intercedit, possessiones habuerint atque aliqua ratione negotium illud eos attigerit, ad eundem terminum una cum principali sequenti aut simili forma citationis vocari debebunt:
Citat vos ad demonstrandum parietem vestrum, si quem vos habere praetenditis, villae seu hereditati ipsius N. contiguum, quae bona sua hereditaria commemoratus N. secernere et dislimitare vult (...).

§ 3. Si citatus in primo termino non comparuerit, simplicis contumaciae tantum condemnetur.

§ 4. Si ne in secundo quidem termino peremptorio comparuerit, ductus actori decernatur et in campum mittatur.

§ 5. Quo decreto interposito iudex cum duobus scabinis a iudicio ad id deputatis in campum cum actore ad ductum eius exsequendum descendet vel, si iudex ob valetudinem vel aliqua alia impedimenta adesse non possit, scabinus prior vel sequens vices eius obibit.

§ 6. Prius autem sequente aut simili forma innotescentiae quattuor septimanarum termino praestituto reum ad executionem citabunt:
Mandamus tibi, ut coram nobis tamquam a iudicio deputatis feria secunda post festum S. N. nunc instans proxima in loco campestri inter bona hereditaria nobilis N. dicta N. et tua itidem hereditaria dicta N., in quo (...) actor nos collocabit, compareas ad attendandum et videndum nos ab ipso duci iuxtaque ductum eum fines et limites ab illo regi et constitui scopulis excitatis aliosque signis metallibus constitutis iuramentumque ab eo et testibus praestari (...) Ad quam executionem eius a iudicio terrestri deputati sumus (...)

§ 7. Eadem fere forma iuxta modum superius descriptum collaterales etiam adcitabuntur.

§ 8. In termino hoc actor ducet iudicium pro arbitrio conscientiaque sua. Deputati vero a iudicio itidem pro conscientia et iuramento suo vel approbabunt ductum vel, si nimis modum aequitatis actorem excedere ex attestationibus atque monumentis animadverterint, moderabuntur limitesque scopulis excitatis aliisque signis metallibus constituent – appellatione ad superius iudicium utrique parti salva relicta.

§ 9. Ductu finito circa finalem et axialem scopulum iurabit actor actoresque cum subditis, quos deputati a iudicio delegerint, in veram et iustam limitationem quodque nihil soli (...) citato ademerit aut ab illo alienarit.

§ 10. Quod si in termino eo citatus citative in rem praesentem non venerint contumacesque fuerint, nihilominus iudicium tenebitur actorem sequi finesque secundum ductum ipsius regere ita nimirum, ut non obstante absentia citati in ipsius iudicii praesentia nihilominus actor, quemadmodum supra ostensum est, circa ultimum et axialem scopulum supra commemoratum iuramentum praestet.

§ 11. Qui quidem limites eo, quo demonstratum est, modo constituti et iuramento actoris confirmati, durabunt et servabuntur.

§ 12. *(= Tit. 3 § 11)* Si ex consensu vel controversia partium in rem praesentem remissio fiet, citatio talis edetur: Nos N.N., iudex et scabini a iudicio N. delegati, tibi nobili N., heredi in N., regio et officii nostri vigore mandamus, ut coram nobis in loco campestri finitimo inter bona hereditaria N. nobilis N. in N. tamquam actoris ab una et tua itidem hereditaria N. ab altera partibus feria N. post festum N. ad instantiam praefati N. actoris personaliter et peremptorie compareas, qui te citat in campum et rem praesentem.

§ 13. *(= § 12)* Simili fere citatione verbis ad rem et personas eorum accomodatis collaterales adcitabitur.

§ 14. *(= § 13)* Quod si citatus in aliquo horum termino aliquo legali impedimento retentus aut etiam citationis ignoratione non comparuerit, eodem modo de restitutione in integrum agere legaleque impedimentum aut ignorantiam probare tandemque restitutionem obtinere poterit.

§ 15. *(= § 14)* Cum in rem praesentem ventum fuerit, iudicium ad limites constituendos delegatum ei, qui evidentiora signa demonstrabit, ductum adiudicabit.

§ 16.. *(= § 15)* Itaque si alteruter ex litigantibus vel certa litterarum documenta vel ad minus tres scopulos seu tumulos signave notabilia in campo, in silvis vero cruces in arboribus legitime limitum causa incisas et testimonio sufficienti comprobatas aliaque probabilia limitum indicia demonstraverit, sub conscientia sua ei ductum adiudicabunt. *(= § 16)* Si utraque pars signa sua habeat, ei, qui plura et notabiliora. Si neutra, tum, si quis fluvius aut rivus utramque possessionem distinguat, naturalis inter eas limes erit, utque pro limite observetur, decernent. *(= § 17)* Qui quidem fluvius sive rivus, si naturaliter sine ullo hominis ministerio alveum commutarit aliove meatum suum diverterit, nihilominus primaevus alveus, per quem ante aqua decurrit, verus limes hereditatum illarum erit.

§ 17. *(= § 19)* Si neutra pars signa notabiliora habeat neque rivus aliquis aut fluvius intercedat, qui ad minimum per decennium in pacifica poessessione se fuisse docere poterit, ei ductus decernetur. Si ne de possessione quidem constare possit, a iudicio deputati pro conscientia sua vel actorem vel citatum moderatione adhibita ad ductum et iuramentum, si necessarium iudicaverint, quemadmodum statutum est, admittent.

§ 18. *(= § 24)* Si forte contra haec iudicium ad limitationem deputatum aliquid decreverit, parti gravatam se existimanti ad consiliarios terrarum Prussiae vel tribunal regni indifferenter appellare liberum erit. Unde deinde ad illum idem iudicium pro exsecutione remittetur.

§ 19. *(= § 25)* Limites ita constitutos, tum totius ductus seriem scriptam et consignatam partibus postulantibus idem iudicium edet. Praeterea vero ad perpetuam rei memoriam in terminis terrestribus in acta terrestria referendam pars alterutra curabit.

§ 20. *(= § 27)* A singulis integris bonorum limitationibus, tot nimirum, quot fecerint, etsi uno die plures fecerint, ultra alimenta quinque florenos pars, quae ductum obtinuerit, iudicio seu [sc. iis], qui a iudicio deputati fuerint, dare tenebitur.

§ 21. *(= § 28)* Si quis tumulos vel veteres vel nuper iudicaliter constitutos vel alia signa metallia seu integra vel ex parte aliqua offecerit, exciderit corrupueritve terminum in iudicio terrestri habebit. *(ähnlich § 29)* Ex actoris et citati controversiis absque quavis mora et dilatione de medio sui duos scabones ad indagandam rei veritatem (...) in campum mittet. Et si compertum sit limitem temere violatum corruptumve esse, ibidem in instanti praesentibus scabinis violatum limitem citatus restaurabit. *(= § 26)* Ratione vero poenae quinquaginta aureorum (...) conservatum terminum peremptorium habebit.

§ 22. *(= § 30)* Iisdem poenis tenebitur, qui privatim sine auctoritate iudicii limites signaque aliqua limitanea erexerit, constituerit feceritve. Quarum poenarum nomine eodem omnino modo, quemadmodum contra legitimi termini motorem, contra eum procedetur.

§ 23. *(= § 31)* Si plures unius possessionis domini fuerint interque eos minorennes aliqui essent, nihilominus aeque iudicium ad limitationem procedat minorennitate aliquorum non obstante.

c Das Ius terrestre als Quelle zu Buch III, Tit. 12 – 28 (S. 259 - 267)

Ius terrestre Nobililtatis Prussiae correctum Tit. 6 (Zivilprozessrecht)
Da der sechste Titel des Jus terrestre Nobilitatis Prussiae im Druck von 1655 fast 24 Seiten zählt und in nahezu allen Bestimmungen identisch ist, wurde der Abdruck hier auf die ersten sieben Paragraphen beschränkt, die insoweit beispielhaft für die übrigen Bestimmungen sind.

TITULUS VI. DE PROCESSU IN Causis Civilibus

§ 1. *(= Tit. 12 § 1 S. 1)* Qui in ius aliquem vocare voluerit, ante omnia ipse standi locum in iudicio habere debet et eum in iudicium vocare, quem convenire iure permissum est.

§ 2. *(= § 1 S. 2,3)* Standi autem locum in iudicio non habent liberi contra parentes in personalibus actionibus, subditi item contra dominum et vice versa, cum ob potestatem, quam quisque in suos habere debet, nullum cum suis iudicium intercedere debeat. Proscripti item et infames. Muti autem, surdi, pupilli, mulieres, mente capti conveniri quidem et convenire poterunt, non tamen absque tutoribus.

§ 3. *(= § 2)* Secundum id, ut ad suum quemque iudicem in ius vocet, quem convenire velit, quisque attendere debebit. Si enim pars partem in aliud forum aut iurisdictionem quam [sc. in eam], ad quam reus pertinere docebitur, evocaverit, nulla et irrita erit.

§ 4. *(= § 4)* Quod si vero reus ultro iudicem aut iurisdictionem alicuius agnoverit vel in iudicem aliquem consenserit vel etiam obligatione vel inscriptione sua illius iudicio se submiserit iurique suo renuntiaverit, ius dicenti parere debebit. Si praeter haec a non suo iudice nihilominus parere iussus fuerit, quemdadmodum supra constitutum est, sententia iudicis nullius momenti erit.

§ 5. *(= Tit. 13 § 1)* Si ad iudicium terrestre quis aliquem vocaverit, citationi nomen regium praeponi, actoris deinde atque rei praenomen et nomen sine cuiusquam contumelia et debito cuique honore servato subiici debet: (= § 2) Res denique ipsa, ob quam in iudicium vocatur, in citatione breviter narrari atque ita sigillo, quo iudicium id utitur, consignari debebit.

§ 6. Si ad conventum terrarum Prussiae quis evocetur, sigillum terrestre palatini eius, in quo reus fuerit, ei applicabitur. Si ad palatini iudicium, ipsius palatini. Si ad tribunal, terrestre. *Da sich diese Bestimmung auf preußische Eigentümlichkeiten bezieht, hat Hilchen sie nicht einbezogen.*

§ 7. *(= Tit. 13 § 3)* Nemo in citatione exsistimationem aut honorem alicuius laedere verbisque aliquibus, quibus ea laedantur, uti debet. Quod si quis contumeliosa aliqua verba, sine quibus res ipsa narrari poterat, citatione comprehenderit producens, citationis eiusmodi tam actor ipse quam procurator eius unius septimanae sessione in turri mox puniri debebit, reus autem a termino et citatione liber pronuntiari.

[d] Polnische Statuten als Quellen zu Buch III, Tit. 31 (S. 280 - 281)

XXX. Koronacyi Krolewskiey Roku 1588, Bd. II S. 1207 f., **zu § 2 S. 1**: „Ieśliby kiedykolwiek Nam, y Potomkom Naszym Krolom Polkim, z poddanym swym, Szlacheckiego zawołania, przyszła sprawa o *Crimen laesae Majestatis*, ktore tylko in Personam Regiam, podług Prawa, *machinatione, conspiratione, violento conatu, et quod longe absit, facto ipso, in ufitam committitur*: tedy od Instygatora Naszego, za wiadomośćią Marszałka Naszego, ma na takowego pozew, sześć Niedźiel przed terminem, bydź położony na Seym, y onego położenia relacya w Xięgach Grodzkich tegoż Powiatu ma bydź zapisana, w ktorą pozew ma bydź wpisany: y na Seimyku takie położenie pozwu, dla dostateczney wiadomośći, przez Woźnego ma bydz publikowane. Ktor ytak pozwany, ma peremptorie stanąć.“ **Zu § 3:** „Y gdy sprawa z pozwu takowego przypadnie, mamy, wysłuchawszy propozycyą y dowody Instygatora Naszego, także y strony obwinioney, Panom Radom Naszym, y Posłom Ziemskim niżey opisanym, w tym dać czas, aby na tę sprawę na Seymie onym, bez bytnośći Naszey wotowali, y w niey się wedle potrzeby rozmowili.“ **Zu § 6 S. 2:** „A gdyby się spolnie wszyscy na iednę sentencyą zgodźili: tedy taki dekret przez nie, w niebytnośći Naszey konkludowany, przy Nas ex scripto ma bydź ferowan przez Marszałka.“ **Zu § 7:** „Agdźieby się wszyscy na ieden dekret zgodzić niemogli, tedy przy większey częśći konkluzya zostawać ma.“ **Zu § 4:** „Do ktorego takowego sądu z koła Poselskiego, deputowani bydź mają osm osob, ktorzy przyśiągszy, na prawne, na sprawiedliwe, podług ..sumnienia wotowane, przy Paniech Senatorzech wotować, y wota ich także iako y Panow ..Rad, liczone y porachowane bydź mają.“ **Zu § 5:** „A gdźieby probationes et documenta contra reum, nie były certa, manifesta, notoria et sufficentia: tedy obwiniony bliszsy będźie zawzdy do ewazyi, wedle Statutu de viro bonae famae, choćby też ejusmodi in sufficientia documenta et probationes, były depozycyami poprzyiężonemi utwierdzone.“ **Zu § 6 S. 1:** „Także ieśliby była votorum paritas, tedy obwiniony do odwodu bliższy bydź ma.“ **Zu § 2 S. 2:** „A ten ktoryby ratione criminis laese Maiestatis był pozwnay, nie ma w większym poczćie na Seym przyieżdżać, tylko ad summum ze dwudźiestą osob, inkluduiąc w to, tak przyiaćiele iako y sługi, y w takieyże liczbie osob, do mieysca sądow, nie w większey przychodźić ma.“ **Zu § 2 S. 3:** „Prokurator ma bydź dan z Prawa, ieśliby go strona obwiniona potrzebowała. Ktory tak przzdany, post propositionem et documenta omnia, per Instigatorem exhibita, ma mieć spatium deliberan. ad respondendum do trzećiego dnia, będźieli tego strona potrzebowała.“ **Zu § 10:** „A ieślieby się to pokazało, iżby pozwany niewinnie a potwarnie był odnieśion, ma bydź delator Nobilis, sive comparuerit sive non, karan wedle Konstytucyi, na takie Anno 1565. uchwaloney, a na tym seymie poprawioney a plebeius poena Capitis.“ **Zu § 11:** „Iednak gdźieby obwiniony niezgoła, ale przez przysięgę się odwiodł, tedy na delatora żadna poena śćiąra żadnym obyczaiem zwłoczona.“ **Zu § 8:** „Owszem przez te osoby, ktore do tego sądu wyżey są naznaczone, sądzona bydź ma, tak aby iuż na tymże Seymie poprawiona była: alias na dokończeniu Seymu nie ma bydź broniu a, y owszem dopuszczona pozwanemu ewazya, gdźieby mu z Prawa przyszło: oprocz żeby sam pozwany używał dilacyi vera infirmitate, ktora fama iedna in casu am bydź pozwolona do dwu Niedźiel: albo żeby on sąd uznał ex allegatis et responsis, żeby w tym potrzebne było scrutinium.“ **Zu § 12:** „Albo ktorykolwiek inny występek popełnił, ktoryby właśnie był contra Rem publ: iednak iuż in tali casu, My iako głowa, z Pany Radami, y z ośmią Deputatow Poselskich sądźic, y przy większey częśći konkluzyą uczynić mamy: w ktorych juxta qualitatem excessus, et illius judicij sententiam, poenae debent irrogari.“

Zu § 13: „To waruiąc, iż gdźieby in ea causa perduellionis delatora nie stało: tedy sam Instygator z wiadomośćią Marszałka Naszego, maiąc certa et evidentia documenta, taką kauzę może instituere et continuare: zachowuiąc w swey mocy postępek, tu na tym Seymie osobny contra perduelles modernos uczyniony.“

[e] Kurländische Statuten von 1617

Register der Titel

Tit. 1, §§ 1 – 38:	Von öffentlicher gewalt, auch von wert und manir, wie die gerichte, und processen, sollen gehalten werden.
Tit. 2, § 39	Auf was art der *creditor* zu zahlen, waren der *debitor* unzahlbar.
Tit. 3, §§ 39 – 48	Von *executionen*, sowohl in peinlichen als bürgerlichen sachen.
Tit. 4, §§ 49 –61	Von der Privat-Pesohnen gewalt und *contracten.*
Tit. 5, §§ 62 – 64	Väterliche gewalt über die kinder.
Tit. 6, 65 – 74	Von vormundschaften.
Tit. 7, §§ 75 – 78	*De usu fructu.*
Tit. 8, §§ 79 – 82	Von Fischereyen.
Tit. 9, §§ 83 – 84	Von honigweyden.
Tit. 10, §§ 85 – 87	*De donationibus.*
Tit. 11, §§ 88 – 90	*De mutus.*
Tit. 12, § 91	*De commodato.*
Tit. 13, §§ 92 – 93	Von hinterlegtem und vertraüeten guth.
Tit. 14, §§ 94 – 96	Von Verpfändungen.
Tit. 15, §§ 97 – 108	Von käuffen und verkäuffen.
Tit. 16, §§ 109 – 117	Von miethen und arrendiren.
Tit. 17, §§ 118 – 119	Von gemein oder gesellschaften in sahmenden güthern.
Tit. 18, § 120	Von vollmachten.
Tit. 20, § 121	Von verwaltung ander leute sachen die ohne vollmacht geschehen.
Tit. 21, § 122	*Contractus innominati.*
Tit. 22, § 123	Von pacten und verträgen.
Tit. 23, §§ 125 – 129	Von bürgschaften.
Tit. 24, §§ 130 – 132	Von brücken und landstraßen.
Tit. 25, §§ 133 – 143	Wie alle *obligationes* und *actiones* aufhören.
Tit. 26, §§ 144 – 145	Von jagden.
Tit. 27, § 146	Von verjährungen.
Tit. 28, §§ 147 – 159	Wie denen zu helfen, so in *contracten* und rechten überschnellet, dass sie im vorigen stand gebracht werden.
Tit. 29, §§ 160 – 201	*De successionibus.*
Tit. 30, §§ 202 – 224	Von öffentlichen verbrechungen und derselben straffen.

[f] *Livländische Rechtsgewohnheiten*

„Wegen der Erbpauren".

„Kommt ein Erbpauer wider zu seinen Herren, denselben darff er nicht ausandtworten. Eines Erbpauren kinder so in der Fremde gebohren, folgen allen deme Vatter. Für Außantworting eines Pauren gehöret deme Richter ein Floren. Will Jemandt einen Erbpauren nicht außantworten, undt er endtlauffet inmittelst, soll dem Erbherren ein gleich gutt Gesinde zugeschlagen werden.
Rechtmessige Schult muß nder Erbherr für seinen entlauffenen Kerl zahlen.
Keinen Pauren soll man den Halß absprechen, Es sey darbey der Voget mit dem Landknecht, Lnadtschreiber undt Rechtfinder (Rechtfinder sind die alte Pauren).

In Taxirung eineß Gutteß müssen nachfolgende Requisita observiret werden:

1) Wie langk und breit die Grentzen deß Gutteß; 2) Wie gros die Hoffesfelder und was sie tragen.
3) Wie viel Fluge täglichen zum Gutte. 4) Wie viel wüste Gesindeß sthette ubrigs zu besetzen;
5) Waß der Pauren jährliche Gerechtigkeit sei; 6) Wie viel fischreiche Seen, Bäche oder Teichen zum Hofe
7) Wie viel Krüge; und ob diese an der Herstraßen; 8) ob nach dem Hoffe viel Heuschläge belegen.
9) Ob viel Byrsen und Rhödungen nach dem Hoffe. 10) Wie viel Mhüllen und Mhü lensthetten nach dem Hoffe.
11) Ob es Balken Wiltnüsse habe.

Diese Nutzbarkeiten als Intraten werden kegen 6 per centum verrechnet, und also hier auf ein Capital des Guttes gesetzet; worvon hernacher der Roßdienst, Priestergerechtigkeit, und Contribution so daß 5 theil deß Gutteß abgekürzet werden."

[g] Man vergleiche zum Beispiel folgende Kapitel des zweiten Buches des **Mengdenschen Entwurfs** mit dem Hilchenschen Entwurf zweites Buch Tit. 19- 23; 25-26, 5-6:

Kap. 5. Von der Jagd, S. 20
Kap. 6. Von den Immenstöcken und dero Gerechtigkeit, S. 21
Kap. 7. Von denen Holzungen, S. 21.
Kap. 8. Von Strohweiden und Hütungen, S. 21.
Kap. 9. Von denen auf dem Wege und sonst gefundenen sachen, S. 21.
Kap. 10. Von dem Recht zwischen Man und Weib, S. 23.
Kap. 12. Von Testamenten u der Legitime, S. 24.
Kap. 13. Von Erbschaften, Erbnehmung und Enterbung, S. 29.
Kap. 14. Von denen Unmündigen und desten Vormündern, S. 51

VII. Zusammenfassung

„Zum großen Schimpf unseres Volkes bei den benachbarten Völkern und zum unabschätzbaren Schaden unserer Republik", wie Sapieha im Jahr 1625 an C. Radziwiłł schrieb,[518] ging Livland Polen 1629 endgültig verloren.[519] 73 Jahre lang hatte Livland im Mittelpunkt der polnischen Politik gestanden. Welche bleibenden Auswirkungen hatte die polnische Herrschaft auf die rechtlichen Verhältnisse in Livland? War die Herrschaft Polens bloß eine Übergangsperiode, die eine in Livland selbsttätige rechtliche Entwicklung überwachend begleitete, oder erwies sich die Zugehörigkeit zu Polen im Folgenden als die gestaltende Kraft in der Entwicklung des livländischen Rechtswesens?

Der Zeitraum zwischen 1561 und 1629 war in ganz Osteuropa eine Periode großer Umbrüche. Für Livland beginnt diese Spanne in den brüchigen und kraftlosen Formen des spätmittelalterlichen Ordensstaates und endet in der Zeit des Frühbarocks. Die Zeit war nicht nur von zahllosen Kriegen bislang unbekannter Intensität und Grausamkeit gekennzeichnet, sondern auch starken und vielfältigen kulturellen, wirtschaftlichen und religiösen Entwicklungen. Die Justiz kam diesen Sprüngen nur schleppend nach, zumal eine flächendeckende Durchsetzung des Rechts infolge der vielen Kriege und wechselnden Eroberungen nicht möglich war. Der Hilchensche Entwurf ist insoweit symptomatisch für die Situation Livlands, und zwar sowohl was das materiell geltende Recht als auch den Wert des Rechts selbst betrifft. Ausschlaggebend ist hierbei, dass sich in ihm die Haltung Polens gegenüber Livland widerspiegelt.

1. Der Hilchensche Entwurf als Synopse polnischer Livlandpolitik

Polen selbst beabsichtigte niemals, Livland polnischem Recht zu unterwerfen. Die gesamte Livlandpolitik Polens war von unterschiedlichen Motiven bestimmt. Schon im Jahr 1566, also kurz vor Ausbruch des Livländischen Krieges, wurde in Kreisen des polnischen Hochadels ein militärisches Eingreifen in Livland diskutiert.[520] Hauptmotiv war, den Kriegsschauplatz nicht nach Litauen wechseln zu lassen, was bei einem allzu schnellen Sieg Moskaus absehbar gewesen wäre. In Wilna befand sich der Staatsschatz; selbst auf das Risiko, durch eine Übernahme Livlands in dauernden Krieg mit den Moskowitern verwickelt zu sein, erschien ein solches präventives Vorgehen als strategisch geschickter.[521] Folglich bestand von polnischer Seite kein Interesse daran, die inneren Verhältnisse Livlands zu verändern, solange sich Livland loyal verhielt. Das *Privilegi-*

518 Sapieha an Christ. Radziwiłł S. 275 Nr. 96 vom 29. August 1625; *von Ramm-Helmsing*, Biographie S. 124.

519 In die Beurteilung Sapiehas floss freilich die berechtigte Sorge um die Gesamtverfassung Polens mit ein.

520 Sigismund August an Nikolaus den Schwarzen, Palatin zu Wilna, am 20. November 1566. Posen, Raczyński-Bibliothek MS. Nr. 93.

521 Sigismund August an Nikolaus Radziwiłł am 19. Juni 1562 aus Wilna. Posen, Raczyński-Bibl. MS. Nr. 73.

um Sigismundi mit seinen weitreichenden Freiheiten war die beste Gewähr für diese Bündnistreue. Es ist daher nur konsequent, dass materiellrechtlich in dieser Phase keinerlei polnischer oder anderer fremdländischer Einfluss auf die bestehenden Rechtsverhältnisse in Livland zu verzeichnen ist.

Das anfangs gute Verhältnis zwischen König und livländischem Adel wurde Ende der sechziger Jahre dadurch getrübt, dass zahlreiche livländische Adelige Herzog Magnus von Holstein folgten, als dieser zu Ivan IV. übertrat.[522] Weiter belastet wurden die Beziehungen schließlich durch die Krönung Stephan Bathorys, der dem livländischen Adel von Anfang an misstraute und zudem die Konflikte mit Livland um die konfessionelle Dimension erweiterte. Livland sollte zu einem Hort des Katholizismus werden und – strategisch optimal inmitten andersgläubiger Mächte gelegen – als Ausgangspunkt für weitreichende Rekatholisierungsunternehmen in das protestantische Schweden und das orthodoxe Moskowiterreich dienen. Die Gegenreformation wurde aus Sicht Stephan Bathorys vor allem deswegen so stark forciert, weil mit der Reformation die Germanisierung der Bauernbevölkerung Hand in Hand ging.[523] Wie ausgeführt, fußte der lutherische Glauben – ganz im Gegensatz zum Katholizismus – unter anderem auch auf einer frühen Art Nationalbewusstseins, welches die Landbevölkerung selbst als Letten und Esten eher zum Deutsch- als zum Polentum hinzog.

In den *Constitutiones Livoniae* wird zum ersten Mal auf die Rechtsverhältnisse Livlands zu polnischen Gunsten eingewirkt. Neben der Zurückstufung des Luthertums stellte vor allem die Verfallserklärung aller im ehemaligen Bistum Dorpat gelegenen Lehen einen unmittelbaren Eingriff in Angelegenheiten Livlands dar, die in keinem direkten Bezug zur Bündnistreue zu Polen standen.

Der Tiefpunkt livländischer Eigenständigkeit fällt in den Anfang der Regierungszeit Sigismunds III., als im Jahr 1589 die erste *Ordinatio Livoniae* erlassen wurde und die Rechte des livländischen Adels stark begrenzte. Polen befand sich auf dem Höhepunkt seiner Macht und musste auf livländische Interessen keine Rücksicht nehmen. Für Hilchen sind dies die prägenden Jahre gewesen; es ist die Zeit, als die Eindrücke seiner Arbeit in der Kanzlei Zamoiskis noch frisch waren und sich Riga im Rahmen der Kalenderunruhen ausschließlich mit sich selbst befasste.

Im Jahr 1594 bestieg Sigismund III. neben dem polnischen auch den schwedischen Thron. Im sich bald darauf abzeichnenden Konflikt mit seinem Onkel, Herzog Karl von Södermanland, war er auf die Unterstützung der Livländer angewiesen. Dieser Hintergrund – und das diplomatische Wirken Hilchens am Hofe – führten im Jahr 1598 zur zweiten *Ordinatio Livoniae*, in welcher Livland als gleichberechtigter Teil der Adelsrepublik anerkannt wurde.

---

[522] *Heyde*, Die Adelspolitik Polen- Litauens, S. 548.

[523] *Kuntze*, Polska a Inflanty, S. 22, "Polityka kościelna Batorego.".

Zu diesem Zeitpunkt begann Polen jedoch bereits die Kontrolle über Livland zu verlieren. Die Loyalität der livländischen Ritterschaften war durch den Konfessionenkonflikt und die erste *Ordinatio* so geschwächt worden, dass sich im Jahr 1600 ein Großteil der Livländer auf die Seite Schwedens stellte. Der Krieg gegen Herzog Karl von Södermanland weitete sich zu einem dauernden Konflikt aus, der die folgenden Jahrzehnte in Anspruch nahm und unter Gustav Adolf schließlich zur Niederlage Polens führte.

In diese Situation des Übergangs fällt die Abfassung des Landrechtsentwurfs. In der Rückschau konnte der Zeitpunkt für die Schaffung eines allgemeinen Landrechts nicht schlechter gewählt werden, doch zum einen zeichnete sich der tiefgehende Umbruch in den späten neunziger Jahren des 16. Jahrhunderts noch nicht offen ab, und es darf zum anderen nicht außer acht gelassen werden, dass der Hilchensche Entwurf das Resultat eines jahrzehntelangen Prozesses ist, der allein durch die Passivität sowohl der livländischen als auch der polnischen Seite so lange verzögert worden war.

Hilchen besaß ein feines Gespür für politische Stimmungen. Das macht seinen Landrechtsentwurf für die Kenntnis der livländischen Verhältnisse Ende des 16. Jahrhunderts so wertvoll. Er leitet den Landrechtsentwurf nicht vom *Privilegium Sigismundi* ab, wohlwissend, dass Polen – obwohl es seine gesamte Energie auf den Konflikt mit Schweden konzentrierte und daher zu weitgehenden Zugeständnissen an Livland bereit war, um die Loyalität der Livländer zu erhalten beziehungsweise wiederherzustellen – durch eine solche Kodifikation nicht bloß in gewisser Hinsicht das Gesicht verloren, sondern im Falle eine späteren Widererstarkens ein solches Ausnutzen der Situation mit gleicher Münze vergolten hätte. Hilchen hingegen zieht sich ebenfalls nicht auf die Positionen der *Constitutiones* und *Ordinationes* zurück, sondern bleibt bewusst vage. Streitpunkte wie die Konfession – ein damals noch hochaktueller Konflikt, für welchen sich keine Lösung abzeichnete – spart Hilchen bewusst aus. In diesem Sinne verhält sich Hilchen auch in diplomatischer Hinsicht im besten Sinne livländisch, war doch das beschwichtigende Abwarten der Ereignisse eine der hervorstechenden Charakterzüge der livländischen Stände, zumal Rigas. Hilchens Entwurf begründet sich trotzdem nicht allein auf der Furcht vor konkreten Aussagen. Die politische Lage Livlands um 1599 war so unübersichtlich, dass ein Landrechtsentwurf, der klare Zeichen setzte, politisch und strategisch ungeschickt gewesen wäre. Polen war zu jenem Zeitpunkt selbst unsicher geworden, wie lange es Livland noch halten können würde. Konkrete Vorstellungen darüber, wie ein livländisches Landrecht aussehen solle, machte es sich längst nicht mehr; die Prioritäten hatten sich verschoben. Wenn das Landrecht daher livländische Rechte wahrte, ohne gegen polnisches Recht zu verstoßen und die polnische Verwaltungsstruktur fortsetzt, waren alle Ansprüche erfüllt, die Polen zu diesem Zeitpunkt an die livländische Justizpolitik stellte.

Im Übrigen ist es nicht ausgeschlossen, dass die mangelnde Sorgfalt, die den Landrechtsentwurf stellenweise kennzeichnet, darauf gründet, dass Hilchen die geringen „Überlebenschancen" seines Entwurfs bewusst waren. Hilchen war politisch erfahren und sah die schwere Belastung kommen, welche die zusätzliche Feindschaft mit Schweden für Polen bedeutete; er hat die polnischen Truppen nach seiner Verbannung viele Jahre begleitet und zum Teil geführt. Wenn überhaupt innerhalb der nächsten Jahre das in Livland lang ersehnte Landrecht erlassen werden sollte, so musste es schnell kommen und möglichst wenig Anstoß erregen, weder in Livland selbst noch am polnischen Hofe. Für diese Deutung spricht auch, dass Hilchen nach 1600 seinen Landrechtsentwurf nie wieder zur Sprache gebracht hat, obwohl er in Polen sesshaft wurde und beste Kontakte zum polnischen Hochadel pflegte.

Zusammenfassend spiegelt der Landrechtsentwurf daher die rechtliche Beeinflussung Livlands durch Polen nicht nur im Zeitpunkt seiner Abfassung wider, sondern stellt als reichhaltige (aber auch teilweise etwas willkürliche) Zusammenstellung verschiedenster Rechtspositionen, die zwischen dem liberalen *Privilegium Sigismundi* und der repressiven ersten *Ordinatio* einen weiten Bogen spannen, auch ein treffendes Resümee der polnischen Livlandpolitik dar.

2. Der Entwurf als Spiegel des damaligen livländischen Rechts

Dass der Landrechtsentwurf aufgrund seiner vielfach fremden Quellen kein genaues Abbild des damaligen livländischen Rechts darstellen kann, wurde bereits von O. Schmidt festgestellt.[524] Doch hat Hilchen aus polnischen und litauischen Rechten häufig solche Bestimmungen gewählt, die den einheimischen Regelungen besonders ähnlich waren, was auch O. Schmidt einräumt.[525] Zudem darf in diesem Zusammenhang nicht unterschätzt werden, dass das livländische Landrecht von den livländischen Ständen nahezu beanstandungslos genehmigt wurde; mögliche Rechtsänderungen durch den Entwurf waren somit willkommen und entsprachen insoweit der zeitgenössischen Rechtsauffassung. Die Ansicht O. Schmidts (siehe Fußnote 16) ist in dieser Form daher zu pauschal.

Dass Hilchen in einer Kodifikation des ausgehenden 16. Jahrhunderts die Bestimmungen der alten livländischen Ritterrechte ohnehin nicht unverändert übernehmen konnte, ist offensichtlich. Da in den vergangenen einhundertfünfzig Jahren keine Neukodifikationen in Livland erlassen worden waren – vom *Formulare Procuratorum* einmal abgesehen –, stellte sich in jedem Fall die Frage, auf welche Rechte zurückgegriffen werden sollte. Selbstverständlich war Livland, nachdem die alten Ritterrechte zum Teil außer Gebrauch gekommen waren, kein „rechtsfreier Raum“, wie es in der ersten *Ordinatio* hieß. Die alten Ritterrechte genossen formal weiterhin Geltung, doch wurden sie gewohnheitsrechtlich nach und nach dem sich ändernden Rechtsempfinden angepasst. In dieser Situation befand sich Livland, als Hilchen sein Landrecht entwarf. Für zahlreiche Passagen des Landrechts ließen sich keine Parallelen in fremden Rechten geltend machen, während die Verwandtschaft mit den alten Ritterrechten in vielen Fällen auf der Hand liegt. Das livländische Gewohnheitsrecht aus polnischer

---

[524] *Schmidt*, Rechtsgeschichte, § 64, S. 147.
[525] *Schmidt*, Beitrag zur Quellenkunde, S. 71.

Zeit lässt sich heute wegen der größtenteils verbrannten oder auf andere Weise abhanden gekommenen Gerichtsakten nicht mehr ermitteln. Vor diesem Hintergrund ist es jedoch wahrscheinlich, dass der Großteil jener deutschrechtlich beeinflussten Bestimmungen, die keine Parallelen im polnischen, litauischen oder preußischen Recht finden, auf zeitgenössischem livländischen Gewohnheitsrecht gründet. Denn Hilchen hatte im Jahr 1599 die Stadt Riga bereits seit 13 Jahren in allen rechtlichen Fragen des Alltags vertreten. Es erscheint kaum möglich, dass die hierbei gewonnenen Erfahrungen nicht in den Landrechtsentwurf eingeflossen sind.

Für diese Ansicht sprechen zudem die *Consuetudines Livonicae*. Unabhängig von ihrem Entstehungszeitpunkt stellen sie offensichtlich Bestimmungen dar, die mit dem in Livland zu polnischer Zeit praktizierten Recht übereinstimmen. Als Parallele zum Hilchenschen Entwurf lässt deren zweiter Teil in beiden Deutungsmöglichkeiten nur den Schluss zu, dass Hilchen in seinem Landrecht entweder livländisches Gewohnheitsrecht aufnahm oder dasselbe so gestaltete, dass es sich ohne Umstände in die livländischen Rechtsgewohnheiten einfügte. Dass Hilchen hierbei selbst rechtsgestaltend tätig geworden ist, widerspricht dieser Auffassung nicht: Recht und zumal Gewohnheitsrecht unterliegen ständigen Änderungen, welche zum Teil auf äußere Einflüsse, zum Teil auf innere wirtschaftliche oder gesellschaftliche Entwicklungen zurückgehen. Erkannte Hilchen diese Entwicklungen und setzte sie in geschriebenes Recht um, so greift er damit auch Gewohnheitsrecht auf.

Freilich bedeutet dies nicht, dass im Landrecht nicht auch zahlreiche bis dahin fremde Rechtssätze in das livländische Recht eingeführt wurden. Ein Großteil dieser Bestimmungen, die – wie das Verfahren *de crimine laesae maiestatis*, Buch III, 31. Titel – häufig aus dem polnischen oder preußischen Recht stammen, konnte sich mangels Verabschiedung und aufgrund der bald darauf endenden polnischen Herrschaft in Livland nicht durchsetzen. Einigen Neuerungen gelang es jedoch trotz diesen widrigen Umständen, sich in der livländischen Rechtspraxis umgehend nach Vorlage des Entwurfs in Warschau durchzusetzen und zum Teil sogar bis weit in die Zeit der russischen Herrschaft fortzubestehen. Das Verfahren vor den Succamerariengerichten, Buch III Tit. 3, hat außer dem Ziel – der Befriedung von Grenzstreitigkeiten – mit dem alten livländischen Bekreuzigungsverfahren, wie es noch detailliert im *Formulare Procuratorum* dargestellt wird, nichts gemein und wurde als Teil des preußischen Rechts auch bis dahin in Livland nicht praktiziert. In den *Consuetudines Livonicae* ist das Verfahren jedoch nahezu vollständig aufgeführt. Im Prozessrecht ist es z.B. die Regelung, dass vor den peremptorischen sämtliche dilatorischen Einreden zu erheben sind (Buch III Tit. 18, §§ 1, 2), die sich auch ohne Bestätigung des Hilchenschen Landrechts in der livländischen Rechtspraxis durchsetzte.

Die Aussagekraft des Hilchenschen Entwurfs für die Rekonstruktion der rechtlichen Verhältnisse Livlands gegen Ende des 16. Jahrhunderts wird aus diesen Gründen eindeutig unterschätzt, wenn man sie auf den Verlust der Privilegien Sigismunds I. begrenzt oder sie gar völlig leugnet. Schon durch den beträchtlichen Umfang des Hilchenschen Werkes – es handelt sich in der Summe um rund 600 Paragraphen – enthält der Entwurf eine Fülle rechtlicher Details, welche für die Rechtspraxis und das Rechtsverständnis der Livländer während der polnischen Herrschaft in mehr als bloß juristischer Hinsicht aufschlussreich sind. Der wahre Wert des Hilchenschen Entwurfs liegt jedoch in seiner Vielfalt, was die Wahl der Rechtsquellen und der jeweiligen Regelungsdichte betrifft. Die Rückschlüsse, die sich aus der Herkunft und der Ausführlichkeit der Darstellung der jeweiligen Bestimmung ziehen lassen, konnten auch in dieser Arbeit nur teilweise gezogen werden und eröffnen ein bis zu dieser Arbeit kaum betretenes Feld weiterer Forschung.

3. Der Hilchensche Entwurf als Kodifikation der Spätrenaissance

Nicht allein in materiellrechtlicher Hinsicht lassen sich Schlüsse aus dem Hilchenschen Entwurf ziehen. Die strukturelle Vorgehensweise und die gesamte Form der Darstellung geben ein klares Bild des damaligen Standes der Rechtsmethodik in Livland: nachdem die erste Hälfte des 16. Jahrhunderts noch dem Rechtsbuch spätmittelalterlicher Prägung verpflichtet gewesen war (siehe die Werke des Dionysius Faber), hat der Humanismus zum Jahrhundertende in Livland auch in die Justiz Eingang gefunden. Es sind die Ausbildung an deutschen Universitäten und somit die Kenntnis des römischen Rechts, welche die Methodik der neuen Kodifikationen nun auch Livlands zu kennzeichnen beginnen. Das römische Recht in seiner materiellen Ausprägung, das in Deutschland bereits seit mehr als 60 Jahren Fuß gefasst hatte, fand jedoch auch jetzt nur indirekt über fremde, bereits romanisierte Kodifikationen seinen Weg in die livländische Rechtspraxis.

Sprachlich stellt der Hilchensche Entwurf ein beredtes Zeugnis deutschen Kanzleistils aus der Zeit der Spätrenaissance dar. Die Sprache Hilchens ist mit jener zeitgenössischer deutscher Schriften nahezu identisch, was die Prägung Hilchens durch den deutschen Universitätsbetrieb und den Umgang mit anderen deutschen Juristen bestätigt. Das Frühneuhochdeutsch Hilchens unterscheidet sich auch in dieser Hinsicht vom bloß 62 Jahre älteren *Formulare Procuratorum*, das noch auf Niederdeutsch verfasst ist. Hilchens Deutsch ist bereits modern im besten Sinne; so werden Zusammenkünfte *„angesetzt"* oder *„außgeschrieben"*. Hilchen kennt bereits die *„wieder klage"*, Geld *„gebührt dem kläger von rechtswegen"*, eine Sache ist bei Gericht *„rechthengig"*, und bei unverschuldeter Fristversäumnis wird *„die sache in den standt gesetzet, darin es gewesen"*. Die Sprache Hilchens ist damit bereits dem heutigen Deutsch ähnlicher als etwa die der – freilich 60 Jahre älteren – *Carolina*.

Auch für damalige Maßstäbe weniger fortschrittlich ist das Gesellschaftsbild Hilchens, was die Funktion und Rechtsstellung der einheimischen Bauernschaft betrifft. Doch der livländische Adel war bekannt für seinen Konservativismus, und die Haltung Hilchens ist aus dem Blickwinkel seiner Zeit zu beurteilen. Das nahe Russland sollte die Leibeigenschaft in seiner härtesten Form sogar erst unter Katharina der Großen, also über einhundertfünfzig Jahre später, ausgebildet haben.

Das Bildungsideal Hilchens, welches sich in seiner Kodifikation niederschlägt, ist sicherlich auch für rigasche Patrizierverhältnisse überdurchschnittlich ausgeprägt. Die Hinführung der Jugend zu den alten Sprachen, Mathematik, Rhetorik und möglichst zu einem Universitätsstudium geht bei Hilchen Hand in Hand mit einem sehr patriarchalischen Familienbild, das ebenfalls für den Humanismus typisch war. Die Obrigkeitshörigkeit der livländischen Gesellschaft wird in Livland zum einen durch die starke Bedeutung des neuen lutherischen Glaubens, zum anderen durch die Greuel der Kriege unterstützt, die das Bedürfnis des Einzelnen nach Schutz und Sicherheit im Rahmen einer gefestigten und autoritär geführten Gesellschaftsordnung weckten. Es ist dieser Hintergrund, vor welchem die dem Hilchenschen Entwurf häufig vorgeworfene vermeintliche Unterwürfigkeit gegenüber Polen gesehen werden muss. Riga lebte seinen Reichtum weiterhin unbeschwert und politisch unbekümmert aus, während weite Teile des flachen Landes – der Heimat der livländischen Ritterschaften, an welche das Landrecht adressiert war – nahezu entvölkert waren. Kulturell war das ausgehende 16. Jahrhundert in Livland eine Zeit der krassen Gegensätze; während der mit bauplastischen Reichtümern überschüttete neue Giebel des Schwarzhäupterhauses in Riga errichtet wurde und die dortige Johanniskirche einen Chor im Stile einer edlen, gereiften Renaissance erhielt, versuchte Sigismund III. in Bayern und Württemberg katholische Kolonisten für diejenigen Landstriche zu werben, in denen nur noch „*wilde Tiere*“[526] hausten. Die Unbestimmtheit des Hilchenschen Entwurfs wollte überhaupt erst eine rechtliche Basis für die Neu- und Fortentwicklung Livlands schaffen; es sollte nicht jene glänzende Neukodifikation sein, die folgenden Jahrhunderte zu überdauern. Wie unterschied sich Livland in dieser Zeit bereits von Deutschland! Konnten dort in den altfränkischen Reichsstädten und -städtchen Norddeutschlands, Schwabens, der Pfalz und Bayerns neue Kodifikationen mit Muße und nach reiflicher Überlegung und Beratschlagung erlassen werden, plagte Livland im Jahr 1599 bereits ein neuer Krieg, nun der Polens gegen Schweden, von beiden Seiten auf Kosten der Bevölkerung geführt. Nur ein Kodifikationsvorschlag auf Basis des kleinsten gemeinsamen Nenners zwischen der polnischen Krone, dem polnischen Adel und den livländischen Ritterschaften hatte Aussicht auf Bestätigung; für inhaltliche Verfeinerungen oder gar Diskussionen war nicht die Zeit. Wie das Frühjahr 1600 zeigte, war es selbst für einen solchen Entwurf bereits zu spät; Polen war soeben in seinen letzten Krieg als Großmacht eingetreten.

* * *

[526] So beschrieb Stephan Bathory in einem Brief an den päpstlichen Nuntius Bolognetti die nahe Zukunft, um die Duldung der augsburgischen Konfession in Livland zu rechtertigen. Da neue Zuzügler dann jedoch unter Häretikern leben müssten, maß Stephan der Ansiedlung deutscher Katholiken jedoch keinen Erfolg bei. Monumenta Poloniae Vaticanae, Bd. VI, Brief vom 26. Februar 1583.

Den Kritikern des Livländischen Landrechts muss in der Hinsicht Recht gegeben werden, dass die Rechtsgeschichte Livlands nicht wesentlich anders verlaufen wäre, wenn Hilchen seinen Entwurf nicht verfasst hätte. Auch handelt es sich bei dem Hilchenschen Entwurf um kein Glanzlicht unter den deutschen Kodifikationen der Renaissance. *Wie* sich die livländische Rechtsgeschichte unter polnischer Herrschaft entwickelt hat – und vor allem: *warum* sie sich so entwickelt hat, das lässt sich aus dem Hilchenschen Entwurf ablesen wie aus keinem zweiten überlieferten Dokument der Zeit, als Livland unter der Herrschaft Polens stand.

D. Edition des Hilchenschen Landrechtsentwurfs

I. Ausgangssituation

Winkelmanns „Bibliotheca Livoniae historicae" gibt unter der Abteilung für Ständerecht auf Seite 167 unter der laufenden Nummer 3939 bezüglich der Ausgaben des Hilchenschen Landrechtsentwurfs vier Fundorte an: Eine Abschrift sei im schwedischen Reichsarchiv, eine zweite in der ritterschaftlichen Bibliothek Riga unter der Manuskriptnummer 164 zu finden. Zudem befänden sich zwei weitere Ausgaben in Dorpat, und zwar in der Universitätsbibliothek unter der Manuskriptnummer 255 und im Ratsarchiv als Teil der „Gruner's Collecteaneen" unter der Nummer 9.

Von diesen Ausgaben sind im Laufe der letzten 140 Jahre nur die erste (in Stockholm) und die dritte (in der Universitätsbibliothek Tartu) am angegebenen Ort verblieben. Das rigasche Exemplar ging in die Bestände der Misina-Bibliothek über, der akademisch-historischen Abteilung der rigaschen Universitätsbibliothek, wo es nun unter der Inventarnummer R 2686 in der Handschriftenabteilung zu finden ist. Die Ausgabe des Dorpater Ratsarchivs hätte theoretisch in die Bestände des estnischen Staatsarchivs, das sich ebenfalls in Tartu befindet, übergehen müssen, doch ließ es sich dort bei aller Mühe nicht ausfindig machen; die „Gruner's Collectaneen" sind im estnischen Staatsarchiv sogar als Sammlungsbezeichnung unbekannt.

Die Angaben Winkelmanns konnten selbstverständlich nicht vollständig sein. Das lettische Staatsarchiv verfügt über drei weitere, bislang nicht erwähnte Abschriften des Hilchenschen Entwurfs, die sämtlich dem Archiv der ehemaligen livländischen Ritterschaft entstammen. Die Misiņa-Bibliothek verwahrt eine Abschrift eines Exemplars, welches spätestens aus dem 18. Jahrhundert stammt.

Auch in Tartu ließ sich eine weitere Abschrift der Kodifikation ausfindig machen, die sich in einer Kompilation livländischer Landesrechte befindet. Im Ganzen existieren meines Wissens zurzeit demnach acht Exemplare des Hilchenschen Entwurfs. Allein das Original scheint sich nicht darunter zu befinden, da die älteste Schrift mit der Überschrift *„D. David Hilchens Liefländische Landrechte und Constitutiones unter Pohlen"* versehen ist, ein Titel, der schwerlich aus Hilchens eigener Feder stammen kann. Zudem ist die Sprache dieser Ausgabe dem Hochdeutschen ähnlicher als die vieler neuerer Abschriften, und schließlich fehlt ihr das – von Hilchen selbst verfasste – Vorwort, das vielen anderen Exemplaren vorangestellt ist. Die übrigen Abschriften stammen nach Schrift, Beschriftungsmaterial und Erhaltungszustand jedoch frühestens aus dem 18. Jahrhundert, bei vielen Exemplaren ist sogar Jahr und Anlass der Abschrift angegeben.

Die Wahl des Exemplars, das der Transkription zugrunde gelegt werden sollte, fiel dementsprechend nicht einfach. Der Vergleich der Abschriften hat ergeben, dass die Manuskripte des 19. Jahrhunderts einander am ähnlichsten waren, so dass von einer entsprechend sorgfältigen buchstabengetreuen Transkription ausgegangen werden konnte. Unter den Abschriften des 19. Jahrhunderts verdienten jene den Vorzug, die das Vorwort enthielten, also das bereits bei Winkelmann erwähnte Exemplar der Universitätsbibliothek Tartu und das der Misiņa-Bibliothek. Da diese beiden Abschriften nahezu völlig identisch sind und sich in Riga der Großteil der übrigen Exemplare befindet, wurde das – im Übrigen auch sehr klar geschriebene – Misiņa-Exemplar als Transkriptionsvorlage gewählt. Bei unverständlichen oder unleserlichen Stellen wurden jedoch die übrigen Abschriften zu Rate gezogen, wobei jede Abweichung vom Urtext als Fußnote vermerkt ist.

II. Die einzelnen Abschriften des Entwurfs

1. Das erste Exemplar der Misiņa-Bibliothek

Die erste der Abschriften der Misiņa-Bibliothek befindet sich in einem braunen Pappeinband, auf dessen Lederrücken der Titel *„Hilchen's Landrechts-Entwurf"* angegeben ist. Der Band ist 23 cm breit, 36 cm hoch und 2 cm dick. Er zählt 177 beidseitig beschriftete Seiten hochwertigen und gut erhaltenen Papiers. Außer dem Hilchenschen Entwurf samt Vorwort stellt der Band ein Stichwortregister zur Verfügung. Die regelmäßige und großzügige altdeutsche Schrift ist ihren Zügen nach dem 19. Jahrhundert zuzuordnen, wie das Nachwort des Transkriptors bestätigt. Die Abschrift trägt hinsichtlich Sprache und Form alle Merkmale eines Textes des späten 16. Jahrhunderts.

Auf der ersten Seite ist neben der heutigen Manuskriptnummer „21", die sich auch auf dem Buchrücken befindet, sowohl die Katalognummer 2A FB als auch die Inventarnummer R 2686 angegeben.

2. Das zweite Exemplar der Misiņa-Bibliothek

Auch dieses Exemplar befindet sich in einem Pappeinband, welcher jedoch solider als jener der ersten Ausgabe ist. Auf dem Buchrücken trägt er die Aufschrift: *„Lieffländische Land Recht unter pohlnischer Beherrschung"*. Der Band ist 22 cm breit, 33 cm hoch und 3,5 cm dick. Der Einband ist mit Goldornamenten verziert und das Einbandpapier marmoriert; die Seiten selbst sind fester und dicker als bei der ersten Abschrift. Auf S. 1 ist handschriftlich folgendes eingetragen: *„Dieses Manuskript ist der Rig. Stadtbibliothek aus dem Nachlass der Frau Emma von Nolte zum Geschenk übergeben worden am 3. Februar 1888."* Der Name des Unterzeichnenden lässt sich mit Mühe als *„Altachtendorff"* entziffern. Seite 3 wiederholt die Aufschrift des Buchrückens mit dem Zusatz *„von David Hilchen 1599 zusammengetragen"*. Der Entwurf selbst, in welchem das Vorwort nicht enthalten ist, ist in einer klaren, großzügigen altdeutschen Handschrift transkribiert worden; er zählt 303 Seiten samt Register und Glossar. Zwischen dem dritten Buch und dem Register findet sich folgender Vermerk: *„Daß diese abschrift des Liefländischen Landrechts, mit dem im Archiv des Kayserl. Justiz-collegii des Lief.- Ehst- und finnländischen Sachen vorhandenen Exemplar gleichlautend, solches bezeuge, St. Petersburg d. 28. Octobr. 1765, C.W. Lürzenius, gedachten Kayßl.-Collegii Actuarius."* Die Hoffnung, dass sich das

Original des Hilchenschen Entwurfs somit in St. Petersburg befinden könnte, verbietet sich angesichts der Tatsache, dass die Bibliothek jenes Justiz-Collegiums bereits Ende des 18. Jahrhunderts niedergebrannt sein soll.

Die Sprache dieser Abschrift ist dem modernen Gebrauch angepasster als die des ersten Exemplars (die nn-Doppelungen im Infinitivauslaut fehlen; es heißt *„Lieflandt"* statt *„Liefflandt"*). Die heutige Manuskript-Nummer ist 38, die Inventar-Nummer lautet 2706.

3. Die Winkelmann-Abschrift der Universitätsbibliothek Tartu

Dieses bereits bei Winkelmann erwähnte Exemplar führt auf seinem Buchrücken die Aufschrift *„David Hilchen's Landrechts=Entwurf."* Der Pappeinband ist 22 cm hoch, 36 cm hoch und 1,5 cm dick. Die Schrift ist groß und geschwungen, gut leserlich. Inhaltlich ist diese Ausgabe mit der ersten Misiņa-Ausgabe identisch, auch das Nachwort mit dem Schlussdatum *„Dorpat, 15. Dec. 1851"* findet sich in diesem Exemplar. Ob eines der beiden Exemplare vom anderen abgeschrieben wurde oder beide Transkriptionen eines dritten Textes darstellen, ließ sich nicht ermitteln. Am Textrand finden sich vereinzelt Bleistiftanmerkungen O. Schmidts, die seinen Ausführungen zum Hilchenschen Entwurf in der „Dorpater Zeitschrift" entsprechen. Die heutige Manuskriptnummer ist 255, die Inventarnummer Aa 28860c.

4. Das zweite Exemplar der Universitätsbibliothek Tartu

Auch hier handelt es sich um einen Pappeinband, der 22 cm breit und 35 cm hoch ist, doch ist dieser Band viel stärker (331 Seiten auf ca. 5 cm), da er neben dem Hilchenschen Entwurf auch den Mengdenschen Landrechtsentwurf enthält. Auf dem Buchrücken lautet der Titel deshalb *"Landrecht von D. Hilchen und E. Mengden"*. Dem Hilchenschen Entwurf vorgeschaltet ist eine kurze Zusammenfassung der livländischen Rechtsgeschichte samt *„dem alten Recht in 68 Artikeln"*, dem Lehnrecht König Waldemars von 1215. Dieses Recht sowie der Hilchensche Entwurf selbst, der auf S. 3 folgt (die Nummerierung beginnt nicht auf der ersten Seite) sind in einer sehr kleinen, doch ordentlichen Handschrift verfasst, so dass er nur 60 Seiten zählt. Das Vorwort ist enthalten. Die Provenienz der Vorlage ist im Anschluss an das 3. Buch bekanntgegeben: *„Reinhard D.L. Samson von Himmelstiern, 1825. Luhdenhof. Aus dem Archiv der livländischen Ritterschaft befindlichen Exemplar abgeschrieben."* Die Sprache wurde jedoch so stark abgewandelt, dass sich der Landrechtsentwurf in dieser Abschrift in nahezu zeitgenössischem Deutsch zeigt. Es folgt ein Register. Auf S. 57 schließt sich eine Abschrift des Waldemar-erichschen Landrechts an: *„Dies Gesetz ist nach dem in dem Landarchiv sich befindenden Authentico (...) geschrieben worden. (...) Reval, 5. Juni 1729, F.v. Löwen."* Der folgende Mengdensche Entwurf ist in einer anderen, viel großzügigeren Schrift ausgeführt, und zwar im Jahr 1832 durch Schwartz. Die heutige Manuskriptnummer ist 469.

5. Das älteste Exemplar des lettischen Staatsarchivs

Dieser in Pergament und Leder gebundene Band trägt zwar die Aufschrift *„Dav: Hilchen. Liefflendische Land=Recht"*, doch enthält er daneben zahlreiche Privilegien und Verordnungen aus schwedischer und vereinzelt sogar russischer Zeit. Er zählt 306 Seiten, ist 22 cm breit, 6,5 cm dick und 32,5 cm hoch. Der Band stammt einem Stempel auf der ersten Seite nach aus der Bibliothek der Gesell schaft für Geschichte und Altertumskunde und beginnt mit einem zweiseitigen Sinnspruch bzw. Vorwort in lateinischer Sprache, in welchem die Tugenden der Rechtsfindung hervorgehoben werden und zahlreiche Zitate aus der Antike eingestreut sind. Es ist unklar, ob er nur dem unmittelbar darauf folgenden Hilchenschen Landrechtsentwurf oder der gesamten Rechtssammlung vorgeschaltet ist.

Der Landrechtsentwurf selbst ist in altdeutscher, altertümlich wirkender Schrift leserlich und gleichmäßig abgefasst (im dritten Buch wird die Schrift etwas kleiner und die Seiten werden dichter beschrieben). Es kann sich jedoch nicht nur wegen des Titels um keine Originalhandschrift Hilchens handeln, da im folgenden nicht nur die *resolutio Holmensis* von 1625, sondern auch eine königlich-schwedische Resolution von 1662 in offenbar gleicher Handschrift in der Gesetzessammlung enthalten sind. Lateinische Begriffe sind auch hier in lateinischer Schrift wiedergegeben. Die Zeichensetzung sowie die gesamte Sprache ist dem heutigen Gebrauch angepasster als in den Abschriften des 19. Jahrhunderts; es fehlt z.B. das gedoppelte n im Infinitivauslaut, es heißt *„voll"*-statt *„voleziehen"*. Das Vorwort ist nicht vorhanden. Die Abschrift füllt 40 beidseitig beschriebene Seiten, die Artikel sind nicht durch Paragraphen, sondern bloß durch Absätze geteilt, wobei die Absätze mit den Paragraphen der anderen Abschriften nicht immer übereinstimmen.

Dem Hilchenschen Entwurf folgt eine neunseitige königliche *Hofgerichts-Ordinantz*, dieser eine zehnseitige *Land=Gerichts ordinantz*, beide vom Schreiber des Landrechtsentwurfs nach 1632 niedergeschrieben. Den weiteren Inhalt bilden verschiedene- auch kürzere – Verträge, Statuten und Verordnungen verschiedenen Schriftbildes zwischen dem schwedischen König, zwischen Landständen, innerhalb der Gerichtsverfassung oder zwischen Privatleuten in deutscher, lateinischer und schwedischer Sprache, ohne chronologisch geordnet zu sein. Auf S. 116 – 117, auf S. 191 und auf S. 217 sind sogar Schwurvorlagen in lettischer, auf S. 218 in estnischer Sprache erhalten. Der jüngste Eintrag – beginnend auf S. 205 – stellt eine Niederschrift einer *Deduction an die russische Obrigkeit* vom 14. September 1736 dar, in der sich die livländischen Landstände unter der Leitung von Löwenstern und Buddenbrock auf die im *Privilegium Sigismundi* erteilten Privilegien berufen. Das Konvolut befindet sich heute im Lettischen Staatsarchiv unter der Signatur Fonda Nr. 214, Apraksta Nr. 6, Lietas Nr. 164.

6. Der Einzelband „Hilchens Landt Rechte“ des lettischen Staatsarchivs

Dieser Band ist in cremefarbenes, pergamentartiges Material gebunden und trägt auf dem Buchrücken die Aufschrift *„HILCHENS LIEFFLÄNDISCHE LANDT RECHTE“*. Er ist 209 beidseitig beschriebene Seiten stark, 3,5 cm dick, 20,5 cm hoch und 17 cm breit. Neben dem Stempel der Bibliothek der Gesellschaft für Geschichte und Altertumskunde sowie dem Signaturstempel in russischer Sprache befindet sich unter einem kaum entzifferbaren Zusatz der Vermerk „Reval, 16.^ 1726“. Der Text ist sorgsam in altdeutscher Handschrift verfasst, lateinische und Ortsnamen sind in lateinischer Schrift verfasst. Die Überschriften sind dekorativ hervorgehoben. Das Vorwort fehlt auch hier. Sprachlich ist dieses Exemplar dem der Misiņa-Bibliothek sehr ähnlich, doch sind altertümliche Begriffe teilweise dem – damals – modernen Sprachgebrauch angepasst (*"brief"* statt *"briff"*, *"jemand"* statt *"jemandt"*).

Dem Gesetzestext folgt auf Seite 151 zunächst ein fünfseitiges Register. Das Buch wird im Anschluss daran durch einen alphabetisch gegliederten ausführlichen Glossar beschlossen. Die Registrierung des Buches im Staatsarchiv erfolgte im Fonda Nr. 4038, Apraksta Nr. 2, Lietas Nr. 689.

7. Die Abschrift in der Landrechtssammlung des lettischen Staatsarchivs

Dieses Exemplar des *Jus Livonicum Scriptum* befindet sich in einem umfangreichen, in braunes Schweinsleder gebundenen Folianten, auf dessen reich mit Goldornamenten versehenen Buchrücken die Aufschrift *„ALT LIEFF-LAENDISCHE RECHTE“* gedruckt ist und der starke Gebrauchsspuren trägt. Das Buch ist 9 cm dick, 22,5 cm breit und 32,5 cm hoch und verfügt über ca. 515 beidseitig beschriebene Seiten. Die teilweise großzügigen freien Ränder sind häufig mit zahlreichen Anmerkungen verschiedenen Ursprungs versehen. Auf der ersten Seite wurde handschriftlich – und nachträglich – *„Sammlung der alten livländischen Rechte in den verschiedenen Beherrschungs-Zeiten.“* vermerkt; tiefer wird auf den Hilchenschen (S. 319) und den Mengdenschen (S. 549) Landrechtsentwurf hingewiesen. Der Sammlung sind ein Register und ein Vorbericht (S. 1) vorangestellt, selbiger leider weder ein genaues Datum noch den Autor nennt. Jene Passage, dass die Kompilation nicht nur die Gesetze *„itziger Käyserl.-Rußischer Regierungs Zeit“*, sondern auch ältere Kodifikationen enthält, verweist jedoch auf einen Entstehungszeitpunkt ab 1710. Nach dem ältesten (S. 9), dem alten (S. 37), dem mittleren (S. 55) und dem umgearbeiteten Ritterrecht (S. 199) sowie dem *Formulare Procuratorum* (S. 143) folgt das Hilchensche Landrecht auf S. 319. Das Vorwort ist enthalten, aber offensichtlich von verschiedenen Personen abgeschrieben worden; wegen des unregelmäßigen Tintenflusses und einiger Durchstreichungen macht es einen etwas unübersichtlichen Eindruck. Das Landrecht selbst ist bis Seite 456 (3. Buch, Tit. 23, § 3) in einem sehr großzügigen (teilweise etwas fahrigen) Schreibfluss abgeschrieben worden, danach erschwert eine sehr kleine und die ganze Seite bedeckende

Handschrift die Lektüre. Auf S. 467 ist dem Landrecht ein Inhaltsverzeichnis (Register) angefügt. Auf Seite 541 folgen dem Landrecht einige *„Recebte"* aus der schwedischen Regierungszeit, auf S. 549 der Mengdensche Landrechtsentwurf, und ab S. 859 russische *„Recebte"*.

Die Sprache dieser Abschrift kommt jener der Misiņa-Ausgabe ebenfalls sehr ähnlich. Doch auch hier heißt es bereits *„Land"*- statt *"Landtgericht"*, es fehlen das gedoppelte n bei den Endsilben und der Doppelpunkt als Satzschluss. Die Überschriften sind wie lateinische und Ortsnamen in lateinischer Schrift hervorgehoben. Die Signatur im Staatsarchiv ist Fonda Nr. 4038, Apraksts 2, Lietas 515.

8. Das Exemplar des schwedischen Reichsarchivs

Das Reichsarchiv in Stockholm besitzt mit der Livonica-Sammlung „Lands- o. stadslog II" eine nicht allzu umfangreiche, aber repräsentative Auswahl von Rechtsquellen aus der Zeit der polnischen Herrschaft. Der Hilchensche Entwurf findet sich in einem mit Pergament gebundene Pappeinband, der als einzige Aufschrift die Signatur Vol. 759 auf dem Buchrücken trägt. Er ist 5 cm stark, 23 cm breit und 34,5 cm hoch und weist 240 Seiten hochwertigen Papiers auf. Neben dem Hilchenschen Entwurf samt Vorwort (Seite 61 – 182) enthält der Band das Ritter- und Landrecht des Erzstifts Riga einschließlich des „weltlichen Bauernrechts" (S. 1 – 52) und die *constitutiones Livoniae* (S. 53 – 60) in einer der seltenen deutschen Übersetzungen. Das Hilchensche Landrecht wurde mit einem Inhaltsverzeichnis (S. 183 – 185) und einem Index (S. 186 – 210) versehen. Eine Abschrift dert Piltenschen Statuten (S. 211 – 238) bildet die letzte Quelle des Bandes.

Dem Gesamtbild nach handelt es sich um eine Abschrift des späten 18. oder frühen 19. Jahrhunderts; die regelmäßige altdeutsche Schrift ist durch großzügig geschweifte Überschriften gekennzeichnet und wird auf jeder Seite von einem mit Bleistift gezogenen Rahmen umgeben, der ab S. 170 enger (rund 28- statt bislang 24-zeilig) beschrieben ist. Sprachlich unterscheidet sich auch diese Transkription nur unwesentlich von der Misiņa-Ausgabe. Es fehlen jedoch die nn-Doppelungen im Auslaut, und auch im Übrigen wurde der sprachlichen Entwicklung häufig stärker Rechung getragen (*„sind"* statt *„seindt"*, *„auff"* statt *„uff"*).

Die Signatur im schwedischen Reichsarchiv ist vol. 759 in der Sammlung Livonica II.

III. Editionsgrundsätze

Das *„Jus Livonicum Scriptum"* wurde nach den Grundsätzen bearbeitet, welche in den „Empfehlungen zur Edition frühneuzeitlicher Texte"[527] aufgestellt wurden. Diese Empfehlungen fußen im Wesentlichen auf J. Schulzes „Richtlinien für die Edition von Quellen zur neueren deutschen Geschichte",[528] wie sie zuletzt im Jahr 2002 in den „Richtlinien für die Edition landesgeschichtlicher Quellen", herausgegeben von Walter Heinemeyer, erschienen sind.

Die Textwiedergabe folgt der ersten Abschrift der Misiņa-Bibliothek[529] so treu wie möglich. Die Buchstaben u und v wurden normalisiert, Kürzungen werden bei Eindeutigkeit im Anschluss an den heutigen Sprachgebrauch aufgelöst (z.B. *Majtt.* zu *Majestät*). Siglen für Währungsangaben werden jedoch beibehalten: Es steht *Fl* für *Florin*, *gr* für *Groschen*, *Rhtl* für *Reichstaler*. Die Buchstaben i, j, u, v und w werden entsprechend ihrem Lautwert wiedergegeben. Der Bestand an Konsonanten wurde gewahrt, die n-Verdoppelung in den Endsilben und in vor Konsonanten jedoch reduziert, da sie nach keiner sichtbaren Systematik gebraucht wurde (*„unndt"* wurde somit zu *„undt"*, *„habenn"* zu *„haben"*). Zweifelsfälle zwischen ss und ß werden zugunsten von ss gelöst; eine Unterscheidung zwischen rund-s und lang-s findet nicht statt. Ordnungszahlen werden, soweit sie als arabische Zahl auftauchen (in ausgeschriebener Form werden sie unverändert beibehalten), mit einem Punkt versehen, Grundzahlen werden ohne Punkt wiedergegeben. Lateinische Ausdrücke werden – wie in sämtlichen Abschriften – kursiv gedruckt. Unterstreichungen werden, soweit sie in der ersten Misiņa-Abschrift bestanden, mit Ausnahme der Überschriften übernommen.

Mit Ausnahme von Satzanfängen, Eigen- und Ortsnamen sowie Substantiven, welche im Hilchenschen Entwurf eine große Ehrerbietung genießen (Majestät, Gott) wurde durchgängig die Kleinschreibung angewandt. Ergeben sich aus der Groß- und Kleinschreibung inhaltliche Schlüsse (*„Polnisch"* schreibt Hilchen groß, *„deutsch"* stets klein), wurde diese in den entsprechenden Passagen beibehalten. Ergänzungen durch den Verfasser werden in eckigen Klammern dargestellt. Geographische Namen wurden nach Möglichkeit identifiziert. Die Interpunktion wurde ausnahmslos dem heutigen Gebrauch angepasst; zum Teil wurden auch überlange Sätze in mehrere Sätze unterteilt, soweit die Wortstellung dies ohne Änderung erlaubte.

---

[527] Empfehlungen zur Edition frühneuzeitlicher Texte, in: Jahrbuch der historischen Forschung in der Bundesrepublik Deutschland, herausgegeben von der Arbeitsgemeinschaft außeruniversitärer historischer Forschungseinrichtungen in der Bundesrepublik Deutschland, Berichtsjahr 1980. Stuttgart 1981, S. 85 – 95.

[528] Johannes *Schulze*, Richtlinien für die Edition von Quellen zur neueren deutschen Geschichte, in: Richtlinien für die Edition landesgeschichtlicher Quellen, herausgegeben von Walter Heinemeyer. Marburg/Köln 2000, S. 31 – 38.

[529] Zur Begründung, wieso die erste Abschrift der Misiņa-Bibliothek als Editionsgrundlage gewählt wurde, siehe oben im Abschnitt „Ausgangssitutation" S. 178.

Die Nummerierung der Paragraphen, welche bei den älteren Abschriften noch nicht auftaucht, wurde der Übersichtlichkeit halber ebenfalls aus der ersten Abschrift der Misiņa-Bibliothek übernommen und zum Teil berichtigt. Der Seitenwechsel der Vorlage ist jeweils in eckigen Klammern wiedergegeben. Die Seiten 5 und 101 wurde in der Abschrift doppelt vergeben, so dass [5] und [101] in der Edition zwei Mal auftauchen.

Offensichtliche Fehler der ersten Abschrift der Misiņa-Bibliothek wurden mit Hilfe des ältesten Exemplars aus dem lettischen Staatsarchiv, hilfsweise auch anhand anderer Abschriften emendiert. In diesen Fällen ist die fehlerhafte Passage der Misiņa-Abschrift in einer Fußnote hinter dem Kürzel „M“ abgedruckt. Weicht die älteste Abschrift des Staatsarchivs vom ersten Misiņa-Exemplar ab, ohne einen stärkeren Anspruch auf Richtigkeit erheben zu können als dieses, wurde diese Abweichung ebenfalls in der Fußnote angegeben (dann hinter dem Kürzel „StA“).

IV. Das Livländische Landrecht

Vorwort

Der königlichen Majestät unsers gnädigsten herrens *respons*, den edlen ehrenwesten Otto Dönhoff, erbsasten zu Idwen, undt David Hilchen, königlicher *secretario* undt Wendischen landt *notario*, abgesanten der Lieffländischen ritterschafft, gegeben zu Warschaw den 20. *Martij anno* 1600.

Gleich wie ihre königliche Majestät, unser allergnädigster herr, der *commissarien* so auff jüngst gefallenen reichstagk anno 1698 außen mittel vornehmer reichs räthe so woll der ritterschafft in Liefflandt abgefertiget wurden, sonderlichen trewen fleiß in errichtung und verhandlung Lieffländischer sachen woll vernommen, also hatten ihre Majestät auch gern gesehen, daß daß jenige, so von ihnen den *commissarien* mehrentheilß daselbst heilsamlich und vorsichtig angeordnet worden, auff diesem reichstagk in die allgemeine *constitutiones publiciret* werden. Weile aber die sachen und zeit also geschaffen, daß keine *constitutiones* auff jetzigem reichstagk seind gemachet worden, dennoch ißt in mehrern die reichstagliche krafft und aller stände bewilligung also erfolget, daß ihre Majestät, unser [2] allergnädigster herr, nicht zweiffeln wollen, waß allgemeiner beschwerenß halber in jetzigem reichstagk gewißlich soll seine richtigkeit erlangen. Den alß die herren *commissarien* offentlich *relation* gethan und angezeigt, waß die mit einhelligem rath daselbst im lande verhandelt undt geordtnet, ist ihnen nicht allem von den reichs-räthen, so woll von der ritterschafft, sonderlich dan auch offentlich, gedanket worden. Demnach haben die herren *delegaten* außen rath und ritterschafft fast alles, waß die herren *commissarien* im lande *constituiret*, einhelliglich bestetiget und für gunsten gehalten. Auß welchem allem, weile ihr königliche Majestät, unser gnädigster herr, diese der stände genehmhaltung für ein *consens* schützen und achten thut, und nicht zweiffeln, eß werde auch negstfolgenden reichstagk diesen sachen gewißentschafft gegeben und vermittelst allgemeiner bewilligung bekräfftiget werden, als haben ihre Majestät in mittler weil krafft dieses *respons*, waß ohne zuthun deß reichstagks könnte verrichtet werden, zum theil den landständen daselbst anheim befehlen, zum theil auch waß der sämbtlichen stände meinung sonsten sey, gnädig anzeigen wollen.

So viel um anfanglich deß recht und gerichts ordnung anlanget, sintemahl dieselbe landtschafft in drey woywodschafften, die richtern und *notariae* maßen, [3] die von den herren *commissarien* verordnet, erhalten und bestetiget, welche alle sachen im lande nach dem landt recht zu richten vollenkommen macht haben sollen. *Criminal* sachen aber sollen die woywodden in ihrer woywodschafft auß königlicher Majestäts macht richten, und solche gerichte alle 8 wochen halten. Den anfang aber solcher gerichte sollen sie machen 8 wochen nach außgang des reichstages, auff welchem die woywodden den eydt wegen ihres ambts leisten sollen. Daß landtrecht aber, so jetzundt die ritterschafft verfaßen und schreiben lassen, kann wegen gemeiner beschwerung itzo nicht durchgesehen, sondern gewißen *deputaten* von ihrer Majestät durchzusehen anbefohlen werden. Die *confirmation* aber soll auff künfftigen reichstag verschoben sein. Damit auch die gerechtigkeit leichtlich möge mitgetheilet, und die sachen mit langweiligen *appellationen* nicht aufgezogen werden, alß wird auch ein *tribunal* nachgegeben, auf welchem die sachen im lande, so vom unter gericht an sie gewiesen, sollen gerichtet werden. Zu solchem *tribunal* aber sollen die landtsasten in allen woywoddschafften 6 redliche und rechtserfahrene persohnen erwehlen.Undt zu dieser wahl ernennen wir jährlich den montagk nach *Mariae* gebuhrt, allen dreyen woywodschafften sambt und sonders, daß sie zu Wenden zusammen kommen, welche *deputaten* hernacher auf *Martini* wiederumb zu Wenden zusammen kommen, den gewöhnlichen eydt leisten und sonsten in [4] allem dem gebrauch deß *tribunals* im reich Pohlen nachfolgen sollen. Sie sollen alle sachen richten, die von den landtgerichten, woywodden, und unter *cämmerern* durch verweysunge, *appellation*, *limitation*, und sonsten einiger weise an die *ultimam instantiam devolviret*, in gleichen sachen so zwischen privats persohnen an unser gericht seind *limitiret* werden, außgenommen die sachen unsers geistlichen *fisci* güttern, groß stäte, dergleichen auch grentzhändel zwischen unserm königlichen und edelleute gütteren, so durch *appellation* oder *remission* vom gericht der *commissarien* verwiesen, welche sachen alle, wie unserm gerichte vorbehalten, und sollen die landt, woywoddische und tribunalischen reichstage wehren. Ferner, nachdem auch auß *inquisition* unserer *commissarien* genugsam erscheinet, daß wegen der hiebevor in Liefflandt entstandener unruhe nicht so sehr etliche vom adell, als etzliche von den bürgern und gemeinen volks vermercket worden, und daß dieselbe zum theil vom Moscoviter gäntzlich ausgerottet, zum theil anderer gestalt umbkommen sindt, und daß einer oder zween, so noch übrig sein möchten, durch ihre sonderliche trewe dienste und woll verhaltungen gegn ihr königliche Majtestät und gemeinen nutz solche mackel wiederumb eingebracht. Die andern haben aber höchste trewe unsern vorfahren, und den gemeinen nutz allezeit bestendiglich erwiesen. Hierrumb damit wegen etzliche [5] weniger verbrechung so viele andere ehrliche und getrewen persohnen nicht in argwohn gezogen wurden, alß thut ihr königliche Majestät fernere nachforschung wegen untrewe hiermit gantz ab und wilß in ewiger vergessenheit gesetzet haben. Welche auch vor die vornembsten schlößer und gebietern daß Liefflandt sollen gefallen werden, würde ihr königliche Majestät auff nechst künfftigen reichstagen mit sambtlicher bewilligung der stände *statuiren* und ordnen, und zufolge der anno 1598, daß die lieffländern nebenst anderen *nationen* zugleich mögen zugelasten werden, bey ebenmäßiger verordnung, wie zu Warschaw anno 89 zwischen Polnischer und Littawischer *nation constituiret* und beliebet worden. Waß sonsten von den Lieffländischen abgesanten ihr königlichen Majestät und den sembtlichen ständen vorbracht worden, weile solches auff jetzigen reichstagk nicht magt verrichtet werden, ist auf nechst künfftigen reichstagk verschoben.

Sonsten dero he[rren] *commissarien appellationes* und *remissiones* an ihr königliche Majestät güttern und recht belangendt, wollen ihr königliche Majestät baldt nach dem reichstage abrichten.

Welches alles gleich, wie es nicht allein von den herren *commissarien*, sondern auch von den *delegaten* aller stände für billig geachtet worden, also daß auff nechstkünfftigen reichstagk solches von sämbtlichen ständen bekräfftiget und für gemein gehalten werde, wollen ihre [5][530] königliche Majestät gnädige beforderung erzeigen und wie hier auß die Lieffländische stände ihrer Majestät gnädiger gewogenheit vermercken, also wollen hierforth ihrer Majestät ebenmäßig gnade mildiglich erbotten haben.

[6]

[530] Die Seitenzahl 5 wurde im Manuskript doppelt vergeben.

Liffländisches landrecht und *constitutiones* unter Pohlen.

[1. Buch]

Tit. 3: Vom bischoffe zu Wenden.

Daß bischoffstumb zu Wenden wirdt aller maßen, wie eß vom königlichen Stephano hochmilder gedächtniß gewidckmet und bestatiget worden, auf hiermit *confirmiret.*

Tit. 4: Von den woywoden undt ihrem ambte.

§ 1. So ist dass landt, Liefflandt, inmaßen dieselbe itzo unter der chron Pohlen belegen, in dreyen woyewodschafften umb handhabung rechtens und gerechtigkeit willen, sowol als umb gewißer beschirmung der lande, abgetheilet worden.

§ 2. Die erste woywodtschafft ist im Wendischen kreyß. Dahin gehöret alles, was innerhalb der Düna und die Gäwe, oder Aa, biß an die Moskowitersche grentze nacher Opayem über Marienhausen belegen ist, darinnen dan auch die schlößer Marienhausen, Lutze und Rositten mit begriffen sein sollen, imgleichen das stifft Churlandt.

§ 3. Die ander Dörptische woywodtschafft erstrecket sich vom flusse die Gaine oder Aa bis an die Moskowitersche grentze, und endiget sich nahe Pellin[531] in dem Pertzscher see.

§ 4. Die dritte Pernausche woywodtschafft begreiffet in sich Pellin, Pernau [7] undt andere schlößer, so innerhalb dem flusse der Gawe und dem Pertzscher see bis an das wild meehr belegen ist.

§ 5. Es sollen die woywodden, welche alle gesessen sein sollen, in gleichen ehren rechten und ansehen in Liefflandt geachtet und gefallen sein, wie in der chron Pohlen undt großfürstenthumb Littawen gehalten werden.

§ 6. So sollen sie auch auff den gemeinen reichstagen ihre ville und *session*, nach den woywodden des reichs und großfürstenthumb Littawen, wie dass mit gemeiner stände bewilligung uff den anno 98 gefallenen reichstags ihnen ist zugeordnet worden, haben.

---

[531] Fellin.

§ 7. Daß gehöret aber zu eines woywodden ambt, dass er rechtmäßige zusammenkünffte außschreibe, und selber mit dabey, *item* dass er gemeinen landtfrieden unverrücket und die straßen reinhelte, die mörder, die räuber, die haußstürmer, jungfrauen und frawenschänder, oder welche sie mit gewalt wegführen, die mordbrenner, todtschläger und andere, wen sie auff frischer that betreffen werden, verfolgen und wegreiffen, und wenn er sie bekommen und sie der that überwunden würden, mit dem schwerdte oder sonsten am leben hinrichten laßen.

§ 8. Der wollgesprochenen urtheil, davon nicht *appelliret*, *execution* soll er mit und neben häuptman des orts vollenziehen und mit fleiß darauf sehen, dass die gerichte auff bestimmte zeit geseget, so soll auf der gemeinen und gefährligkeit mit reiffen raht bey zeiten fürbauen. [8] Er soll aber keine sachen, welche ins landtgerichte zuhörig /: sie belangen dann geringschätzige sachen etwae 30 Fl Rigisch wehrt :/, ohne der partei bewilligung richten.

§ 9. Damit aber nach königliche hoheit die sachen mit mehrern ansehen und ernst ins werck gerichtet werden mögen, sind den woywodden besondere schlößer zugeeignet, dem Wendischen woywodden Segewoldt, dem Dörptischen Layse, dem Pernawischen Lembsall, jedoch der itzigen besitzer unangreifflich. Die itzt berührte schlößer aber sollen die woywodden, sintemahl sie von denn einkünfften der schlößer keine rechnung zu thun schuldig, als die rechtmäßigen besitzer beßern und bawen und im gutten wesen erhalten, und soll ihnen derselben veraußerung gäntzlich verbotten sein.

§ 10. Es sollen auch die woywodden ein jeder in seinem gebiete macht haben, landboten so viel derselben nötig zu verordnen, aber die *general* landboten sollen von königlicher Majestät und durch ihr Majestät besondere schreiben auß der königlichen cantzeley *creiret* und gemachet wurden.

Tit. 5: Von den castellanen.

§ 1. So sind auch imgleichen drey *castellanen*, auß jeder *nation* einer, welche erbgesessen, verordnet.

§ 2. Dieselben *castellanen* sollen im reiches raht nach den großten castellanen des reiches und des großfürstenthumbs Litta- [9] wen ihre *session* und nach den woywodden höheste ehre haben.

§ 3. Wann auch ein woywode seumig, eine gemeine zugelassene zusammenkunfft außzuschreiben, oder sonsten in seinem tragendem ampte hinläßig würde, so soll der *castellan* an seine stelle in der woywodtschafft alles bestellen, dass auch dieselbige ordnung im krigeszugh gehalten wurde, soll der castellan mit fleiß verschaffen, dass alles unverweißlich und unnachtheilig fürgehen möge. Er soll zum ersten an den ohrt, welcher zu verhandlung des krigesvolck von der königlichen Majestät oder dem feldt obristen angesetzet, sich verfügen.

Tit. 6: Von den succamerarien.

Es sollen auch drey *succamerarij* sein, desselben ambtes und in denselben ehren und würden gehalten, wie sie im reiche Pohlen und großfürstenthumb Littawen geachtet werden. Denselben soll obliegen, dass sie streitige grentze mahlen unter denen vom adell richtig machen. Welchermaßen sie aber nun fahren und *procediren* sollen, wirdt hernachs im dritten buche unter dem tit: von gerichten vermeldet.

Tit. 7: Von den hauptmanschafften.

§ 1. Eß seindt fünff hauptmanschafften, uff Polnisch *grodi* genandt, so gerichtes gewaldt oder bothmäßigkeit haben, alß namlich der Rigische, der Wendische, Dörptische, Semb- [10] gallische, und Dünaburgische hauptman, welche gedinge hegen und in ihrem gebiete recht sprechen mögen, aber nicht weiter alß in diesen fünff fellen: In frischer that, handlung von nothzüchtigung der weiber, von räuberung auf freyer straßen, von mordbrennung, und von gewalttetigung in hauß und hoff, und von verfolgung und gefenglicher einziehung der banditten oder so in die acht erklehret sein.

§ 2. So mögen sie auch *relationes* ufftragen, *protestationen* und beschreibungen der wunden annehmen und einschreiben lassen, wie folget im dritten buche nach der lenge beschrieben stehet.

§ 3. Dieweill sie aber allewege in der personen den gerichten nicht beywohnen können, soll ein jeder in seiner hauptmanschafft einen richter und *notarium castrensem* oder schloß schreiber, welcher dem landtgerichte nicht verwandt sey, verordnen, welche mit und neben den unter starosten dass gerichte hegen mögen, und dieselben sollen allesampt geseßen, und vom adell und geschworen sein, jedoch die *apellation* an dass letzte gerichte vorbehältlig.

§ 4. Es soll aber niemandt zur hauptmanschafft, so dinges gewaldt vundt bothmäßigkeit haben, begehren undt annehmen.

§5. Alle hauptleute, so keine gerichtsgewaldt haben, imgleichen auch die woywoden, *castellanen* und andere ambt tragende persohnen, wie den auch die geistlichen in weltlichen dingen sollen wegen zugefügter *injurien* für dass landtgerichte zu antworten schuldig sein. [11]

§ 6. Waß aber in den königlichen güttern für irrung und mißverstandt sich zuträget, dass soll zu erörterung der *commissarien* verschoben werden.

§ 7. Wenn auch die *execution* wieder einen starosten der sonsten nicht geseßen angeordnet wirdt, soll dieselbe an seine bewegliche gütter oder auch an die einkünffte der königliche Majestät und des reiches einkünfften nichtes abgehen, den der besitzer der königlichen gütther dieselben gleichwohl abzutragen schuldig sein soll.

§ 8. Daß gehöret zu eines hauptmans oder starosten ambt, dass er seiner hauptmanschafft grentze fleißig in acht habe und zusehe, dass mörder und räuber ungestrafft nicht wegkommen, oder jemandes verletzt oder des seinigen mit gewaldt nehmen, und seine gütter plündern.

§ 9. So sollen sie auch den kauffleuten und sonsten dem frembden manne untersagen und verbieten, daß sie sich der newen ungewöhnlichen wege aufhalten sollen, bey verlust der waren, so sie bey sich führen, dero helffte den grundherren, die ander helffte dem verfolger zufallen soll. Derowegen :/ *ad finem scribe* :/ will ihnen obliegen, daß sie die anordnung machen, und die königliche pawren dazu gebrauchen, daß die brücken auff wege und stege ernewert gemachet und verbeßert werden, und damit daran kein mangel sey, sollen die brügkenmeister fleißige acht darauff haben. [12]

§ 10. Die hauptmanschafft in Liefflandt, die seind klein oder groß, sollen nach wolgefallen und guten willen der königlichen Majestät denen vom adell, Polnischer, teutscher[532] und Littawischer *nation* verlehnet [werden]. Aber die hauptleute, welche erbliche gerichts gewaldt haben, sollen in lieflandt erbgeseßen sein.

§ 11. Eß werden aber die hauptmanschafften in Liefflandt erzehlet, und erstlich in der wendischen woywodschafft sindt: Riga, Dünamunde, Kokenhausen, Segewoldt, Wenden, Dünaburg, Ascheracht,[533] Rositen, Atzell,[534] Lennwaardt,[535] Schmilten,[536] Ronaburg,[537] Lemburgk, Schujen, Marienhausen, Lutzen mit allen ihren zubehörigen.

§ 12. In der Dörptischen woywodtschafft: Leyß, Dörpt, Neuhauß, Marienburg, Kieriumpe.

---

[532] „teutsch" wird – im Gegensatz zu Polnisch und Littawisch – von Hilchen klein geschrieben.

[533] Ascheraden.

[534] Adsel.

[535] Lennewarden.

[536] Smilten.

[537] Ronneburg.

§ 13. In der Pernawschen Woywodtschafft: Treyden, Pernaw, Cremon, Lembsall, Pellin, Ruijen, Oberpahlen, Helmit.

§ 14. Alle andern gütter, welche über aberzehlte schlößer dem könig und der cron Pohlen gehörig, sollen *minutiora bona*, geringfügig gütter, genandt und nichtes weniger den wolverdienten Liefflandern alß den Pohlen und littawern erblich verlehnet und gegeben werden.

§ 15. Es sollen aber die hauptmanschafften volkommen und unabgezwacket sein und bleiben, und nichts davon genommen werden. Jedoch soll einem jeden sein recht unbenommen sein, welche sein erbrecht, so bey den schlößeren geleget [13] forderen thut. Und die hauptleute sollen die schlösser und burge in baulichen wesen erhalten, beßeren und bawen, bey verlust der hauptmanschafft, und die verbesserung und erneweung soll von der schlößer einkünfften bescheen.

§ 16. Eß sollen aber die hauptleute, sie haben gerichts gewaldt oder nicht, wie auch andere einheber der königliche schlößer schweren, daß sie zur zeit, wen im reich kein bestettigter könig ist, die schlößer und städte zu nachtheil der chron Pohlen und großfürstenthumb Littawen niemandes dan alleine dem in freyer wahl erwehleten undt gekrönten könig in Pohlen und großfürsten in Littawen übergeben, und demselbigen getrew und holdt sein wollen.

Tit. 8: Von den fendrichen.

§ 1. Eß sollen nach anzahl der woywodtschafft drey fendrichen sein, und die vom adell und andere einwohner des landes sollen in den krieg und zu beschirmung ihres vaterlandes unter den landtfahnen ziehen.

§ 2. Demnach auch die hertzogen zu Churlandt der königliche Majestät und der chron Pohlen roßdienste zu leisten schuldig gemacht, in gemeiner verthätigung des vatterlandes sollen sie ihren hauffen mit ihrer fahn zum kriegswesen schicken, jedoch daß ihr volck des feldt obristen *regiment* unterworffen sey. [14]

Tit. 9: Vom richter, unterrichter und landtschreiber.

So sollen auch in einer jeden woywodtschafft richter und unterrichter, auch landtschreiber sein, und sich derselben frey- und würdigkeiten, welche im reiche Pohlen und großfürstenthumb Littawen destelben ambtes genoßen gebrauchen, aber sich mit untschiedlicher siegell wie dieselben ihnen von den *general commissarien* zugeordnet gebrauchen. Von ihrem ambte aber wird hernacher meldunge geschenn.

Tit. 10: Von den mundtschenken und unter mundtschenken, truchseßen und unter truchseßen, und von jägern.

Imgleichen sind auch in einer jeden woywodtschafft schenke und unter schenke, truchses und untertruchses, auch jäger verordnet, welche ihr ampt, wen die königliche Majestät in einer woywodtschafft anlangen würde, verrichten sollen. In abwesen aber der königlichen Majestät sollen die jäger sich der königliche heyden oder holtzungen enthalten.

Tit. 11: Von brügkmeistern, vor alters hafen richter genandt.

§ 1. Daneben sein auch drey brügkmeister verordnet, und ein jeder in seinem sprengell fleißige acht geben sollen, und so [15] woll in den königlichen güttern alß dero vom adell, die wege und brücken, so woll durch den hauptman als andere herrschafft des ortes jährlich ernewern undt verbeßern laßen sollen. Welche aber solches zu thun sich verweigern, oder dran seumig würden, dieselben sollen sie vor daß landtgerichte verklagen und so schuldig befunden, sollen sie 20 Fl Polnisch zu straff geben.

§ 2. Und wofern ein wandersman dehero schaden leiden und nehmen und die herrschafft des orts ihrer pauren dienste darzu verweigern würde, so soll die herrschafft mit der straffe beleget werden, und dem fremden manne seinen schaden erstatten, wie hoch er vom richter gesetzet werden möchte.

Tit. 12: Von denen vom adell, derselben privilegien und ihrer güter freyheit.

§ 1. Würde sich jemand von einem vom adell außgeben und were nicht einer vom adell, der soll damit seine gütter verlustig sein, und die helffte derselben soll dem *fisco*, die andere helffte dem angeber zugetheilet werden.

§ 2. Diese sachen aber die adellschafft belangendt sollen im höchsten landtgerichte oder *tribunal* unter den ampt sachen erörtert werden. Woferne aber jemandes einen fälschlich angeben würde, der soll darumb ein halb jahr im thurm sitzen, und ein abbitte thun. [16]

§ 3. Eß soll niemandt helmb und schildt denn allein uffm reichstage mit bewilligung der reichs rähte, oder im kriege von der königlichen Majestät oder denn feldt obristen uff *ratification* der königlichen Majestät gegeben werden.

§ 4. Den außlendischen und so über meer kommen, welche der chron Pohlen und großfürstenthumb Littawen nicht unterworffen sein, soll ihnen landtgütter zu kauffen frey stehen, jedoch mit der landtschafft bewilligung, und wan sie sich etwa mit einem geschlechte befreyen.

§ 5. Aber öffentliche ämpter und würden können sie selbest zwar nicht erlangen. Ihre kinder aber, so in dieser *provintz* geboren begüttert seyn, mögen zu gemeinen ampter verstattet werden. Gleichwol sollen die vorige hiemit nicht gemeinet sein, welche jetzo unter die landtsasten gerechnet werden. Dieselben halten wie für eingeborne Liefflender, und mögen wie die Pohlen und Littawen würde und empter in liefflland erlangen und verwalten.

§ 6. Gleichsfalß sollen die Liefflendische vom adell so woll in Pohlen als in Littawen und in andern zugehörigen *provintzien* macht haben, landtgüter zu erwerben, auch würde und empter zu erlangen. Dero vom adell güter sollen weder durch königliche Majestät befehl noch sonsten jeniger anderer gestalt *arrestiret* oder in *sequester* genommen werden, sondern wen einer vom adell etwas verbrochen [17] hat, so soll er darumt gerichtlich besprochen, aber nicht gefangen uffgehalten und *arrestiret* werden, wie den auch nicht ihrer diener und bawren.

§ 7. Imgleichen sollen die vom adell eigenen gefallens die bürger nicht gefangen nehmen, bekümmern oder *arrestiren*. Derowegen soll ein jeder für seinen ordentlichen richter recht forderen und nehmen. Eß were dan sache, daß jedmandß auf frischer that betrofen würde, darumb er könt peinlich verklagt werden. Uff den fall kann einer von adell durch die obrigkeit des orts, in frischer that gefänglich angenommen, aber nicht in hafft gehalten, sondern soll dem schloßgerichte überantwortet werden. Daß recht aber soll über ihn von dem hauptman des schloßes und dem burggraffen mit beyderseits vereinigten urteill gesprochen werden. Wenn dan des hauptmans und burggraffen urteill einstimmig, so soll die *execution* alßbaldt ergehen. Würden sie aber sich eines gewissen urteils nicht vereinigen können, soll die gantze sache uffn reichstagk an die königliche Majestät verschoben und *remittiret* werden.

§ 8. Weiters in bürglichen sachen, würden bürger mit denen vom adell oder ihren dienern jenigen wiederwillen und zank haben, so soll durchauß kein *arrest* verstattet, sondern sie darumb für das landtgerichte besprochen werden.

§ 9. Eß soll der könig selbest keinen vom adell unerkanter sachen, und ehe er jeniger ubelthat uberwunden worden, weder seine gütter einziehen noch ihn [18] gefenglich annehmen laßen.

§ 10. Eß soll auch die königliche Majestät oder der feldtherr keine *station* oder verlegunge der kriegesbeute in dero vom adell güter halten.

§ 11. Die vom adell sollen zu kriegeswesen und uffrüstung anderer gestalt nicht beruffen werden, eß geschehe dan solches mit der chron Pohlen und großfürstenthumb Littawen und der landtschafft Liefflandt gemeiner bewilligung, und das es auf allgemeinen kriegstage also beschlossen wurde, oder die nothwendige beschirmung des vatterlandes wieder den außerlichen feindt erfordern solches.

§ 12. So sollen auf die vom adell aber die landtgrentzen nicht geführet werden. Würde aber die gantze gemeine landtschafft darin willigen und die gemeine noth were vorhanden, so mögen die jenigen, so freywillig sich wollen gebrauchen lassen, um gewiße besoldung wol außgeführet werden.

§ 13. Die vom adell in Liefflandt, wie solches in Pohlen und Littawen gebräuchlich, sollen nach absterben des königes seinen nachfolgern am reich, wan er gekrönt, dann jedes gehorsamb schweren und ihr huldigen. Nicht daß ein jeder besonders dahin ziehe, sondern es ist genug, daß solches in gemein durch ihre abgesanten beschehe.

§ 14. Der rath Riga *privilegia*, zuvorab so wieder die vom adell und dero freyheit außgebracht, sollen ihnen durchauß nicht schädlich, sondern aufgehoben und nichtig sein. [19]

Tit. 13: Von privilegien revision und könig Alexandri statuto.

§ 1. Wir haltenß dafür, daß zu vereinbarung der gemühter und zu gemeinem friede und wolstandt hochdienstlich sey, daß alle und jeder wegen ihrer *privilegien* vergewißert, und solche gewißheit durch eine *constitution* bekräfftiget werde.

§ 2. Derowegen so thun wier alle der herren ertzbeschoffen und meister Deutschen Ordens *privilegia* biß uff die zeit der *union* bestetigen undt bekräfftigen.

§ 3. Waß auf könig *Sigismundus Augustus* hochmilder gedächtnüß für der *union* gegeben und verlehnet, alldieweil dieselbe im königreiche Pohlen und großfürstenthumb Littawen stett und unverbruchlich gehalten, alß sollen sie in dem lande Liefflandt dem großfürstenthumb Littawen *incorporiret* und, hat der könig auch nur der *union* freye macht undt gewalt zu übergeben undt zu *confirmiren* gehabt, in keinem zweiffel gezogen werden. Auch sollen der andern könige, alß nemblich *Sigismundi Augusti* nachfolger, am reich belehung und *confirmationes* allesampt in kräfften erhalten werden.

§ 4. Eß sollen aber hernacher in Liefflandt keine *revisiones* mehr bescheen. [20]

§ 5. Setzen auch daß des königs Alexandri *statut* uff Liefflandt, alldieweil dieselbe damalß sich der chron Pohlen nicht untergeben gehabt, nicht sollen außgedehnet undt gezogen werden.

§ 6. So soll um die *executio* dero königliche güter Liefflandt nicht treffen, und darumb im geringsten nicht bemühet undt beschweret werden.

§ 7. Wo jemandt seine alte *privilegia* uff seine gütter ernewern ließe, wen gleich die vorige briefe nicht darein einverleibet worden, so sollen sie dennoch die ernewerte brieffe für alte briffe gehalten und geachtet werden.

§ 8. Würde jemandt sein *privilegium* verliehren, soll ihm die cantzeley auß der *revision* ein anders gleiches lautes geben.

Tit. 14: Von den landtbothen.

Auß der ritterschafft in gemeiner zusammenkunfft zu Wenden, mit einhelliger bewilligung der landtschafft, sollen drey auß der Polnischen, drey auß der Lieffländischen *nation,* welche seßhafftig und im lande geboren und welche düchtig sein, geschicket werden, und dieselben in gleichen würden und ansehen, wie andere des königreiches landtbothen gehalten und geachtet sein.

Tit. 15: Von gemeinen zusammenkünfften.

§ 1. Aff daß von gemeinen landtsachen [21] desto besser könne geredet und berahtschlaget werden, sind die gemeinen zusammenkünfften fast nötigk. Eß sollen aber in Liefflandt keine zusammenkünffte gehalten werden, es setze dann die königliche Majestät und gemeinen nützes willen dieselbe an, oder es wehre sache, daß die woywodden, ein jeder in seiner woywodschafft und ersetzung der abgestorbenen *offizialen* stelle, oder daß sonsten eine gemeine noth einzufallen, welche des landes zustandt und wollfahrt betrefen, eine zusammenkunfft beschrieben müsten.

§ 2. Und sollen zu den außgeschriebenen landttagen alle und jeder vom adell sich einstellen. Wo ferne aber etliche sich nicht daselbst wollen befinden laßen, mögen undt sollen sie sich dem jenigen, waß daselbest gewilliget undt beschloßen, nicht wiedersprechen.

§ 3. Wann eine zusammenkkunfft gehalten werden muß, sollen die herren woywodden oder da sie daran verhindert worden, die herren *castellani* durch die landtbothen deßelben gebiets mit anschlagung der briffe an dero kirchen thüren undt schlößer, damit alle und jederman deßen verständiget werde, eine 10 wochen zuvor ankündigen. Uff welche zusammenkunfft sollen die städte ihre gesandten auch undt dan die stadt Riga zween, die von Dörpt einen und die von Pernaw einen schicken.

§ 4. Die berahtschlagung soll frühe morgens uff den tagk, also die zusammen- [22] kunfft angesetzet, uffs wenigste um 7 oder 8 uhr angefangen werden.

§ 5. Der großen mächte abgesandten soll ihrer *session* nach den vom adell, wie solches in Pohlen und großfürstenthumb Littawen gebräuchlich, und eine freye stime im *votieren* gegeben werden.

§ 6. Damit aber alles ehrbarlich, ordentlich und ohne unwesen in der zusammenkunfft hergehen und vollendet werden, so sollen die herrn *senatorn* und die vom adell auß ihren mitteln mit freyer wahl einen marschalk umbschickt erwehlen, jedoch daß er in den *nationen* umbgehen möge und dem Pohlen ein deutscher, dem deutschen ein Littawer folge, wie daß in nechstgehaltenen landtage von den herrn *general commissarien* uffgesetzet und verordnet worden. Derselbe soll einem jeden nach standes gebühr seine stimme zu geben fragen, undt waß also geredet und fürbracht mit fleiß behalten, verzeichnen, undt vereinigen.

§ 7. Eß sollen in einer jeden zusammenkunfft die stimmen frey sein, und niemandes darumb, daß er seine meinunge frey herauß gesaget, der gemeinen wolfahrt zu gutte vorweißlich sein.

§ 8. Niemandes soll den andern in die rede fallen, undt verhindern auch nicht ehe reden, er werde dan dazu entweder erbeten oder habe deßen von dem marschalk erlaub erlangett.

§ 9. Waß aber von ihnen sämbtlich mit einhelliger beliebung oder von den größern theil geschloßen wird, daßelbe soll durch den marschalk und welche sonsten [23]dazu verordnet sein, mit fleiß uffgeschrieben und abermahl offentlich fürgelesen, und entlich von den herren *senatoren* dem marschalk und denen vom adell, so daselbst in der versamblung anwesendt sein, unterschrieben, versiegelt undt den zum reichstage erwehleten abgesandten uberantwortet werden.

§ 10. Woferne sie nun alle nicht einstimmen können, so soll dem marschalk obliegen, die wiedrige meinunge so lange zu überlegen, biß eine vollenkommene einhelligkeit gemachet wirdt

Tit. 16: Von der müntze.

Es soll durch gantz Liefflandt nur eine undt gleich den städten ihres gefallens müntz ordnung zu machen nicht frey stehen, sondern sie soll an korn undt schrott des reiches und großfürstenthumb Littawen müntz, wie es könig *Stephanus* geordnet, durchauß gleich sein.

Tit. 17: Von zollen.

§ 1. Die zollen, welche mit gemeiner bewilligung ufm reichstag nicht gesetzet undt geordtnet worden, sie werden zu waßer oder zu lande wegen der brücken oder dämmen gegeben, sollen hiemit gäntzlich abgeschaffet sein. So soll auch von niemandts dan alleine von den kauffleuten zoll gefordert werden. Dan die vom adell, sie seind geistlichen oder weltlichen standes, [24] kriegesleute, und *studenten*, und dero vom adell unterthanen zoll frey sein, und die kauffleute sollen keine andere alß gewöhnliche zoll zu geben schuldig sein.

§ 2. Dero vom adell *factores* und diener, auch der geistlichen, die ziehen zu waßer oder zu lande mit ihren wahren, auch die laßen flößen den Dühnstrohm herunter, sollen eine *recognition* unter ihrer herren handt undt siegell fürzeigen, daß die wahren des herren eigen sein, und wan solche fürbezeigung einmahl beschehen, sollen sie allenthalben frey *passiren*.

§ 3. Wann aber jemandt von einem vom adell oder deßelben unterthanen, eß were auch an welchem ohrt es wolle, zoll forderen würde, der soll für daß schloß gericht darumb *citiret* werden, und dem cläger 100 Fl büßen, und den entpfangen zoll wieder geben.

§ 4. Mitt gleicher straffe soll der jenige belegett werden, welche ungewöhnlichen zoll von den kauffleuten zu fordern sich unterstanden.

§ 5. Würde jemandt eine brücke umb, undt durchs waßer ziehen, wan eß nur durch gewöhnlichen landtstraßen geschiehet, soll er darumb nicht beschuldiget noch mit jenigen zoll beleget werden.

§ 6. Die zoll schreiber sollen für jede *quitungen* einen groschen fordern.

§ 7. Die jenige so zoll fordern sollen vom adell, begütterte, undt christen sein.

§ 8. Da ferne der herr den jenigen, [24] so den zoll gefordert, nicht fürstellen würde, so soll er für ihme zu antworten und ohne zulaß jenigern einrede und *appellation* zu bezahlen schuldig sein.

Tit. 18: Von den waßer strömen.

§ 1. Die waßer ströhme, so schiffreich sein, sollen in gemeinem brauch sein. Derowegen in denselben nichts gebauet noch gesetzet soll werden, dadurch der gemeine brauch verhindert wirdt. Undt damit die schiffe desto bequemer herunter fließen mögen, sollen die münde oder der einfluß so groß undt weit, wie sie vor alters gewesen, gelaßen werden, bey straffe 50 Fl Polnisch, und die sachen sollen im landtgericht erörtert werden.

§ 2. Die fischerey soll in den gemeinen waßer ströhmen jedermannisglichen frey sein, wann nur der fischer mit seinen netzen, wan er dieselben außziehett, eines frembden ufer nicht berühret.

§ 3. Eß sollen auch keine solche fürschoß, dadurch der durchgangk der fische gäntzlich behindert wirdt, bey straffe 50 Fl Polnisch, davon die helffte dem beleidigten theil, die ander helffte dem gerichte unabläßlich verfallen soll, nicht gemachet werden.

§ 4. Derselben straffe sollen unterworffen sein, welche newe verhinderung und anstoß machen. [26]

Tit. 19: Von freyen Handlungenundt kauffmanschafften.

§ 1. Demnach zu deß landes ufnehmen und gedeyen hochersprießlich ist, daß die haven in Liefflandt frey sein zu gebrauchen, setzen und ordnen wier daß daselbst, so von alters haben schieffe pflegen einzulaufen, wieder ernewet werden.

§ 2. Derowegen die haven zu *salijß* den erbherren zu ernewern und in vorigen stand zu bringen und derselben sich zu gebrauchen frey sein soll.

§ 3. In den Pernawischen haffen geben wir denen vom adell freye macht und gewalt, mit frembden kauffleuten handell und wandel zu treiben, wie sie dan auch zu Riga, so viel zu ihrer haußhaltung von nöten, mit den schieffern und frembden kauffleuten zu kauffen und zu verkauffen freye macht haben sollen, wie solches in den *recessen* der *subjection* ferner länger begriffen stehet.

Tit. 20: Von gestrandten güttern.

§ 1. Welche gütter durch ein schieffsbruchs entweder ufs königlichen oder sonsten jemandes grundt und boden angestrandt, die sollen mit fleiß verwahrett und den eigenthumbs herren, wan sie darumb fordern, oder ihren erben vollkömblich wieder geben werden. Allein deß berggeldt erlegt werde, bey straffe des [27]lasters alß wan sie gemeine güter unterschlagen hetten. Und darum soll keine wiedrige gewonheit behinderlich sein.

§ 2. Und diese sache muß im Wendischen *tribunal* erkandt und erörtert werden.

§ 3. Wann aber innerhalb jahr und tagk keine auforderung derselben geschiehet, so sollen die dinge, so uff königlichen grundt und boden außgeworffen, ihr königlichen Majestät zustehen. Welche aber uff sonsten jemandes bottmäßigkeit gestrandete gütter fordert, der soll es, daß es seine eigene gütter sein, mit seinem eyde und dreyn zeugen ausage beweisen.

Tit. 21: Von den an königliche Majestät verfallenen güttern.

§ 1. Wan ein gutt oder sonsten etwaß an die königliche Majestät verfallen ist, kann und soll der könig daselbige in denselben rechten wie es der letzte besitzter eingehabt und beseßen, alß nemblich wo erß nur *iure feudi* alß ein lehn gehabt auch zu lehen rechte, wo ers aber zu erb und eigenen gehabt, auch also geben und verlehnen.

§ 2. Demnach auch zu rechte versehen, daß alle lehn manner und andern amptstragende persohnen, und welche den gerichten verwandt sein, schweren sollen, hat man ein nothurfft zu sein trachtet, daß die *formula* des eyden hierbey gefüget werden. [28]

Tit. 22: Von eydes formulen.

Eines woywoden eydt.

Ich, N. N., schwere, daß ich meines geradigsten fürsten und herren, herren Sigismundi königes in Pohlen, trew und holdt sein will, sein königliche Majestät ehre, nutz und wolfahrt verthätigen, will auch der gantzen gemeine getrewlich rahten die heimligkeiten, so mir von den königlichen Majestät rähten vertrawet werden, sie belangen die königliche Majestät oder daß gemeine beste, oder ihnen beyderseits zu nachtheill und schaden ihrer königlichen Majestät und den gemeinen besten nicht offenbahren, und nach meinem vermögen der königlichen Majestät undt deß reiches bestes wißes wißen und arges verhüten. Waß ich aber wiße, verstehn oder erfahrn, daß der königlichen Majestät, dem reiche und den gemeinen nutz zu schaden und vorweiß gereichen möchte, daßelbige will ich verhüten, und darwieder streben, daß es nicht beschehen möge, so war mir Gott helffe.

Des succameraij eydt.

Ich, N. N., schwere dem allmächtigen Gott, daß ich Gott daß beschribenes recht, und die billigkeit in der partheyen sachen für augen habendt recht richten und die sachen mit fleiß anhören und erkündigen will, und mit trewen die grentzmahle in augenschein erwegen, und fleißig verzeichnen, daneben meine und meiner [29] vorfahren bücher in guter verwahrung halten, und darein schreiben im gericht keine persohn ansehen, ob er freund oder feindt, arm oder reich, bürger oder frembder sey, undt uff niemandes gunst oder zorn achten, noch gifft und gabe daß recht zu verdreyen nehmen, so war mir Gott helffe.

Eines hauptmans eydt.

Ich, N. N., schwere dem allmächtigen Gott, daß ich der königlichen Majestät zu Pohlen und großfürstenthumb Littawen undt ihrer Majestät warhafftigen nachfolgern am reich, dem königen in Pohlen, getrew und wertigk sein, und dero Majestät ehre, und königliche hoheit und das gemeine beste nach meinem vermögen in acht nehmen, und ihrer Majestät und den gemeinen nutzen für allen nachtheil und schaden, die ich zu wissen kriege, verweren. Wann auch kein bestetigter könig im reich ist, will ich daß mir anbetrawtes schloß niemandes anders, als den frey erwehleten und gekrönten könig im reiche zu Pohlen uberantworten undt dem gemeinen besten, der chron Pohlen und großfürstenthumb Littawen trew sein, so war mir Gott helffe.

Ein landtrichter oder unterrichter schweret also.

Ich, N. N., schwere, daß ich Gott, daß beschribenes recht undt die billigkeit für augen habe; die streitige sachen der parteyen recht richten, hendell undt *contract* richtig einzeichnen laßen, und unter [30] reichen noch armen, freunde oder feinde, bürger oder frembden keinen unterscheidt machen, noch nach gunst oder feindtschafft, verehrunge noch straffe, so wie deßselben fürchten möchte, ansehen, sondern im urtheil faßen alleine Gott, daß beschriebenes recht, die billigkeit und den verführten beweiß und uhrkundt der partheyen und mein gewißen folgen, undt alles mit fleiß anhören, undt erwagen, undt alle ander mihr anbefohlenen handell getrewlig und meines besten vermögens verrichten, undt jenige gifft und gaben, von den partheyen, entweder selbest oder durch andere untergesetzte[538] persohnen, nehmen, so wahr mir Gott helffe.

[538] In M falsch: „undt ersetze".

Eines landtschreibers eydt.

Ich, N., schwere, daß ich richtig und getrewlig der partheyen uffbringe, irrungen, forderungen und begehren, der zeugen ausage, *protestationes*, *appellationes*, undt waß im gerichte gehandelt wirdt, und deß richters *decreta* mit fleiß in das gericht buch selbst einschreiben, und daß sie eingeschrieben wurden, verschaffen.[539] Will ohne unterscheidt deß reichen und armen, freundes oder feindes, bürgers oder frembden, und will weder uff gunst oder verehrung oder straffe, so mir desthalben fürstehen möchte, achten, kein giffte und gabe weder selbest noch durch andern von den partheyen nehmen, sondern ihm einschreiben allein Gott, die heylige gerechtigkeit, die billigkeit, der partheyen beweiß und urkunde, deß richters meinung und alle [31] andern mihr obliegende händell getrewlig und nach meinem besten vermögen voleziehen, bey straffe des meyn eydts, so war mir Gott helffe.

Dero vom adell und der städte eydt.

Ich, N., schwere zu Gott dem allmächtigen, daß ich dem durchläuchtigsten fürsten und herrn, herren Sigismundt dem dritten, von Gottes gnaden könig zu Pohlen, meinem gnädigsten fürsten und herren, undt deßelben rechtmäßigen nachfolgeren und reiche köniegen zu Pohlen getrew undt wertig sein, undt will sonsten niemandt anders den großmütigen könig Sigismunden dem dritten und deßelben nachfolgern, so rechtmäßigen erwählet und zum ersten gekrönt, für könig zu Pohlen und großfürsten in Littawen nehmen und erkennen, undt ihrer königlichen Majestät, ihr königlichen standt und daß gemein beste, so viel an mir ist beforderen, undt ihr königlicher Majestät oder der lande obrigkeit von allen fürstehenden gefahr, so ich zu wißen kriegen oder verstehen werde, erinnern undt offenbahren, so war mir Gott helffe.

Deß burggraffen zu Riga eydt.

Ich, N., schwere, daß ich ihrer königlichen Majestät recht schützen, undt weß ihre königliche Majestät recht undt persohn angeht, fleißigst in acht haben will, damit dem armen ebenmäßig wie dem reichen recht und gerechtigkeit mitgetheilet werden möge, so wahr mir Gott helffe. [32]

Deß landtbothen eydt.

Ich, N., schwere, daß ich will dem könig zu Pohlen getrew sein undt die mir anbefohlenen gerichts händell fleißig außrichten, die *citationes* getrewlich vorbringen. Undt in allen händeln undt sachen, demnach ich zu zeugniß ersuchet werde, will ich getrew mich bezeugen undt weder lieb, haß, gelt noch gunst,

[539] In M: „verschaffett".

sondern Gott und die gerechtigkeit für augen haben, undt soll keynerley weyse etwaß gefährliches zu begehren einwilligen, dardurch der warheit abbruch geschehen möchte, will auch dem königlichen gerichte gehorsamb sein. Undt waß mir von den herren woywodden, undt anderen *officianten* deß landtgerichtes befohlen, will ich mitt fleiß außrichten, undt keine böse sache fordern, undt alles so mir ufferleget, getrewlich ohne falsch undt argelist bestellen, so wahr mir Gott helffe. [33]

[2.] Daß ander buch des Lieffländischen rechtenß.

Demnach waß zu gemeinen recht gehörigt biß anhero gesetzet undt erkleret worden, müßen wir nun folgig die rechte, so einzeler weise einen jeden besonders betreffen, besehen undt wollen erstlich waß die verfahren, danach daß landt undt güter belanget, in acht nehmen.

Tit. 1: Vom unterscheidlichen stände der personen.

Eß seindt die menschen entweder frey oder eines andern gewalt unterworffen, und wan dero recht beschrieben, verstehet sich alßobaldt welch recht frey sein.

Tit. 2: Von dem recht so die eltern an ihre kinder haben.

§ 1. Daß ein vater in allen dingen gewalt an seine kinder habe, ist nicht alleine der ehrbarkeit und gutten sitten gemaß, sondern es erfordert solches auch daß natürliche recht. Derselben waß ein sohn erwirbet, daß erwirbet er dem vater, eß sey dan sache, daß er im kriege etwaß verdienet, oder durch seine kunst und geschicklichkeit geldt undt gütter erworben hette. [34]

§ 2. Ein sohn, der in seines vatern gewalt ist, mag für gerichte zuläßiger weise nicht stehen; viel weniger kann er mit dem vater irnige klage undt gutspruch haben. Immaßen er auch bey lebezeiten seines vaters nicht veraußern, noch sich oder deß vatters gütern uff deßelben todtfall verschreiben oder ve*robligiren* kann.

§ 3. Eß mag ein sohn seine mutterliche güter von dem vater, wofern demselben kein gerichtliche ufftragk beschehen ist, wen er zu seinen 25 jahren kommen ist, anderer gestalt nicht absonderen, eß sey den sache, daß der vater zur anderen ehe / und daß hat der Sohn macht, wen er schon zu seinen mündigen jahren nicht gekommen / schreiten würde, oder ein verschwender seiner güter were.

Tit. 3: Von absonderunge der kinder.

§ 1. Der vater hat eß guter fuge und macht, daß er seinen sohn mit einem antheil seiner gütter von sich absondere. Jedoch daß erß in beywesen gutter freunde, oder für daß landtgerichte thue, und alleß ordentlich einschreiben laße.

§ 2. So kann auch der sohn damit auß des vaters gewalt kommen, wen er ein weib nimbt, undt seine abgesonderte haußhaltunge für sich selbest haben und austellen würde.

§ 3. Wer dan also abgesondert ist, der mag frey handell undt wandell treiben, undt sich undt seine güter ver- [35] pflichten, und im gerichte seine sachen vertreten. Aber daß er eine ehrenrürige klage wieder seinen eltern erhebe, eß geschehe auß waß ursachen es wolle, wirdt ihme nicht zugelaßen.

§ 4. Wenn daß abgesondertes kindt, nach absterben der eltern, mit undt neben den andern erbnehmen will, der soll vermittelß eydes alleß daß jenige, waß er zuvorn entfangen, wieder einbringen, es hätte dan der vater eine ander ordnung davon gemachet.

Tit. 4: Von annehmung an kindes statt.

Es mag der vater seinen sohn, wen er darein gewilligt, einem andern zum kinde wol geben, und wer seine fünff undt zwanzig jahr erreichet hat, undt sich für daß landtgericht zum sohn erwehlen lasset, der ihm also zum kinde annimbt. Jedoch daß ein edelmann einen vom adell, undt ein bürger eineß bürgerlichen standes, der erlanget alle die gerechtigkeit, so die eltern wie abberufet an ihre kinder haben, und derselben kompt also in sein geschlecht. Jedoch soll er seines geschlechts nahmen nicht verändern.

Tit. 5: Von den rechten zwischen man und frawen.

§ 1. Ein frawe mag ohne ihres ehemanns bewilligung ihre bewegliche und unbewegliche güter nicht veräußern.

§ 2.Die wittben aber, welche keine kinder haben, haben daß ihre zu verkauffen und zu vergeben gutte macht. Jedoch daß sie von ihren verwanten undt blutsfreunden zwey oder drey dazu ziehen.

§ 3. Die jungfrawen aber, sie seindt auch weß alters sie wollen, können von ihren gütern nichts veraußeren.

§ 4. Wirdt einer frawen ein eydt zugeschoben oder gerichtlich uferleget, sie soll selbst undt nicht ihre vormünder in ihre seelen schweren.

Tit. 6: Von den unmündigen undt derselben vormünden.

§ 1. Es ist dem vater nachzugeben, daß er seinen unmündigen kindern im *testament* oder durch einen anderen letzten willen vormünder geben und verordnen magt.

§ 2. Wirdt aber der vater seinen kindern keine vormünder setzen, so sollen die nehesten blutsverwanten von der schwerdt- und spindseiten vormünder sein.

§ 3. Wenn eß auch daran mangelt, daß keine blutsverwanten vorhanden sein, so mögen die königliche Majestät oder daß landtgericht den unmündigen tüchtige undt genugsamb geseßene vormünder setzen und verordtnen, welche der vormundtschafft mit allem besten fleiß zu nutz und ufnehmen der unmümdigen verwalten sollen.

§ 5. Demnach die unmündigen zu ihren jahren kommen, sollen die vormünder [37] ihnen wegen ihrer verwaltunge rechenschafft zu thun schuldig sein.

§ 6. Deßwegen auch der vormünder hab und güter stillschweigendt den unmündigen verpflichtet sein.

Tit. 7: Von der vormünder entschuldigung.

Die ihnen uffgetragene verwandtschafft soll niemandt sich ohne rechtmäßige ursachen verweigern, undt nemblich: wenn er in öffentlichen ampt ist oder der kirchen, oder gemeinen besten fürstehet, alß da seindt die bischoffe, die woywodden, *castellanen*, *succamerarien*, richter, unterrichter, landschreiber undt königliche diener, undt dan daß jemandt siebenzig jahr alt, oder mit leibes schwachheit behafftet ist, *item* daß er eine langwierige reise für hat, und innerhalb jahres zu haus nicht gelangen möchte, *item* daß er drey vormundtschafftten alleweil uff sich hat, daß er mit den verstorbenen unter der unmündigen feindtschafft undt streit gehabt, wegen alle seinen gütern, oder den großen theil derselben.

Tit. 8: Von erziehung der unmündigen.

§ 1. Die vormünder sollen in erziehung ihrer pfleg kinder zu forderst uff derselben vaters anordnung acht haben.

§ 2. Oder da dero kein vorhanden, der nehesten verwandten freunde raht [38]undt guttachten folgen und er gewiß dafür halten, daß insonderheit zu ihren ampt gehöret, daß die unmündigen nach standes würdigkeit und des vermögens gelegenheit zum *studiren* gehalten, und in künsten und sprachen, auch ehrbaren sitten, unterwiesen und geübet werden.

Tit. 9: Von der vormünder verwaltung.

§ 1. Es seindt die vormünder entweder im *testament* verordtnet, oder die nahe verwanten, oder von der obrigkeit dazu gesetzet, so sollen sie der verwaltung anfang von auffrichtung eines *inventarij* machen, undt ehe beßer daßelbige in beysein der nehesten des mündtleins[540] blutfreunden inß werck stellen. Werden sie kein *inventarium* oder verzeigniß aller vorhandenen dinge machen oder auch den unmündigen übell fürstehen, und die dahero jenigen schaden leiden würden, denselben wie er zur rechte ausgeführet und dargethan wirdt, jedoch uf vorhergehende *moderation* deß richters sollen die vormünder ihnen zu erstatten schuldig sein. Jedoch daß sie innerhalbd jahres deßelben klage austellen, sonsten sie nicht gehöret werden. Wann aber die vormünder, ihren mündlein zum besten, unkosten anwenden würden, sollen ihnen dieselben erstattet werden.

§ 2. Wahren auch solche dinge vorhanden, welche in die länge nicht könten behalten bleiben, [39] dieselben sollen die vormünder, aufs best sie können, mit erster gelegenheit verkauffen, undt daß gelt so sie darauß gemachet, so woll alß andere der unmündigen gelder, in dero nutz undt besten anwenden. Eß were dan daß es der vater bey seinem leben anders verordtnet hatte.

§ 3. Stirbet einer von den vormündern in wahrender vormundtschafft, so sollen die übrigen die verwaltung annehmen. Woferne aber nur einer zum vormundt verordnet were, in derselben abgegangenen städte soll daß landtgerichte allermaßen, wie abgemeldet, einen andern verordtnen. Aber doch sollen deßelben vormundt erben, wie dan auch der an des verstorbenen stelle gesetzet, weiters des unmündigen zu antworten undt zu berufen, daß lang nur ihr vater undt der aufgesetzter vormundt die verwaltung unter händen gehabt, schuldig sein.

§ 4. Eß sollen die minderjährigen mänlein biß in daß zwanzigste jahr unter der vormünder gewalt sein. Undt dan so soll daß landtgericht sich ihres vollkommenen alters erkündigen. Wan daß beschehen, so soll ihnen die verwaltung ihrer hab und gütter gerichtlich zuerkannt werden, undt alß dan nach ergangenem *decret* sollen die vormünder alle beweglichen und unbeweglichen gütter, ohne irnigen verzug, zu ihrem nutz und besten zu besitzen undt zu verwalten ubergeben undt rechnung thun im landtgericht [schuldig sein], im [34] beysein zwener der nehesten der unmündigen verwanten, von allen gütern und derselben einkünfften, einnahmen und außgaben. Und zwar also wirdt die verwaltung aller beweglichen und unbeweglichen güter rechtmäßig ihnen aufgetragen.

---

540 „Des mündtleins" nur in M.

§ 5. Werden die vormünder hierinnen irnigen verzugk verursachen, dehero die unmündigen in schaden geführet, undt sollen allen beweißlichen schaden ihnen zu erstatten, undt gleichwohl die güter vollenkömlich abzutreten, schuldig sein.

Tit. 10: Von guten freunden, dienern undt tagelöhnern.

§ 1. Würde ein frembder vom adell oder sonsten jemand, der nicht gesessen ist, indeß er bey jemands seinen ablager hat, etwaß verbrochen, soll der herr deshalbest wieder ihn daß recht sprechende können. Würde er aber sich deßen verweigern undt einen *arrest* annehmen, so soll er ihm uff urforderung gerichtlich einstellen. Neme er aber keinen *arrest* an, so soll er ihn dem kläger außantworten, oder für seine verbrechung zu antworten schuldig sein.

§ 2. Gleichfalß wan ein diener wegen geübten frewentlicher gewalt undt haussturmb oder umb anderer verbrechen selber beklaget wirdt, solls ein herr oder juncker recht uber ihn mit theilen. Eß sey der beschuldigter einer vom adell oder eines [41] bürgerlichen standes, so baldt er bey ihm ist *arrestiret* worden, oder er muß sonsten für ihn selbest antworten. Wirdt der ubelthäter, ehe er *arrestiret* worden können, davon kommen, so soll der gläubiger schweren, daß er solche that ohne sein vorwißen, geheiß undt willens begangen undt ihm weder raht noch that, daß er davon kommen, dazu gegeben hatt.

§ 3. Wann jemandt, der frey ist, sich bey einem umb jährliches besoldung und dienstgeldt, er sey einer vom adell oder bürgerlichen standes, im dienst beziehet, wann die zeit umb ist, so lange er sich vermietet gehabt, so mag er zwar frey von dem herren abziehen, undt die herren sollen auch die diener wieder ihren willen nicht auffhalten.

§ 4. Er soll aber demnach zwölff wochen zuvorn seinem herren ansagen. Eß were dan sache, daß er ihn eigenen willens zuvorn des dienstes verlaßen wolle, undt wer nicht eines adelichen standes ist, der ist auch ein paßwort[541] von seinem herren zu nehmen schuldig. Wer es anders machen wirdt, der soll seines dienstgeldes, so ihme hinterstellig sein möchte, verfallen sein.

§ 5. Würde ein diener biß auf die zeit, alß er zu dienen zugesaget, nicht verharren, soll er seines lohnes gäntzlich verlustig sein, undt waß ihm von dem herren gegeben, wieder erstatten, und dazu noch daß lohn gedoppelt entrichten.

§ 6. Würde jemandt eines anderen diener oder taglöhner, ehe derselbe von [42] seinen vorigen Herren, dem er dienst zugesaget, und erlaubet mit erlangung

---

[541] In M: „Paßborth".

einers Paßworts genommen, abspenstig machen,[542] zu seinen diensten notigen und annehmen, der soll darumb für daß landtgericht *peremptorie citiret* werden. Undt wan er mit zwene oder dreyen zeugen deßselben uberwunden, 50 Fl Polnisch strafe geben, ehe er auß dem gerichte gehet, davon die helffte dem gerichte, die ander helffte dem beleidigten theil soll zugekehret werden. Deßselbige soll auch gehalten werden, wo jemandt einen flüchtigen knecht annehmen und bey sich behalten würde.

Tit. 11: Von den erbpauren undt wiederforderung derselben, wenn sie verlaufen.

§ 1. Die erbpauren undt welche von ihnen geboren werden, imgleichen ihre haab und güter sindt in ihrer herrschafft gewalt, und können ohne derselben willen und volwordt nicht veraußern, oder sich anders wohin begeben.

§ 2. Würde ein pawr und sein sohn, der nicht erlaßen, zu einem hauptman oder vom adell sich heimlich begeben, sein gläubiger soll ihn durch einen landtboten, an welchem ort war er betroffen, frey ungeschewet gefangen nehmen, undt der herrschafft deßselben orts da er betreten, fürstellen, und so wol ihme als seine kinder und güter zu übergeben bieten. Wurde die herrschafft des ortes solcher bitte nicht gerufen, soll er ihn fürs landtgerichte im ersten *termino peremptorie citiren*, undt so oft der *citirte* [43] deßhalben *citiret* undt nicht erscheinet, so offt soll er dem gegentheil 20 Fl Polnisch[543] erlegen, undt soll gleichwoll den verlauffen wiedergeben. Eß were dan sache, daß zehen jahr von zeit der mißenheit[544] verfloßen, dan nach solcher zu recht verwahrten zeit kann er ihn allß verjahret nicht abforderen.

§ 3. Wen aber ein pawr auß den königlichen gütern zu einem vom adell verlauffen würde, der soll nicht abgefordert werden, sondern bey demselben bleiben, zu welchem er sich begeben, undt daß ist also zu verstehen, wan von einem hauptman zum andern ein pawr sich verfügen würde.

§ 4. Wenn auch jemand von seinem herren freygegeben und also frey geworden, sich hernacher in eines andern gewalt begiebet undt also ein erbpawr acker undt höffe in besitz annimbt und drey jahr über in dem standt verharret, der soll hierfüro für einen freyen nicht gehalten werden, oder auch sich von ihm, in deßen gewalt er sich von newem einlaßen, nicht entbrechen, oder von dem acker, welchen er zu bawen angenommen, sich begeben können. Sonder er und seine kinder, welche er nach der zeit zeugen wirdt, sollen in deßelben herrschafft

[542] „Abspenstig machen“ nur in Staatsarchiv.
[543] In M: „ung. [ungarische] Fl“.
[544] In M: „Mißenschafft“.

bleiben, welchem er sich ergeben hatt. Die andern kinder aber, wofern sie nicht freygelassen worden, bleiben bey dem vorigen jungker.

§ 5. Waß von den erbpawren gesetzet, daßselbige hat auch stath von denen, so man in gemein gärtner nennet, welcher nemblich in jemandes bothmäßigkeit einen garten, dafür gewiße arbeit zu thun verpflichtig, annehmen. [44]

§ 6. Ein ander gelegenheit hat eß mit denen, welche einen gantzen pawrhoff oder die helffte deßelben uff eine gewiße zeit heuren. Alß nemblich, daß sie dafüer jahrgeldt geben, und keine arbeit leisten. Sintemahl denselben nach verlauffener zeit, undt wenn Sie Ihre *pension* erlanget, davon zu ziehen, wohin sie wollen, frey stehen.

§ 7. Eß ist einem jeden frey, welchem er in seiner gewaldt hat, entweder den haußwirth sampt seiner frawen oder auch seine kinder, die ihme allbereit gebohren, oder sie alle sampt oder einem jeden insonderheit zu freyen und zu erlaßen. Und daßelbige kann er entweder für das daß landgerichte oder durch *testament*, oder mit erlaßungs briefen, wenn sie mit seiner handt undt siegell bekrafftiget und ihm zugestellet worden, ins werck richten.

§ 8. Wer also frey gelassen worden, derselbige wie dann auch seine haußfraw, welche allwege dem man folget, und welche kinder von ihnen hernehmalß gebohren worden, seindt allzumahl frey. Es were dan sache, daß sie sich in den pawren standt, obberührter maßen mit gutem freyen willen, hiewieder begeben würden.

Tit. 12: Von den starcken umblauffenden bettelern.

§ 1. Damit auch dem frevell undt muthwillen der landtstreicher fürgebawet werde, sintemahl viel starcke gesunde leute unter dem schein der bettler herumb [45] laufen, so wirdt einem jeden nachgegeben, wenn er in seiner bothmäßigkeit solche betteler undt lostreiber betrifft, daß er dieselben angreiffen undt zur arbeit zwingen möge, biß sie von ihren junckern undt herrschafft abgefordert werden.

§ 2. Alßdem auch die ziegeuner[545] verbottener weyse herumb ziehen, undt der armen einfältigen leute geldt undt güter gleich stehlen, setzen undt ordnen wier daß sie, wie auch die juden, durchauß in diesen landen nicht sollen gelitten werden.

---

[545] In M: „Ziegüner".

§ 3. Demnach so soll niemandt bey straffe zwo hundert Fl[546] Polnisch dieselben in seinen gutten nicht annehmen, hegen noch herbergen, mit weß schein solcher auch bescheen möchte.

§ 4. Die müßiggänger, welche sich innerhalb drey tagen in der stadt zu dienst oder sonsten zum handtwercke nicht begeben, mag bürgermeister, rath undt daß gerichte woll annehmen, und in den graben und uff den wällen wohl arbeiten laßen.

Tit. 13: Von dem recht der gütter so jemandt haben und besitzen kann.

Nun weiters müßen wier besehen daß ander *subiectum iuris* von den diengen, so entweder bewegliche oder unbewegliche sein, undt dieselben seyend entweder erb- oder lehn- und zu lebetag gegebene güter.[547] [46]

Tit. 14: Von den erbgeseßenen.

§ 1. Eß ist aber viel daran gelegen, daß jemandt begütert und erbgeseßen ist, sintemahl dieselbige in vielen rechtsfällen es besser haben alß welche nicht geseßen sein.

§ 2. Erstlich werden zu ämbter undt würdigkeiten nur allein die erbgeseßenen sein.

§ 3. So wirdt auch ein erbgeseßener man im gericht zu stellung eines bürge standes nicht gezwungen. Wer aber kein erb und güter hat, der muß bürgerliche *caution* bestellen oder mit seinen eyde sich bewahren, daß er keine bürgen haben können, undt der sachen abwarten will.

§ 4. Eß wirdt aber hiermit nicht die größheit der güter, sondern alleine daß recht deß besitzes angesehen. Derselben eß habe einer, waß eß für ein besitz auch sey, wen es gleich nicht groß ist, alleine daß der eigenthumb ihm zugehöre, derselbige soll von abberührten freyheiten nicht außgeschloßen werden.

§ 5. Die woywodden, *castellanen*, hauptleuten, so daß schloßgerichte haben, *succamerarien*, fendriche, richter und unter richter, landtschreiber, und folgends alle *officiren*, welche die adelichen gerichte befohlen, sollen im lande zu[548] Liefflandt erbgeseßen sein.

---

[546] In M: „gulden".
[547] In M heißt es: „§ 1. Nun (...), undt diese seind entweder Landt oder Stadtgüter. § 2. Die Landtgüter sindt entweder Erb oder Lehn und zu Lebtagen gegebene güter."
[548] „Zu" nur in M.

§ 6. Aber die hauptleute oder starosten oder verwalter der königlichen güter, welche keine gerichts gewalt haben, kennen [47] woll sein, wann sie gleich nicht geheßen, aber doch verdiente leute sindt.

Tit. 15: Von landt güttern.

§ 1. Wenn einer vom adell seine erbgüter, so sein eigenthum sein / sintemahl lehn güter ohne der königlichen Majestät bewilligung und *consens* nicht können veraußert werden / verkauffen oder sonst versetzen und einem andern ubergeben will, uff waß art und weise daß auch beschehe, so mag er zwar den *contract* mit zweyer vom adell handt undt siegell machen und volziehen. Soll eß aber seine eigentliche krafft haben, so muß der gantze handell in daß landtgerichts buch formlich eingeschrieben werden.

§ 2. Würde aber die gerichte etwas lange ufgeschoben undt könten so baldt nicht geheget werden, so mag solch handell für dem schloß-gerichte oder deßen untergesetzten richtern verrichtet werden. Jedoch also daß innerhalb jahr und tagk oder sechs wochen inß landtbuch derselben woyewodtschafft, da die güter belegen, der gantze handell oder *contract* vollkömlich eingeschrieben werde, und alßo wirdt die veraußerunge krafft und macht haben.

Tit. 16: Von der vom adell erbgüttern.

§ 1. Ob wohl in Liefflandt von alters zweyerley art des lehn in gebrauch gewesen, alß nemblich ein erbrecht oder [48] gnade, bey denen vom adell so unter den ertzbischoffen und bischoffen geseßen, und recht schlecht lehn bey denen so dem meister Teutschen ordens unterworffen gewesen, so haben dennoch die königliche Majestät Sigismundus Augustus könig in Pohlen und großfürsten in Littawen durch ein allgemein *privilegium* in der *subjection* der lande allen vom adell in gantz Liefflandt ein gleichformig erbrecht gegeben[549].

§ 2. So haben auch die jetzt regierende königliche Majestät in dem jüngst anno 98 zu Warschaw gehaltenen reichstage zugesaget, daß sie denen vom adell in Liefflandt aller *nation* die kleinen güter *minutiora bona* erblich verlehnen wollen.

§ 3. Derowegen setzen undt ordtnen wier, daß alle vom adell in Liefflandt erbgüter haben und besitzen mögen, derogestalt daß auch die weibes vorfahren ihren eltern, wan keiner vom mänlichen geschlechte vorhanden, erben und uff ihre kinder beydes geschlechtes, und wan die auch nicht vorhanden, uff die seit-

---

[549] In M zusätzlich „und verlehnet“.

linges verwanten gleichfalls beyder geschlechtes ewig verstammen, wie den auch ohne deß erbherrren *consens* und bewilligung ihres gefallens gantz und gar ohne einige verhinderunge veraußern mögen.

§ 4. So laßen wier die alters gebräuche der sammenden handt, so etliche geschlechte krafft ihres rechten undt *privilegium* haben, in ihren würden beruhen. [49]

§ 5. Ein new lehen ist, welches von newen gegeben wirdt undt seinen Ursprung von den ersten erwerber hatt.[550] In newen lehen können nur die kinder in absteigender linien *succediren*. Wollten aber die söhne die güter theilen, stehet Ihnen frey, und soll einer auff den andern erben nach allen stamb- gutt rechten. Und wan einer schon seinen *privilegien* solches nicht hatte, soll doch die spinlseite, nach alten Lieffländischen gebrauch, ihr gebührliche aussteuer auß denselben güttern haben. Die lehen güter, welcher art und eigenschafft sie auch sein, können und sollen, ohne *consens* des oberherren, nicht veraußert werden, und wann gleich der *consens* erlanget, wo ferne die übergabe innerhalb dreyen jahren nicht darauf folget, so ist es doch nichtig und unkrefftig.

§ 6. Die weibesbilder werden von den lehngütern, sie seindt alte oder newe lehn, sie seind gegeben oder gekaufft, gäntzlich außgeschlossen, wann gleich in den lehn brieffen diese nemblich wörter stünden: :/:Ihm undt sein gantz geschlecht :/:[551].

§ 7. Damit aber gleichwohl die betrübten wittwen nicht gar verlaßen sein, und die unberadene töchter ein ehegeldt haben mögen, ordnen und setzen wier, daß die wittwen den genießlichen brauch auf ihres sehligen ehemannes gütter ein gantzes jahr über haben, undt daß verstorbenen töchtern soll der, welchem die königliche Majestät von newem die güter verlehnet, wann die güter *taxiret* werden, deß [50] fünfften theil einkünfften so in vier jahren auß den güttern könten gehoben werden, zu geben und zu erlangen schuldig sein.

§ 8. Es kann jemand ein lehe entweder aus milder königlicher Majestät gnade oder umb getrewe dienste, oder auch mit geld, jedoch daß des oberherren *consens* und bewilligung dazu komme, erwerben und erlangen.

§ 9. Ein lehen mann verlieret sein lehn darumb

1) daß er entweder seinen herren den schuldigen eydt zu leisten sich verweigert,
2) oder untrew an ihm wirdt,
3) oder daß er seinen roßdienst, wenn er darumb ermahnet, nach dem münster zettel nicht leisten will

---

[550] In M „hat" nach undt.

[551] In M ohne „:/:" ; zudem „Ihme und seinen gantzen geschlechte".

4) oder daß er seinen herren in krieges gefahr verleßet.

§ 10. In den lehen gütern, so zweyen oder mehr brüder zuständig sindt, mag der eines bruders seitens, dem andern nicht schädlich noch nachtheilig sein.

Tit. 17: Von gerichts gewaldt und halßgericht.

§ 1. Ob wohl ein jeder vom adell an seine unterthanen gerichte und vollkommen gewaldt hat, damit sie aber dennoch solcher macht nicht mißbrauchen mögen, und Ihr herrschafft nicht in eine *tyranney* verwandelt werde, setzen undt ordtnen wier, wen zwischen einem frembden und unterthanen streit für- [51] fället, so soll der juncker vollkommene gerichts gewaldt die sachen zu erkundigen, darin zu sprechen und zu strafen haben.

§ 2. Wem aber zwischen dem juncker selbest und seinem erbpawren so eine sache einfäldt, darinne über bludt muß gerichtet werden, so soll er daß urtheil nicht anders als mit zuziehung und im beysein etlicher vom adel, wie daß von alters gebräuchlich gewesen, fällen und sprechen.

§ 3. Eß soll aber von eines vom adell leben undt leuhmut nur allein aufm reichstage erkandt und gerichtet werden.

Tit. 18: Von rechtmäßigen gebrauch der gütter.

§ 1. Daß ist der rechtmäßige brauch der güter, daß man sich eines frembden grundt und boden enthalte, und waß man findet, dem eigenthumbs herren wiederzustellen.

§ 2. Es stehet denen vom adell frey, ihre güter bestermaßen und weise alß sie zum nützlichsten können zu gebrauchen und zu genießen, und mögen wohl nach ertz suchen und graben.

§ 3. Wenn auch in jemands bothmäßigkeit bernstein oder andere köstliche steine am ufer des wassers gefunden würden, solche uff zu lesen stehet ihnen frey, und niemandt soll sich unterwinden, wieder daß grundt herren willen in seine gewahrsame acker undt uffer zu kommen und etliche Steine zu lesen. Wirdt er darüber betreten, soll er viermahl so viel alß daßelbige, [52] waß er gelesen, wehrt ist, wiederzugeben schuldig sein.

Tit. 19: Von der jagdt.

§ 1. Auff daß niemandt seinen nachtbaren mit der jagdt einigen schaden im korn und in dem gesäjeten acker zufügen, setzen undt ordtnen wier, daß männiglich von osterfeyertagen an biß uf sankt Bartholomei sich der starcken haasen jagdt uf frembden grundt undt boden entfallen soll.

§ 2. Würde aber jemandt jagen und schaden zufügen, der soll beyde den schaden erlegen, und zur straffe 50 Fl[552] Polnisch, wenn er darumb im landtgerichte besprochen wirdt, zu geben schuldig sein.

§ 3. Wenn aber jemandt uf frembden grundt und boden wildt zu jagen sich unterstehen würde, so viel alß er derselben faset oder todt schläget, soll er für ein jedes elende 15 Fl, vor ein behre 5 Fl, für ein wildt schwein 5 fl legen und zahlen, und daneben wegen deßen daß er gewaltsamer weyse uf frembden grundt und boden gejaget, so offt er daß zu thun sich unternommen, 50[553] Fl einbringen.

§ 4. Und wenn er deßen überwunden wirdt, daß ers jemandt zu trotz gethan habe, soll er mit einer höhern willkürlichen straffe beleget werden.

§ 5. Eß sollen die pawren keine [53] lange oder kurtze büchsen, damit sie daß wildt beschädigen können, uff frembden grundt und boden, bey verlust derselben, gebrauchen.

Tit. 20: Von den immenstöcken.

Wann jemandt deß andern immenstock beraubet, soll er alßbaldt gefänglich eingezogen, und wofern es sein erste diebstall ist, soll er mit ruthen außgestrichen, wo eß aber der ander diebstall ist, soll ihm der kopff abgeschlagen werden. Würde er aber feldtflüchtig, so soll er für daß amptgerichte in dero woywodschafft angeklaget, und wann er durch warhafftige und unzweyffeliche anzeugen überwunden, mit gleichmäßiger leibesstraffe beleget werden.

Tit. 21: Von holtzungen.

Wenn jemandt endtweder mit öffentlicher gewaldt oder heimlich in eines frembden waldt einziehet, undt daselbst holtz hawet, ist es fruchtbar holtz, sollen pferd und wagen angehalten, und der schaden geschätzet werden, alß nemblich

---

552 In M „50 Polnisch gulden".
553 In M „fünffzigk" und unterstrichen.

von einen eichen baum, darinnen immen konten bequemlich gehalten werden, 5 Fl; von einen dannenbaum 3 Fl; für einen birckenbaum 6 Fl. Daneben soll er zur straffe 3 Pf geben, wann er darumb fürm landtgerichte *citiret* wirdt.

Tit. 22: Von hütunge und weyde.

§ 1. Eß soll niemandt sein viehe uf frembden grundt und boden ohne deß herren vorwißen undt zulaß eignen gefallens treiben und weyden. Wer darwieder handelt, so offt und dieck daß geschiehet, soll er für ein jedes hauptrindviehs 2 groschen, oder wenn nach gewonheit des ortes der schaden geschätzet wirdt, legen und zahlen.

§ 2. Dieß verbott ist auff gewiße zeit gesetzet, und wirdt von sankt Georgij tagk biß auf Michaelis erstrecket. Außerhalb der zeit ist einem jeden frey, sein viehe wohin er will zu treiben und zu weyden, wan es nur an der sahdt und sonsten dem gehegten acker keinen schaden thut.

Tit. 23: Von den auffm wege und sonsten gefundenen sachen.

§ 1. Würde jemandt, endtweder uff der landtstraßen oder uff seinem grundt und boden, weß es auch were, etwas finden, so einem abgefallen, oder jemandes viehe wie es auch namen hatt und verirret were, anbetroffen, so solll der pawr deßelben ohrts oder ein reisiger man solche sachen nicht bey sich behalten, sondern der herrschafft deß [55] orts anzeigen, welche in den benachbarten kirchspielen solches von der cantzel abkündigen laßen, undt dem herren der es abforderet wieder zu geben befehlen soll.

§ 2. Wenn aber die gefundene Dienge, uff waß maß daß auch beschehe, vertuschen wolle, so soll er zweyfacht so viel alß die gefundene dienge wehrt sein zu bezahlen schuldig sein.

§. 3. Wenn aber der knechte herr des verlornen dienges innerhalb jahr undt tagk sich nicht angeben würde, uff dem fall soll daß ein theil dem der es gefunden, daß ander dem herren des ortes, daß dritte theil den nechst belegenen Gottes häusern gegeben werden.

Tit. 24: Wie man geldt und gut erwerben könne.

§ 1. Die erwerbung erb undt güter geschiehet entweder durch vermachung oder durch verpflichtunge, durch vermachunge nemblich: wenn jemandt von seinen gütern *testament* machet, oder daß recht einem etwaß zugiebet.

§ 2. Wann aber jemandt etwaß vermachet, so giebt ers entweder mit allgemeinem *titul*, oder ein sonderbar dieng allein. Mit allgemeinem *titul* wirdt gegeben, waß im *testament* vermachet ist.

Tit. 25: Von testament.

§ 1. Eß mögen die vom adell so wohl von ihren beweglichen als unbeweglichen gütern *testament* machen, wenn sie vollkommen verstandes undt in keiner andern gewalt sein, da ein unsinniger, verpraßer, unmündiger, ein sohn so seinen vater im leben hat, und in deßen gewalt ist,[554] ein stummer, tauber, können kein *testament* machen.

§ 2. Eß ist aber einem jeden, so *testament* machen kann, frey, daß er uff allen fall, wan vielleichte der jenige, welchen er zum erben eingesetzet, todt verfahren, oder in andern fällen nicht erbe sein könnte, einen andern undt denselben einen dritten, und so forthan in so viel graden, ihm geliebet, eines dem andern im *testament* untersetzen, und zu erben machen möge.

§ 3. Eß mag auch ein jeder in seinem *testament* von seinen beweglichen und unbeweglichen güteren, welche er selbest erworben, wem er will schencken, *legieren* undt verehren.

§ 4. Würde auch eine *condition* oder bedinge, welche wieder recht und die erbarkeit nicht were, entweder der einsetzung des erben oder der verschenckung, oder *legato* von dem *testatore* angehenget, so seindt sie bey verlust der erbschafft oder geschenkes demselben gnughaff- [57] tige folge zu thun schuldig.

§ 5. Undt kann darumb der jenige, so deß *testatoris* nehester Blutfreundt ist, und Erbe sein würde, wan kein *testament* gemachet, oder welcher dem erben unterfolget oder *substituiret* ist, dem erben oder der erbenden *legatarium*, welchen deßselben waß verehret, daß er dieser oder jenes thun und verrichten soll, oder auch ein frembder, stehen dieselben für daß landtgericht, innerhalb zween jahren von zeit da solche voleziehung des gedienges beschehen soll, besprechen. Undt daferne sie daran säumig befunden, daß sie daß verstorbenen willen keine gnugsame folge gethan, so soll die erbschafft und daß geschencke dem jenigen, welcher es mit recht verfolget hat, zugeeignet werden.

§ 6. Eß stehet aber einem jeden frey, er habe durch ein *testament* oder blutdrechtes halber erb undt gutt erlanget, daß er sich der erbschafft entziehe, oder dieselbige annehme. Wehr sich der erbschafft vorziehet, er sey ein sohn

[554] In M ist hier noch „ein gießler" zugefügt.

oder sonsten ein ander, der den verstorbenen erben möchte, oder im *testament* zum erben gesetzet, undt ist zwar alsdan daßselben schuldt zu bezahlen undt andern bürde der erbschafft zu tragen nicht schuldig. Er soll aber den *creditoren* alle güter ubergeben, oder woferne einige verdacht verhanden wehre, daß er etwaß auß der erbschafft an sich genommen, so kann er darumb von den [58] *creditoren* für daß landtgericht zu recht belanget werden, und muß einen cörperlichen eydt schweren, daß er nichtes auß deß verstorbenen gütern entwendet habe, und besitze, oder auch daßelbige gefährlicher weise von sich veraußert habe.

§ 7. Wirdt er den eydt nicht ablegen wollen, undt die geforderte schuldt ist richtig, so soll er, ehe er auß dem gerichte gehet, zu bezahlen schuldig sein.

§ 8. Uff daß die *testamente* vollständig krefftig undt rechtmeßig sein mögen, soll der *testator* sein *testament,* so er mit seiner handt geschrieben oder von einem frembden abgeschrieben, von dreyen vom adel unterschrieben und mit ihren siegel befästigen laßen, und wan daßselbige entweder bey gewißen persohnen niedergeleget, oder dem landtgerichte vertrawet werden.

§ 9. So soll eß durch die verordnete *executores* nach verlauffenen monaht aufs höchste nach geschehener begräbniß, wan die erben anwesendt sein, eröffnet, und da eß nötig den landtbüchern verzeichnet werden. Dann ein *testament,* wen eß gleich den gerichts büchern nicht eingeschrieben wirdt, so behält es dennoch seine krafft undt wirkung.

§ 10. Wehr ein *testament* gemachet hat, eß geschehe mit zuziehung gewißer zeugen oder fürm gerichte, der hat macht solchen seinen willen so offt ihme geliebt [59] vor seinem tode zu wiederuffen, zu ändern und gäntzlich, wie eß ihme gutdünket, dazu thun, abzunehmen, und daß gantze *testament* aufzuheben, oder ein theil darin zu ändern, also daß eines jeden wille biß an den todt muß angemerket, undt für vollständig geachtet werden.

§ 11. Zum letzten waß die hergewede belanget, soll darin alte gewonheit in Liefflandt gefolget werden.

Tit. 26: Von Erbnehmung.

§ 1. Der erbe gradt erbzunehmen ist, daß die eltern die kinder also erben, daß sie allein in der ufsteigenden und seitlichen linien, wen gleich die andern ein gradt neher wehren, fürgezogen werden.

§ 2. So können nun die söhne ihrer eltern erb und güter, bewegliche und unbewegliche, zu gleichen theilen wohl erben. Wenn aber mänlichen geschlechtes sein keine verhanden, alß dan werden die töchter zugelaßen, ungehindert, daß zwischen ihren eheman undt vormündern ein vertrag keiner ferner erbschafft zu fordern gemacht were. Jedoch soll damit denen geschlechten und ihren rechten, so die samende handt haben, indeß hiemiet nichts benomen sein. Derselben wan söhne verhanden sein, können die töchter, wenn ihnen von ihren eltern bey dero lebtagen ein ehegeldt ist vermacht, oder, daß sie so- [60] viel, alß ihre zuvorn außgestewte schwester bekommen, haben sollen, oder auch von den brüdern, nach der eltern absterben außgestewret oder nicht, oder seindt in ihrem jungfraulichen stande, können an deß vatern gütern keine erbliche anspruch haben. Wen schon sie sich der väterlichen erbschafft nicht verziehen hatten, können auch von ihren brüdern nicht begehren, daß ihnen der brautschatz verwehret werde. Der brüder antheill, so ohne leibes erben verfallen, fället allein auff die brüder, und bruder kinder, wo einige verhanden sein.

§ 3. Würden aber alle brüder ohne leibes erben todt erfahren, so sollen die ubrige schwestern ihnen erben. Jedoch wann ein schwester verstürbe, sollen die schwestern, undt derselben kinder, mit und neben den brüderen erbnehmen.

§ 4. Wann der brautschatz in mangell deß vatern *testament* von den brüdern muß gesetzet und vermachet werden, soll eß uf diese maß und form beschehen, daß nemblich der gantzen erbschafft 3 theile dem sohn und ein theil der tochter zukomme. Also wan viele söhne verhanden, soll ein jede tochter ein theil allein von allen beweglichen undt unbeweglichen gütern, so *taxiret* werden, undt bey den söhnen bleiben sollen, nehmen.

§ 5. Der mutter verlaßenschafft theilen die kinder unter sich zu gleichen theilen, und wann sie auß unterschiedlicher [61] ehe gezeuget, soll ein jeder seiner mutter güter voraus nehmen.

§ 6. Die kinder aber, so außerhalb dem ehebett gezeuget sein, sollen dem vater nicht erben.

Der ander gradt in der erbschafft.

§ 1. Wenn von den kindern eines verstirbet, so erben ihme vater undt großvater in den gütern, welche von ihnen herkommen, oder in ihren geschlechte erworben sein. Aber in den gütern, welche der verstorbene durch sein selbest arbeit dienst und fleiß erworben, erben ihme seine brüder undt brüder kinder, welche an ihres vaters statt treten.

§ 2. Wann aber keine brüder oder brüder kinder verhanden sein, alßdan werden die schwestern zu erbschafft verstehet. Waß aber des verstorbenen mütterliche güter belanget, sie sollen wieder an die mutter undt ihren geschlechte.

§ 3. Sollten deß verstorbenen güter mit außstewr der schwester oder anderen schulden beschweret sein, dieselben sollen die erben jederzeit zu seinem antheil abzutragen schuldig sein.

Der dritte gradt ist der seitlings verwanter.

§ 1. Wann kein eltern verhanden, so erben sich brüder und schwester unter einander, jedoch nach gelegenheit der güter wie abberühret ist. [62]

§ 2. Wier setzen undt ordtnen, daß brüder kinder, wan sie in gleichen gradt sein, ihreß verstorbenen vathern erbschafft gleich in *stirpes* theilen sollen.

§ 3. Wann der verstorbene keine brüder undt schwestern verlaßen, so sollen die nechste schwerdt undt spind wagen nach der sipschafft naheit in obgenandtem unterschieht der güter zur erbschafft verstehet werden.

§ 4. Eß soll ein jeder die güter erben, welche von ihm herrühren, durch welche er den verstorbenen mit blutdfreundtschafft verwandt worden. Alß nemblich wan die schwerdtwagen oder des vaters verwante gleichs gradt sein, so nehmen dieselben die väterliche güeter.

§ 5. Die spindwagen oder der mutter verwante freunde nehmen der frawen brautschatz, und waß mütterliche güter sein.

Tit. 27: Wie brüdern undt andern unter sich erbtheilen undt nehmen sollen.

§ 1. Wenn der vater zwischen den kindern unterschiedlicher ehe erbtheilung gemachet, so soll es dabey bleiben. Ein bruder der abgetheilet soll mit nehmen, wer aber nicht abgetheilet ist, soll in gemein *citiret* werden.

§ 2. Wann der abgetheilter bruder die sache verleuret, so kennen die anderen wegen ihrer minderjährigkeit kein *restitution* [63] oder ergentzung weiters bitten, alß ihre *interesse* belanget, oder so viel ihren die sache angehet.

§ 3. Würden sie aber allesampt ungetheilte brüder sein, so sollen sie sämptlich welche ein recht an die güter zu haben vermeinen, *citiret* werden. Verlieren sie die sache, so kann keiner daß in seiner krafft ergangene urtheil wieder fechten.

§ 4. Wann die elteste bruder durch rechtes verwahrte zeit undt verjährung die sach verlohren, so kann der jüngste bruder, dieselbe ferner nicht wieder ruffen, alß nur so weit es ihme betrifft sein theil. Der eltiste bruder kann seiner minderjährigen bruder güter nicht veraußern.

§ 5. Die schuldt dafür landt undt leute versetzet sein, sollen mit gütteren, wenn die mit raht der nehesten verwanten so hoch die schuldt erstrecket erkauffet, die geringe schuldt aber von den jährlichen einkünfften bezahlet werden.

§ 6. Waß übrig bleibet, sollen die brüder gleichmäßig unter sich theilen. Würde etwas diesem zuwiederen für genommen undt beschehen, daß soll nichtig undt unkräfftig sein.

Tit. 28: Von verjährunge.

§ 1. Demnach die verjährung zur straffe der hinläßigen unachtsamen leute, so ihre sachen nicht in acht nehmen eingeführet: alß setzen undt ordtnen wier, [64] wann jemandt ein gutt recht zu haben vermeinet an ein erbgutt, welches ein ander gegenwärtiglich besitzet, woferne er innerhalb zehen jahren, zur zeit deß friede undt ruhesamen zustandes, den besitzer unangefochten undt besitzen läßet, undt aber doch innerhalb obberührter zeit wohl hette den besitzer besprechen, oder für gericht forderen können, undt dennoch sich nichtes daran gekehret, sondern ihn un*turbiret* zufrieden gelaßen. So soll er von allen rechten und zuspruch so er zu dem gute haben möchte, nach verlauff zehen jahren, verfallen sein.

§ 2. Wieder die minderjährigen undt unmündigen soll die verjährung von der zeit, wann die zu ihrem rechten vollkommenen alter kommen sein, und wieder die so in frembden landen sich auffhalten, von zeit der wißenschafft nach verlauff drey jahren und so viel monath angehen.

§ 3. Die zeit, so lange es der verkäuffer und von welchem eß derselbige gehabt, undt daß gutt beseßen, *continuiret* sich in dem käuffer, undt kompt ihme zu vollziehung der verjährung zu guten.

§ 4. Die verjährunge der gräntze wieder die geistlichen hat nichts weniger alß wie sonsten in andern güttern steht.

§ 5. Die erbtheilung so mit zuzie- [65] hung der freunde gemacht, wirdt nach verfließung 3 Jahren undt 3 Monath für genehm und volstendig geachteht.

§ 6. Wier setzen undt ordtnen, wen brüdern oder andern blutsverwanten beyder geschlechtes, sich auch ohne des landt richters beywesen, undt einander theilen, oder absonderen, und jemandt hette eß bey solcher abtheilung ein jahr 6 Wochen mit stillschweigen bewenden laßen undt gerichtlich nichts deßwegen geklaget, so kann er wegen der ihm fürstehenden rechtmäßigen verjährung keine fernern forderung an seines bruders oder vettern erbtheil haben noch anstellen.

§ 7. Wer einen hoff undt gutt verkauffet, wen er gleich meisten theilß daß kauffgeldt nicht entfangen hette, so kann er doch den volezogenen *contract* nach verlauf obgeregter zeit nicht hinterziehen.

§ 8. Damit aber der boßheit kein fürschub gegeben werde, wan vieleicht die benachbarten innerhalb 3 Jahren und so viel monaten wegen dero streitigen grentzen stillschweigen würden, und nach verfließung solcher zeit erstlich zank undt rechtfertigunge erhäben wollten, setzen und ordnen wier, wan der käufer in dem besitz der güeter von dem verkäuffer eingeführet wirdt, daß alß dan alle benachbarte durch den landtboten dazu sollen beruffen werden, daß die bey anweisunge der grentzen sein mögen. Würden sie aber also beruffen nicht erscheinen, [66] undt nach verlauff 3 Jahres und 3 Monats kein klage und zuspruch deßhalben anstellen, wan der käufer mit zeugen seinen beschehenen kauf beweisen wirdt, soll er durch verjährunge solcher zeit zu beschützen haben.

§ 9. Eß kann einer nur erbe in drey jahren, und so viel monath zeit deß friedens erlangen. Die manß persohnen können in dreyen jahren, die wittben in sechs jahren, die eheweiber in zehen jahren, die jungfrauen, wan sie verwählet, durch verjährunge etwaß erwerben.

§ 10. Wer wieder seine vormünder innerhalb 3 Jahren und so viel monaten klag und zuspruch nicht anstellt, der soll hernacher nicht gehöret werden.

§ 11. Wann sie zaun auf eines anderen grundt undt boden gesetzet, und zwe jahr lang hett gestanden, soll darumb keine klage gehöret werden.

§ 12. Gelehnet korn kann nach verlauff 4 Jahren nicht gefordert werden.

§ 13. Wehr jemandt umb einen todtschlag verklagen will, der soll eß thun innerhalb 3 Jahren von zeit der begangenen thatt, sonsten ferner nicht gehöret werden.

§ 14. Die kauffleute sollen ihre schuldt von denen vom adell innerhalb drey jahren fordern, nach verlauff der zeit, keine ferner zuspruch zu haben.

§ 15. Unmündige dürffen zu recht nicht antworten, auch können sie nicht verjahren. [67]

§ 16. Ein weib, so genothzüchtiget wirdt, soll in drey tagen deßselben klagen und ein geschrey machen. Thut sie daß nicht, so soll der beklagter frey erkandt, undt sie mit straffe der verleumbder beleget werden.

§ 17. Wan händell, *recess* und vertrage binnen jahres ins landtgerichts buch nicht geschrieben werden, geschieht es hernacher, ist es unkrafftigk.

§ 18. Wirdt jemandt bürge mit wortlichen zusagen undt die zusage wirdt ins gericht buch nicht geschrieben, so thut sie im Jahr erlöschen.

§ 19. Wann die *execution* der gesprochenen urtheill innerhalb 3 Jahren undt 6 Monath nicht volleführet wirdt, so thut sie hernacher erlöschen.

Tit. 29: Von verehrunge.

Eß kann der eygenthumb eines dienges auch durch freywillige verehrunge auff einen andern gebracht werden. Ein jeder, der seines guttes ein herr ist, mag wohl wan undt waß er will, so wohl einen fremden alß seinen verwanten freunden etwas verschenken, jedoch allein beweglich güter, waß ahrt undt eigenschafft dieselben auch sein, undt stehet einem frey ob er schlechter maßen oder mit gewißen gedinge etwaß vergeben will. [68]

Tit. 30: Von verpflichtunge und erstlich von gedingen und verträgen.

§ 1. Wann jemandt sich über eine sache, die belange auch was sie wolle, wenn er nur ein herr darüber ist gedinge undt verträge machet, daßselbige soll steth und unverbrüchlich gehalten werden. Jedoch nach eines vormündern vertrag undt gedinge seinem mündlein wohl frommen aber nicht schaden, undt waß ohne *consens* undt fürwißen des vormünden ein mündlein verhandelt und thut, daß soll nichtig und unwürdig sein.

§ 2. Wenn von beweglichen güttern, so dem landtgericht unterworffen, ein vertragk gemachet, undt aber nicht ins landt oder schloß gerichts buch geschrieben wirdt, so mag eß doch nicht gelten.

Tit. 31: Von eydt-schwuren.

§ 1. Wann gewiße unzweiffeliche urkünde und zeugnüße verhanden, so sollen die partheyen mit keinem eydt beleget werden.

§ 2. Dieweill aber offtmalß auch in geringschätzigen sachen von etlichen gefehrlicher weyse der eydt gefordert wirdt, welcher ein ehrbar biederman auß furcht der göttlichen Majestät undt wegen seines redlichen nehmens zu leisten nie bedencken hatt, und dagegen ein ander, welcher auff Gott undt sein wordt nicht groß achtet, und [69] leichtsamb ein eydt schweret, damit er nur gewinn davon hat, alß setzen undt ordtnen wier, daß in solchen geringschätzigen sachen, wen jemandt siegell und briffe, oder unvorlegliche zeugen fürzubringen hat, oder sonsten solche starcke vermuthungen verhanden sein, dardurch ein richter könnte beweget werden, so soll der cläger mit *deferirung* oder hinschiebung des eydes nicht gehöret, sonder der beklagter soll von der gantzen sachen *absolviret* werden.

§ 3. Gleichermaßen soll auch wieder offentliche uhrkunde undt unzweiffeliche zeugnüß niemandt, eß geschehe auch in welchem gericht eß wolle, kein eydt uferleget werden.

§ 4. Wann etwas jemandt ein streit mit dem anderen hatte undt ein mangel des beweiß uf deß gegentheilß eydt legen, oder ihm den eydt heimschieben würde, so baldt der eydt abgeleget, sollen alle irrungen undt streit damit uffgehoben undt geendiget sein, und soll nicht allein von der sachen frey sein. Wen er den ihm ufgelegten eydt abzulegen erbötigk, sich daran begnügen laßet, undt ihn deß eydes erläßet, soll der erlaßener eydt es eben so viel gelten, alß wen der eydt würklich abgeleget würde.

§ 5. Ebenmäßig soll eß auch gehalten werden, wenn uf beschehener halben beweiß, der richter auß beweglichen ursachen einen [70] den eydt aufferleget, sintemahl eß eine offentbahre schande wehre, wen jemandt wieder selbst schweren noch einen anderen den eydt heimschieben wolte.

Tit. 32: Von ehesachen.

Die den eltern schuldige ehrerbietung erfordert, undt alle ehrbare gesetze befehlen es auch, daß die kinder, wan sie sich in den ehestand begeben wollen, ihrer eltern *consens* undt bewilligung darzu haben undt nehmen müßen, zuvor aber sollen die töchter ohne der eltern oder vormünder raht undt vollwort sich nicht verloben. Wurde jemandt darwieder thun, soll sie daß ehegeldt undt ihre erbgerechtigkeit verlohren haben.

Tit. 33: Von ehegeldt.

§ 1. Die güter, so wegen ehegelder verpflichtet, oder dazu jemandt, krafft eines gesprochenen *decrets* abgewiesen, imgleichen welche auff ein wiederkauff uberlassen worden, soll für erbgüter nicht geachtet werden, sondern sollen, unverhindert einiger verjährunge, wohl können wieder gelöset werden.

§ 2. Die söhne erster ehe sollen nach absterben ihres vaters die töchter anderer ehe ihre stieffschwester außzustewren, und mit dem ehegeldte zu versorgen schuldig sein. [71] Jedoch den mutterlichen gütern soll damit nichts benommen sein.[555]

§ 3. Wenn aber die kinder erster ehe vom vater abgetheilet undt ihren theil bekommen haben, so soll daß ubrige theil den kinderen anderer ehe vollkommmen bleiben.

§ 4. Die verbrechung und außweisung des ehemans mag der frawen brautschatz nichts benehmen.

§ 5. Wenn eine fraw gar keinen brautschatz ihrem ehemanne[556] zubrachte, so sollen ihr 200 florin Polnisch vermacht werden.

Tit. 34: Vom kauffhandell.

§ 1. Eß soll der kauff eines landtgutes alßdem erstlich richtig undt krafftig sein, wan entweder in der königlichen cantzeley oder in anderen glaubwürdigen örten, oder auch im landtgericht, der uftragk beschehen undt der käuffer durch den landtboten in daß gut ist eingewiesen worden.

§ 2. Wo aber deß verkauffers haußfraw oder sonsten jemandt einige gerechtigkeit undt zuspruch an dem gutte hette, soll ihnen nichts damit benommen sein.

§ 3. Der auch eine fraw in dem gutt ein verschrieben leibgedienge hette, soll der verkäuffer mit raht guter freunde ihr dagegen etwaß vermachen.

Tit. 35: Von der gewehr.

Eß soll niemandt die gewehr zu leisten schuldig sein, es haben sich dan [72] käuffer undt verkäuffer darzu verwillküret, undt daß nicht durch feindliche gewalt, oder durch unvermuhtliche zufälle, sondern durch ordentliche recht jemands die sache, und daß gutt ist aberkandt, und zeitlich zuvorn den verkäuffer die deß gutes halber erhobene rechtfertigung zu weisen gethan worden.

---

[555] In StA: „werden".
[556] In M: „ehewirl".

Tit. 36: Von heuer undt mietung.

§ 1. Eines dienges gebrauch undt nutzbarkeit wirdt durch hewr undt miedt gegeben undt muß allhin zuforderst darauf geachtet werden, waß sich die parteyen mit einander vereiniget und angelobet, oder aber wan daß nicht beschehen soll alles nach landes gebrauch in billiger der sachen ermeßigung verstanden außgeleget undt verabscheidet werden.

§ 2. Wann auch ein handtwerkers man uf den von ihm selbst bestimbten tagk die bediengte arbeit nicht fertig machen würde, soll er darumb drey tage in dem thurme sitzen, undt die unkosten so uf die reiße dem jenigen ufgangen, so umb hohlung deß verfertigten diengens kommen zu erstellen schuldig sein. Und die obrigkeit deß ohrts soll bey straffe 100 Fl deßselben recht undt gerechtigkeit mitzutheilen schuldig sein.

Tit. 37: Von leihen und borgen.

§ 1. Weill daß leihen in allen den dingen bestehet, an dero staht nicht dieselben sondern andern dienge derselben ahrt und natur wieder geben werden, geldt, kohrn, [73] wein und dergleichen, so wirdt alßbaldt der jenige ein herr deßen der es empfänget, auf deßen schaden und vortheill es auch stehet.

§ 2. Wann handtschrifften mit deß schuldigers handt und siegel bekräfftiget, und von zweyen oder dreyen vom adell alß zeugen untherschrieben worden, so haben sie dieselbe krafft, alß wan sie in deß landtgerichts buch eingeschrieben werden. Eß soll aber solche verpflichtung nicht uber 100 Fl betreffen, so mag der *citirter* deß gelehnten geldes halben welches in den landtbüchern nicht geschrieben, mit seinem eyde sich entbrechen, waß aber in den landtbüchern einverzeichnet worden, hat krafft einer gewißen verpflichtung.

Tit. 38: Von uffzugs brieffen.

Eß begiebt sich offtmalß daß jemandt solche uffzugs brieffe erlanget, daß er innerhalb gewißer zeit nicht bezahlen darf. Wier setzen aber undt ordtnen, daß sich niemandt solcher freyheit ander gestalt gebrauchen soll, alß wann ers von der königliche Majestät außerheblichen ursachen einem anderen zu keinem schaden und nachtheill erlanget hat.

Tit. 39: Von der creditorn privilegien.

§ 1. Wann etwaß uff güteren verschrieben worden, der wirdt den anderen so nur eine bloße handtschrifft hat, wen er gleich in der zeit zuvor kommen, fürgezogen imgleichen wirdt er auch dem jenigen fürgezogen, welcher newlicher zeit seine [74] schuldt hat einschreiben laßen.

§ 2. Der fürzug aber und erstigkeit des rechtens, wirdt von der zeit an gerechnet, wan die schult in seinem erbsitz geschrieben worden.

§ 3. Sollte aber zu abbruch und nachtheil der *creditoren* etwaß eingeschrieben sein, so müssen sie es undt alle wege deßhalben klagen, welchen solche schrifft zu schaden beschehen ist.

§ 4. Wan auch viel *creditores* zusammen stoßen, so werden die güter *taxiret* undt den altesten glaubigern unter ihnen die wahl gegeben, daß sie entweder die güter kauffen oder den andernen ihre recht ufftragen wollen.

Tit. 40: Von bürgen.

§ 1. Man mag einen oder mehr zu bürgen, undt entweder für beschloßenen oder nach geendigten handell nehmen.

§ 2. Eß muß aber der *principal* zuforderst besprochen werden, und wen derselben guttwillig nicht zahlen will, soll er ihn mit recht fürnehmen, undt sich an seine gütter weißen laßen biß er bezahle.

§ 3. Sollten die güter nicht genughafftigk sein, oder der schuldiger hette keine güter, uff den fall sollen die bürgen besprochen werden: oder da sie fürgeben, da die güter zur bezahlung genugk wahren, oder es könnte wegen der übermaß zwischen den schuldiger undt bürges keine vergleichung getroffen werden, so soll er ihme dieselben güter ubergeben, undt [75] sie ihm dagegen die gantze *summa* zu erlegen undt zu bezahlen schuldig sein.

§ 4. Daß stehet in deß *creditorio* macht nicht, daß er einen jeden bürgern besonders für die gantze schuldt mahne, wen er gleich sich dazu verpflichtet oder auch alles wolthaten rechtens begeben hatte, eß were dan daß er sich *in solidum* zu der bezahlung verpflichtet hette.

§ 5. Wann aber einer oder mehr gar unvermögent, so seindt die anderen die gantze *summa* zu bezahlen schuldig.

§ 6. Eß ist aber nicht allein der bürge verpflichtet, sondern sein erbe muß auch halten.

Tit. 41: Vom pfandt und unterpfändung.

§ 1. Eß können allerhandt bewegliche undt unbewegliche güter unterpfandtlich, jedoch also versetzet werden, daß, so baldt bewegliche güter uberantwortet, ein rechtes wahres pfandt sindt.

§ 2. Die unbewegliche landtgüter aber können nicht anders als für ein glaubwürdiges gericht unterpfändtlich verschrieben werden.

§ 3. Wenn ein versetztes gutt soll wieder eingelöset werden, so kann der *creditor* wegen der beßerung, so er etwa in den güteren gewohnet, nichtes wiederforderen, es sey den sache, daß sie außdrücklich mit einander also seindt einß geworden, daß ihm auch alle unkosten, so er zu beßeren anwenden würde, sollten erstattet werden. [76] Den waß man sich beim handell vereiniget, daß muß gehalten sein.

§ 4. Wollte nun jemandt ein ersetztes gutt an sich bringen, so soll er den besitzer für daß landtgericht uf den ersten rechts tagk *peremptorie citiren* undt daß gelt daselbst niederlegen. Würde der besitzer daß geldt nicht nehmen undt die verpfändete güter abtreten, so kann der herr deß gutes an daß höchste gerichte *appelliren*, und daß gericht soll unter dem ampts sachen auch diese sache, unangesehen, daß eß in seinem gebiete nicht ist, erörtern.

Tit. 42: Von wiederforderung deßen, waß man nicht schuldig gewesen, und doch bezahlet hatt.

Wenn jemandt ein schult, welches zuvorn bezahlet oder auch daß er gar nicht zu thun schuldig, oder daß von ihm oder seinen vorfahren allbereit erleget, undt gleich wohl vermeint er wehre schuldig, da er doch nichtes verpflichtet uff dinges und brieffe, oder seines vorfahren handtschrifft entweder guttwillig oder durch rechtszwang würde, und nach langheit der zeit *quitunge* oder andere brieffliche urkunde uff finden und beweisen würde, daß die schuld all lang zuvorn bezahlet, oder zu bezahlen nicht schuldig wehre, so kann er ebenmäßig wie gelehnet gelt für daß landtgericht wiederforderen, undt der beklagter ist schuldig, wan solche *quitunge* undt urkunde fürgezeiget, jedoch ohne erstattung deß schaden [77] oder zinsen, waß mit unrecht bezahlet, wieder von sich zu geben, undt mag ihm hierin, daß das urtheil seine krafft erlanget, nichts fürtragen noch benehmen.

Tit. 43: Von diebstahl.

§ 1. Wer uff ein diebstahl betroffen wirdt, kann von männiglich gefänglich angenommen, undt wan er der that uberwunden, nach ordnung der rechte gestraffet werden.

§ 2. Wer bey nächtlicher weile, korn, kühe, oder andere sachen, die im felde sein, stiehlet oder oder im hause unterm dache begrieffen wirdt, wen er sich schon nicht zu wehren setzet, oder jemandt gefehrlicher weyse nach dem leben trachtete, mit ertödtung deßelben mag niemandt verbrechen.

§ 3. Eß wirdt kein diebstahl ohne fürsatz zu stehlen, daß ist einem sein geldt und gutt ohne seinen willen zu entwenden begangen. Derowegen wan ein unsinniger, törichter, ein unmündiger, woferne die boßheit des alter nicht ersetzet, oder bey seine fünffzehn jahre erreichet hat, da er waß ubell gethan ist, verstehen kann, ein diebstahl begehet, mag mit ordentlicher straffe nicht beleget werden.

§ 4. Eß wirdt aber nicht alleine der jenige für ein dieb gehalten, der selbest gestohlen, sondern auch durch welches hülffe oder raht der diebstahl vollenbracht ist worden, alß wen einer die leder an die fenster [78] setzet, oder auch die fenster undt haußthür aufbricht damit einander den diebstahl vollenbringen möge, oder auch solche sachen dazu giebt, dadurch etwaß kann ufgebrochen werden, oder die ledderen, damit die fenster könten erstiegen werden, ihme lehnet oder auch wißsentlich die gestohlene dinge an sich nimbt, undt unterschläget.

§ 5. Würden viel ein diebstahl begehen, sie sollen allesampt mit der ordentlichen straffe beleget werden.

Tit. 44: Von injurien.

§ 1. Ob wohl daß in gemein *injurie* oder ein ungericht heißet alles, waß nicht mit recht geschiehet, so werden doch die jenige eines ungerichts beklaget, welche einem zu verkleinerung schimpff undt verleumbdung etwas geredet oder geschrieben, oder auch auß bösem fürsatz gethan, oder daß es von andern beschehen möchte, befordert haben.

§ 2. Würde einer vom adell den anderen für einen huren sohn schelten, oder ihn an seinen gutten nahmen undt ehren verletzen, undt alßbaldt seine rede nicht wiederruffen, oder vernehmen waß er geredet, undt köndte es nicht beweisen, daß er so einer wehre, wegen solcher unerfindtlichen verleumbdunge soll er ihm, so er so verkleinert, zur straffe 60 ungarisch Fl, gleicher maße alß wan er ihm getödtet, geben.

§ 3. Daßelbige recht erkennen [79] wier auch, so seine mutter für eine hure schalten würde, undt solches nicht beweisen könnte, thun wier, daß er in gleichmäßige straffe verfallen sey, erkleren und einen wiederruf mit diesen nemblich worten thun :/: waß ich geredet habe ist gelogen wie ein hundt./:

§ 4. Wo ferne einer vom adell, oder der sich vom adelichen geblüdt herkommen zu sein fürgiebet, jemandt, daß er ihme nicht ebenbürtig mit ehrenrührigen worten angreifen würde, würde dan der beklagter dem anderen nicht ebenbürtig[557] verleugnen, daß er ihn also nicht gescholten, undt sich mit seinem eyde benehmen würde, soll er von solcher beschuldigung *absolviret* werden.

§ 5. Wann jemandt innerhalb jahres undt sechs wochen von der zeit, alß solch ungericht sich zugetragen an zu rechnen, daßelbige zu schmertzlichen hertzen nicht ziehen, oder auch innerhalb der zeit nicht klagen oder *protestieren* würde, so soll er hernacher, alß wan er durch stillschweigen alleß uffgehoben und verglichen, damit ferner nicht gehöret werden.

Tit. 45: Von tädtlichen injurien.

§ 1. Würde jemandt umb verwundung halber zu recht beklaget und fürwenden, daß es in seiner *defension*, daß er die wunden geschlagen, oder ohn gefehrde beschehen wehre, oder auch zu verleugnen, der kläger aber die wunden im gericht [80] fürzeigen, so soll er mit zweyen zeugen den beklagten der that zu überwinden näher sein.

§ 2. Hatte aber der kläger keine zeugen oder, welche er haben möchte, zu rechte verweißlich wehren, so mag die uff klägers bloße außrede der beklagter zum eyde seine unschult damit zu bezeugen zugelaßen werden.

§ 3. Und wenn jemandt in vertheidigunge seines leibes jemandt alßbalt in frischer that verwundete, der soll mit keiner straffe beleget werden.

§ 4. Wer aber auß fürsatz undt mit gutten willen einen verwundet, der soll daß artztlohn und die buß vor die wunden legen undt bezahlen.

§ 5. Würde jemandt von unschichten ein wundt zugefüget, der soll die helffte arztlohn und der straffe geben.

[557] In M: „der dem anderen nicht ebenbürtig ist".

§ 6. Daß seindt aber die straffe der verwundungen unter denen vom adell: Für ein bludtrünstige wunde soll er zwantzig ungarische gülden büßen; wo jemandt braun undt blau geschlagen were, 6 Fl; für bludtrünstige angesicht 50 Fl; für ein außgeschlagen zahn 20 Fl; wo er jemandt ein auge außstößet, daß ohr abhawet, oder die nase, ein handt oder fuß verstummelt, soll er 50 Fl geben, undt deßwegen im landtgerichte besprochen werden.

§ 7. Würde jemandt die geltbüße entweder nicht erlegen können noch wollen, so soll der kläger an seine güter angewiesen[558] werden, oder in mangel derselben [81] im thurmb so lange sitzen, biß er die straffe erleget hat.

§ 8. Wenn jemandt einen anderen raubes, diebstahl, oder andere dergleichen laster in gefängliche hafft bringet, undt kann es ihme nicht oberweißen, so soll er mit gleicher strafe beleget, undt dazu uff guthachten deß richters den beleidigten theill nach der persohn gelegenheit abtrag thun undt den gefangenen entfreyen.

§ 9. Wier setzen undt ordtnen in einer jeden woywodtschafft einen thurmb, darinnen die straffwürdigen sollen gesetzet werden, in der Wendischen wojwodtschafft zu Wenden, in der Dörptischen zu Dörppt, in der Pernawschen zu Lembsall. Eß soll aber ein jeder thurmb zwölff ellen tieff sein, von dem loch an zu rechnen, darin der gefangener eingelaßen wirdt.

§ 10. Der hauptman soll mit den gefangenen bey verlust seines ambtes nicht durch die finger sehen, es geschehe auch auf waß maß undt weyse es wolle.

Tit. 46: Von zugefügeten schaden.

Würde jemandt eines anderen thier, wan es gleich in zahl deß viehes nicht zurechnet wirdt, nebmlich einen hundt, oder ander wildes thier ohne gegebenen ursachen auß mutwillen entweder todtschlagen, oder sonsten einigen schaden ihnen zufügen: so soll daß landt- [82] gericht im ersten *termino peremptorio* den schaden *taxiren*, undt der solchen schaden entweder auß muhtwillen, oder vorweißlicher maßen gethan, soll die würde ehe er auß dem gerichte gehet, undt daneben alle verursachten unkosten den beleidigten theill legen undt erstatten.

Tit. 47: Von schaden, so daß viehe einem zufüget.

§ 1. Wenn jemandt ein seinem korn undt sonsten von deß nachbaren viehe schaden zugefüget wirdt, so mag zwar der herr deß guttes, welcher den schaden

---

[558] In M: „angenommwiesen".

gelitten, daß viehe pfänden, aber doch soll er es über eine nacht nicht bey sich behalten. Derowegen so sollen deß folgenden tages frühe morgens die andere nachbaren zusammen kommen, undt den zugefügten schaden schetzen, undt waß also geschetzet worden, soll der herr deß viehes zu erlegen schuldig sein. Würde er daß zu thun sich verweigern, so soll daß viehe gewardiret, undt wen der daß viehe gewartet nach gemachten wehrt daß seine davon genommen. Was dan ubrig, wen 20 Fl straffe abgezogen, soll er wieder von sich geben.

§ 2. Würde aber jemandt daß frembde vieh, wann ihm gleich die erstattung deß geschetzten schadens angeboten uf bürgen nicht wiedergeben [83] wollen, so soll er darumb für daß schloßgericht ge*citiret* undt beydeß daß viehe zu *restituiren* undt noch dazu zehen gulden strafe zu erlegen, undt daferne daß vieh, wie es offt zu beschehen pfleget, entweder hinläßigkeit, oder hungers halben, oder auch durch natürlichen todt umbkommen würde, den gantzen schaden vollkömlich zu stehen undt zu erlegen schuldig sein.

Tit. 48: De publicis delictis.

§ 1. Unter allen offentlichen ubelthaten, so von menschen begangen werden, ist das höchste undt beschwerlichste, wan jemandt sich wieder die königliche Majestät undt daß gemeine nutz empöhret.

§ 2. So soll man nun wißen, daß die verletzung der Majestät allein wieder deß königs persohn, mit *practigum*, *conspirationen*,[559] hinterlistigen gefehrlichen anschlägen, undt welches abschewlich ist, mit der taht begangen wirdt. Waß aber gegen andern persohnen verbrochen wirdt, die seindt auch waß würden oder standes sie wollen, daß selbe kann anderer gestalt nicht verfolget werden, alß wie es einer vom adell der mit ungericht verletzet worden, nach gemeinen rechten daßelbe verfolgen möchte.

§ 3. Die uffwiegelung oder empörung wieder den gemeinen nutz wirdt also begangen, undt seindt dieses lasters schuldigk diejenige, welche mit deß reichs feinden zu schaden undt abbruch des [84] gemeinen vaterlandes verbündtniße undt anschläge machen, undt mit rath undt that dem feinde fürschub thun, die ihnen vertrawte heimblichkeiten deß reiches undt deß vaterlandes dem feinde offenbahren, *pacta* undt gemeine verbündtniß mit frembder *nation turbiren* undt sie empörunge in der that begangen, oder sonsten etwas begehen, welches eigentlich wider den gemeinen nutz ist.

---

[559] In M: „prackticken vereinigung".

4. Eß sollen so wohl welche wieder die Majestät alß wieder den gemeinen nutz sich empören, nach gelegenheit deß *exceßses* undt uff gewißen[560] den jenigen, so über dieselben richten sollen, gestraffet werden.

Tit. 49: Von todtschlage.

§ 1. Wer ein todtschlag begehet, der soll am leben mit dem schwerdte gestraffet werden. Wan aber jemandt zu vertheidigung seines lebens, oder seiner güter undt unterthanen einen todtschlag beginge, der soll darumb weder am leib noch mit gelde gestraffet werden, alldieweil waß er zu beschirmung seines leibes undt seiner güter gethan, rechtmeßig gethan hatt.

§ 2. Wann dan auß der zeugen außage befindtlich, daß der todtschlag zu seiner verteitigung beschehen, soll der beklagter mit sambt zween oder dreyen glaubwürdigen zeugen einen eydt schweren, [85] daß er den todtschlag in beschirmung seines lebens oder seiner gütter oder seiner unterthanen begangen habe, undt sonsten anderer gestalt undt waß sein leben undt unterthanen, wan er ihn nicht getödtet, nicht erhalten noch verthätigen können.

§ 3. Wan jemandt, der nicht vom adell ist, einen vom adell erschläget, der soll unnachläßig am leben gestraffet werden.

§ 3. Wann einer vom adell einen anderen seinen ebenbürtigen von ungeschichten ohngefahr erschlüge, undt solches verkundschafft würde,[561] so soll er von der gefengniß entfreyet sein. Aber deß entleibten erben soll er 300 Fl Polnisch geben, undt daneben einen leyblichen eydt schweren, daß solch ein todtschlag von ungeschichten auß keinem vorsatz oder vorgehabter feindtschafft beschehen sey.

Tit. 50: Von kempffen undt entsagung.

§ 1. Nachdem der menschlichen vereinbahrung undt geselschafft nichtes mehr zuwieder ist alß gewalt, undt dieselbe beyde in göttlichen undt weltlichen rechten verboten ist, soll daß kempffen oder schlagen für der faust undt unfreundliche[562] entsagunge gäntzlich uffgehoben undt verboten sein.

§ 2. Derowegen wan jemandt sich mit dem andern zu schlagen außge-[86] fordert wirdt, nach der jenige so außgefordert, sich deßen ohne verletzunge seiner ehren wohl verweigeren. Würde er sich aber einstellen, und dan so ihn

[560] In M: „gedachten“.

[561] In M: „solcher in uffnehmung der kundtschafften sich eraugen würde“.

[562] In M: „feientliche“.

ausgefordert entleiben, so soll er mit willkürlicher straffe deß richters beleget werden.

§ 3. Wann aber der ihn gefordert den anderen erschlagen würde, so soll er am leben gleichsamb, alß wan er ihn heimblich ermordert, oder mit ewiger gefängniß undt entsetzunge seiner ehren undt würden, wofern er davon kombt, gestraffet werden.

Obberührtes alles ist also *corrigiret*:[563]

§ 4. Eß soll zwar gewaltsahmer zunötigunge gäntzlich verboten sein, jedoch wan einer in beywesen fürnehmer ehrlicher leute seines gleichen außgefordert wirdt, soll er umb glimffes undt ehren willen ihme kommen, undt wofern er den, so ihn gefordert, erschlüge, soll er deßselben entschüldiget sein. Würde aber der ander den geforderten erschlagen, undt solches ohne erhebliche ursachen geschehen were, soll er mit willkürlicher strafe beleget werden.

§ 5. Imgleichen, wenn jemandt einen feyendtschafft zu entbieten lest, undt in beywesen etlicher vom adell den tod andrewen würde, soll der jenige, welchem solche entsagung undt andrewen beschehen, denselben durch zween vom adell undt durch den landboten ansprechen [87] laßen, undt so ferne er solche bedrewung undt entsagung gestendig sein undt darauf beharren würde, undt der ander furcht halber sich einheimisch halten oder zu seiner beschirmung diener annehmen, oder uff waß maß er deßselben unkost thun würde, mag er den jenigen so ihme entsaget hatt für daß höchste gericht zu Wenden in *termino peremptorie citiren*. Undt daß gerichte soll diese sache unter den amptssachen erörteren, undt den beklagten in die *expens* undt schaden, so hoch es der kläger mit seinem eyde erhalten wirdt, urtheilen, undt ihn dahin halten, daß er ihm genugsahme *caution*, ihn ferner nicht zu verunruhigen, bestellen soll.

§ 6. Würde er auch an den entsager gerahten, ihn verwunden oder todtschlagen, soll er darumb ungestraffet bleiben.

§ 7. Der entsager aber, woferne er durch einen landtbothen undt zwey vom adell seinen wiedersacher die entsagung würde ankündigen laßen, undt dieselbe in einer wojwodtschafft gericht mit anzeigunge deß hetmans, welchem er entsaget, einschreiben laßen, undt nach außgang 6 wochen hernacher seinen feindt erschlagen, soll er nur mit gefängniß, undt daß er sein häupt mit 200[564]

---

[563] Dieser Einwurf findet sich in allen Abschriften. Auch Hilchen möchte keine eigentliche Korrektur unternehmen, sondern in § 4 eine Ausnahme von dem in § 3 dargestellten Grundsatz statuieren. Es deutet alles darauf hin, dass die Korrektur auf das Betreiben der Landstände und der anderen Komissionsmitglieder zurückgeht; aus diesem Grunde ist der ursprüngliche Vorschlag Hilchens erhalten geblieben.
[564] In StA 300 Fl.

florin buße gestraffet werden. Würde er aber obberührter maßen sein fürnehmen nicht bezeugen oder, da ers bezeuget hatte, innerhalb 6 wochen gegen seinem wiedersacher etwaß gewaltsahmes fürnehmen, soll [88] er peinlich an seinem leben gestrafet werden, undt damit alle gelegenheit boßhafftige thaten zu begehen so viel möglich ufgehoben werden.

§ 8. Setzen undt ordnen wier, daß die hirten, schäfer undt in gemein alle pawern, undt welche deß standes sein, keine büchsen, schwerdter, handtröhre oder dergleichen schädliche wehren nach dieser zeit nicht tragen sollen.

§ 9. Jedoch damit nicht gemeint die jenige, so in ihrer herrn dienste auffwarten, oder sonsten in geschäfften gebrauchet werden.

§ 10. Wirdt ein pawr betroffen mit einem spieß und rohr führ und bey sich habe, er werde uff der landstraßen oder sonsten im felde oder walde betreten, so mag ihme solche wehre genommen werden, undt soll deßelben sein, der sie ihme nimbt.

Tit. 51: Vom todtschlage der eltern und verwanten.

Wer seinen vater oder mutter, großvater oder der ihm an der elteren stat ist, imgleichen seinen bruder oder schwester, vater bruder mutter bruder gleichfalß wan ein ehe man seine haußfraw oder ein weib ihren eheman todtschlaget, wen er that uberwunden, soll er mit heißen zangen angegriffen, in einen leddern sack mit sambt einer [89] otter, schlangen, hunde, katzen undt hanen gestecket, undt in der nehest belegenen fluß geworffen werden. Undt soll so wohl derselbige mißthäter alß seine kinder von erbnehmung deß erschlagenen zu ewigen zeiten außgeschloßen sein, undt die gütter sollen an die andern verwanten nach der sipschafft verfallen.

Tit. 52: Von den hausstürmern, mordtbrennern undt räubern.

§ 1. Eß soll kein wojwodde, hauptman, vom adell bürger oder sonsten weß standes undt wesens der auch ist, sich unterstehen, einige gewaldt jemand an seiner persohn, burg oder hauß, ehe undt bevor er den richter darumb begrüßet, angreiffen, oder gewaldt zufüegen undt anrennen, oder uff gemeiner landtsraßen heimblich nachstellen, bey verlust lebens undt ehren.

§ 2. Eß soll aber die gewaltsahme zunöthigung also verstanden werden, wan jemandt nicht allein in seinem eigenen hause, sondern auch in der stadt, in seiner herberge gewaltsamblich von jemandt angehalten undt verletzet wirdt, in welchen fall der solche gewalt übet, für daß schloßgericht in frischer thatt zwar kann besprochen, undt wan er deßen überwunden, am leben gestraffet werden.

§ 3. Wann aber jemand durch solchen gewaltsahmen einfall nicht verletzet [90] wurde, soll er 50 Fl Polnisch dem gegentheill verfallen sein. Solches soll auch gehalten werden mit den mordtbrennern, straßenräubern, undt welche sonst offentliche gewalt üben.

Tit. 53: Von privat gefängnißen.

§ 1. Würde einer vom adell einen edelman gefangen nehmen, soll er zur straffe dem beleidigten 100 ungarische gulden geben, undt über daß ein jahr im thurm, undt umb gemeiner straffe willen drej mahl so lang alß er den andern gefänglich gehalten, undt wofern er im gefängniß nicht würde sitzen wollen oder flüchtig würde, soll er seiner ehren entsetzet sein. Den schaden, so der beleidigter deßselben gelitten, wie hoch ers beschweren würde, soll er ihme erstatten, auch wegen der wunden, so er jenige darüber in der mangelung bekommen abtracht thun, darüber daß schloß gerichte mit fleißiger erkundigunge aller umbstände daß urtheill fällen sollen.

§ 2. Umb erlösunge deß gefangenen soll einem jeden allein deß werwanten, sondern auch einem freundt undt diener gleichermaßen wie einen herren und seinen gefangenen diener in den schloß gerichts tagen zu handelen frey sein, undt der *citierter* soll in solchem fall uff die erste *citation* einen *terminum peremptorium* haben, undt daß gericht soll auch schuldig sein, die erlaßung [91] deß gefangenen bey straffe deß bannierens[565] wieder den, welcher ihn alßbaldt nicht erlaßen will, ungeachttet jeniger *appellation* oder verfolgung derselben alßbaldt zu erkennen, undt daß schloßgerichte soll auch ehe beßer gewiße persohnen neben dem landtbothen zu außlaßung deß gefangenen anordtnen.

§ 3. Eß soll aber dieser wolthat rechtens ein diener, so auf offenbahren diebstahl beschlagen, oder die seinen herren oder andern verachten wollen, welch ihn von rechtswegen fangen mögen, nicht zu genießen haben.

§ 4. Gleicher gestalt sollen die hauptleute, welche gerichtszwangk haben, eben so wohl alß andern obrigkeit mit derselben straffe beleget werden, wan sie unterm schein ihres amptes etwa jemandt fangen würden, aber die felle wan jemandt überwunden, undt uff frischer that betreten wirdt, außbescheiden.

---

[565] In StA: „bannes".

Tit. 54: Von freyem geleidt.

§ 1. Eß soll hernachmalß den unterthanen oder dienern wieder ihre herren, imgleichen den bürgern undt in gemein allen einwohnern der städte und den entzelen persohnen, wieder die vom adell undt derselben unterthanen kein frey geleidt gegeben werden, allein den bürgern undt pawren so ihr königliche Majestät ohne mittel unterworffen, wieder die hauptleute undt verwalter der königlichen güter. [92]

§ 2. Waß die königliche Majestät für ein *vadium* oder zu straffe dem verbrecher unter denen vom adell ansetzen wirdt, daß soll stett undt feste bleiben. Jedoch aber umb solch *vadium*, es sey unter denen vom adell beyderseits, oder zwischen königlichen unterthanen geistliche am einen, undt vom adell am andern theill zusetzet, kan einer vom adell nirgents anders alß für daß landtgerichte undt durch die *appellation* für daß Wendische *tribunal* besprochen werden.

Würde ander gestalt daß geleidt auß der königlichen *cantzeley* außgebracht, soll es unkräfftig undt von nichten sein.

Tit. 55: Von vergebung mit gifft.

Würde jemandt einen vergifft zu trinken geben oder durch einen andern beybringen undt deßselben überwunden, so soll er am leben gestraffet werden.

Tit. 56: Von zauberey.

Mitt gleicher straffe sollen die zauberer, undt welche sonderliche gemeinschafft undt verbündtniß mit dem teuffel haben, beleget werden.

Tit. 57: Von kirchen rauberey.

Wer an der kirchen die maur [93] oder die[566] thür uffbricht oder auch in die offene[567] kirche gehet, undt etwaß auch auß dem heiligen ohrte nimbt, der soll alß ein kirchen räuber darumb am leben gestraffet werden. Eß seindt aber vielmehr undt harter die jenige zu straffen, welche an der heyligen städte in der kirchen undt uffen kirchhoffe einige gewaldt üben, undt einen entweder erschlagen oder verwunden, oder an geweihte dienge ihre kirchen räuberische undt gewaltsahme handt legen.

---

[566] In StA statt „oder die" „und".
[567] In StA „offentliche".

Tit. 58: Von gewaltsamer wegführung der jungfrawen.

§ 1. Würde ein weibsbildt ohne volbordt und *consens* ihrer eltern undt vormünder oder heimblich jemandt zu freyen sich einlaßen, oder auß ihrer elteren und verwanten behausung flüchtig werden, undt sich offentlich jemands vermählen laßen, ist es einer vom adell der sie obberührter gestalt genommen, so sollen sie beyde an das höchste landtgerichte *citiret*, und daselbest mit fleiß erkundiget werden, ob daß weibsbildt eigenen gutten willens oder gezwungen flüchtig geworden oder sich vermählen laßen, undt wan sie wieder ihren willen dazu gezwungen worden, so soll er alß ein räuber gefänglich angenommen undt alßbaldt hingerichtet werden. [94] Würde sie aber bekennen, daß sie guttwillig ihn gefreyet oder mit ihme davon gestrichen, so soll sie aller ihrer verwanten erbschafft zu nehmen unfähigk erkandt werden, undt die ihr zugefallene erbschafft soll uff ihre negste verwanten fallen.

§ 2. Würde aber einer, der nicht adelichen standes ist, eine jungfrawe vom adell wegführen undt daß weib hette darin gewilliget,[568] soll sie gleichfalls von aller erbnehmung außgeschlossen sein. Er aber soll gefänglich eingezogen undt am leben gestraffet werden.

§ 3. Wann auch einer vom adell eine jungfrawe, welche nicht adelichen herkommens ist, uffnehmen undt wieder ihren willen wegführen, undt sie nothzüchtigen oder auch dieselbe zum weibe nehmen würde, soll er unnachlaßlich enthaubtet werden.

§ 4. Würden sie aber entweder beyde oder ein theill zu rechte nicht erscheinen, so soll der räuber zwar in dem *termin* alßbaldt mit entsetzung seiner ehren des landes verwiesen, und die verweisung öffentlich durch den gerichts diener außgeruffen werden.

§ 5. Wann solches geschehen, so mag er von jeder männiglich frey, an welchen orthe er auch betreten würde, getödtet werden. Woferne sie aber ohne erhebliche ursachen nicht erscheinen würden, so soll sie ihrer mitgabe undt aller erbnehmung verlustig sein.

Tit. 59: Von ehebruch.

Die erkündigung undt rechtsspruch über ehebrüche gehöret für daß kirchengerichte, die *execution* aber gebühret dem landtgerichte.

---

[568] In M: „gehälet“.

Tit. 60: Von blutschande.

Wer bludtschande begehet, oder uff eine zeit zwey weiber nimbt, der soll wie obstehet am leben gestraffet werden.

Tit. 61: Von briffe verfälschen.[569]

§ 1. Wer ein *instrument* oder sonsten falsche briffe schreibet, versiegelt, fürzeiget, eintwendet, oder auch warhafftige briffe verfälschet, oder falsche siegell nachgräbet, der soll nicht allein die sache, dazu er solcher brifflichen urkunden gebrauchen wollen, wan er gleich sonsten richtige brieffe undt siegell daneben fürzuziehen hette, oder hernacher ufffinden würde, verlustig sein, sondern auch am leben gestraffet werden.

§ 2. Würde jemandt falsche müntze schlagen oder fürschub oder den verlag thun, daß falsche müntze geschlagen werde, er sey auch weß standes er will, wann er deßselben überwunden, soll er am leben gestraffet werden.

Tit. 62: Von unterschlagung gemeinen geldeß.

§ 1. Wer an gemeinem ihm ver- [96] trawten gelde einen diebstahl begehet, der soll sechsmahl so viel wiedergeben. Davon der angeber zwo theill haben soll, die ubrige vier theill sollen in den gemeinen kasten kommen, undt soll die sache in *termino peremptorio* in höchsten gerichte in Liefflandt erörtert werden.

§ 2. Wann aber jemandt anders, welchem die verwaltunge deß geldes nicht vertrawet, dastelbige stiften würde, soll er darumb gehenket, undt daß entwendete geldt dem gemeinen kasten auß seinen güttern erstattet werden.

Tit. 63: In welchen ubelthaten jemandt, ehe er überwunden, könne gefangen werden.

Eß soll niemandt, er werde dan zu rechte uberwunden, gefänglich eingezogen werden, außbescheiden fünff laster, alß nemblich: gewaltsamb einfalß, mordtbrennens, straßen räuberey, gewaldtsahmen wegführung, und nothzüchtigung der weiber. So kann nur jemandt in aberzehlten fällen, wan er in frischer that betreten wirdt, vom wojwodischen oder schloßgerichte gefänglich eingezogen werden.

---

[569] In StA: „Von falschen."

Tit. 64: Von frischer that.

Daß wirdt eine frische that genandt undt verstanden, wan jemandt in der that offentlich betroffen wirdt, oder nach begangener that innerhalb 3 Tagen o-der auch räumer zeit auß der flucht, da ihme [97] allezeit nach gejaget worden, wieder zurücke geholet wirdt.

Tit. 65: Von unterschleiffer und fürschüber.

§ 1. Welche alß unterschleiffer undt fürschüber einer begangenen ubelthat umb einen todtschlag oder sonsten beschuldiget werden, die sollen durch ehrba-re und tüchtige zeugen sich der aufflage benehmen. Sonsten, da sie daß nicht thun könten, sollen sie ebenmäßig wie die *principalen* gestraffet werden. Jedoch sollen zuforderst die *principalen* uberwunden werden.

§ 2. Wofern ein beschuldigter in die flucht käme, und sich in eines vom adell behausung verfügete, der soll ihn heraußer zu geben schuldig, oder für ei-nen unterschleiffer gehalten sein.

Tit. 66: Von verleumbdern.

§ 1. Der einen wißentlich wegen einer mißethat schuldlich angiebet, der soll mit gleichmäßiger straffe beleget werden.

§ 2. Also auch sollen falsche zeugen undt welche ordentlicher weyse eines meineydes uberwunden worden ehrloß verurtheilet werden.

Tit. 67: Von gewaltsahmer entsetzung der güter.

§ 1. Würde jemandt auß ruhigem besitz eines gutes, eß sey ein weibes persohn, welche in den güttern ein unterpfandt wegen ihres brautschatzes hatte, oder jemandt anders, wie auch die gütter nahmen [98] haben mögen, sie seindt sein eigenthumb oder unterpfandt, mit gewalt oder uf waß maß daß geschiehet entsetzen, so soll er für dem wojwodeen deß ortes 14 tage für den angesetzten *terminum*, der ihme *peremptorius* sein soll, *citiret*, undt alsobaldt die sache erör-tert werden. Undt soll der wojwodde ohne weitläuffligen *proceßs summarischer* weise der entsetzunge halber sich erkündigen, undt wan dan befunden wirdt, daß der cläger auß seinem besitz gejaget oder entsetzet worden, soll er keine einrede und *exception* von eigenthumb oder sonsten anderer einrede zulaßen, sondern dieselbe alle an daß ordentliche landtgerichte verweisen, undt ohne zulaß einiger *appellation* den *spolierten* wieder einsetzen, bey der im rechten beschriebenen straffe.

§ 2. Solches aber soll verstanden werden von eigenthumb von der wohnung auch von dem gantzen gutte; den sollte wegen ein antheill daß guteß und deßselben besitzes streit fürfallen, so gebühret nicht dem wojwodden, sondern dem landtgerichte darüber zu erkennen undt zu richten.

[3] Daß dritte buch des Liefländischen rechtens.

Tit. 1: Von den landtgerichten.

§ 1. Die landtgerichte sollen in einer jeden wojwodschafft, alß nemblich Wendischen, Dörptischen undt Pernawischen, von dem richter, unter richter undt einem landt *notario* geheget werden. Undt damit dero vom adell freyheit erhalten werde, soll die freye wahl deß richters und unter richters undt *notarij* bey ihnen sein.

§ 2. Derselben so sollen sie sampt undt besonders von der gantzen adellschafft in einer jeden wojwodschafft, undt zwar der Wendischen zu Wenden, der Dörptischen zu Dörpt, der Pernawischen zu Lembsall, in gemeiner zusammenkunft der wahl halber erwehlet werden.

§ 3. Eß soll aber die königliche Majestät keinen anderen alß einen auß den hier erwählten undt durch brieffe angedeuteten persohnen *confirmieren.*

§ 4. Die amptstragende undt zum gericht gehörende persohnen sollen in dem selben gebiete, daselbst sie erwehlet werden, geseßen vom adell, einzugelinge undt guten leumuts sein, und den gerichten zu demselben ansehen undt würden [100] in Liefflandt für sein, alß sie im königlichen gericht Pohlen undt großfürstenthumb Littawen verstanden werden.[570]

§ 5. Geistliche persohnen können weder richter noch landt *notarij* sein.

§ 6. Eß sollen die *officialen,* welche von denen vom adell erwehlet, und von der königlichen Majestät *confirmiret* sein, in dem ersten landtgerichts tagen in gegenwart dero vom adell, welche daselbest zusammen kommen,[571] für den wojwodden oder *castellanen* derselben wojwodschafft schweren, bey verlust ihres amptes, den eydt leisten, undt die von ihnen geleistete eyde sollen ins landtbuch verzeichnet werden.

§ 7. Die landtrichter sollen selbest undt nicht durch untersetzte persohnen ihrem ambt obsein. Imgleichen sollen die landt *notarij* allezeit selbest, undt nicht durch *vicarien,* beyde den gerichten beysitzen, undt anderen gerichtlichen händelen beywohnen; undt alle *decreta,* brieffe undt *rescripta,* welche sie auß dem landtgerichte außgeben, sollen sie mit eigener handt unterschrieben. Jedoch mögen sie *substituten,* welche ihnen nur allein im schreiben die hülffliche handt leyhen undt welche vom gerichte für düchtig erkandt sein, halten undt haben.

---

[570] In M: „seien".
[571] In M: „gezeuget".

§ 8. Daß land siegell soll der notarius verwahren, undt damit die *citationes* undt alle gerichtliche händell, undt waß erkandt werden möchte, besiegeln. [101][572] Im Wendischen siegell soll ein Adeler mit ausgebreiteten flügeln seyn, und auff die brust 2 stammen des königs Stephani, welcher die lender wieder erobert, und des itzigen königs Sigismundi tertij, welcher liefland in ordnung gebracht, inhalten.

§ 9. Daß dörptische siegell soll alßo gemachet werden, daß nemblich ein greiff drey qwer durch ein ander gehende spies mit den fordersten füssen halte.

§ 10. Daß pernawsche soll ein lew einen apfel mit dem creutz gezeigert halten.

§ 11. Der unterrichter, wann er ohne rechtmeßige und beweißliche ehrhaffte ursach dem gericht nicht beywohnen würde, soll, so offt das geschehet, dem gerichte 10 Fl Polnisch büßen.

§ 12. Wann aber wegen des richters oder *notarij* abwesens die gerichte nicht geheget würden, und sie darumb, von wem es auch geschehen möchte, für das *tribunal* zu Wenden *citiret* würden, sollen sie allen schaden, so da hier entstehen möchte, zu erstatten schuldig seyn. Sonsten aber auch verlauff eines jahres, wan sie so lang abwesend, entweder der richter oder unterrichter, oder *notarius* sein werde, soll ein ander an ihre stell, gleich alßwann sie todesblichen wehren, erwehlet werden.

§ 13. Gleichwohl aber, wan sich zutrüge, daß der richter, unterrichter, und land *notarius* wegen ehrhafft leibes schwacheit, oder andern rechtmeßigen uhrsachen, und niemand zu lieb und gefallen oder gefallen, den landtgerichten nicht beywohnen, undt wegen ihres abwesens die gerichte müssten verschoben werden, so sollen sie in den nechstfolgenden *terminen* ehe und zuvor sie an ihre stelle sitzen gehen, einen cörperlichen eydt schweren, daß sie wegen wahrhafftiger leibes schwacheit, undt auß anderen erheblichen ursachen verhindert nicht erschienen sein, und niemands mit verschreibung deß *termins* etwaß zu willen oder gefallen thun wollen.

§ 14. Eß sollen aber die landtgerichte zwo mahl im Jahr gehalten werden, undt zwar zu Wenden, welcher ohrt dem gerichten zugeordnet, zum ersten mahl, den montag nach der heyligen dreyfaltigkeit, aber zum andern mahl zu Wenden den montag nach Marien gebuhrt. Und auch biß die Dünaburgischen sachen erörtert sollen sie beyeinander bleiben undt die weit abgelegene sollen zum ersten gerichtet werden.

[572] Die Seite 101 wurde in der ersten Misiņa-Ausgabe zwei Mal vergeben.

§ 15. Gleicher gestalt sollen zu Dörpt die gerichte auch geheget werden, undt zwar 8 tage nach frohn leichnam, zum andern mahl den montag nach Matthei apostels undt evangelisten.

§ 16. So sollen auch im Pernawischen gebiete die landtgerichte gehalten werden, zum ersten mahl nach heimsuchung Mariae, zum andernmahl nach dem tage sankt Franntzisci.

§ 17. Die also gesetzte zeit undt *termine,* darinnen daß landttgerichte zu [101] hegen, sollen an bestimbten örthern undt auf obgenandte zeit gehalten und von niemandt versetzet werden, sonsten wan die gerichte anders wo gesetzet würden, soll alles für nichtig undt unkräfftig gehalten sein.

§ 18. Die landtgerichte sollen, biß eine sonderliche zusammenkunfft zu Wenden außgeschrieben, geheget werden. Wan aber ein reichstagk angangen, so sollen sie nach 8 wochen wieder angefangen werden.

§ 19. Eß sollen aber von den landtgerichten der *succamerarien* undd *commisarien* die *appellationen* an daß höchste gerichte gehen, so wohl von den hertzogen zu churland alß auß dem stiefft daselbest.

§ 20. Alle undt jede einwohner deß landes, sie seindt Pohlen, Littawer oder teutsche, geistliche oder weltliche, sollen schuldig sein, wann sie umb erb undt güter besprochen werden, nichts weniger für daß landtgerichte, alß für dem obergerichte zu antworten, ausgenommen den verpflichtungen, so uff königliche güeter beschehen. Sie sollen aber alle auch nach dem newen Liefflländischen rechte gerichtet werden. Waß aber dawieder geurtheilet undt gesprochen wirdt, soll nichtig undt von unwürden sein.

§ 21. Die gerichte sollen des morgens frühe um 7 uhr nichtern biß umb 11 uhr zu mittage geheget werden, undt wann alle sachen nicht können entschieden werden, mag man sie biß auff den fol- [102] genden tagk verschieben.

§ 22. Die sachen aber sollen nicht anders als nach der ordnunge, wie sie eingeschrieben, undt von dem gerichtsbohten außgeruffen, gerichtet werden, undt die *notarij* sollen sich in dem wohl fürsehen, daß sie die ordtnung der klage nicht in ein ander vermengen, undt die erste verzeichniß anderen, bey straffe 10 ungarische Fl, so offt sie dawieder handeln.

§ 23. Die abwesendten sollen anderweit ermahnet, aber gleichwohl nicht verurtheilt, undt in mittelst die anderen gehöret werden. Wann aber auß befehl deß richters der abwesendt abermahls undt zum dritten gerufen nicht erscheinen würde, soll er entweder der sachen verlustig sein, oder, wo der cläger abwesent ist, soll der beklagter *absolviret* werden.

§ 24. Wann aber die sachen von den partheyen oder ihren *procuratoren* nach notturfft fürbracht, sollen alle die jenige, so dem gericht nicht geschworen sein, abweichen, uff daß die richter ohne jemandts beywesen frey undt ungeschewet ihre meinungen sagen mögen.

§ 25. Daß landtgerichte mag alle bürgerliche sachen, so man *civiles causas* nennet, richten.

§ 26. Was in den gerichten gesprochen undt *decretiret,* soll in lateinischer sprachen den landtbüchern eingeschrieben, undt auß der schrifft durch den *notarium* [103] verlesen werden. Jedoch sollen die *procuratores* dem landt notario der starken schwebende irrungen drey tage zuvorn zustellen, sonsten sie nicht angenommen werden sollen.

§ 27. Der richter soll, ehe undt zuvorn er daß urtheill eröffnet, die partheyen befragen, ob sie mehr briffliche uhrkunde einlegen wollen.

§ 28. Würde jemandt mit dem landtrichter in irrunge und mißverstandt, so für daß landtgerichte gehörig, gerahten, der soll für dem unter richter undt *notario* zu antworten schuldig sein.

Tit. 2: Von den schloßgerichten.

§ 1. Die hauptleute in Liefflandt, welche gerichts gewalt haben, sollen weiters undt ein mehrers zu richten nicht befüeget sein, alß nemblich nachfolgende *puncten*: Waß beschirmunge deß lebens, mordtbrandt undt in frischer that betretene ubellthat belanget, undt welche in bürgerlichen sachen *bandiret* sein, mögen sie wohl uffhalten, biß sie dem beleydigten theill genugsamb abtrag gethan. Jedoch mögen sie auch die gühttung undt *protectiones* annehmen.

§ 2. Wer nicht begüttert ist, der soll allenthalben zu antworten schuldig sein, und daß er entweder dem *decret* gehorsame folge thue, oder bürgen stelle: Uffen wiedrigen fall ist der hauptman [104] für den *arrest* zu antworten schuldig.

§ 3. Eß kann aber von deß hauptmans antheil an deß abergerichte wohl *appelliret* werden.

§ 4. Einer der unbegüttert ist, wan ihm die bezahlung ufferleget, soll er sich entweder mit bahrem gelde innerhalb zwo wochen entfreyen, oder bürgen stellen, daß er innerhalb sechs wochen bezahlen wolle. Würde er daß nicht thun, so soll er darumb *citiret* undt *bandiret* werden, undt wenn es also beschehen gefänglich angehalten werden, biß er bezahlet.

Tit. 3: Von der succamerarien gericht.

§ 1. Wer seine landtgrentze, wie recht ist, will meßen laßen, der soll seinen nachbaren zwo wochen vor der zeit *citiren* laßen, undt zwar in der *citation* keinen *taxt* benennen, sondern allein, daß ihme der grentzzug zuerkandt werde, uff folgende oder jene gleichförmige arth den nachbaren *citiren*: „Der dich *citiret* zu richtig machunge der grentzen zwischen seine erbgüter deß hoffes N. an einem undt deine daselbst belegene erbgüter deß hoffes N. am anderen theill, zu sehen undt anzuhören, daß ihme klägeren krafft gegenwertiger *citation* der grentzzugk zuerkandt, undt wirst darzu gerichtlich zu antworten wißen, datum:[573]“.

§ 2. Wann aber andern mehr nach- [105] baren über den, mit welchen er die grentzen ziehen will, ihre gütter zwischen den streitigen gütteren belegen hetten, darüber daß recht ergeben soll, undt diese sache etlicher maßen sie mit belangen würde, damit sie nicht hernacher im felde einige verhinderunge zufügen mögen, sollen sie mit undt neben dem *principalen* auf folgende oder eine gleiche art *citiret* werden:

„*Citiret* euch anzuzeugen ewere angrentzung so ihr bey seinem hoffe oder erbgutte zu haben vermeinen, welche er sonsten mit deß edlen N. erbgüttern in richtige grentzmahlen zu bringen undt zu setzen vorhabens, undt obberührten N. alß *principalen* zu solcher richtigmachunge der grentzen ge*citiret*, euch auch dazu alß seitlings belegene nachbaren, daß ihr ihm clegeren solche scheide für gutt undt richtig erkennet, oder gerichtlichen anhöret, daß ihme solcher grentzzugk, minder obberührten *principalen* undt euch alß dabey gelegene nachbaren zuerkandt werde, undt werdet uff obberührtes gerichtlich zu antworten wißen.“

§ 3. Würde der *citirter* nicht erscheinen, soll er *in contumaciam* verurtheilt werden.

§ 4. Würde er aber auch auff den anderen *peremptorium terminum* nicht erscheinen, soll dem cläger der grentzzugk, und daß er inß feldt ziehen möge, zugelaßen werden. [106]

§ 5. Wann solch ein *decret* ergangen, soll daß landtgerichte den cläger an den landt *succamerarien* verweißen, alß *executoren* zu vollenführung deß grentzzuges, welcher den beklagten nebenst den cläger deß feldt beruffen, undt zu vollenziehunge seines grentzzuges sich daselbst hinbegeben soll.

§ 6. Er soll aber zuvorn uff folgende oder gleichmeßige form mit ansetzung zweyer wochen zeit die vollenziehunge des grentzzuges zu wißen thun undt ihn dazu *citiren*:

573 „Datum“ nicht in StA.

„Ich befehle dir, daß du montages nach dem fest schierst künfftig N. N. für mir an dem streitigen ohrte zwischen daß edlen N. eines undt deß N. anderen theilß erbgütter erscheinest, daselbest mich obgeregter kleger stellen wirdt, daß ich vernehmen undt sehen soll, wie er mir die grentzen zeigen undt ich ihme dieselben mit steinen undt anderen handtlichen zeichen setzen werde, mit uffnehmunge des eydes von ihme undt den zeugen, daß es die rechte undt warhafftige scheide sey. Immaßen er solchen grentzzugk im landtegrichte in verlauffenen *terminen* wieder dich erhalten, und mir solches vom landtgerichte ampts halber ist aufferleget worden, undt obgerührtes alles wieder dich fürnehmen werde."

§ 7. Uff gleichmeßige art wie obberühret sollen auch die nehest belegen nachbaren *citiret* werden.

§ 8. In solchen *termino executionis* [107] soll dem *citirten* nicht frey stehen, dem *succcamerario* etwaß wiedriges einzubringen, sondern der cläger soll sich deß rechtens gebrauchen seines gefallens undt uff sein gewißen, undt die grentzen mit uffwerffunge der hüegell, undt anderen mahlzeichen, ungeachtet waß der *citirter* dagegen reden möchte, entweder mit fürzeigung briefflicher urkünden, oder anderer scheinbarlichen grentzmahlen, wan ers gleich alßbaldt gegenwertig zeigen könnte, setzen.

§ 9. Wann die grentzzug vollenzogen, so soll der cläger bey dem letzten undt haupthügell oder steinmahl nebenst sechs glaubwürdigen zeugen, wan sie gleich nicht vom adell sein, schweren, daß es die warhafftige undt rechte scheide sey, undt daß er dem *citirten* an seinem grundt undt boden nichtes genommen oder veräußert habe.

§ 10. Würde aber uff angesetzte zeit der *citirter* oder die *citirte* an den ort uffm augenschein nicht kommen, sondern ungehorsamblich außenbleiben, so ißt der *succamerarius* nichtes weniger schuldig dem kläger zu folgen, undt die grentze nach dem er dieselben gezogen richtig zu machen, alß nemblich daß ungehindert deß *citirten* abwesendt in gegenwahrt deßelben richters dennoch der kläger mit sambt sechs zeugen bey den letzten undt häupthügell obberührten eydt ablege, undt wan die grentze undt scheide mahl obberührter gestalt gesetzet [108] und mit deß klegers eyde bestetiget sein, sollen sie hernacher zu ewigen zeiten bleiben undt erhalten werden, und ist der königliche *confirmation* hierin nicht nötigk.

§ 11. Wann mit bewilligunge der parteyen oder durch urtheil die sachen zum augenschein verschoben, so soll die *citation* also abgehen:

„*Succcameraius etc.* fügen dier dem edlen N. erbgeseßen in N. zu wißen undt befehlen dier in krafft von königlicher Majestät tragenden amptes, daß du an dem streitigen ohrte zwischen N. an einen undt N. am anderen theill belegene erbgüter uff den anderen tagk nach dem fest N. auff anhalten abgeregten N. klägers, für mir persöhnlich undt *peremptorie* erscheinest, der dich *citiret* ins feldt und zum augenschein, wie es auß dem landtgerichte an uns verwiesen, daß wier die grentzen in deß klegers erbgütern richtig machen wollen, undt daß du sehen undt hören mögest, daß einem unter euch, oder nur allein dem kläger, inhalt seiner *citation* der grentzzug erkandt werde, undt waß unß vom landtgerichte ufferleget, undt werden solche richtigmachunge der grentzen wie sie gebühret ins werck setzen."

§ 12. Mit gleicher *citation,* nur alleine daß etliche wörter die sachen undt persohn derselben belangendt geendert, sollen die negest belegen nachbarn *citiret* [109] werden.

§ 13. Were es sache, daß die *citirter* uff angesetzter zeit wegen eingefallener verhinderunge, oder daß er auch von der *citation* nichtes gewußt, nicht erscheinen würde, so mag er ebener maßen, wie solche in den ordentlichen gerichten gesetzet undt verordnet ist, umb ergetzunge der sachen bitten, die ehehafft undt seine unwißenheit beweisen, undt entlich die ergentzunge erhalten.

§ 14. Wann sie beyderseits zur stete ankommen, soll der *succamerarius* dem jenigen, so augentscheinlicher grentzmahlen gezeuget, den grentzzugk zuerkennen, derselben wann unter den streitigen parteyen einer ufs wenigste drey hügell steine oder andere handtliche zeichen im felde, und in der holtzung creutze in beumen gehawen, für grentzmahlen zeigen wurde, soll der *succamerarius* bey seinen ehren undt gewißen demselben die gretze zuerkennen.

§ 15. Würden beyde theile ihre besondere grentzmahle haben, soll ers dem ueignen, der die meisten undt kendtliche hat, [zuerkennen].

§ 16. Würde kein theill grentzmahlen fürzeigen undt daselbest were ein fluß oder *rivier* verhanden, welcher beyde güter von einander scheidet, soll derselbige ein natürliches grentzmahl sein undt also erkennen undt erkleren, daß er dafür zu ewigen zeiten gehalten werde. [110]

§ 17. Würde nun der fluß oder *rivier* von *natur* ohne jemandts zuthun sein lauff endern undt anderswo den ablauff nehmen, so soll dennoch der vorige ort, da daß waßer zuvor gefloßen, die warhafftige grentzmahl sein undt bleiben, undt die fischerey soll ebenmäßig wie zuvor auch hernacher in gemein zu beiden höffen gehören.

§ 18. Würde aber der fluß durch jemandt zuthun undt arbeit abgeleitet, so soll die newe bach die grentze sein undt der ufer soll ebenmeßig wie der voriger fluß beyden gütteren gemein sein. Bey welchem aber der alte abfluß verlaßen wirdt, deßen soll er volenkomlich sein, undt alles waß zwischen den newen abfluß lieget.

§ 19. Würde kein theil merckliche nachzeichen haben, kein *rivir* oder fluß ginge auch da zwischen, so soll der grentzzug dem jenigen zuerkandt werden, der da beweisen kann daß er uffs geringste drey jahr über in ruhesamen besitz gewesen. Jedoch mag solche verjährung den unmündigen nicht ehe nachteilig sein biß sie zu jahren kommen.

§ 20. Wann auch deß besitzes halber keine nachrichtunge verhanden, so soll der kläger wie oben gesetzet undt verordnet zum grentzzuge undt eyde verstattet werden.

§ 21. Eß ist ein jeder verkäuffer die verkauffte grentzen, welche er dem käuffer angewiesen, alleine drey jahr undt drey monat lang zu gewehren schuldig. [111]

§ 22. Damit aber nur die benachbarten, wan sie vielleicht dem verkäuffer darin willfahren wollen, wan albereit dieselbige durch die verjährunge entfreyet zu seinem mercklichen schaden den käuffer nicht verunruhigen mögen, so sollen die benachbarten von dem käuffer, wann ihme daß gutt eingewiesen wird, durch den landtboten beruffen werden, daß sie bey ausweisung gegenwärtig sein.

§ 23. Würden sie aber uff solche beschehene beruffung nicht erscheinen undt drey jahr undt drey mohnat lang keine rechtfertigung wieder den besitzer der grentze halben erheben, so soll der besitzer durch solche verjährung ohne fernere weitlaufftigkeit[574] zum beweiß mit zeugen, daß er gekauffet habe, zugelaßen werden.

§ 24. Würde aber der *succamerarius* vielleicht etwas dagegen verabscheiden, so mag daß beleidigtes theill sich an daß obergerichte beruffen, undt hernacher umb *execution* an denselben *succamerium* verwiesen werden. Jedoch daß er 5 Fl ins gericht lege, undt wann von dem ober richter seine *decret confirmiret* wirdt, soll daß geldt dem gericht verfallen sein. Wirdt aber daß urtheil reformiret, sollen die gelde dem *appellanten* wieder gegeben werden.

§ 25. Welcher maßen die grentzen gezogen undt gesetzet, soll der *succamerarius* ordentlich verzeichnen, undt den parteyen so darumb anhalten unter seinen siegell mittheilen. Aber daß soll ein oder daß ander [112] theill in den nechtsfolgenden *terminen* solches zu ewiger gedächtnüß in daß landtgerichts buch verzeichnen laßen.

---

[574] In M: „weiterung".

§ 26. Würde der *succamerarius* vor den negest folgenden landtgerichts tagen die grentzen nicht richtig machen, soll er dem part 50 ungarische Fl[575] zur straffe zu erlegen schuldig sein, undt deswegen im landtgerichte undt durch *appellation* im obergerichte zu Wenden belanget werden, jedoch die felle außgenommen, wann erhebliche ehehafft vorhanden undt der part im verschub gewilliget hatte.

§ 27. Für einen jeden grentzzug, so viel derhalben gemachet, wan auch uff einen tag derselben viele konten verrichtet werden, soll daß theill, so den grentzug erhalten, uber kost undt zehrunge dem gerichte 5 Fl zu geben schuldig sein.

§ 28. Würde jemandt die grentzmahle, hügell undt andere mahlzeichen, es sey gentzlich oder zum theill, abwerffen, außhawen oder verderben, der soll darumb fürs landtgerichte verklaget werden, undt für einen jeden hügell dem kläger 10 ungarische Fl, ehe er auß dem gerichte gehet, erlegen, undt nicht desto minder in zeit 8 wochen den *succamerarium* auff seine unkosten zur städte führen undt die verrückte grentzmahlen wieder erstatten.

§ 29. Würde er uff beschene erinnerunge vom gegentheil durch den landtboten undt zween vom adell innerhalb 8 wochen [113] solches nicht ins werck setzen, soll er seinen gegentheil 20 ungarische Fl undt eben so viel dem landtgerichte büßen, so offt alß er nach verfließung der 8 wochen solches uff erinnerunge unterlaßen hatt.

§ 30. Derselben straffe auch mit verlust seiner ehren soll der jenige unterworffen sein, welcher eigenen gefallens ohne gerichtliche erkendtnüß grentz undt andere scheidtmahlen setzen, uffbrichten undt machen würde, undt dazu noch ein halb jahr im thurm sitzen.

§ 31. Wann viele herren eines guttes zu richtig machung der grentzen *citiret* werden, undt unter denselben etliche minderjährige wehren, soll nichtes weniger daß gerichte, ungehindert der minderjährigkeit, mit dem grentzzuge verfahren, jedoch ihren rechten, wan sie zu ihren jahren kommen, ohn schaden. Dan wan sie ihres volenkommenes alter erlanget, und daß womit vernachtheilet sein befunden worden, können sie es mit recht forderen, jedoch nicht weiters alß ihr antheil undt so viel ihren daran gelegen betrifft.

Tit. 4: Von commißsarien der grentze halber.

§ 1. Wann vom adell mit einem hauptman, oder ein hauptman mit einem vom adell der grentze halber streit hat, so soll der vom adel die *commißsarien*

---

[575] In StA: „Dukaten".

zum augenschein führen undt [114] durch dieselben die grentzen richtig machen.

§ 2. Eß soll aber niemandt in der königlichen cantzeley die *commission* verweigert werden. Unter allen *commißsarien* aber, welche zwischen königlichen undt erbgütter wichtigkeit machen, sollen zum wenigsten von den ambtstragenden persohnen undt *officialen*, alß da sein die wojwodden, *castellanen*, hauptleute so gerichts gewalt haben, *succamerarij*, richtern, landt-*notarij*, fenriche, truchseß, schenke, jeger undt andere dergleichen auß allen wojwodtschafften, ob sie gleich ihren sitz in der wojwodtschafft nicht haben, fünffe dazu gezogen werden.

§ 3. Welche von den *commißsarien* die erinnerungs brieffe versiegelen undt unterschreiben, dieselben sollen schuldig sein, den augenschein uff zu nehmen, undt mit bezirckung der grentzmahlen alle irrung undt mißverstandt uff zu heben.

§ 4. Undt woferne es im ersten tage nicht beschehen kann, sollen sie die folgende tage uber die grentze gehen undt richtig machen, bey straffe 100 Fl, so dem *part* verfallen sein sollen.

§ 5. Würde aber jemandt, nachdem er die erinnerungs brieffe unterschrieben, an den streitigen ohrt nicht kommen oder biß zu ende der vergleichung nicht verharren undt alles vergleichen, so mag das gegentheill ihn darumb für daß landtgerichte *citiren,* welches ihme die verrückte *poen in termino peremptorio* unter den amptssachen soll zuerkennen, eß sey den sache, daß er durch ehehafft daran behindert worden, welches er mit seinem eyde [115] wie rechtens außfündig machen soll. Welche aber zur stette kommen, wann nur aufs wenigste ihre fünffe sein, sollen sie an möglichen fleiß nichtes erwinden laßen, biß alle irrungen ufgehoben undt die grentzen mit hüegelen undt anderen mahlzeichen richtig gemacht worden sein.

§ 6. Eß soll kein theil, weder hauptman noch vom adell, stercker alß mit 12 man nicht ankommen, darunter freunde undt diener mit gerechnet sein sollen.

§ 7. Damit aber der nahme Gottes nicht unnütz geführet auch die eyde nicht liederlich verstattet oder mein eyde begangen werden, sollen die *commißsarien* mit fleiß daran sein, daß sie gewiße hüegell oder ander mahlzeichen, entweder auß alten siegeln undt briffen oder anderen ukunden oder von glaubwürdigen zeugen, oder von alten leuten erkundigen mögen, undt wan dieselben verhanden, undt fürgeleget, sollen dieselbe, welche solche urkunde fürbringen, mit dem eyde dieselben bewehren, undt daß ihre scheide nach denselbigen zu richten sein, schweren, undt also sol die grentze inhalt derselben gezogen werden.

§ 8. Würden aber keine hüegell, steine oder andere zeichen verhanden sein, sollen sie niemandt schweren laßen, sondern sie selbest sollen nach billigkeit und auff ihr gewißen, wie hie bevorn von grentzen zwischen erbgütern, so der *succamerarius* richtig machen sollen, die grentzen setzen undt ordtnen, waß ihnen deßfalß recht und billig zu sein bedünket, [116] keine *appellation* zugelaßen.

§ 9. Undt dieweil die einhaber der königlichen güeter in vertrettung derselben die maß gemeinlich uberschreiten, soll hernacher niemandt darüber, ein jahr in friedsahmen besitz eines guttes oder hoffes gewesen, in seinem *possessio* von dem häuptman oder einhaber verunruhiget werden, viell weniger waß gesehet oder gebawet undt sonsten gemachet werden, verdorben, undt nieder gerißen werden, waß ein jahr lang ohne verhinderung deß hauptmans oder *temetarij* gestanden. Sondern es sollen die hauptleute die königlichen gütter mit genießunge derselben, so sie einhaben, verthätigen undt dem besitzer, wan ein jahr seines besitzes verlauffen, für daß landtgerichte heischen undt *citiren*. Wirdt darüber einiger schade zugefüget, der hauptman soll darumb im landtgerichte zu antworten schuldig sein.

§ 10. Imgleichen wan in königlichen güttern von einer *privat* persohn einiger schade zugefüget, soll der häuptman ihn an daß landtgerichte deßwegen *citiren*.

§ 11. Würde ihme auch wegen seines rechtens ein eydt zuerkandt, den soll er in seinem undt deß königs nahmen schweren, vorbehältlich wegen der beyderseits zugefügten schadens die *appellation* an daß obergerichte zu Wenden, welche solche sachen unnachläßig erörtern sollen.

§ 12. Gleichen rechtens sollen sich auch die unterthanen der königlichen höffe schaden undt ungerichts halber für dem landtgerichte gebrauchen, jedoch mit beystandt der hauptleute undt die [117] es angekündiget haben.

§ 13. Solten aber keine gewiße grentze verhanden sein, so soll daß gerichte der privat persohnen befehlen, daß er unnachläßig *commissarien* auffn augenschein bringe, undt die mißverstande undt irrungen durch dieselben richtig gemachet werden verschaffen.

§ 14. Würde auch jemandt die zwischen königliche und adeliche gütter gesetzte grentzmahlen, uff wes theill es auch geschehe, deß hauptmans oder deß vom adelß, verfälschen oder vernichten also, daß er die hügell nieder werffet, die mahlzeichen außhawet oder etliche steine setzet, der soll mit gleicher straffe beleget undt ebener maßen wieder ihn verfahren werden, wie solches zuvor von denen so es an erbgüttern begehen, geordnet undt gesetzet worden ist.

Tit. 5: Von commissarien, welche erbschichtungen machen machen sollen.

§ 1. Die *commissarij*, so zu erbschichtung zwischen nahen verwanten verordnet werden, sollen gleicher maßen alß wann sie zu richtig machunge der grentzen *deputiret* wehren, so baldt sie die erinnerungs brieffe unterschrieben, bey derselben straffe an ohrt undt auffs zeit, alß in den erinnerungs brieffen gesetzet sich einzustellen schuldig sein. Jedoch wirdt die *appellation* in solchem fall von der *definitiff* urtheill an daß obergerichte nachgegeben.

§ 2. Demnach so thun sie ihrem ampte [118] genugk, wan sie für entlicher erörterung also verfahren, daß sie sich bemühen die nahe verwanten in guten verstandt undt zur einigkeit zu bringen.Wann dan die güte nicht zu langen kann, sollen sie kurtz *summarischer* weise ohne irrunge weitläuffigkeit der sachen, sich erkündigenn undt keine *appellation* allein von der *definitiff* urtheil zulaßen.

§ 3. Eß sollen aber alle erinnerungs brieffe, sie belangen grentzsachen oder erbschichtung, von den *commissarien* unterschrieben undt versiegelt undt 4 wochen zuvor ihnen durch den landtbotten *insinuiren* laßen, und damit daß theill welches eingehalten streit undt mißverstandt durch *commissarien* will erörtern laßen nicht möge mit vergeblichen unkosten umbgetrieben werden, soll der erste *termin* allezeit *peremptorius* sein.

Tit. 6: Vom obergerichte oder tribunal.

§ 1. Eß sollen die richter im *tribunal* nach deß reichs *constitution*, deß montags nach Marien geburth in der Wendischen wojwodtschafft zu Wenden, im Dörptischen zu Dörpt, im Pernawischen zu Lembsall erwehlet werden. Die gantze adellschafft auß einer jeden wojwodtschafft soll auff denselben tagk zusammen kommen, und mit einhelliger aller vom adell, oder deß größeren theilß, die richter deß *tribunals* erwehlen.

§ 2. Würde jemandt von den landt richteren, auß welchen gerichten es auch beschehe, erwehlet werden, der soll in der sachen, welche durch *appellation* auß seinem gerichte [119] *devolviret*, kein urtheill sprechen noch anhören, waß andere darin erkennen.

§ 3. Zum anderen soll einer innerhalb zweyen jahren nicht wieder erwehlet werden, es wehre dan sache, daß sie allesambt ohne jemandts wieder rede darinnen bewilligten.

§ 4. Wann jemandt, auß einer wojwodtschafft zum gerichte *deputiret*, bettlägerich würde oder verstürbe, so sollen dennoch die anderen richten.

§ 5. Eß soll ein jeder schweren nach der farne wie der landtrichter geschworen, doch soll dies dazu gethan werden, daß er in den sachen nicht rathen noch geschencke nehmen will, undt daß er ohne einigen unterschied,[576] unterschrifft undt sein selbest beforderunge erwehlet sey.

§ 6. Sie sollen rechtmäßig undt ordentlich nach dem *register* richten, undt von dem beschriebenen rechten nicht abweichen, undt Gott undt die gerechtigkeit für augen haben. Daß urtheil oder *decret*, durch drey auß ihrem mittel dazu *deputirte* unterschrieben, sollen sie auß der schrifft *publiciren*. Wann sie sich aber einer gewißen meinung nicht vereinigen können, sollen sie abermahls herumb stimmen und entlich soll daß größeste theill schließen.

§ 7. Die obberührte im *tribunal* gesprochen *decret* sollen nur allein von dem landt-*notario* beschrieben undt unter dem Wendischen landtgerichts siegell außgegeben werden.

§ 8. Die wojwodden oder hauptleute sollen die *decrete* innerhalb 6 wochen, von der zeit an zu rechnen wan ihrer einer darumb begrüßet werden, gebührlich *exequiren*. [120]

§ 9. Sie sollen die *appellationen* im *tribunal* nach ordnung der wojwodtschafften, Wendischen, Dörptischen undt Pernawischen, richten. Die gewißliche sachen sollen alle woche auff einen gewißen tag von dreyen geistlichen, undt gleich so vielle weltlichen, gerichtet werden. Waß daß größte theill beschließet, dabey soll es bleiben. Würden aber die stimmen gleich sein so sollen sie die sachen an den königlichen hoff verweisen.

§ 10. Eß ist zwar zu verfolgung der *appellation* solchem im *tribunal* keiner *citation* nötigk. Wofern der cläger oder beklagter nicht todes verfahren würde, uff den fall müßen die erben *citiret*[577] werden.

§ 11. Sie sollen richten alles undt jede sachen, es sey davon *appelliret*, oder sie sindt an daß *tribunal* verschoben oder sonsten, so wohl auß dem hertzogthumb churlandt, alß bischoffsthumb daselbsten vom landt- oder schloßgerichte von *succamerarien* urtheil, amptsachen, undt daß die *decreta* nicht gebührlicher maßen *exequiret* werden.

§ 12. Hierbey werden außbescheiden die sachen so den *fiscum* belangen undt freyheit der königlichen gütter, und die sachen der Liefflländischen städte gehören zu ihrer königlichen Majestät gerichte.

---

576 „Unterschied" nur in StA.

577 In StA: „(...) *citiren*, oder *citiret* werden.".

§ 13. Waß für diesem gerichte eingeschrieben, *protectiret* bekandtlich außgeredet, und *referiret* wirdt, gilt undt ist kräfftig nichtes weniger alß wan es uffen reichstage oder im landtgerichte beschehen were.

§ 14. Waß in diesem gerichte gesprochen [121] undt verabschiedet wirdt, ist aber so bündig undt kräfftig, alß die uffm reichstage ergangene *decreta.* Würde aber jemandt zu abbruch derselben *decret* deßhalben *citiret* werden, soll er von der außgegangenen *citation* gleich damit entbunden undt gefreyet sein.

§ 15. Würde aber der kläger nichts weniger anhalten oder etwaß in *contumaciam* außbringen, soll es für unkräfftig geachtet undt nicht *exequiret* werden. Wann der *citirter* persöhnlich erscheinet, soll er alßbaldt von dem kläger oder seinem *procuratorem* 50 Fl Polnisch straffe erhalten, undt nichtes weniger soll der *procurator* 8 tage unten im tieffen thurm sitzen.

Tit. 7: Von gerichtß eingeschriebenen contracten, bekändnüßen und arten.

§ 1. Eß sollen die *acta* der landt- schloß- oder *tribunal*sche gerichte allewege verwahrlich gehalten, undt jedermänniglich mit getheilet werden. Sie sollen aber niegent anders in gewahrsamb sein, oder jenige verpflichtunge darin verzeichnet werden, alß zu Wenden, Dörpt undt Lembsall undt in den benanten hauptmanschafften, landtgerichten undt zu Dünaburg verordneten örtern. Waß aber sonsten an anderen örtern angenommen undt eingeschrieben wirdt, soll nichtig undt von unwürden sein.

§ 2. Eß soll der hauptman deß ohrtes zu gutter verwahrung der gerichts *acten*, die so woll im landtgericht alß *tri-* [121] *bunal* ergangen, an obberührten örtern ein gewelbtes gemach einräumen, undt zu den obergerichts *acten* soll der Wendische wojwodde, *castellan* undt landt *notarius* daselbest, undt zu den landtgerichts *acten* der richter, unter richter undt *notarius* die schlüßell haben, damit aber für eröffnung der landtgerichte die nottürfftige urkünde einem jeden auß den landtbüchern zu rechter zeit mögen mitgetheilet werden.

§ 3. Würde ungefehr entweder der richter oder unter richter durch krankheit oder andern erhebliche ursachen verhindert werden, soll der richter dem unter richter undt dieser hiewieder jenen seine schlüßell überschicken.

§ 4. Eß sollen, die so dem gerichte für sein, mit fleiß uffmercken, waß es für eine gelegenheit mit der persohn habe, welche da *recognosciren* will, waß in den gerichts büchern verhanden ist, ob er nemblich volenkommen alters und guten verstandes sey. Hette es nun eine andere gelegenheit mit ihme, so soll kein gerichts handell von ihme angenommen werden. Eß soll auch dabey geschrieben werden, ob der jenige so die schrifft *recognosciret*, krank oder gesunden leibes gewesen.

§ 5. Eß soll in einer jeden wojewodtschafft ein buch zu gerichtes *acten* gehalten werden, darinnen die *decrete* geschrieben [123] werden, uff daß gleichmeßige sachen inhalt derselben *decreten* erörtert werden mögen.

§ 6. Die schrifft, darinne der besitz bürgerliche gütter uffgetragen wirdt, soll nicht anders alß nur in den städten angenommen werden.

§ 7. Die richter undt unter richter sollen zusehen, daß *notarij* alles mit fleiß in den *acten* einzeichnen, undt soll den parteyen, welche daran gelegen, mit acht darauf zu haben frey stehen.

§ 8. Waß in einer wojwodtschafft in den obberührten schloßgerichten eingeschrieben undt uffgetragen wirdt, wofern er nicht innerhalb jahres im landtbuch der wojwodtschafft darhin es gehöret gebracht wirdt, soll es nichtig undt von unwürden sein.

§ 9. Eß mag ein *procurator*, wann er gleich genugsahme vollmacht hette, dennoch keine newe verträge undt handell machen, noch der alten halber *quitiren* oder auch die eingeschriebene gelde uffhören, ohne beywesen seines *principalen*.

§ 10. Weiters wann verpflichtung oder verpfändung eingeschrieben, mag niemandt darwieder etwas reden, noch einigem zweiffel undt einwürff fürbringen, sondern er muß demselben allen ein genügen thun. Es were den sache, daß er sich auff eine *quitung* beschehener bezahlung halber berieffe. In solchem fall mag er biß auf den nehest folgenden landtgericht befristet werden, undt wirdt ers alßdan nicht beweisen, soll er der sachen verlustig sein. [124]

Tit. 8: Von gerichts ordnung, auch der zusammenkünfften versicherung.

§ 1. Eß soll niemandt ins gerichte, wie es auch heißet, im landt- oder schloß- oder *succamerarij* gericht kommen, waß standes undt würden der auch sey, er habe dan etwas da zu schaffen undt soll nicht ehe ins gerichte tretten, biß er auß dem *register* geruffen wirdt, entweder selber, so er vielleicht die sache vertrit, oder mit sambt denen welche zu derselben sachen gehören, undt soll nicht mehr alß 4 Persohnen bey sich haben, also nemblich daß von einen jeden theill nicht mehr alß 4 persohnen hinein gehen sollen, nemblich der kläger, der *citirter* oder beklagter, undt mit einem jeden ein *procurator* undt zwo freunde.

§ 2. Würde jemandt anderer gestalt hinein gehen undt, wan er ermahnet, sich nicht davon machen wolle, oder ein geschrey oder unwesen im gerichte anrichten undt mit ehrenrührigen worten wieder den richter, *notarium* oder daß gegentheill außfahren, der soll dem gerichte 20 ungarische Fl büßen, undt bey gleichmeßiger straffe nicht davon scheiden, er habe den die büße erlegett.

§ 3. Wer mit gewalt sich an daß gerichte vergreiffet, der soll darumb 15 wochen ins gefängniß sitzen und umb 200 Fl gestraffet werden, undt würde er in wehrenden rechtsfragen nicht zahlen, so soll daß gerichts ambt in sein, deß *citirten*, gütter angewiesen werden, bey straffe des ban- [125] nes, wofern er sich darwieder setzet, undt soll an den woywodden oder hauptman deß ohrtes zur straffe werwiesen werden.

§ 4. Würde jemandt eine gerichtes persohn wegen mit gemeiner bewilligung gesprochenen urtheilß beschelten, so sollen alle undt jede gerichtes persohnen, so hoch daß ungerichte geschetzet von dem jenigen, so ihr urtheil gescholten, abforderen. Dem richter aber soll er so offt büßen, alß offt er den amptstragenden persohnen, so von ihme beleidiget worden, die *aestimation* der *injurien* erlegett.

§ 5. Würde jemandt im gerichte seine wehre blößen, wann er gleich niemandt damit verwundet, dieweil er aber dennoch ursach undt gelegenheit zu empörung gegeben, soll er am leben gestraffet werden.

§ 6. Wer daß gerichte verkleinert, oder uffm tische mit dem arme lieget, der soll 10 Fl zur straffe geben, ehe er auß dem gerichte gehet.

§ 7. Eß soll niemandt inß gerichte mit anderen wehren, alß daß er sein schwerdt nach adelichem brauch bey sich habe, kommen.

§ 8. Würde bey jemandt eine büchse oder ein ander dergleichen wehre gefunden, der soll 20 ungarische Fl büßen, undt vor beschehener bezahlung nicht auß dem gerichte gehen. Bey anderweit gleichmeßiger straffe, 20 ungarische Fl, darumb er wofern die vorige straffe nicht abgeleget und gleichwohl auß dem gerichte gangen, für dem woywodden deß ohrtes im nahmen und von wegen deß gerichts *peremptorie* soll *citiret* werden, undt beyde straffe [126] ohne zulaß jeniger *appellation* zu erlegen schuldig sein.

§ 9. Wann jemandt an dem ohrte, da daß gerichte geheget oder gemeine zusammenkunfft gefallen wirdt, einen entweder verwundete oder todtschlüge, der soll alß wen er die Majestät verletzt alßbaldt gefänglich angenommen undt uff geheiß deß gerichts am leben gestraffet werden. Würde er aber auß dem gerichte entweichen, soll er von dem wojwodden deß ohrtes ge*bandiret*, gefänglich angenommen undt am leben gestraffet werden.

§ 10. Wer den landtbothen, zu der zeit wan er sein ambt thut verwundet, ertödtet oder schleget, der soll mit der straffe beleget werden, alß wan er daß gericht selbst verletzet hette.

Tit. 9: Von dem gerichtlichem proceßs in bügerlichen sachen.

Damit in den gerichten alles recht undt ordentlich zugehen möge, ist viell daran gelegen, daß der parteyen sachen recht fürbracht, undt dieselben rechtmeßig erörtert werden.

Tit. 10: Von den procuratoren.

§ 1. So tragen nun die sachen für, entweder die parteyen selbest, welches niemandt verbotten sein soll, oder andere in ihrem nahmen, die es befehl haben. Wer nun will, der mag einen *procuratoren* gebrauchen, aber den unerfahrenen undt armen leuten undt [127] anderen elenden persohnen wirdt von amptswegen ein *procurator* zugeordnet.

§ 2. Solle ein *procurator* im gerichte frembde sachen treiben undt keine genughafftige vollmacht haben, der soll darumb willkürlich gestraffet werden.

§ 3. Eß lieget nichtes daran, es sey einer begüttert oder nicht, wann er nur an seinen ehren undt leymuth unbescholden ist undt vollenkommen gewalt hat, der mag wohl für ein anderen reden, undt seine sache treiben undt alles thun undt volenziehen, waß seinen *principalen* betrifft. Aber etwaß einschreiben laßen, *quitiren*, undt gelt uffbähren, wann er gleich eine gemeine vollmacht hette, wan sein *principal* nicht gegenwärtig ist, wirdt ihme nicht verstattet.

Tit. 11: Von den gerichts-boten.

§ 1. Wier ordtnen undt setzen auch landtgerichts boten, welche mit zuziehunge zwey vom adell alles waß gerichtlich angezeiget, oder bezeuget wirdt, vollenziehen sollen. Dieselben sollen an ihren ehren unbescholten undt zu solchem ambt tüchtig sein, undt alles mit trewen fleiß verrichten.

§ 2. Wann jemandt königliche Majestät brieffe uff ein ampt erlanget, so sollen dieselben von dem wojwodden deßelbigen gebietes *confirmiret*, und von ihme der eydt daselbst genommen, undt waß er zu lohn haben soll, verordtnet werden.

§ 3. Eß soll aber ein jeder landtgerichtes [128] botte, er sey der *general* oder sonst ein ander, wan er etwaß begangen für dem wojwodden deßelben ortes besprochen werden.

Tit. 12: Von ladunge inß gerichte.

§ 1. Wer jemandt inß gerichte laden will, der soll selbest zuforderst daß recht für gerichte zu erscheinen haben, undt denselben welchen man zu rechte besprechen kann, mag man auch zu rechte wohl laden. Eß haben aber nicht macht inß gericht zu erscheinen die kinder wieder ihre eltern, in sachen so die persohn belanget, imgleichen die unterthanen wieder ihre herren, undt also hiewieder die herren wieder ihre unterthanen, sintemahl umb die gewaldt, so ein jeder an den seinen hat, soll kein gerichte mit ihnen geheget werden, imgleichen die bandirte undt ehrlose. Aber welche stum, taub, minderjährig undt wanwitzig sein, wie den auch die weiber, können zwar zu rechte belanget werden, undt klagen; aber doch daß es mit beysprach ihrer vormünder beschehe.

§ 2. So soll auch ein jeder dahin achten, wer jemandt mit recht belangen wil, daß ers vor seinem ordentlichem richter thue. Dan wan ein theil daß ander für ein frembd gerichte, dafür der beklagte zu stehen nicht pflichtig, undt die sache auch dahin nicht gehörigk, außladet, so soll der ladung nichtig undt von unkräfften sein.

§ 3. Würde aber der beklagter guttwillig [129] daß ander gerichte undt den richter erkennen, oder auch durch eine verpflichtung sich dem gerichte unterwerffen, mit verziehung seines rechtens so soll er auch dem richter gehorsamb leisten. Wan aber dero keines beschehe, undt der richter würde gleichwohl seinem *decret* zu gehorsamen befehlen, ist deßelben urtheill, wie hiebevorn gesetzet undt geordnet, nichtig undt von unwürden.

Tit. 13: Von citationen.

§ 1. Wann jemandt für daß landtgerichte *citiret*, so soll er voran deß königs nahmen, darnach deß klegers undt beklagten nahmen undt zunahmen ohne jemands verleumbdung undt mit schuldiger ehrerbietung setzen.

§ 2. Hernacher aber soll die sache, darumb jener ins gerichte gefordert, kürtzlich in der *citation* erzehlen, undt also mit dem landt siegell, wie eß einem jeden gerichte von den *general commißsarien* gegeben undt zugeordnet ist, dieselbe versiegelt werden.

§ 3. Eß soll niemandt in der *citation* deß anderen ehr undt leumuth angreiffen, oder verweißliche worter, dadurch einer könnte verletzt werden, sich gebrauchen, sondern die geschichte undt verpflichtung der *citation* einverleiben, undt daß ziel nicht überschreiten. Würde aber jemandt darüber ehrenrührige wörter, ohne welchen doch die sachen erzehlet werden können, in der *citation* setzen; wer solche *citation* fürbringet, eß sey der kleger selbst oder sein *procurator*, soll eine wochen lang im thurm darumb sitzen, der beklagter [130] aber von dem *termino* undt *citation* frey erkandt werden.

§ 4. Eß sollen niemandt plancketh[578] zur *citation*, so viel er derselben nötigk hette, verweigert werden. Also auch wann gleich einer den wojwodden oder daß gericht selbest, oder sonsten eine andern amptstragende persohn, zu rechte laden wollte, sollen sie ihme *citationen* auch wieder sich selbest und einen jeden andern, so viel er derselben haben will, mittheilen, bey straffe 20 ungarische Fl, welche wan sie verwirket daß obergerichte zu Wenden unter die amptsachen *in termino peremptorio* erkennen sollen.

Tit. 14: Von termino.

§ 1. Der *citation* an daß landtgerichte sollen vier wochen zeit angesetzet werden, undt dieselbe *citation* soll durch den landtgerichts boten in dessen güttern, welcher geladen wirdt, wieder gelagt, würde er abwesendt sein, seinem haußgesinde oder pawren übergeben undt ihnen dabey angezeiget werden, dass ihr herr zu recht geladen werde.

§ 2. Aber an dass *commißsorial* gerichte soll 6 wochen zuvor der *termin* angesetzet werden. Dass übrige wirdt wie obberühret gehalten. An dass schloßgerichte soll zeit zweyer wochen angesetzet werden.

Tit. 15: Von unwilliger einstellung deß angesetzten termins.

§ 1. Würde jemandt ohne brieffliche [131] abgangene *citation* uff mündliche erinnerung den *terminum* halten, sollen dieselben durch den landtgerichts boten *citiret* werden, welche zur zeit des gehegten ober- landt- undt schlossgerichts etwa mißgehandelt haben.

§ 2. Würde nun der *citirter* uff angesetzten terminum erscheinen, soll nach gelegenheit der that, wieder ihnen vermöge deß beschriebenen rechtens, verfahren werden.

---

[578] Beziehungsweise „blanquet“ (Staatsarchiv 3), „blancket“ (Staatsarchiv 2), oder „planket“ (StA).

§ 3. Würde er aber muthwillig davon ziehen undt wollte nicht erscheinen, soll die straffe des bannes wieder ihn erkandt undt die sache zu *exequiren* an die wojwodden undt hauptleute deß ortes oder der gütter verwiesen werden.

Tit. 16: Von übergebunge oder niederlegung der citation.

§ 1. Wann der *citirter* keinen gewissen sitz hat, soll ihme entweder die *citatio* durch den gerichts botten, wann er ihn in der persohn antreffen kann, in die handt übergeben oder an die kirchthüren deß ortes, da er sich wesentlich erhält, angeschlagen undt außgeruffen werden, oder auch in dem *castel*, daselbest er etwae güter gehabt, jedoch dem rechtmäßigen besitzer unnachteilig.

§ 2. Wirdt er im rechten beweisen, dass ihme die *citation* vom gerichts botten entweder gar nicht, oder in rechtmäßiger weise nicht überantwortet oder *publiciret* worden, undt der gerichts botte hette gleichwohl ein wiedriges berichtet, so soll er von den scharff richter offentlich mit ruthen auß- [132] gestrichen, nase undt ohren ihme abgeschnitten, undt er seines ampes entsetzet werden, undt soll deßhalben für deß wojwodden gericht *in termino peremptorio* beklaget werden.

§ 3. Welches alles wie obberühret, wofern es in begreiffunge undt *insinuirung*[579] der *citation* nicht gehalten würde, undt der *citirter* könnte einigen mangell in dem ihm angesetzten *termino* beweisen, soll er aber die straffen, welche hiebevorn uff jede mängell gesetzet, vom *termino* undt von der *citation* entfreyet sein. Eß mag aber der kläger hernacher ihn wieder zu rechte laden, undt wirdt er uff solche *citation* nicht escheinen, so soll er erstlich *in contumaciam* verurtheilt werden, soferne nicht der *terminus*, entweder vermöge der rechte oder durch deß richters *decret peremptorius* ist.

§ 4. Würde er abermalß beweisen, dass er von der *citation* nicht gewusst, soll er auch von dem *termino* undt von der *citation*, aber nicht von der sachen, so offt undt dieck solche mangell sich getragen, entbunden werden.

§ 5. Eß ist der erste *termin* in keinem gerichte *peremptorius*, nur allein *commißsionibus* und in den fällen davon offentlich dass sie *peremptorij* sein sollen zu rechte geordnet undt gesetzet werden, oder dass jemandt sich dazu verpflichtet.

§ 6. In andern sachen, in welchen der *terminus peremptorius* außdrücklich nicht gesetzet, wann der beklagter uff die erste *citation* nicht antwortet, wirdt nur ein *decretum contumaciae* wieder ihn gefället, undt wann [133] die *contu-*

---

[579] In StA 2 „*Insinuation*".

maciae also erhalten, wie obberühret, undt er würde ihn innerhalb derselben *terminen* so obbeschrieben sein, dann beklagten *citiren*, so ist er also zum andern mahl *citiret* alß dan gleichermaßen alß im *termino peremptorio* zu antworten schuldig.

§ 7. Würde jemandt *in termino peremptorio* sich nicht einstellen, der soll seinem gegentheill mit verlust der gantzen sachen verdambt und dem kläger die *execution* zuerkandt werden.

§ 8. Wann der beklagte dass er entweder von der *citation* nicht gewust, oder daß ihm dieselbe rechtmeßig nicht sey überantwortet worden, oder auch dass er etwa durch ein großes unglück wegen leibes schwachheit, größe wäßerung, oder dass es am überfuhr eines strohmes gemangelt, wegen feindlichen einfals, der peste, gefängnis, oder dergleichen erheblichen ursachen halber, verhinderet worden sey, beweisen können, darumb er entweder selbest nicht kommen, oder einen andern schicken können, der kann den kläger uffs erste landtgerichte zu einlegunge deß erhaltenen *decreto ctiren*, undt wan solche *litis pendentz* einfällt, kann inmittelst die *execution* uffgehalten werden. Eß muß aber der beklagter in den ersten gerichten die ehehafft beweisen, undt wan ers außfündig machet, kann die sache im vorigen standt gesetzet werden. Eß soll aber der kläger in demselben *termino* antworten undt die sache verfolgen.

§ 9. Würde er aber in den ersten gerichten den kläger zu niederlegung des [134] *decrets* nicht *citiren* oder die ehehafft, dadurch die sache könnte ergentzet werden, nicht beweisen, so ist er entweder dem vorigen *decret* gnugen zu thun oder die *execution* zu verstatten schuldig.

§ 10. Eß soll aber ein jeder die unwißentheit zwar der *citation* mit seinem eyde, aber anderer ursachen der *restitution* mit zeugnüssen, oder anderen gemeinen undt privat glaubwürdigen urkünden, undt dazu noch mit seinem körperlichen eyde bewahren undt darthun.

§ 11. Were es sache, dass in gegenwart deß parts oder desselben *procuratoren*, da sie zwar im gerichte anwesendt, aber doch wegen ihrer hinläßigkeit, oder umb andere rechtmeßige ursachen nicht geantwortet, ein *decret* für niedergang der sonnen zu *arretiren*, undt solche *arretirte* sachen soll dass gerichte deß folgenden oder dritten tages hernacher für allen andern sachen erörtern und der beklagte ohne zulaß jenigen fristes, allein dass er seine zerstörliche einrede gebrauchen möge, antworten.

§ 12. Wann ein ordentlich gerichte geheget wirdt, soll des tages zuvorn uff welchen dass gerichte einfält der gerichts *notarius* anwesendt sein, undt sich zu hauß finden lassen, damit die parteyen ihme ihre nahmen undt sachen antragen mögen, undt er soll schuldig sein, ohne jemands willfährung die parteyen inß *register* zu schreiben, also dass wer ihn zum ersten angesprochen, derselbe

[135] auch zum ersten inß *register* geschrieben werde, undt deßelbige soll er deß folgenden tages frühe morgens, wan die gerichte angehen, offentlich an den thüren des ortes, da die gerichte geheget werden, anschlagen. Darnach soll der gerichts botte für der thür auß dem *register* nach der ordnung, wie eines jeden nahme eingeschrieben, mit heller stime außruffen, also dass er von jedermänniglichen gehöret werden könne, undt die parteyen also dreymahl zum gerichte beruffen.

§ 13. Würde nun der beklagte nicht stehen, so soll er im ersten *termino* wie obberührt *in contumaciam* verurtheilet werden, im andern dritten *peremptorio termino* der gantzen sachen verlustig sein.

§ 14. Würde aber der kläger sich nicht einstellen im ersten *termino*, soll der beklagte vom *termino* undt *citation* loßgesprochen werden, aber im *termino peremptorio* von der gantzen sache. Jedoch vorbehältlich, dass er umb undt wegen derselben ursachen, wie es dem beklagten nachgegeben, ihn zu eintragung deß *decrets citiren* undt umb ergetzung bitten möge, undt alßo beklagte für dasselbe gericht, darinnen er *absolviret*, innerhalb eines jahres undt sechs wochen von der zeit der *absolutori* urtheill zu rechnen, undt zu einlegung deß *derets* zu laden, undt zusehe undt anhöre, auß waß erheblichen erheblichen ehehafften, so in der *citation* angedeutet werden sollen, seine klage nicht vollenführet habe. Und wan er gleich solche ehehafft mit glaubwürdigen urkunden darthun könnte, solle ers dennoch einen leiblichen eydt schweren, daß er nemblich wegen solchen [136] eingefallener verhinderung auff angesetzte zeit seine klage nicht fürbringen können, undt wan er solchen eydt abgeleget, so soll deß *decretum contumaciae* uffgehoben, und die sache in den standt, darin es gewesen, gesetzet, undt weiters in derselben verfahren werden.

§ 15. Würde auch der jenige, welchen die sache belanget, ehe jahr undt tagk verlaufft todes verfahren, sollen seine erben innerhalb jahr undt sechs wochen von zeit ihres vorfahren absterben, deß beklagten theill zu einlegunge deß *decreto citiren* undt ihrem körperlichen eyde sein (deß verstorbenen)[580] ehehafft bewahren.

§ 16. Träge eß sich aber zu, daß der gerichtsbotte, ehe undt zuvor er von übergebener *citation* zeugniß eingebracht, mit todt erblichen[581] würde, aber doch für seinem todte mit einem andern gerichtsbotten deßelben gebietes von der sachen geredet hette, undt deßselben im gerichte genugsahm nachrichtung thun würde, soll ihme geglaubet, undt die *citatio* für rechtmeßig *infirmiret* gehalten werden.

---

[580] Klammer nur in StA.
[581] In StA „sterben".

§ 17. Eß soll aber solche zeugnüß allein von *insinuirung* der *citation* gelten, aber in anderen sachen kein krafft noch würden haben.

§ 18. Demnach der kläger, daß die *citation* rechtmeßig *infirmiret* worden, erwiesen, soll er die sache darumb er den beklagten zu rechte geladen, anbringen, undt bitten, daß der richter, waß er vermeinet von rechtswegen ihme gebühre, erkennen undt sprechen wollen, undt wan die sache also fürbracht, soll der richter dem beklagten [137] richtig zu antworten ufferlegen. Aber dennoch in einem fall muß der kläger dem beklagten zuforderst antworten, alß nemblich wan er den beklagten, da er ihn schon zu rechte geheißen undt geladen verwundet, mit knüttelen geschlagen oder sonsten ein großes ungericht oder an seinem leibe gewaldt zugefüget hatte.

§ 19. Wann der beklagte im gerichte seinen grundt undt vorgabe beweiset, soll der kläger der sachen verlustig sein, undt niemahls dieselbe wieder erregen können. Der wunden undt *injurien* halber, so er dem beklagten zugefüget, soll er nach besage der rechte nichtes weniger gestrafet werden.

Aber in allen anderen sachen soll der beklagte dem kläger, wie obberührt, richtig antworten, undt derhalber keine wieder klage gebrauchen, sondern da ihme der cläger etwaß zu thun schuldig, ihn deßhalben durch eine besondere klage belangen.

Tit. 17: Von caution oder versicherunge.

§ 1. Eß stehet dem beklagten frey, ehe im *proceßs* verfahren wirdt, wofern vielleicht der kläger nicht begüttert were, eine bürgerliche *caution* von ihm zu fordern, wegen verursachten gerichtskosten. Würde nun der kläger solchen verstandt nicht bestellen können, soll der beklagte von dem *termino* undt von der *citation absolviret* werden.

§ 2. Gleicher gestalt mag der kläger von dem beklagten, wann er nicht geseßen undt er sich [138] einstellen würde, bürgerliche *caution*, daß er sich zu rechte einstellen undt wegen der *expensen*, begehren, undt der beklagter ist dieselbe zu bestellen schuldig.

§ 3. Würde aber entweder kläger oder beklagter durch einen *procuratoren* sich einstellen, derselbige soll zuforderst genugsahme volmacht einlegen oder *de rato caviren*, hernacher bürgerliche *caution* bestellen wegen der *expensen*, undt daß er zahlen wolle, waß erkandt wirdt.

§ 4. Wirdt er daß nicht thun, soll er nicht zugelaßen werden. Wann er solche *cautionen* vor der krieges befestigunge nicht gefordert, können sie hernacher nicht begehret werden.

Tit. 18: Von den schlichten exceptionibus oder einreden.

§1. Wann die *cautiones* entweder gefordert oder vorbey gangen, soll der beklagter seine *exceptiones*, wo er derselben einige hat, sie seindt ewigwehrende, oder zeitliche oder uffschiebliche, fürbringen. Die erste einrede aber ist, welche die gerichts gewaldt oder bottmeßigkeit belanget, wan jemandt ungefahr außerhalb seinem gerichte oder gebiete geladen wirdt, oder wann jemandt etwas wieder den richter einwendet, daß er nemblich derogestalt, wie es sich gebühret, nicht gesetzet, noch verordnet, oder daß er unbegüttert an seinen ehren bescholten, oder verbandiret ist.

§ 2. Die andere einrede gehen den kläger an, wann er von den persohnen ist, welche für sich selbest oder ohne anderer beystandt ins gerichte [139] nicht erschienen können, imgleichen daß dem kläger keine klage zustehe, oder daß andere mehr zu der sach gehörig sein, undt hat zwar diese einrede alßdan stath wan die klage nicht kann getheilet werden, oder der kläger wegen der andern nicht will *de rato caviren*, oder will nur sein theil allein verfolgen, sintemahl, wan er der eine thun will, so hat die einrede kein stath. Imgleichen wieder den *procuratoren* kann eingewendet werden, daß er keine volmacht habe, auch nicht *de rato caviren* will, oder daß er beyden parteyen gerahten oder anrüchtig sey, oder waß sonsten wieder ihm könnte fürgebracht werden.

§ 3. Wieder die *citation* undt *termin* kann man sich gebrauchen der *exception*, davon hirbevorn meldung beschehen.[582]

Tit. 19: Von befristunge.

§ 1. Eß mag ein jeder sich auff seinen gewehrsman beruffen. Wan er daß thut, soll er ihn im gerichte nennen, daß gerichte aber soll ihm *dilation* geben.

§ 2. Würde auch jemandt fürgeben, daß in einigen grentzsachen oder anderen grundt undt boden oder grentzen zuforderst in augenschein müsten genommen werden, und eß hette erhebliche ursachen, soll der richter, ehe er ihn zur kriges befestigung zwinget, den augenschein erkennen. Aber wofern jemandt dieser undt dergleichen einrede sich vor der krieges befestung nicht gebrauchen würde, mag er darnach dieselben nicht fürwenden, [140] undt der richter, wan er die parten in solche einreden beyderseits gehöret, soll er darin reden undt ver-abscheiden, ob die *exception* stath haben könne oder nicht. Undt wan also darin gesprochen, mag er den parten weiters in der sachen zu verfahren aufferlegen. Jedoch so lang ein oder daß ander theill etliche *exceptiones* hat, wirdt ihnen nicht verbotten, sich derselben zu gebrauchen, den so lang jemandt

[582] Das sind die Titel 15 und 16.

rechtmeßiger einrede sich gebrauchen kann, darff er den krieg rechtens nicht befästigen.

§ 3. Wann den obberührter einrede sambt undt besonders entweder fürbracht, oder durch deß richters spruch außgeschlosen, soll der richter daß gegentheill richtig zu antworten durch ein *decret* anhalten.

Tit. 20: Von zerstörlichen einreden.

§ 1. Wann dan der richter also verabscheidet, soll der beklagte seine *peremptorias* oder zerstörliche *exceptiones*, wofern er jenige hat, fürbringen, also da seind gemachte gedinge, daß man nichtes forderen wolle, daß man beschlichtet undt bestätiget, *item* daß auß furcht oder in irthumb etwas beschehen sey, daß die sache zuvor erörtert, vertragen die rechtfertigung ufgehoben, daß wieder recht etwaß beschehen sey, und dergleichen.

§ 2. Dafern sich nun eräugnen würde, daß derselben keines stath hette, soll daß gegentheill den krieg zu befestigen gezwungen werden. [141]

§ 3. Würde aber ein theil durch solch deß richters *decret* sich beschweret befinden, mag es uff stehenden fuß, entweder alßbaldt, oder da es sich bedenken will, dennoch ehe undt zuvor der richter auß dem gerichte auffstehet, *appelliren*, undt wan dan der richter der *appellation deferiret*, so soll inmittelß in hengender *appellation* nichtes newes fürgenommen werden. Erkennet aber der richter, daß es eine muthwillige nichtige *appellation* sey, soll er, daß ferner verfahren werde, befehlen.

§ 4. Würde aber daß theil die *appellation* zu *prosequiren* sich *protestando* erklehren undt in der meinunge auß dem gerichte gehen würde, oder auß furcht halber, die rechtfertigunge verfolgen, mag es hernach sowohl richter alß deß gegentheil für daß gerichte, dahin es *appelliret*, heischen undt laden.

§ 5. Wirdt nun der ober richter in dem in der *citation* gesetzten *termino* deß unter richters urtheil *confirmiren*, so soll es seine krafft erreichen. Erkennet er aber, daß der *appellant* fug undt ursach zu *appelliren* gehabt, soll die sache ergentzet und in den standt rechtens, darin es wahr alß daß theill *appellirete* gesetzet, undt an daß gerichte daran es *appelliret* verwiesen werden.

§ 6. Würde auch inmittelß in hängender *appellation* etwas newes fürgenommen undt der beklagter erlangete dahero jenigen schaden, soll derselbe von dem richter, welcher der *appellation* nicht *deferiret*, so hoch der kl(äge)r uff *moderation* deß ober richters schweren wirdt, erstattet werden.

§ 7. Wann der beklagter keine einrede [142] hat, oder welche er gehabt durch deß richters *decret* erörtert undt uffgehoben worden, alßdan soll er den krieg zu befestigen angehalten werden.

Tit. 21: Waß dem kleger freystehet, daß mag sich auch der beklagter gebrauchen.

Inmaßen dem beklagten seiner einrede zu gebrauchen nachzugeben, alß mag der kläger in seiner wiederrede *in replicio* undt *duplicio* gebrauchen, dieweil der beklagte in fürwendung einer einrede klegers stell und der kleger dagegen in *replicio* beklagtens stelle helt. Wann aber der beklagter ungeachtet, daß ihme alle einrede nicht befästigen will, so soll dem kleger die sache zugethätiget undt die *execution* zuerkandt werden.

Tit. 22: Von der kriegs rechtens befästigung.

Wann der kriegs rechtens beyderseits befästiget, so soll beyden theilen uff brieffliche urkunde undt andern genughafftige beweißsthumb sich zu beruffen frey stehen. Der sich aber darauf beruffet, der soll im gerichte sowohl die siegel undt brieffe alß die zeugen, wer undt an welchem ohrte sie verhanden sein, anzeigen. [143]

Tit. 23: Von beweisungen und zeugen.

§ 1. Zu einbringung deß beweises wirdt *dilation* biß auff nehest folgenden landtgerichts tagen gegeben, es sey den sache, daß entweder die zeugen oder die brieffliche uhrkunde außerhalb des reiches uffzunehmen zu holen weren.

§ 2. Würden aber in den gerichtstagen die brieffliche urkunde undt angedeutete zeugnüßen nicht fürbracht, soll er der sachen verfallen sein. Eß soll aber ein jeder, welcher zeugnüß zu geben *citiret* wird, erscheinen, und bey *poen* 20 ungarischer Fl seine wißenschafft ablegen. Undt in dieselbe *poen* soll er auch verfallen sein, wan der seine unterthanen undt haußgenoßen nicht dazu helt, wan zeugnüß von ihnen begehret wirdt. Solche straffe soll deß landtgerichte oder wojwodden oder *commißsorialen* gericht, daselbest die sache rechthengig ist, alßbaldt erkenne, undt daß theil, dieselbe ehe es auß dem gerichte gehet, erlegen, undt wofern ers nicht abgiebet, soll daß gerichte ihm umb die *execution* an das wojwoden gerichte verweisen.

§ 3. Undt zwar einer vom adell soll bey seinem adelichen glauben undt gewißen in krafft eines eydes zeugen.

§ 4. Demnach aber unbillig ist, daß jemandt in eines anderen sache zeugnüß zu geben, in einen abgelegenen ohrt uff sein unkosten und mit seiner großen beschwerung abgefordert werde, ist einem jeden frey nachzugeben, daß der jenige, von welchem zeugnüß begehret wirdt, in nehest gelegenen gericht, eß sey daß land- oder schloßgericht, [144] welches er erwehlen wirdt, seine wißenschafft ablegen möge. Undt solch zeugnüß, wan es von demselben gerichte versiegelt in daß gericht, daselbest die sache erörtert henget, eingeschicket wirdt, soll gleichmeßige krafft undt ansehen haben, alß wan es in demselben gericht uffgenommen wehre.

§ 5. Weiters soll in allen zeugnüßen dieses in acht genommen werden, daß daß gegentheil in daß gerichte, in welchem die zeugen sollen abgehöret werden, zu anhörung ihrer zeugnüß uffs wenigste 3 wochen zuvor *citiret* werden. So soll ihme auch frey stehen, seine fragstücke, deßselben die zeugen zu befragen, dem gerichte zu übergeben, und waß er wieder die zeugen undt der aussagen seines bedänckens nach einwenden würde. Wann solches der richter gethan, soll er mit sambt den uffgenommen kundtschafften die fragstücke undt *positional articul* in schrifften verfaßen undt beyden parten, wan sie es begehren, unterm siegell mittheilen.

§ 6. Wann daß *citirter* theil uff angesetzt zeit nicht erscheinet, so sollen die zeugnüßen nichtes weniger uffgenommen undt den *procuratoren* zugestellet werden, jedoch den gegentheil unbenomen, wan er desten beweißliche ursachen einzuwanden hatt, undt die sollen vorm richter dargethan werden, waß er wieder die zeugen undt dero außagen haben mag, fürzubringen undt zu *opponiren.*

§ 7. Wann auch der zeuge, alß undt dermaßen daß negest gelegenes gerichte erwehlet, dahin daß gegentheil nicht *citiret* werden, noch kommen konnen, soll nichtes weniger seine kundtschafft uffgenommen werden, vorbehältlich der einrede, [145] wofern daß gegentheil einige hette für den ordentlichen richter fürzuwenden.

§ 8. Damit aber die leute nicht liederlich in meyn eydt fallen mögen, soll ein jeder richter, der zeugnüß affnimbt, den zeugen umb ursache seines wesens fragen, imgleichen, wie alt er ist, *item* von der stunde, ohrt und zeit, ob er den sachen beygewohnet, oder von andern solches erfahren, und waß sonsten zu erkündigung der wahrheit nötig sein möchte, erkündigen.

§ 9 [§ 8].[583] Damit auch desto beßer die wahrheit erkündiget werde, soll beyden, oder einen theil, wann es vielleicht daß gegentheil verseumen würde, freystehen, etliche gewiße *articul*, darauff die zeugen zu befragen, dem gerichte

---

[583] In StA noch zu § 8 (§ 11 fehlt hier ganz); weitere Verschiebungen im 23. und 24. Titel werden ebenfalls in Klammern nach der Paragraphenzahl angegeben.

zu übergeben, und dem richter will obliegen, daß er inhalt derselben die zeugen abhöre.

§ 10 [§ 9]. Würde nun der zeuge uff die vom richter oder von dem part übergebene fragstücke also antworten, daß er darauß vermercken könne, daß ihme die sache wißendt undt wolbekandt, so soll er ihme zum eyde verstatten, sonsten aber ihn mit dem eyde nicht belegen, aber dennoch seine außage beschrieben, und unterm siegell dem part, so es begehren, mittheilen. [§ 10] Wann hernacher der ordentlicher - oder ober richter, wann von der sachen *appelliret*, die kundtschafft für gnugsamb erachten würde, soll der zeuge uff deßelben erkäntniß solches mit dem eyde bestetigen.

§ 11 [§ 10]. Eß soll daß theil, so sich uffen beweiß beruffen, in gesetzter zeit dieselben ohne ferner *dilation* undt außflucht bey verlust der sachen fürzeigen. Wan daß beschehen, soll der richter alßbaldt solche verführte kundtschafft im gerichte *publiciren* undt dem gegentheil frey laßen, waß er darwieder hat einzuwenden und zu hintertreiben.

§ 12. Würde er nun vielleicht bedenkzeit begehren, mag er ihn biß uff den folgenden gerichts tagk frist geben, aber daselbest im *termino peremptorio* soll der richter zum urtheil schreiten. Eß were den sache, daß auch der kleger selbest uff andere urkünde auch zeugnüßen sich beruffen thete.

§ 13. So viele zeit alß einem theill zu einbringung seines beweises nachzugeben, wie obberührt, also ebenmäßig undt gleicher gestalt soll dem andern theil auch zeit eingeräumet werden.

§ 14. Wer dan hernacher glaubwürdigen urkünden undt zeugnüß fürbringen wirdt, krafft derselben soll der richter daß urtheill sprechen.

§ 15. Eß soll aber niemandt zugelaßen sein, uff sein bloßes verzeichnen oder vermeinen, wan er sich gleich zum eyde erbieten würde, haben brieffliche urkünde undt zeugnüßen zu wiederfechten.

§ 16. So soll auch der richter niemandt, der kein urkundt undt zeugen fürzubringen hatt, den eydt wieder die zeugen undt urkundt erkennen. Wan aber von beyden urkundt undt zeugnüßen fürbracht, so stehet es beym richter, daß er dem theile, so die beste urkunden fürgezeiget, ufferlegen, daß er in *supplementum* zu erstattung dieselben mit dem eyde bekräfftige.

§ 17. Würde der kläger die erhobene rechtfertigung nur mit schlechten worten verfolgen, mag sein fürgeben, durch nicht gestehen, deß gegentheilß hintertrieben werden.

§ 18. Wann dan endtlich der richter daß fürbringen undt antwort, rede undt gegenrede, *replicationes, duplicationes*, auch [147] wo nötig *triplices* gehöret hat, imgleichen die vollenführte urkundt undt alle zeugnüßen mit fleiß erwogen, soll er in lateinischer oder teutscher sprache daß urtheil auß der schrifft vorlesen, undt den parteyen nicht anders alß in lateinischer sprache daßelbige mittheilen.

§ 19. Wer davon *appelliren* will, dem soll es ohne *execution* frey stehen.

Tit. 24: Von appellation.

§ 1. Die *appellationes* aber sollen gehegtem gerichte in unverwendetem fuß geschehen. Wie nun vom landt- undt anderen untergerichten (*appelliret*, der soll 38 mf[584] rigisch im gerichte oder ampte niederlegen),[585] undt wirdt der *appellant* im obergerichte der sachen verlustig, soll daß gelt dem gerichte zum besten angewendet, gewinnet er aber die sache, ihm des geldt bey straffe wiedergegeben werden.

§ 2. Eß soll aber nicht allein von den endturtheilen, sondern auch von allen anderen gerichtsspruchen undt erkendtnüßen, so unter dem parte nachtheil gebehren möchten, die *appellation* verstattet werden. Aber von beyfelligen sachen undt den *interlocutorien*, so krafft eines endturtheilß haben, undt dadurch daß part nur allein den *termin* oder *citation* ohne erörterung der sachen verschieben will, und dahero sonsten ihm kein groß nachtheil zustehen kann, imgleichen in den sachen darin drey gleichformige urtheil ergangen, undt endtlich in allen denen sachen, darin zurechte außdrücklich die *appellatio* außge- [148] schloßen, soll keine *appellation* zugelaßen werden.

§ 3 (§ 2). So soll auch die *appellatio*, welche der *appellant* innerhalb jahr undt 6 wochen nicht verfolget, für *defert* gehalten, undt deß unter richter urtheill, davon *appelliret exequiret*, oder dafern es keine *definitiff* urtheill were, ferner in der sachen verfahren werden.

§ 4 (§ 3). Eß ist wohl einem jeden frey, von endturtheilen allewege zu *appelliren*. Aber es soll dennoch kein gerichte darumb, daß es ein bloß urtheil gesprochen, nicht belanget, sondern allein umb diese ursachen *citiret* werden. Wann es die zu rechte zugelaßene *appellation* nicht verstattet, wann es umb gunst undt beforderung des einen theilß nicht hatt deß gegentheilß uhrkund, *protectiones* oder dergleichen arten nicht annehmen, oder mittheilen wollen, oder etwa einen groben *execßs* in seinem ampt, oder ein falsch begangen.

---

[584] Pfennig

[585] Statt Klammerinhalt in StA lediglich „wiederklagen“ (offenbar Transkriptionsfehler).

§ 5 (§ 4). Dieser ursachen halber soll kein richter an daß obergerichte *peremptorie citiret* werden, undt wer umb obberührter ursachenwillen urtheilet wirdt, der soll 50 ungarische Fl straffe dem kläger geben, mit sambt erstattung der schaden.

§ 6 (§ 5). Der aber eines falschen überwunden wirdt, soll auch anrüchtig sein, undt deß gerichtes entsetzet werden. (§ 6) Der aber ohne grundt deß gerichte *citiret* hat, undt deßen überwunden wirdt, soll dem *citirten* in kost undt schaden verdammet werden. [149]

Tit. 25: Von gerichts kosten.

§ 1. Damit der jenige, so ohne ursachen zank undt wiederwillen erheben, eingehalten werden mögen, soll allewege nur in bürgerlichen sachen überwunden wirdt, dem überwinder so es begehret, in die gerichts kosten verurtheilt werden.

§ 2. So baldt nun ein endturtheil von dem oberrichter gesprochen oder auch von dem unterrichter, und daß part davon nicht *appelliret* würde, oder die *appellation* hernacher verlaßen, soll der die sache genommen daß verliehrende theil entweder an daß landt- oder schloßgerichte wegen der unkosten *citiren*, welche der obsieger also berechnen soll: Waß er den *procuratoren* gegeben, waß uff die reisen gangen undt waß er sonst mit reinem gewißen nach gelegenheit der persohn, zeit undt sachen außgegeben, erweisen kann, und der richter soll solche *designirte expensen* nach billigkeit ermeßen undt *moderiren*. Undt wann die *moderation* beschehen undt die *expensen* würden 50 ungarischer florin außtragen, soll der, so sie fordert, mit seinem cörperlichen eyde, solchen taxt, daß er nemblich uff die mit seinem gegentheil gehabte rechtfertigung nichtes weniger außgegeben oder außgeben können, bekräfftigen.

§ 3 (§ 2). Würde aber die *moderirte expensen* unter 50 ungarische Fl sein, oder vielleicht sich [150] höher belaufen, aber es wolle dennoch der sie fordert mit 50 Fl lieber zufrieden sein, alß uff eine höhere summe einen eydt schweren, welche summe nun entweder wie es der richter gesetzet, und der obsieger mit seinem eyde bewahret, undt daß er 50 Fl oder ein wenigers zu nehmen sich erklehret, darin soll daß gegentheill alßbaldt verurtheilt werden, undt von solcher *moderation* wirdt kein *appellation*, damit nicht mehr unkosten verursacht werden.

§ 4 (§ 2). Ist jemand wegen der gerichtes kosten bürge geworden, nachdem er zum ersten mahl von dem obsieger dan der *termin* ist in gerichts kosten *peremptorius* zu übergebung der *specification* undt *aestimation citiret*, undt dieselben von dem richter *moderiret*, undt von den part darauf geschworen worden, oder sie übertrefen nicht 50 florin undt wehren ohne eydt leistung nach ermeßigung deß richters von dem parth angenommen, soll der bürge, ehe er auß dem gerichte gehet, dieselben zu bezahlen schuldig sein, undt wirdt ihm durchauß kein *dilation* seinen *principalen* zu besprechen, oder ihn einzustellen, nicht nachgegeben noch verstattet.

§ 5 (§ 2). Würde er aber so wegen der *expensen citiret* nicht erscheinen, der soll alle die *expensen*, so der kläger in der *citation* geheget, ohne einige *moderation* undt eydes leistung, wie es von dem richter erkandt, erlegen undt soll die sache umb *execution* deß urtheilß an daß ordentlich gebührende ampt verwiesen werden. [151]

Tit. 26: Von cantzeley gebür, belohnunge der procuratoren und gerichts botten.

§ 1. Eß soll so wohl der landt- alß schloßgerichts *notarius* von allen undt jeden schrifften so er zu buch bringet, oder auß den bücheren mitgetheilet werden, ein mehrers nicht nehmen alß folgende taxt einhelt, undt nemblich:

(§ 2) Für einen erblichen ufftragk --- 1 rthlr.

(§ 3) Vor leibsdinges oder zu lebens gerechtigkeit geschehener verpflich tung eben so viel, vor eine andere verpflichtung darin sich jemandt etwas zu geben oder zu thun verschreibet --- 1 rthl.

(§ 4) Vor ein *decret contumaciae*, für uffschreibung eines *termins* mit be willigung der parten, für deß gerichts botten bericht, für *protestati on*, für gerichtlichen *arrest* undt anderen dergleichen arten dafür --- 2 rthlr.

(§ 5) Für *extracten* aber auß den *acten* sollen dem schreiber allein, für einen jeden vollgeschriebenen bogen pappiers gezahlet werden --- 16 gr.

§ 2 (§ 6). Aber von dem bußgelde, undt waß sonsten dem gerichte wie obberührt zufallen möchte, soll der richter ein und der unter richter daß ander theil, der *notarius* aber die helfte haben.

§ 3 (§ 7). Dem *procuratori* soll für eine geringschätzige sache zu bedienen. [152][586]

§ 4 (§ 8). Dem gerichtsbotten für die hin undt wieder reiße für eine jede weil weges sollen 3 gl. gegeben werden, für daß außruffen 1 grl., für die relation 1 grl., für 1 *decret* soll der obsieger ihme 2 grl geben.

---

[586] Der Satz ist in allen Abschriften unvollständig.

Tit. 27: Von execution der urtheill.

§ 1. In einer jeden sache, welche im ober- oder untergericht, wan davon nicht *appelliret*, oder die eingewante *appellation defect* worden, erörttert ist, soll der jenige, so die sache verlohren, deß richters *decret*, welche uff beydes part rede, gegenrede ergangen, gnügen thun, bey straffe 20 ungarische Fl, so dem gegentheil verfallen sein sollen, wo ferne es nicht so eine sache wehre, daß er vermöge der rechte, oder zufolge seiner verpflichtung, ehe er auß dem gericht gehet, erlegen müste. (§ 2) Uff dem fall soll er alßbaldt unverwandten fußes dem *decret* ein gnüegen thun.

§ 2. Aber in anderen sachen, woferne er innerhalb 6 wochen dem *decret* nicht gehorsahmet, soll die einweisung in seine gütter durch zween vom adell undt dem gerichts botten, welche allezeit in dem endturtheil dem part von dem gerichte sollen zugeordnet werden, so wohl deßhalben waß erkandt, alß der 20 Fl straffe, dem obsiegenden theil beschehen, undt ein ruhesamer besitz übergeben werden, deßen sich der obsieger [153] ehe und zuvor, so wohl deßwegen waß ihme zuerkandt alß der *poen* halben, befriediget sich zu begeben nicht schuldig [ist]. (§ 3) Würde aber jener die anweisung in die gütter nicht verstatten, so soll die *execution* des gesprochenen urtheilß an den wojwodden, *castellan*, oder starosten deß ohrtes verwiesen werden, welche, wan ihme der *execution decret* fürgezeiget, dem part durch erinnerungs brieffe zwo wochen zum *termin* ansetzen, undt soll in dem *termin* keine frist, ehehafft, *appellation* erbietung zum eyde, unwißenheit deß *proceßs* oder andere einrede undt *exceptiones* nicht zulaßen.

§ 3. Eß were den sache, daß der beklagte abwesendt urtheilet worden, so soll er für verfließung deß *termins*, so in der *execution* gesetzt, den kleger entweder durch sich selbest oder einen anderen seinenthalben zu erlegung deß *decrets*, undt zu beweisen seine ehehafft undt unwißenheit der *citation*, zu rechte heischen undt laden laßen, und wann daß beschehen, so soll inmittelst mit der *executio* stille gehalten werden. (§ 4) Oder er könnte darthun undt beweisen, daß nach gesprochenem urtheill, so *exequiret* werden soll, mit deß obsiegers handt und siegell, oder durch andere warhafftige urkunde, daß gegentheil befriediget were, verträge oder quitung uffweisen, oder daß er uff den *termin* waß erkandt erlegen wollte, so soll mit der *execution* angehalten werden.

§ 4. Würde aber daß gegentheil deßen allen ungeachtet gleichwohl die *execution* inß werck [154] setzen laßen, so stehet dem andern theill die *appellation* anß obergerichte frey. Würde (§ 5) er aber deßen keines thun undt außfündig machen, soll der wojwodde oder *castellan* ihme alßbaldt sich auß den gütteren zu begeben, undt dem obsieger dieselben zu überantworten gebieten, undt in verbleibung deßen ihn, ehe er von dannen scheidet, bandiren. Undt der also bandiret worden hat zwulff wochen, von zeit deß beschehenen bandirens zu rechnen, innerhalb welcher zeit er entweder sich mit seinem gegentheill vergleichen oder ihn befriedigen könne. Undt mag inmittelst wohl zu recht stehen, seine gütter veraußeren, undt vermachen, nicht zu jemandts vorfange undt[587] nachtheill, sondern daß er dem obsieger befriedigen möge, welcher an deß bandirten güttern allen andern *creditorn* fürgezogen wirdt.

§ 5. (§ 6) Wo fern er nun mit dem obsieger sich vergleichen oder ihn befriedigen wirdt, wan er den deßelbigen glaubwürdige *quitung* fürzuzeigen hat, soll ihm auß der königlichen *Cantzeley* die erlaßung des bannes gegeben undt er wiederumb in vorigen standt gesetzet werden.

§ 6. (§ 7) Würde er aber in einer anderen zeit sich des bannes obberührter maßen entfreyen, soll der wojwodde, oder hauptman, uff des obsiegers anhalten, baldt nach verfließung der 12 wochen, die gantze adelschafft undt alle die jenige, so in seiner wojwodschafft landtgütter besitzen, imgleichen alle andere einwohner uffmahnen undt mit denselben uffziehen, daß er [155] den überwundenen undt bandirten gefänglich annehme undt auß den gütteren setze, undt soll dieselben dem obsieger zu überantworten schuldig sein.

§ 7. (§ 8) Eß sollen auch alle undt jede, welche von dem wojwodden zu voleziehung der *execution* rechtmeßig beruffen, bey straffe 50 Fl gewärtig sein, sonsten wegen vorhaltener straffe *terminum peremptorium* für daß obergerichte haben. So ist auch der wojwodde oder hauptman die *execution* obberührter gestalt zu thun schuldig, bey straffe 100 Fl dem obergerichte undt fünffzig dem part verfallen, undt bey erstattunge aller schaden, so vom gerichte *moderiret* undt mit des parts eyde bewehret werden sollen, zu thun schuldig sein. Undt gleichwohl mag der bandirter nach verlauff der 12 wochen, eß geschehe die *execution* von dem wojewodden oder hauptman, oder nicht, entweder von dem kleger oder sonsten jemandt in dem wojwodischen gerichte, gefänglich übergeben werden. Undt wann daß beschehen soll er in dem ampt so lange im thurm sitzen, biß er sich mit seinem gegentheil verglichen, oder ihn genugsamb befriediget hat.

§ 8. (§ 9) Er kann aber gefänglich eingezogen werden, an welchem ohrt er nur betretten wirdt, jedoch nicht in eines vom adell gewahrsam, daselbst er ohne zulaß deß hauptherren weder von einer privat persohn, noch sonsten es ohne schaden undt nachtheill deßelben beschehen. Wann er [156] aber nicht darin gewilliget, undt er würde darwieder *protestiret*, mag er für daß schloßgerichte *citiret* werden, undt wan er jenigen unterschleiffes überwunden, mit derselben straffe beleget werden sollen.

§ 9. Undt zwar dieser *proceßs* soll wieder die so geseßen sein gehalten werden. (§10) Würde aber der die sache verlohren unbegüttert sein, wofern er

[587] In StA 2 und 3: „oder“ statt „undt“, in StA: „vorfange undt“ fehlt ganz.

nur einen bürgen gesetzet undt derselbe were besitzlich, soll die *execution* wieder denselben obberührter maßen beschehen.

§ 10. (§ 11) Wann aber beyde beklagter undt sein bürge nicht geseßen, so soll uffs höchste innerhalb zwo wochen entweder, was erkandt, legen und zahlen, oder wohl geseßene bürge setzen, daß dieselben waß erkandt innerhalb 6 wochen erlegen mögen. Würde dero dienge keines beschehen, soll er an daß wojwoden gericht anzusehen sich in den ban zu erkleren *citiret*, undt er erscheine uff angesetze zeit oder nicht, von dem ampt *proscribiret* werden.

§ 11. (§ 12) Eß soll mit den unbegütterten *proscriberten* ebenermaßen wie mit einem bgeütterten bandirten verfahren werden, daß er nemblich so lange in gefängnüß sitze biß er daß gegentheil befriedige. (§ 13) Eß soll auch der ihn fürschiebet, hauset oder hegett, wann er deßselben überwunden, in gleiche straffe verurtheilt werden.

§ 12. (§ 14) Würde aber der jenige, wieder welchen die *execution* fürzunehmen nicht vom adell sein, soll nach gewöhnlichen allen rechte, wann er eigenthümbliche gütter hat, welche so viel werth [157] sein, alß die schult oder waß erkandt, sich belauffet, mag die *execution* in seine gütter gerichtet werden, hat er aber keine gütter, soll er beseßene bürgen bestellen, welche innerhalb zwo wochen waß erkandt legen undt zahlen mögen.

Könnte er aber keine bürgen zu wege bringen, so soll er seinem gläubiger an die handt gegeben werden. Welcher zwar ihme an seinem leibe kein leidt zufüegen soll, aber biß so lange er die schuldt bezahlet, soll er ebenmeßig alß daß ander haußgesinde haußarbeit undt ander dienst thun, jedoch daß der *creditor* ihn mit nottürftigen esten undt trincken versorge. Würde er aber unbezahlter schuldt davon streichen, mag ihn der *creditor*, an welchen ort er ihn auch betreffet, seines gefallens gefänglich einziehen, eß were den sache, daß er fürgeben würde, daß er dem urtheil genügen gethan oder den gläubiger alberedt befriediget hette, undt solches in dem gerichte darin er betretten, solches alßbaldt zu beweisen sich erbieten würde.

Tit. 28: Von verjärung der erhobenen und nicht geendigten, oder verlaßenen rechtfertigunge.

§ 1. Wirdt jemandt eine rechtfertigung gerichtlich erheben, oder auch daß gegentheil ins gericht *citiren*, undt dieselbe innerhalb jahres undt sechs wochen nicht verfolgen, soll er der sachen verlustig sein, durch angedeutete verjährung. [158]

§ 2. Wofern er aber in der hauptsache ein *decret* erlangen undt zur *execution* deß endturtheilß schreiten würde, undt gleichwohl dieselbe innerhalb 3 jahren undt 18 wochen durch sein selbest undt nicht der obrigkeit hinläßigkeit undt verseumnüß, zu endtlicher *execution* nicht befordern würde, soll er daß *decret* undt die gantze sache durch obberührte zu recht verwehrte zeit verliehren, undt dieselbe wieder in den gangk kriegen, oder zu recht nicht anhängig machenn können, welches also zu verstehen, wan er auß demnselben grunde clage anstellen wollte, dan wan er auß anderen ursachen wegen derselben gütter, oder mit demselben wiedersacher zu rechte gehen wollte, kann ihm der vorigen sache verjährung nicht schaden.

§ 3. Würde er auch von jemandt *citiret* zu sein fürgeben undt solche *citation* zum beweiß der verjährung fürbringen, undt daß gegentheil, von welchem solche *citation* herkommen sein sollte, verlangen würde, daß er mit seinem wißen, undt auß seinem befehl ihme überantwortet, wan er mit seinem cörperlichen eyde daß er von der *citation* nicht gewust, erhalten will, soll er durch die verjährunge nicht abgewiesen werden.

Tit. 29: Von proceßs in peinlichen sachen.

§ 1. Eß soll einer vom adell, wann er etwa umb mißhandelung verklaget wirdt, ehe undt zuvor wie rechtens der that überwunden, nicht [159] gefangen, auch in gefängliche hafft geleget werden, außgenommen etliche hiebevorn erzehlte fälle – – –.[588]

Wann einer vom adell in einer stadt in frischer that gröbten gewaldt von der stadt obrigkeit betroffen undt gefangen wirdt, soll er auff dem rahthauß, daselbest er gefangen, angehalten werden. Eß soll aber gleichwohl die obrigkeit des ohrtes kein gerichte über ihn hegen, noch in einige straffe urtheilen, biß der burggraffe, wan er in großen städten gefangen, oder der negest belegener hauptman in kleinen städten, uff erforderunge deß raths dem gerichte beywohnen würde. Undt daferne der burggraffe, hauptman undt raht sich eines urtheils halber vereinigen können, soll der gefangener, wie eß ihme daß mit gemeiner bewilligung gefastes urtheill giebet, gestraffet werden.

§ 2. Könten sie sich aber darüber nicht vergleichen, soll sie gantze sache an die königliche Majestät verschoben werden, undt mittlerweile soll er in eine bequeme ehrlich bürgerliche *custodio* gehalten, biß der königliche Majestät erklerung erfolget, nach welcher ungehindert, daß eine raume zeit verfloßen, dan sich der gefangener mit keiner verjährung zu behelfen hat, gestraffet werden.

§ 3. Wann nun jemandt zu vorab eines todtschlages halber in verdacht were, oder verklaget worden, soll derselbige, welchem die verfolgung deß ubelthat

---

[588] Die Fälle fehlen in allen Abschriften.

von rechtswegen gebühret, den mordt innerhalb 12 wochen durch einen gerichtsbotten, undt zween vom adell bezeugen, undt [160] ihre *protestation*, so wegen deß begangenen todtschlages von ihnen beschehen, soll in der wojwodtschafft buch, darinne sich zugetragen, verzeichnet werden.

§ 4. Wann aber deß erschlagenen verwanten in weit abgelegenen örtern wehren, so sollen die 12 wochen von zeit der wißenschafft gerechnet werden.

§ 5. Wann also die ubelthat inß gerichtsbuch gebracht, und davon *protestiret* werden, soll der beklagter, je eher je beßer,[589] an daß obergerichte, wie eß der sachen notturfft erfordern möchte, *citiret*, undt sollen ihme 4 wochen zum *termin* angesetzet werden, und wan er uff angesetzte zeit nicht erscheinet, in die *contumacien* verurtheilt, undt ihm ein ander *terminus peremptorius* uff 4 wochen angesetzet werden, uf welche zeit der beklagter gleichermaßen, wie in anderen gerichten, also auch in peinlich sachen, entweder für sich selbest, oder einen *procuratorn* erscheinen mag. Wirdt er dan vertheilt, soll daß wieder ihn ergangenes urtheill *exequiret* werden.

§ 6. Jedoch wan er am leben zu straffen ist, soll der kleger mit seinem eydt bewahren, daß der beklagter der ubelthat schuldig sey. Derhalben so soll niemandt vom leben zum todte verurtheilt werden, eß sey den der ankleger oder angeber selbest zugegen, undt thun den beklagten mit seinem eyde überwinden, oder aber der beklagter möchte selber sich guttwillig zu solcher ubellthat bekennen.

§ 7. Eß soll keines vom adell leib, umb waß übelthat er auch beklaget werden möchte, gepeiniget werden. [161]

Tit. 30: Von erforschung begangener ubelthat.

§ 1. Uff daß gewiße nachrichtung der begangenen übelthat halber verhanden, undt zuvorab, wann ein todtschlag begangen, man wißen möge, ob es ohne gefahr, oder zu seiner beschirmung, oder guttwillig undt tückischer weise sich zugetragen, soll in allen begangenen mißhandelungen, da es nötigk, zuforderst aber im todtschlage fleißige erkündigung für allen diengen beschehen, welches zwar im negest folgenden landtgerichte, wan solche mißhandelungen angegeben undt davon *protestiret*, nachfolgender maßen gehalten werden soll.

§ 2. Eß soll der kläger uffs wenigste 2 wochen zuvorn dem beklagten zu volefürung solcher erkündigung *citiren* undt ihme dieselbe *insinuiren* laßen. Uff angesetzte zeit sollen beyde theile ihre kundtschafft uffnehmen laßen, jedoch

[589] Die unverständliche Stelle der Misina-Ausgabe wurde durch diese aus StA 2 und 3 ersetzt.

daß sie einen eydt schweren, daß sie die zeugen, so sie fürbringen werden, nicht dazu bedinget, noch sonsten mit gelde bestochen haben, undt sollen dan solche zeugen fürstellen, welche bewehret undt glaubwürdig sein, undt bey den fürgefallenen geschichten gewesen, oder wißenschafft von dieser sachen haben können, und sollen sich die parten weder in der *citation* noch in den artikuln uff eine andere verführte kundtschafft nicht beruffen.

§ 3. Undt damit daß gerichte desto vor- [162] sichtiger hiern verfahren möge, soll eß durch keine undt ersetzte persohnen, sondern selbest, so viel möglich, mit besonderem fleiß alle umbstände erforschendt abhören. Undt wan jemandt von einem dienge unbeständig, oder ihme selbest wiederwärtig, oder auch also außgelehret, oder einem parten beyfällig befunden würde, damit die sache desto beßer erkündiget werde, soll solches alles mit fleiß angezeichnet werden. Undt damit solches desto fänglicher beschehen könne, soll inmaßen in uffnahmunge anderer kundtschafft gebräuchlich auch hierin beyden parten frey stehen, gewiße *artikuln* zu verstehen, darauff die zeugen sollen insonderheit in acht genommen werden, welche alleß selbest gesehen. Undt denjenigen außage, so es von hörensagen haben, wann gleich derselben viell sein, wirdt vergebliche wejse uffgezeichnet. Eß were den sache, daß jemandt etwas sonderliches zu erkundigung der sachen reden würde, standt demnach einer jeden sachen gelegenheit undt zustandt uffs höchste mit 12 zeugen genughafftig kann dargethan werden. Damit daß gerichte vergeblicher mühe geübriget werde, soll kein theil zu solcher erkündigunge mehr fürstehen, und dieselben sollen ihre wißenschafft nicht in schrifften fürbringen, sondern daß gerichte oder gerichts ambt soll auß ihren munde ihre ansage verzeichnen laßen.

§ 4. Undt soll jedermänniglich, der da zu erkündigung einer begangenen that zeugniß zu geben *citiret* wirdt, *peremptorie* er- [163] scheinen, undt den eydt ablegen, oder wofern er nicht schweren wollte, vermittelß eydes bey seinem trewen undt guten gewißen die warheit außagen. Imgleichen soll eine herschafft seine unterthanen, wan er deßselben *citiret* wirdt, zum *scrutinio* einstellen, bey straffe 100 ungarische Fl, welche straffe wieder ihn alßbaldt daß gerichte *in contumaciam* erkennen soll. Wann er entweder selbest zeugnüß zu geben oder seine unterthanen fürzustellen sich verweigern würde, und die sache an den hauptman deß ortes umb *exequirung* anweisen würde, daß von seinen unterthanen einer abwesendt, so sollen die andern, so fürgestellet würden, bey ihrem eyde erhalten, daß derselbe in deß herren gewalt undt bottmeßigkeit nicht sey, auch vor *insinuirung* der *citation* nicht gewesen.

§ 5. Gleicher maßen undt bey ebenmeßiger straffe soll auch die bürger, sie seind in königlichen oder anderen geistlichen oder weltlichen persohnen, unterthanen, oder in einer stadt geseßen, wan sie von jemandt *citiret* würden, nach geleisten eyde zeugnüß zu geben schuldig sein.

§ 6. Wan aber jemandt auß einer andern wojwodtschafft oder gebiete zu solcher erkündigung *citiret* würde, und vielleicht so einen weiten weg nicht uff sich nehmen wolle, soll ihme frey stehen, in der negest belegenen wojwodtschafft, oder auch im schloßgerichte obgeschriebener maßen seine kundtschafft abzulegen. Jedoch sollen der anwesenden zeugen außagen [164] nicht anders gelten noch krafft haben, sie habens dan mit ihren augen gesehen, undt sein wie obberührt *citiret* worden.

§ 7. Eß sollen ab alle derogestalt uffgenommene erkündigung in einem verschloßenen *rotuls* verzeichnet undt einem jeden part sein besonder *rotull* zugestellet werden.

§ 8. Welcher maßen wieder den *principalen* beklagten undt mit helffern verfahren wirdt, also soll auch wieder den so fürschub undt unterschleiff zu solcher ubelthatt gegeben verfahren werden, undt wofern auß den uffgeommenen kundtschafften befunden wirdt, daß eine guttwillige unterschleiff beschehen, undt der mitgenoße undt helffer deßen überwunden wirdt, soll er mit derselben straffe alß der *principal* undt befehlgeber beleget werden.

§ 9. (§ 10) Eß mag aber niemandt umb eine peinliche sache, alß umb einen feindlichen begangenen todtschlag, oder umb eine andere mißethat, welche den gemeinen nutz belanget, sich vertragen und vergleichen. (§ 11) Derselben wan jemandt sich wegen einer mißhandelung halber vergleichen, oder daß gegentheil würde innerhalb jahres solches nicht verfolgen, oder er wolle auch den *citirten* undt verdambten mit recht nicht überwinnen, so soll hernacher einem jeden auch in weiterm gradt verwanten freundt innerhalb einen halben jahr solcher tück *maulig*[*maulsch*][590] oder guttwillig begangenen todtschlag zu verfolgen frey sein. (§ 12) Wan aber jemandt innerhalb der zeit auch in weiterm gradt verwanter freundt sich nicht finden würde, so mag ein wildtfrembder innerhalb [165] der nehest folgenden halben jahr, wann ers guttwillig thun will, solch übelthat verfolgen, jedoch daß er zuforderst offentlich bezeuge, daß er solches auß guter zuneigung gegen den verstorbenen thue.

§ 10. (§ 13) Wann aber die jenige, welchen die verfolgung der begangenen that zustehet, minderjährig wehren, undt von den vormünder einer solches ihrenthalben nicht thun wolle, soll er gleich damit der vormundtschafft entsetzet sein, undt bey denen, welche die ubelthat verfolgen würden, soll allein volekömlich die vormundtschafft bleiben.

[590] In Misina: „tücknwülsch“, in StA: „tückmeichelischen“ o.ä.

§ 11. (§ 14) Wann aber auch keiner von den vormünderen den beschuldigten zu rechte verfolgen wollte, sollen dem minderjährigen die zeit dazu verlengeret werden.

Tit. 31: Von verletzung der hohen Maiestät.

§ 1. Allermaßen die mißhandelung, dardurch die hohe Majestät verletzet, und der gemeine nutz betrübet wirdt, hochärgerlich also wirdt auch daß gerichte auff eine sonderliche wejse gehalten.

§ 2. Würde sich nun zutragen, daß die königliche Majestät jemandt, der adelichen standes ist, darumb wollte beschuldigen laßen, daß wieder ihre Majestät hoheit gehandelt, soll der königliche *instigator* mit wißenschafft des reichs marschalls sechs wochen zuvorn denselben uffn reichstag *citiren* undt die *relation*, daß die *citation* richtig ihme *insinuiret* worden, in die gerichts bücher der wojwodtschafft, dahin der beklagter gehörig, einschreiben, undt über daß in der zusammenkunft zu [166] Wenden, so für dem reichstage gehalten wirdt, damit es destömehr jedermänniglich kundt gethan werde, dieselbe durch den landtgerichts botten *publiciren* laßen. Undt der also *peremptorie citiret*, soll sich einzustellen schuldig sein, aber doch uffm reichstage mit mehrerm volcke, oder auch im gerichte erscheinen, als daß er nur 20 persohnen, darunter freunde undt alle diener mit gerechnet, bey sich haben, undt wirdt ihme keine einrede undt außflucht zugeben, allein warhafftige schwachheit deß leibes, undt soll der *instigator* seine klage innerhalb zween wochen vollenführen, auch der beklagter in gegenwarth der königliche Majestät der *senatorn* undt landtbotten sich zu verantworten schuldig sein, undt der angeber soll bey dem *instigator* stehen, daß er den beklagten der übelthat halber überzeuge. Dem beklagten, wan ers begehret, soll ein *procurator* ambtshalber zugeordtnet, und bedenkzeit zu seiner verantwortung, wann er bitten würde, wan die klage beschehen, undt alle urkünde, durch den *instigator* übergeben, uff 3 tage gegeben werden.

§ 3. Wann die klage undt deß angeklagten verantwortung gehöret, soll der könig den *senatorn*, undt dero vom adell landtbotten, welche zu dem gericht *deputiret* sein, zeit in seinem abwesen ein urtheil zu sprechen geben.

§ 4. Eß sollen aber zu solchem gerichte auß der landtstuben acht benant werden, welche einen eydt schweren, daß sie nach ihrem gewißen mit undt neben den *senatorn* ein rechtmäßiges billiges urtheil fellen wollen, undt ihre stimmen soll nichtes weniger alß der *senatorn* gezehlet, undt in acht genommen werden. [167]

§ 5. Undt wofern der beweiß undt die urkundt, so wieder den beklagten fürbracht, nicht gewiß, offenbahr richtig undt genughafftig wehren, undt der angeklagter gutten leumuts were, soll er, wie in anderen peinlichen sachen zu beschehen pfleget, allezeit von den ankläger entfreyet werden, wann gleich die vollenkommene urkundt undt beweiß mit dem eyde bestättiget werde.

§ 6. Daßselbige soll auch gehalten werden, wann die stimmen gleich sein, daß er alßdan auch ebenermaßen *absolviret* werde. Werden sich aber alle eines gewißen urtheils nicht vereinigen, oder wegen gleicheit der stimmen die *absolution* jemandt zuerkandt würde, so soll daß *decret*, deßen sie sich abwesendt königliche Majestät verglichen, in ihrer Majestät gegenwart durch den marschalck auß der schrifft verlesen werden.

§ 7. Wann sie sich allesambt nicht vereinigen können, so soll der beschluß beim großen theill sein.

§ 8. Dieß gerichte soll von dem *instigator* weder uffegehoben noch verlengert werden, derowegen so soll es uff den ersten reichstagk, darauff der angeklagter *citiret*, durch die jenige, welche wie obberührt zu dem gerichte gehören, vollendet werden. Sonsten soll der angeklagter zu ende deß reichstages guttwillig *absolviret* werden, wan ihme mit recht dieselbe könnte zuerkandt werden, eß were den sache, daß der beklagter selbest wegen warhafftiger leibes schwacheit solcher *dilation* gebrauchet hette, (§ 19) welche wie obenberührt ihme allein soll vergönnet werden, oder daß daß gerichte etwa nach angehörtem fürbringen undt antwort ferner erkündigung erkennen würde.

§ 9. (§ 10) Wann jemandt daß er der that nicht [168] schuldig ist befunden wirdt, soll er gleicher maßen, wie hiebevorn vom *principal* thäter ist gesetzet undt geordtnet *citiret*, undt gerichtet, undt wan er deßhalben überwunden gleichwie der ubelthäter selbest verurtheilt werden.

§ 10. (§ 11) Befünde es sich, daß der beklagter unschuldig undt fälschlich angegeben wurde, soll der angeber, so er einer vom adell ist, er erscheine oder nicht, 200 steglr.[591] Florin straffe geben, ehe er auß dem gerichte scheidet, undt so hoch der *citirter* seinen schaden undt unkosten eydtlich erhalten wirdt, ihme erlegen, undt dazu noch ein halb jahr über im tieffen thurm sitzen.

§ 11. (§ 12) Der aber nicht vom adell ist, soll am leben gestraffet werden. Gleichwol aber, wann der angeklagter nicht schlechter dienge *absolviret* würde, sondern sich mit seinem eyde *purgiren* undt entbrechen, soll der angeber mit keiner straffe beleget werden.

§ 12. (§ 13) Wann aber, so ein ubelthat begangen würde, welche nicht deß königs persohn, sondern den gemeinen nutz betrifft, soll der könig selbest, alß

---

[591] In StA „ungl.".

daß haupt mit sampt den *senatorn*, und 8 in der landtstuben erwehleten landtbotten richten, undt dahie die meisten stimme gehen schließen, und *executive* verfügen.[592]

§ 13. (§ 14) Wann in solcher sachen kein angeber verhanden undt der *instigator* hette gewiße undt unzweiffeliche urkünde, soll er mit vorwißen deß marschalcks, auch ohne angeber, solche anklage erheben undt verfolgen.

---

[592] „Und *executive* verfügen" nicht in M.

E. Quellen- und Literaturverzeichnis

I. Quellen

1. Ungedruckte Quellen

Hilchen, David *Abschriften seines Landrechtsentwurfs*	„Hilchen's Landrechts-Entwurf", in der Akademischen Bibliothek der Lettischen Universität, Riga (Misiņa-Bibliothek), Manuskriptensammlung Nr. 21 „Lieffländische Land Recht unter pohlnischer Beherrschung" in der Akademischen Bibliothek der Lettischen Universität, Riga (Misiņa-Bibliothek), Manuskriptensammlung Nr. 38 „David Hilchen's Landrechts=Entwurf.", in der Bibliothek der Universität Tartu, Manuskriptensammlung Nr. 255 "Landrecht von D. Hilchen und E. Mengden", in der Bibliothek der Universität Tartu, Manuskriptensammlung Nr. 469 „Dav: Hilchen. Liefflendische Land=Recht", Lettisches Staatsarchiv, Handschriftenabteilung, fonda Nr. 214, apraksta Nr. 6 „Hilchens lieffländische landt Rechte", Lettisches Staatsarchiv, Handschriftenabteilung, fonda Nr. 4038, apraksta Nr. 2 „Alt Liefflaendische Rechte", Lettisches Staatsarchiv, Handschriftenabteilung, fonda Nr. 4038, apraksta Nr. 2
Mengden, Engelbrecht von	"Landrecht von D. Hilchen und E. Mengden", in der Bibliothek der Universität Tartu, Manuskriptensammlung Nr. 469 „Livländisches Landrecht", Lettisches Staatsarchiv, Handschriftensammlung fonda 4038, apraksta 2
Verfasser unbekannt	„Consuetudines Livoniae inveteratae et practicabiles", Lettisches Staatsarchiv, Handschriftensammlung, fonda 4038, apraksta 2

Verfasser unbekannt — „Statuta des Hertzogthumbs Curland und Semigallien" von 1617, Lettisches Staatsarchiv, Handschriftensammlung fonda 4038, apraksta 2

Verfasser unbekannt — Auszüge aus dem Estnischen Ritter- und Landrecht von 1650. In der Bibliothek der Universität Tartu, Manuskriptensammlung Nr. 269

Verfasser unbekannt — „Das gantze Statuten Buch des Gross Fürsten=thumbs Littawen. Aus dem Polnischen ins Teütsche gebracht und geschrieben. Anno Domini MDCXXXII", in der Bibliothek der Universität Tartu, Manuskriptensammlung Nr. 134

Verfasser unbekannt — Piltensche Statuten, in *„Abschriften und Extracten von Privilegien, Reglementen und Institutionen der Polnischen und schwedischen Könige"*, Estn. Staatsarchiv, Handschriftensammlung, Fond Nr. 1000, Nimistru Nr. 1

2. Gedruckte Quellen

Arbusow, Leonid — Grundriß der Geschichte Liv-, Est- und Kurlands. Riga 1908

Bartels, Johann Heinrich — Jus Culmense ex ultime revisione, oder das vollständige culmische Recht. Danzig 1767

Behrends, Okko *(Herausgeber)* — Das Corpus Iuris Civilis. Herausgegeben u. a. von Okko Behrends und Rolf Knütel. Heidelberg 1999

Buddenbrock, Gustav Johann v. — De gemenen stichtischen Rechte ym sticht van Ryga geheten dat Ridder-Recht. Riga / Mitau 1802

Bunge, Friedrich Georg von — Beiträge zur Kunde der liv-, esth- und curländischen Rechtsquellen, Riga und Dorpat 1832

Liv-, Est- und Curländisches Urkundenbuch nebst Regesten. Abt. 1, erster (1093 – 1300) und zweiter (1301-1367) Band. Reval 1853

Altlivlands Rechtsbücher. Zum Theil nach bisher unbenutzten Texten. Leipzig 187

Dogiel, Maciej	Codex Diplomaticus Regni Poloniae et magni Ducatus Lituaniae. Tom. 5: In Quo Ut Universiae Livoniae, Ita Speciatim Curlandia et Semigalliae Ducatuum Continentur. Wilna 1759
Gruber, Johann Daniel	Origines Livoniae Sacrae et Civilis Sev Chronicon Livonicum Vetus: Continens Res Gestas Trivm Primorum Episcoporum Quibus Devictae a Saxonibus, et Ad Sacra Christianorum Traductae Livoniae Absolvitvr Historia (…). Frankfurt / Leizig 1740
Hilchen, David	Gegenwehr der Unschuld und Warheit. Wieder Jacob Godemans Luneburgensis, und etzlicher des Rathes zu Riga Rethleinfürer gesprengte calumnien, schme unnd schandlibellen. Krakau 1605
Koch, Johann Christoph *(Herausgeber)*	Hals- oder peinliche Gerichstordnung Kaiser Karls V. Herausgegeben von Johann Christoph Koch nach der Originalausgabe von 1533. Marburg 1824 (Nachdruck bei Goldbach, 1996)
Napiersky, J. G.	Bodeckers Chronik Livl. und Rigascher Ereignisse 1593-1638. Riga 1890
Oelrichs, Gerhard (Herausgeber)	Dat Rigische Recht und de gemenen stichtischen Rechte ym Sticht van Ryga geheten dat Ridder-Recht. Bremen 1773
Ostrowski, Theodor von	Civilrecht der polnischen Nation. Kalisch 1787 (übersetzt Berlin 1797)
Paucker, S. J. A.	„Sammlung der Rechtsquellen Liv-, Ehst- und Curlands. Dritte Abteilung: Die Quellen der Ritter-, Lehn- und Landrechte Ehst- und Livlands. Erste Lieferung." Herausgegeben von F. G. v. Bunge und Carl Otto von Madai. Dorpat 1845
Prilusius, Jakob	Statuta regni Poloniae, methodica dispositione, propter faciliorem omnium causarum ex jure antiquo et novo definitionem conscripta. Krakau 1548
Renner, Johannes	Livländische Historien 1556-1561. Nach der Urschrift herausgegeben von Peter Karstedt. Lübeck 1953

Repgow, Eike von Sachsenspiegel – Landrecht und Lehnrecht. Herausgegeben von Friedrich Ebel. Stuttgart 199

Rummel, Carl von Quellen des kurländischen Landrechts. Dorpat 1844 - 1851

Russow, Balthasar Chronica der Provinz Lyfflandt (...). Fotomechanischer Nachdruck der Ausgabe von 1584. Hannover 1967

Schirren, Carl Quellen zur Geschichte des Untergangs livländischer Selbständigkeit. Reval 1864

Schwartz, Johann Christoph „Versuch einer Geschichte der liefländischen Ritter- und Landrechte", in: Hupel, Neue Nordische Miscellaneen, Riga 1794, Band 5 und 6

Sigismund III., König von Polen Jus terrestre Nobilitatis Prussiae, 1. Auflage Thorn 1598 (hier eine spätere Auflage von 1655 oder 1660)

Szcerbic, Paul Promptuarium statutorum omnium et constitutionum regni Poloniae. Braunsberg 1604

Weber, Hellmuth von Die Peinliche Halsgerichtsordnung Kaiser Karls V. In: Die Carolina. Herausgegeben von Friedrich-Christian Schroeder, S. 162 - 184. Darmstadt 1986

Winkelmann, Eduard Bibliotheca Livoniae historica: Systematisches Verzeichnis der Quellen und Hülfsmittel zur Geschichte Estlands, Livlands und Kurlands. Berlin 1878

Zalaszowski, Mikolaj Jus regni Poloniae, Band II. Posen 1702

II. Literatur

Ābers, Benno Latvijas tiesibu vēsture, lekcijām *[Rechtsgeschichte Lettlands, Vorlesungsrundlage]*, Riga 1938/1939

Angermann, Norbert Deutschland-Livland-Russland. Ihre Beziehungen vom 15. bis zum 17. Jahrhundert. Lüneburg 1988

Studien zur Livlandpolitik Ivan Groznyis. Marburg 1972

Arbusow, Leonid Die Einführung der Reformation in Liv-, Est- und Kurland. Leipzig 1921

Grundriß der Geschichte Liv-, Est- und Kurlands. Riga 1908

Bardach, Juliusz Statuty Litweskie a prawo Rzymskie *[Litauische Statuten und Römisches Recht]*. Warschau 1999

Bartels, Johann Heinrich Jus Culmense ex ultime revisione, oder das vollständige culmische Recht. Danzig 1767 *(zitiert: Jus Culmense ex ultime revisione)*

Bergmann, Benjamin „Magazin für Russlands Geschichte, Länder- und Völkerkunde“. Mitau 1825/1826

Bienemann, Friedrich „Zur Geschichte Engelbrecht v. Mengdens und seines Landrechtsentwurfs“, in: Mittheilungen aus der livländischen Geschichte, 17. Band (1899) S. 57 - 71

Aus baltischer Vorzeit. Sechs Vorträge über die Geschichte der Ostseeprovinzen. Leipzig 1870

Blaese, Hermann Bedeutung und Geltung des römischen Privatrechts in den baltischen Gebieten. Leipzig 1936 *(zitiert: Bedeutung und Geltung des römischen Privatrechts)*

Buchholtz, Arend Die Geschichte der Buchdruckerkunst in Riga. Riga 1888

Bunge, Friedrich Georg von Archiv für die Geschichte Liv,- Est- und Kurlands. Dorpat 1847

Beiträge zur Kunde der liv-, esth- und curländischen Rechtsquellen. Riga und Dorpat 1832 *(zitiert: Beiträge zur Kunde der Rechtsquellen)*

Das Römische Recht in den Deutschen Ostseeprovinzen Russlands. Einladungsschrift Dorpat 1833

Einleitung in die Liv, Est- und Kurländische Rechtsgeschichte. Reval 1849 *(zitiert: Rechtsgeschichte)*

Bunge, Friedrich Georg von *(Fortsetzung)*	Geschichte des Gerichtswesens und Gerichtsverfahrens in Liv-, Est- und Curland. Reval 1874 *(zitiert: Geschichte des Gerichtswesens)*
	Forschungen auf dem Gebiet der liv- est- und curl. Rechtsgeschichte, 1.: Geschichtliche Entwicklung der Standesverhältnisse in Liv-, Est- und Curland bis 1561. Dorpat 1838 *(zitiert: Geschichtliche Entwicklung der Standesverhältnisse)*
	Über den Sachsenspiegel als Quelle des mittleren und umgearbeiteten livländischen Ritterrechts sowie des öselschen Lehnrechts. Riga 1827 *(zitiert: Über den Sachsenspiegel als Quelle der Ritterrechte)*
Conring, Hermann	Der Ursprung des deutschen Rechts. In: Bibliothek des deutschen Staatsdenkens, Band 3. Herausgegeben von Michael Stolleis. Frankfurt am Main 1994
Danilowicz, Ignacy	Historischer Blick auf die Litthauische Gesetzbegung. Dorpater Jahrbücher für Literatur, Statistik und Kunst, 2. Band, Heft 4 – 6, Dorpat 1834
Dorošenko, Vasilij V.	„Русские связи таллинского купца в 30-х годах в XVI. в. (…)“ *[Die russischen Beziehungen zur Talliner Kaufmannschaft in den dreißiger Jahren des XIV. Jahrhunderts, in: Die ökonomischen Verbindungen des Baltikums mit Russland.]* Riga 1968
Dunsdorfs, Edgards	„Die Roßdienstliste von 1599“, in: Baltische Hefte 9 (1963), S. 173 - 192
Dunsdorfs, Edgards (mit A. Spekke)	Latvijas vēsture *[Lettische Geschichte]*, 1500 - 1600, Stockholm 1964
Einhorn, Paul	„Historica lettica das ist Beschreibung der lettischen Nation.“, Handschrift 1649. Erschienen 1848 in „Scriptores rerum Livonicarum“ und in dem Sammelband "Ueber die religiösen Vorstellungen der alten Völker (…)“, Riga 1857
Eisenhardt, Ulrich	Deutsche Rechtsgeschichte. München 2004

Estreicher, Karol Bibliografia Polska. Krakau 1901

Etzold, Gottfried Polens Herrschaft über Livland 1561 - 1621: Ein Problem deutsch-baltischer Geschichtsschreibung. In: Zeszyty naukowe Uniwersitetu Jagiellońskiego *[Wissenschaftliche Schriftenreihe der Jagiellonenuniversität]*, Nr. 92, Krakau 1990, S. 7 – 21

In derselben Reihe: Geschichtsschreibung der polnisch-schwedischen Zeit. Zeszyty Naukowe UJ, Nr. 92, Krakau 1990, S. 43 – 62

Flöttmann, Andreas „Der Revaler Russlandhandel von 1509 bis 1558“, in „Deutschland – Livland – Russland. Ihre Beziehungen vom 15. bis zum 17. Jahrhundert“, S. 111 ff. Herausgegeben von Norbert Angermann, Lüneburg 1988

Gadebusch, Johann Friedrich Livländische Jahrbücher, Teil 2. Riga 1780

Livländische Bibliothek nach alphabetischer Ordnung, 3 Bände. Riga 1777

Garleff, Michael Die baltischen Länder: Estland, Lettland, Litauen vom Mittelalter bis zur Gegenwart. Regensburg 2001

Gruber, Johann Daniel Origines Livoniae Sacrae et Civilis Sev Chronicon Livonicum Vetus (…). Frankfurt/Leipzig 1740

Günther, Oskar Hans Hasentödter, ein preußischer Poet des 16. Jahrhunderts. Zeitschrift für westpreußische Geschichte, Heft 55 (1913)

Hehn, Jürgen von „Deutschbaltische Geschichtsschreibung in Lettland 1918-1939/45“, in: Geschichte der deutschbaltischen Geschichtsschreibung, herausgegeben non Georg von Rauch, Köln u. Wien 1986, S. 371 - 398

Helmersen, Gottfried „Auf welchen Principien beruht die heutige Intestaterbfolge aus dem Grunde der Blutsfreundschaft und aus den ehelichen Verhältnissen nach dem livländischen Adelsrechte?“, in: Abhandlungen aus dem Adelsrechte, III 2. Abschnitt, S. 1-23; sowie die erste Beilage, S. 219 - 224. Riga 1836 *(zitiert: Principien der Intestaterbfolge)*

Herbst, Stanisław	Artikel zu David Hilchen, in: Polski Słownik biograficzny. Krakau 1946-1948
	Wojna Inflancka 1600 - 1601. Warschau 1938
Heyde, Jürgen	Die Adelspolitik Polen-Litauens und Schwedens in der Provinz Livland 1561 - 1650. In: Zeitschrift für Ostmitteleuropa-Forschung 47 (1998), Heft 4
Hiärn, Thomas	Ehst-, Lyf- und lettländischen Geschichte, In: Monumentae Livoniae Antiquae. Riga, Zeitschriftenreihe, hier der Band von 1835 (herausgegeben von K. E. Napiersky)
Hollander, Bernhard	Geschichte der Domschule, des späteren Stadtgymnasiums zu Riga. Riga 1934 (Nachdruck Hannover 1980)
Januszowski, Jan	Statuta, Prawa y constitucie koronae *[Statuten, Rechte und Konstituten der Krone]*. Krakau 1600
Keussler, Johannes	Beiträge zur Verfassungs- und Finanzgeschichte der Stadt Riga. Riga 1873
Klot, Burchard von	Jost Clodt und das Privilegium Sigismundi Augusti. Hannover 1977
Kuntze, Edward	Polska a Inflanty *[Polen und Livland]*. Gdingen 1939
Kupffer, Christina	Geschichte als Gedächtnis. Köln 2004
Kutrzeba, Stanisław	Historija źródeł dawnego prawa polskiego *[Geschichte der Quellen des alten polnischen Rechts]*, Tom I, II. Warschau 1925/1926
Leesment, Leo	Abweichungen des Livländischen Rechtsspiegels vom Sachsenspiegel. Dorpat 1928
Leliwa, Stanisław	Artikel zu David Hilchen, in: Biblioteka Warszawska, Ogólnego zbioru Tom 157. Tom pierwszy. Herausgegen von Gebethner und Wolff. Warschau 1880
Lengnich, Gottfried	Geschichte der preußischen Lande königlich-polnischen Anteils, Band III (seit dem Ableben Sigismundi Augusti bis auf den Tod Königs Stephani 1586). Danzig 1724 *(zitiert: Geschichte der preußischen Lande)*

Lenz, Wilhelm Riga zwischen dem Römischen Reich und Polen-Litauen in den Jahren 1558 - 1582. In: Wissenschaftliche Beiträge zur Geschichte der Landeskunde Ostmitteleuropas. Marburg 1968

Menius, Friedrich Historischer Prodromus des Lieffländischen Rechtens und Regiments Von Anfange der Provinz Erfindunge biß auff Ihr Königl. Majest. von Schweden Gustavi Magni Todt. Dorpat 1633

Mikalauskas, Antanas Das Strafrecht der drei litauischen Statuten von 1529, 1566 und 1588. Bern / Kaunas 1938

Müller, Ulrich Johann Lohmüller und seine livländische Chronik „Warhaftig Histori". Lüneburg 2001

Napiersky, Karl Eduard Artikel zu David Hilchen in: Allgemeines Schriftsteller- und Gelehrtenlexikon der Provinzen Liv-, Est- und Kurland. Neudruck Mitau 1829

Ostrowski, Theodor von Civilrecht der polnischen Nation. Kalisch 1787 (übersetzt Berlin 1797)

Potocki, Ignacy Przerębski, Mikołaj Polski Słownik Biograficzny *[Polnisches biographisches Wörterbuch]*, Breslau/Warschau/Krakau 1984/1985

Prilusius, Jakob Statuta regni Poloniae, methodica dispositione, propter faciliorem omnium causarum ex jure antiquo et novo definitionem conscripta. Krakau 1548

Ramm-Helmsing, Herta von David Hilchen 1561-1610. Posen 1937 *(zitiert: Hilchen-Biographie)*

Das Livlandproblem in der politischen Korrespondenz Polens im 16. und 17. Jahrhundert. In: Sitzungsberichte der Gesellschaft für Geschichte und Altertumskunde zu Riga. Vorträge zur Hundertjahrfeier am 6. - 9. 12. 1934, dort S. 101 - 128 *(zitiert: Das Livlandproblem)*

Rauch, Georg von Geschichte der deutschbaltischen Geschichtsschreibung. Köln 1986

Rummel, Carl von Quellen des kurländischen Landrechts. Dorpat 1844 - 1851

Toepke, Gustav Die Matrikel der Universität Heidelberg von 1386 - 1662. Zweiter Teil Heidelberg 1886

Schirren, Carl Archiv für die Geschichte Liv-, Est- und Curlands, Band I. Reval 1864

Schmidt, Oswald Beitrag zur Quellenkunde des Hilchenschen Landrechtsentwurfes. In: „Dorpater Zeitschrift für Rechtswissenschaften" (herausgegeben von der rechtswissenschaftlichen Fakultät der Universität Dorpat), Band V. Dorpat 1874, Seite 62 - 84. *(zitiert: Beitrag zur Quellenkunde)*

Rechtsgeschichte Liv-, Est- und Curlands. Nachdruck (Hann. 1986) von Band 3 der „Dorpater Juristischen Studien". Dorpat 1894 *(zitiert: Rechtsgeschichte)*

Zur Geschichte des livländischen Civilprocesses. In: Dorpater Zeitschrift für Rechtswissenschaften, Band I, S. 1 – 34, Dorpat 1865

Schwartz, Johann Christoph „Versuch einer Geschichte der liefländischen Ritter- und Landrechte", in: Hupel, Neue Nordische Miscellaneen, Band 5 und 6. Riga 1794

Seraphim, Ernst Geschichte von Livland. Erster Band: Das livländische Mittelalter und die Reformation (bis 1588). Gotha 1906

Spekke, Antons Latvijas vēsture *[Geschichte Lettlands]*. Stockholm 1948

Alt-Riga im Lichte eines humanistischen Lobgedichtes von 1598 (Basilius Plinius, Encomium Rigae). Riga 1927

Stadtverwaltung Riga *(Herausgeber)* Bericht über den Haushalt und die Verwaltung der Stadt Riga für 1885. Riga 1887

Staemmler, Klaus-Dietrich Preußen und Livland in ihrem Verhältnis zur Krone Polen 1561 bis 1586. Marburg 1953

Švābe, Arveds Latvijas konversacijas vārdnica *[Lettisches Konversationslexikon]*. Riga 1950

Šväbe, Arveds *(Fortsetzung)* — Latvijas kultūra *[Die lettische Kultur]*. Herausgegeben von A. Švābe. Esslingen 1948

Sigismunda Augusta Livonijas polītka. *[Die Livlandpolitik Sigismund Augusts.]* In: Geschichte Lettlands, S. 483 ff. Riga 1937

Tarvel, Enn — Stosunek Prawnopanstwowy Inflant do Rzeczypospolitej oraz ich ustroj arministracyiny w latach 1561 - 1621 *[Die staatsrechtliche Stellung Livlands zur Rzeczpospolita sowie seine Verwaltungsordnung in den Jahren 1561 - 1621]*, in: Zapiski Historyczne 34 (1969), S. 49 – 77

Tyszkowksi, Kazimierz — Polska polityka kościelna w Inflantach *[Das kirchenpolitische Polen in Livland]*. Gdingen 1939

Von zur Mühlen, Heinz — Deutsche Geschichte im Osten Europas, Band Baltische Länder. Herausgegeben von Gert von Pistohlkors. Berlin 1994

Wawel-Louis, J. T. Początkowe sądownictwo austriackie w Galicji 1772 - 1784 *[Das frühe österreichische Gerichtswesen in Galizien]*. Lemberg 1897

Weber, Hellmuth von — Die Peinliche Halsgerichtsordnung Kaiser Karls V. In: Die Carolina. Herausgegeben von Friedrich-Christian Schroeder. Darmstadt 1986

Wesel, Uwe — Geschichte des Rechts. München 2001

Winkelmann, Eduard — Bibliotheca Livoniae historica. Systematisches Verzeichnis der Quellen und Hülfsmittel zur Geschichte Estlands, Livlands und Kurlands. Berlin 1878

Wittram, Reinhard — Baltische Geschichte. Die Ostseelande Livland, Estland, Kurland 1180 - 1918. München 1954

Wörster, Peter — Livländisch-polnische Forschungen zur frühen Neuzeit: zu einem Forschungs- und Publikationsvorhaben von Herta von Ramm-Helmsing, in: Stosunki Polsko-niemieckie w XVI-XVII wieku *[Polnisch-deutsche Beziehungen im 16.-17. Jahrhundert]*. Kielce 2002
(zitiert: Livländisch-polnische Forschungen)

Zalaszowski, Mikolaj Jus regni Poloniae ex statutis et constitutionibus ejusdem regni collectum, Band II. Posen 1741 - 1742

Zedler, Johann Heinrich Grosses vollstaendiges Universallexikon aller Wissenschaften und Kuenste, welche bishero durch menschlichen Verstand und Witz erfunden wurden. Halle 1732 - 1754

Zutis, J. J. История латвийской ССР (...) *[Die Geschichte der lettischen SSR.. Erster Teil: Von der Frühzeit bis in das Jahr 1860]*. Riga 1952

F. Glossar

I. Sachregister

II. Personenregister

III. Ortsregister

RECHTSHISTORISCHE REIHE

Band	1	Studien zu den germanischen Volksrechten. Gedächtnisschrift für Wilhelm Ebel. Vorträge gehalten auf dem Fest-Symposion anläßlich des 70. Geburtstages von Wilhelm Ebel am 16. Juni 1978 in Göttingen. Götz Landwehr (Hrsg.) 1982.
Band	2	Hans Poeschel: Die Statuten der Banken, Sparkassen und Kreditgenossenschaften in Hamburg und Altona von 1710 bis 1889. 1978.
Band	3	Thomas Kolbeck: Juristenschwemmen, Untersuchungen über den juristischen Arbeitsmarkt im 19. und 20. Jahrhundert. 1978.
Band	4	Norbert Hempel: Richterleitbilder in der Weimarer Republik. 1978.
Band	5	Rolf Stratmann: Die Scheinbußen im mittelalterlichen Recht. 1978.
Band	6	Martin C. Lockert: Die niedersächsischen Stadtrechte zwischen Aller und Weser. Vorkommen und Verflechtungen. Eine Bestandsaufnahme. 1979.
Band	7	Joachim Rückert/Wolfgang Friedrich: Betriebliche Arbeiterausschüsse in Deutschland, Großbritannien und Frankreich im späten 19. und frühen 20. Jahrhundert. Eine vergleichende Studie zur Entwicklung des kollektiven Arbeitsrechts. 1979.
Band	8	Peter Bender: Die Rezeption des römischen Rechts im Urteil der deutschen Rechtswissenschaft. 1979.
Band	9	Friedrich Karl Alsdorf: Untersuchungen zur Rechtsgestalt und Teilung deutscher Ganerbenburgen. 1980.
Band	10	Dietmar Willoweit/Winfried Schich (Hrsg.): Studien zur Geschichte des sächsisch-magdeburgischen Rechts in Deutschland und Polen (Sammelband). 1980.
Band	11	Brigitte Hempel: Der Entwurf einer Polizeiordnung für das Herzogtum Sachsen-Lauenburg aus dem Jahre 1591. 1980.
Band	12	Klaus-Detlev Godau-Schüttke: Rechtsverwalter des Reiches. Staatssekretär Dr. Curt Joël. 1981.
Band	13	Rainer Polley: Anton Friedrich Justus Thibaut (AD 1772-1840) in seinen Selbstzeugnissen und Briefen. Teil 1: Abhandlung. Teil 2: Briefwechsel. Teil 3: Register zum Briefwechsel. 1982.
Band	14	Michael Wettengel: Der Streit um die Vogtei Kelkheim 1275-1276. Ein kanonischer Prozeß.1981.
Band	15	Otto Wilhelm Krause: Naturrechtler des sechzehnten Jahrhunderts. Ihre Bedeutung für die Entwicklung eines natürlichen Privatrechts. 1982.
Band	16	Helga Spindler: Von der Genossenschaft zur Betriebsgemeinschaft. Kritische Darstellung der Sozialrechtslehre Otto von Gierkes. 1982.
Band	17	Holger Otte: Gustav Radbruchs Kieler Jahre 1919 - 1926. 1982.
Band	18	Rüdiger Teuner: Die fuldische Ritterschaft 1510 - 1656. 1982.
Band	19	Gerhard Dilcher/Rudolf Hoke/Gian Savino Pene Vidari/Hans Winterberg (Hrsg.): Grundrechte im 19. Jahrhundert. 1982.
Band	20	Karl-Hans Schloßstein: Die westfälischen Fabrikengerichtsdeputationen - Vorbilder, Werdegang und Scheitern. 1982.
Band	21	Birger Schulz: Der Republikanische Richterbund (1921-1933). 1982.
Band	22	Engelbert Krause: Die gegenseitigen Unterhaltsansprüche zwischen Eltern und Kindern in der deutschen Privatrechtsgeschichte. 1982.

Band 23 Meent W. Francksen: Staatsrat und Gesetzgebung im Großherzogtum Berg (1806-1813). 1982.

Band 24 Gerd von Sonnleithner: Bearbeitung des Handelsrechts durch Ignaz von Sonnleithner in seinem "Leitfaden über das österreichische Handels- und Wechselrecht". 1982.

Band 25 Rudolf Palme: Rechts-, Wirtschafts- und Sozialgeschichte der inneralpinen Salzwerke bis zu deren Monopolisierung. 1983.

Band 26 Helen Bosshard: Pestalozzis Staats- und Rechtsverständnis und seine Stellung in der Aufklärung. 1983.

Band 27 Jens Jessen: Die Selbstzeugnisse der deutschen Juristen. Erinnerungen, Tagebücher und Briefe. Eine Bibliographie. 1983.

Band 28 Günter Martin Jensen: Das Domanium Waldeck. Die rechtliche Zuordnung eines Fürstenvermögens. 1984.

Band 29 Johann Heinrich Kumpf: Petitionsrecht und öffentliche Meinung im Entstehungsprozeß der Paulskirchenverfassung 1848/49. 1983.

Band 30 Sabine Frey: Rechtsschutz der Juden gegen Ausweisungen im 16. Jahrhundert. 1983.

Band 31 Dietrich Joswig: Die germanische Grundstücksübertragung. 1984.

Band 32 Andreas Baryli: Konzessionssystem contra Gewerbefreiheit. Zur Diskussion der österreichischen Gewerberechtsreform 1835 bis 1860. 1984.

Band 33 Gerhard Oberkofler: Studien zur Geschichte der österreichischen Rechtswissenschaft. 1984.

Band 34 Rudolf Lauda: Kaufmännische Gewohnheit und Burgrecht bei Notker dem Deutschen. Zum Verhältnis von literarischer Tradition und zeitgenössischer Realität in der frühmittelalterlichen Rhetorik. 1984.

Band 35 Jens Jensen: Die Ehescheidung des Bischofs Hans von Lübeck von Prinzessin Julia Felicitas von Württemberg-Weiltingen AD 1648-1653. Ein Beitrag zum protestantischen Ehescheidungsrecht im Zeitalter des beginnenden Absolutismus. 1984.

Band 36 Horst Schröder: Friedrich Karl von Savigny. Geschichte und Rechtsdenken beim Übergang vom Feudalismus zum Kapitalismus in Deutschland. 1984.

Band 37 Andreas Hatzung: Dogmengeschichtliche Grundlagen und Entstehung des zivilrechtlichen Notstands. 1984.

Band 38 Matthias Klasen: Das Billwerder Landrecht. Landrecht und Landgericht in den Hamburger Elbmarschen. 1985.

Band 39 Rainer Jamin: Aufbau, Tätigkeit und Verfahren der Auseinandersetzungsbehörden bei der Durchführung der preußischen Agrarreformen. 1985.

Band 40 Henry Winter: Teilschuld, Gesamtschuld und unechte Gesamtschuld. Zur Konzeption der §§ 420 ff. BGB - Ein Beitrag zur Entstehungsgeschichte des BGB. 1985.

Band 41 Hermann Eichler: Verfassungsbewegung in Amerika und Europa. 1985.

Band 42 Dagmar Bandemer: Heinrich Albert Zachariae. Rechtsdenken zwischen Restauration und Reformation. 1985.

Band 43 Eva-Christine Frentz: Das Hamburgische Admiralitätsgericht (1623-1811). Prozeß und Rechtsprechung. 1985.

Band 44 Karl Lillig: Rechtsetzung im Herzogtum Pfalz-Zweibrücken während des 18. Jahrhunderts. Ein Beitrag zur Geschichte der territorialen Rechtsbildung. 1985.

Band 45 Walter Weber: Die Entwicklung der Sparkassen zu selbständigen Anstalten des öffentlichen Rechts. Ein Beitrag zur Entwicklung des Anstaltsbegriffs im 19. Jahrhundert. 1985.

Band 46 Bärbel Baum: Der Stabreim im Recht. Vorkommen und Bedeutung des Stabreims in Antike und Mittelalter. 1986.

Band 47 Hans Popp: Die nationalsozialistische Sicht einiger Institute des Zivilprozeß- und Gerichtsverfassungsrechts. 1986.

Band 48 John Karl-Heinz Montag: Die Lehrdarstellung des Handelsrechts von Georg Friedrich von Martens bis Meno Pöhls. Die Wissenschaft des Handelsrechts im ersten Drittel des 19. Jahrhunderts. 1986.

Band 49 Volker D. Anhäusser: Das internationale Obligationenrecht in der höchstrichterlichen Rechtsprechung des 19. Jahrhunderts. 1986.

Band 50 Udo Beer: Die Juden, das Recht und die Republik. Verbandswesen und Rechtsschutz 1919-1933. 1986.

Band 51 Herbert Grziwotz: Der moderne Verfassungsbegriff und die "Römische Verfassung" in der deutschen Forschung des 19. und 20. Jahrhunderts. 1986.

Band 52 Ralf Conradi: Karl Friedrich Eichhorn als Staatsrechtslehrer. Seine Göttinger Vorlesung über "Das Staatsrecht der deutschen Bundesstaaten" nach einer Kollegmitschrift aus dem Wintersemester 1821/22. 1987.

Band 53 Dieter Dannreuther: Der Zivilprozeß als Gegenstand der Rechtspolitik im Deutschen Reich 1871 - 1945. Ein Beitrag zur Geschichte des Zivilprozeßrechts in Deutschland. 1987.

Band 54 Stephan Felix Pauly: Organisation, Geschichte und Praxis der Gesetzesauslegung des (Königlich) Preußischen Oberverwaltungsgerichtes 1875 - 1933. 1987.

Band 55 Rüdiger Schulz: Die Entstehung des Seerechts des Allgemeinen Deutschen Handelsgesetzbuches unter besonderer Berücksichtigung der Bestimmungen über die Reederei, den Schiffer und die Schiffsmannschaft. 1987.

Band 56 Reinhold Reis: Deutsches Privatrecht in den Weistümern der Zenten Schriesheim und Kirchheim. 1987.

Band 57 Jürgen Christoph: Die politischen Reichsamnestien 1918 - 1933. 1987.

Band 58 Gerhard Oberkofler/Eduard Rabofsky: Hans Kelsen im Kriegseinsatz der k.u.k.-Wehrmacht. Eine kritische Würdigung seiner militärtheoretischen Angebote. 1988.

Band 59 Arne Wulff: Staatssekretär Prof. Dr. Dr. h.c. Franz Schlegelberger. 1876-1970. 1991.

Band 60 Gerhard Köbler (Hrsg.): Wege europäischer Rechtsgeschichte. Karl Kroeschell zum 60. Geburtstag. 1987.

Band 61 Rüdiger Hütte: Der Gemeinschaftsgedanke in den Erbrechtsreformen des Dritten Reichs. 1988.

Band 62 Markus Göldner: Politische Symbole der europäischen Integration. Fahne, Hymne, Hauptstadt, Paß, Briefmarke, Auszeichnungen. 1988.

Band 63 Wolfgang Króner: Freiheitsstrafe und Strafvollzug in den Herzogtümern Schleswig, Holstein und Lauenburg von 1700 bis 1864. 1988.

Band 64 Werner Gaile: Die Norder Theelacht. 1988.

Band 65 Karl v. Kempis: Andreas Gaill (1526 - 1587). Zum Leben und Werk eines Juristen der frühen Neuzeit. 1988.

Band 66 Wolf-Rüdiger Osburg: Die Verwaltung Hamburgs in der Franzosenzeit. 1811-1814. 1988.

Band 67 Christian Schudnagies: Hans Frank. Aufstieg und Fall des NS-Juristen und Generalgouverneurs. 1988.

Band 68 Otmar Jung: Senatspräsident Freymuth. Richter, Sozialdemokrat und Pazifist in der Weimarer Republik. Eine politische Biographie. 1989.

Band 69 Joachim Lohner: Das landeshauptmannschaftliche Gericht in Oberösterreich zu Beginn der Neuzeit. Eine Darstellung des oberösterreichischen Prozeßrechts am obersten Territorialgericht des Landes anhand der oberösterreichischen Landtafel.1989.

Band 70 Bernd Klemann: Rudolf von Jhering und die Historische Rechtsschule. 1989.

Band 71 Adalbert Langer: Männer um die österreichische Zivilprozeßordnung 1895. Zusammenspiel / Soziales Ziel. 1990.

Band 72 Robert-Dieter Klee: Die Landessuperintendentur Lauenburg. Ursprung und Entwicklung sowie Ende der Sonderstellung des Kirchenkreises Herzogtum Lauenburg durch die nordelbische Kirchenvereinigung. 1989.

Band 73 Heinrich Herrmann: Die Gehöferschaften im Bezirk Trier. 1989.

Band 74 Wilhelm Brauneder, Franz Baltzarek (Hrsg.): Modell einer neuen Wirtschaftsordnung. Wirtschaftsverwaltung in Österreich 1914 - 1918. 1991.

Band 75 Thomas Dreyer: Die "Assecuranz- und Haverey-Ordnung" der Freien und Hansestadt Hamburg von 1731. 1990.

Band 76 Bernhard Sendler: Die Rechtssprache in den süddeutschen Stadtrechtsreformationen. 1990.

Band 77 Brigitte Lehmann: Ehevereinbarungen im 19. und 20. Jahrhundert. 1990.

Band 78 Michael Sunnus: Der NS-Rechtswahrerbund (1928-1945). Zur Geschichte der nationalsozialistischen Juristenorganisation. 1990.

Band 79 Stefan Schulz: Die historische Entwicklung des Rechts an Bienen. (§§ 961 - 964 BGB). 1990.

Band 80 Gerhard Lingelbach, Heiner Lück (Hrsg.): Deutsches Recht zwischen Sachsenspiegel und Aufklärung. Rolf Lieberwirth zum 70. Geburtstag dargebracht von Schülern, Freunden und Kollegen, herausgegeben von Gerhard Lingelbach und Heiner Lück. 1991.

Band 81 Manfred Krohn: Die deutsche Justiz im Urteil der Nationalsozialisten 1920 - 1933. 1991.

Band 82 Angelika Kühn: Privilegierung nationaler Minderheiten im Wahlrecht der Bundesrepublik Deutschland und Schleswig-Holsteins. 1991.

Band 83 Georg Brun: Leben und Werk des Rechtshistorikers Heinrich Mitteis unter besonderer Berücksichtigung seines Verhältnisses zum Nationalsozialismus. 1991.

Band 84 Wolfgang Simon: Claudius Freiherr von Schwerin. Rechtshistoriker während dreier Epochen deutscher Geschichte. 1991.

Band 85 Friedrich-Carl Wachs: Das Verordnungswerk des Reichsdemobilmachungsamtes. Stabilisierender Faktor zu Beginn der Weimarer Republik. 1991.

Band 86 Jens-Uwe Petersen: Die Vorgeschichte und die Entstehung des Mieterschutzgesetzes von 1923 nebst der Anordnung für das Verfahren vor dem Mieteinigungsamt und der Beschwerdestelle. 1991.

Band 87 Ulrike Halbach: Familienrecht in der Rechtssprache. Die historische Entwicklung zentraler Ausdrücke des geltenden Familienrechts. 1991.

Band 88 Joern Christian Nissen: Die Beratungen des Seeversicherungsausschusses der Akademie für Deutsches Recht zu einem neuen Seeversicherungsgesetz (1934-1939). Ein Beitrag zur Entwicklung der allgemeinen Lehren des Seeversicherungsrechts unter besonderer Berücksichtigung des Handelsgesetzbuchs und der Allgemeinen Deutschen Seeversicherungs-Bedingungen 1919. 1991.

Band 89 Diethard Bühler: Die Entstehung der allgemeinen Vertragsschluß-Vorschriften im Allgemeinen Deutschen Handelsgesetzbuch (ADHGB) von 1861. Ein Beitrag zur Kodifikationsgeschichte des Privatrechts im 19. Jahrhundert. 1991.

Band 90 Gerhard Oberkofler: Die Vertreter des Römischen Rechts mit deutscher Unterrichtssprache an der Karls-Universität in Prag. Vom Vormärz bis 1945. 1991.

Band 91 Ulrich Andermann: Ritterliche Gewalt und bürgerliche Selbstbehauptung. Untersuchungen zur Kriminalisierung und Bekämpfung des spätmittelalterlichen Raubrittertums am Beispiel norddeutscher Hansestädte. 1991.

Band 92 Heinz Marcus Hanke: Luftkrieg und Zivilbevölkerung. Der kriegsvölkerrechtliche Schutz der Zivilbevölkerung gegen Luftbombardements von den Anfängen bis zum Ausbruch des Zweiten Weltkrieges. 1991.

Band 93 Kirsten Kraglund: Familien- und Erbrecht. Materielles Recht und Methoden der Rechtsanwendung in der Rechtsprechung des Oberappellationsgerichts der vier Freien Städte Deutschlands zu Lübeck. 1991.

Band 94 Reinhard Lorenz: Die politische und rechtliche Stellung des Proletariats in Preußen in der Zeit zwischen den Reformen und der Revolution 1848/49. 1991.

Band 95 Eric Hilgendorf: Die Entwicklungsgeschichte der parlamentarischen Redefreiheit in Deutschland. 1991.

Band 96 Hans J. Reiter: Die Handelsgesellschaft Villeroy & Boch von der Gründung 1836 bis zum Jahr 1878. 1992.

Band 97 Martin Johannes Heller: Reform der deutschen Rechtssprache im 18. Jahrhundert. 1992.

Band 98 Michael Kotulla: Die Tragweite der Grundrechte der revidierten preußischen Verfassung vom 31.01.1850. 1992.

Band 99 Michael Siefener: Hexerei im Spiegel der Rechtstheorie. Das crimen magiae in der Literatur von 1574 bis 1608. 1992.

Band 100 Andreas Ebert-Weidenfeller: Hamburgisches Kaufmannsrecht im 17. und 18. Jahrhundert. Die Rechtsprechung des Rates und des Reichskammergerichtes. 1992.

Band 101 Enno Bommel: Die Entstehung der Verwirkungslehre in der Krise des Positivismus. 1992.

Band 102 Ralph Steppacher: Die Berücksichtigung der bäuerlichen Postulate bei der Entstehung des ZGB und der Revision des OR. Ein Beitrag zur schweizerischen Kodifikationsgeschichte (1893 - 1912). 1992.

Band 103 Martin Fleckenstein: Die Todesstrafe im Werk Carl Joseph Anton Mittermaiers (1787 - 1867). Zur Entwicklungsgeschichte eines Werkbereichs und seiner Bedeutung für Theorie- und Methodenbildung. 1992.

Band 104 Jörn Eckert: Der Kampf um die Familienfideikommisse in Deutschland. Studien zum Absterben eines Rechtsinstitutes. 1992.

Band 105 Jörg Grotkopp: Beamtentum und Staatsformwechsel. Die Auswirkungen der Staatsformwechsel von 1918, 1933 und 1945 auf das Beamtenrecht und die personelle Zusammensetzung der deutschen Beamtenschaft. 1992.

Band 106 Andreas Rohde: Die Garantiehaftung des Vermieters und ihr Verhältnis zum Unmöglichkeitsrecht in dogmengeschichtlicher und modernrechtlicher Sicht. 1992.

Band 107 Tjark Siefke Kunstreich: Gesamtvertretung. Eine historisch-systematische Darstellung. 1992.

Band 108 Jürgen Krüger: Blindheit und Königtum. Die Blindheit des Königs Georg V. von Hannover als verfassungsrechtliches Problem. 1992.

Band 109 Wolfgang Putschek: Ständische Verfassung und autoritäre Verfassungspraxis in Österreich 1933-1938 mit Dokumentenanhang. Verfassung und Verfassungswirklichkeit. Mit einem Anhang: Denkschriften von Rechtsanwalt Dr. Erich Führer 1936/37. 1993.

Band 110 Klaus Hofmann: Die Verdrängung der Juden aus öffentlichem Dienst und selbständigen Berufen in Regensburg 1933-1939. 1993.

Band 111 Franz Kilger: Die Entwicklung des Telegraphenrechts im 19. Jahrhundert mit besonderer Berücksichtigung der technischen Entwicklung. Telegraphenrecht im 19. Jahrhundert. 1993.

Band 112 Wilhelm Brauneder (Hrsg.): Heiliges Römisches Reich und moderne Staatlichkeit. 1993.

Band 113 Thomas Heinrich: Das preußische Nichtehelichenrecht: Von der Aufklärung zur Reaktion. 1993.

Band 114 Gerald Kohl: Jagd und Revolution. Das Jagdrecht in den Jahren 1848 und 1849. 1993.

Band 115 Christian Schudnagies: Der Kriegs- oder Belagerungszustand im Deutschen Reich während des Ersten Weltkrieges. Eine Studie zur Entwicklung und Handhabung des deutschen Ausnahmezustandsrechts bis 1918. 1994.

Band 116 Elisabeth Bellmann: Die Internationale Kriminalistische Vereinigung (1889-1933). 1994.

Band 117 Julia Pfannkuch: Volksrichterausbildung in Sachsen 1945-1950. 1993.

Band 118 Jörg Offen: Von der Verwaltungsgemeinschaft des BGB von 1896 zur Zugewinngemeinschaft des Gleichberechtigungsgesetzes von 1957. 1994.

Band 119 Dorothee Kohlhas-Müller: Untersuchungen zur Rechtsstellung Theoderichs des Großen. 1995.

Band 120 Monika Rose: Das Gerichtswesen des Herzogtums Pfalz-Zweibrücken im 18. Jahrhundert. Ein Beitrag zur territorialen Gerichtsbarkeit im Alten Reich. 1994.

Band 121 Jörn Eckert / Hans Hattenhauer (Hrsg.): Bibel und Recht. Rechtshistorisches Kolloquium 9. - 13. Juni 1992 an der Christian-Albrechts-Universität zu Kiel. 1994.

Band 122 Robert Martin Mizia: Der Rechtsbegriff der Autonomie und die Begründung des Privatfürstenrechts in der deutschen Rechtswissenschaft des 19. Jahrhunderts. 1995.

Band 123 Walther Graf von Plettenberg: Das Fortleben des Liber Iudiciorum in Asturien/León (8. - 13. Jh.). 1994.

Band 124 Wolfgang Schulz: Das deutsche Börsengesetz. Die Entstehungsgeschichte und wirtschaftlichen Auswirkungen des Börsengesetzes von 1896. 1994.

Band 125 Frank Hagemann: Der Untersuchungsausschuß Freiheitlicher Juristen. 1949 – 1969. 1994.

Band 126 Andreas Rethmeier: "Nürnberger Rassegesetze" und Entrechtung der Juden im Zivilrecht. 1995.

Band 127 Edith Grether: Die Poesie der Throne. Die Juristen in der Fruchtbringenden Gesellschaft. 1995.

Band 128 Anna Bartels-Ishikawa: Der Lippische Thronfolgestreit. Eine Studie zu verfassungsrechtlichen Problemen des Deutschen Kaiserreiches im Spiegel der zeitgenössischen Staats. 1995.

Band 129 Jörg Schmidt: Otto Koellreutter 1883-1972. Sein Leben, sein Werk, seine Zeit. 1995.

Band 130 Christian Hattenhauer: Wahl und Krönung Franz II. AD 1792. Das Heilige Reich krönt seinen letzten Kaiser - Das Tagebuch des Reichsquartiermeisters Hieronymus Gottfried von Müller und Anlagen. 1995.

Band 131 Jutta v. der Decken: Das Seearbeitsrecht im Hamburger Stadtrecht von 1301 bis 1603. 1995.

Band 132 Detlev Schmidt: Die Reform des Rechts der Handelsvertreter von 1953. 1995.

Band 133 Gabi Roßdeutscher: Privatautonomie im Scheidungsrecht. Scheidungsbezogene Vereinbarungen in den letzten 200 Jahren. 1995.

Band 134 Harald Kahlenberg: Leben und Werk des Rechtshistorikers Walther Merk. Ein Beispiel für das Verhältnis von Rechtsgeschichte und Nationalsozialismus. 1995.

Band 135 Michael Steitz: Adelbert Düringer am Reichsgericht (1902-1915). Seine aktienrechtlichen Entscheidungen und sein Einfluß auf das Aktienrecht in Deutschland. 1995.

Band 136 Christian Becker: Beata Justorum Translatio. Juristen in schleswig-holsteinischen Leichenpredigten. 1996.

Band 137 Christoph Seiler: Vom Allgemeinen Landrecht zum Bürgerlichen Gesetzbuch. Dargestellt am Beispiel der höchstrichterlichen Judikatur zum kaufrechtlichen Sachmängelgewährleistungsrecht. 1996.

Band 138 Bernd Mayer: Die Vertrauensmännerausschüsse auf den preußischen Steinkohlegruben an der Saar. Entstehung und Wirken. Eine rechtshistorische Untersuchung. 1996.

Band 139 Rochus Scholl: Juden und Judenrecht im Herzogtum Pfalz-Zweibrücken. Ein Beitrag zur Rechtsgeschichte eines deutschen Kleinstaates am Ende des alten Reiches. 1996.

Band 140 Meike Bursch: Judentaufe und frühneuzeitliches Strafrecht. Die Verfahren gegen Christian Treu aus Weener/Ostfriesland 1720-1728. 1996.

Band 141 Markus Hillenbrand: Fürstliche Eheverträge. Gottorfer Hausrecht 1544 - 1773. 1996.

Band 142 Ulf Häder: Das gemeinschaftliche Oberappellationsgericht thüringischer Staaten in Jena. Ein Beitrag zur Geschichte des Gerichtswesens im 19. Jahrhundert. 1996.

Band 143 Andreas Bauer: Das Gnadenbitten in der Strafrechtspflege des 15. und 16. Jahrhunderts. Dargestellt unter besonderer Berücksichtigung von Quellen der Vorarlberger Gerichtsbezirke Feldkirch und des Hinteren Bregenzerwaldes. 1996.

Band 144 Christian Wirth: Der Jurist Johann Andreas Georg Friedrich Rebmann zwischen Revolution und Restauration. 1996.

Band 145 Stefanie Müller: Die Rechtsprechung des Hanseatischen Oberlandesgerichts zum persönlichen Eherecht in Hamburgischen Gerichtsfällen von 1879 -1900. 1996.

Band 146 Jean-Nicolas Morisset: Der Frachtvertrag in der *Ordonnance de la marine* von 1681. 1996.

Band 147 Dirk Lentfer: Die Glogauer Landesprivilegien des Andreas Gryphius von 1653. 1996.

Band 148 Wencke Mull: Die Haftung für Einsturzschäden nach den §§ 836-838 BGB in der Rechtsprechung des Reichsgerichts. 1996.

Band 149 Renate Zelger: Teufelsverträge. Märchen, Sage, Schwank, Legende im Spiegel der Rechtsgeschichte. 1996.

Band 150 Guido Kraß: Das Arrestverfahren in Frankfurt am Main im Spätmittelalter. 1996.

Band 151 F. Benedict Heyn: Die Entwicklung des Eisenbahnfrachtrechts von den Anfängen bis zur Einführung des Allgemeinen Deutschen Handelsgesetzbuches (ADHGB). 1996.

Band 152 Thomas Lang: Die Staats- und Verfassungslehre Carl Salomo Zachariaes. 1996.

Band 153 Michael Hebeis: Karl Anton von Martini (1726-1800). Leben und Werk. 1996.

Band 154 Gerald Hubert: Die Diskussion um die rechtliche Natur der Bizone in den Jahren 1947-1949. 1996.

Band 155 Christof Horn: Die Rechtsprechung des Reichsgerichts in Ehescheidungssachen der Jahre 1900 bis 1905. 1996.

Band 156 Hermann Nehlsen / Georg Brun (Hrsg.): Münchener rechtshistorische Studien zum Nationalsozialismus. 1996.

Band 157 Jan Otto Clemens Kehrberg: Die Entwicklung des Elektrizitätsrechts in Deutschland. Der Weg zum Energiewirtschaftsgesetz von 1935. 1997.

Band 158 Johannes Tradt: Der Religionsprozeß gegen den Zopfschulzen (1791-1799). Ein Beitrag zur protestantischen Lehrpflicht und Lehrzucht in Brandenburg-Preußen gegen Ende des 18. Jahrhunderts. 1997.

Band 159 Dietmar Olsen: Das kaufrechtliche Sachmängelgewährleistungsrecht des Code civil in der Rechtsprechung deutscher Gerichte im 19. Jahrhundert. Ein Beitrag zur Ablösung der Partikularrechte durch das BGB. 1997.

Band 160 Ulrich Bernhardt: Die Deutsche Akademie für Staats- und Rechtswissenschaft „Walter Ulbricht" 1948-1971. 1997.

Band 161 Claudia Susan Hoppe: Die Bürgschaft im Rechtsleben Hamburgs von 1600 bis 1900. 1997.

Band 162 Franz-Rudolf Ecker: Die Entwicklung des Bergrechts im Saarbrücker Steinkohlenrevier bis zum Ende des 18. Jahrhunderts. Ein Vergleich mit dem älteren deutschen Bergrecht. 1997.

Band 163 Anne Katrin Rückert: Politik und Privatrecht in der „konservativen Revolution". 1997.

Band 164 Gisbert Laube: Der Reichskunstwart. Geschichte einer Kulturbehörde 1919-1933. 1997.

Band 165 Nicolas Lührig: Die Diskussion über die Reform der Juristenausbildung von 1945 bis 1995. 1997.

Band 166 Regula Gerber Jenni: Die Emanzipation der mehrjährigen Frauenzimmer. Frauen im bernischen Privatrecht des 19. Jahrhunderts. 1997.

Band 167 Mischa A. Färber: Das gemeinschaftliche Testament in der höchstrichterlichen Rechtsprechung zum Allgemeinen Preußischen Landrecht und zum BGB. Ein Beitrag zur Ablösung der Partikularrechte durch das BGB. 1997.

Band 168 Catherine Antoinette Gasser: Philipp Lotmar 1850-1922. Professor der Universität Bern. Sein Engagement für das Schweizerische Arbeitsrecht. 1997.

Band 169 Lars Immisch: Der sozialistische Richter in der DDR und seine Unabhängigkeit. Der Versuch eines Rechtsvergleiches zum Unabhängigkeitsbegriff in der bundesdeutschen Rechtsordnung. 1997.

Band 170 Jessica Jacobi: Besitzschutz vor dem Reichskammergericht. Die friedenssichernde Funktion der Besitzschutzklagen am Reichskammergericht im 16. Jahrhundert, dargestellt anhand von Kameralisten. 1998.

Band 171 Ewald Hügemann: Die Geschichte des öffentlichen und privaten Mietpreisrechts vom Ersten Weltkrieg bis zum Gesetz zur Regelung der Miethöhe von 1974. 1998.

Band 172 Lutz Rentzow: Die Entstehungs- und Wirkungsgeschichte der Vernewerten Landesordnung für das Königreich Böhmen von 1627. 1998.

Band 173 Sabine Stürmer: Mühlenrecht im Herzogtum Pfalz-Zweibrücken während des 18. Jahrhunderts. Ein Beitrag zum Wirtschaftsrecht eines deutschen Kleinstaates im Alten Reich. 1998.

Band 174 Mario Bogisch: *Nemo testis in re sua.* Das Problem der Zeugnisfähigkeit bei der Anwendung der deutschen Zivilprozeßordnung von 1877. 1998.

Band 175 Rainer Oßwald: Pactane sunt servanda? Freiwilligkeit, Zwang und Unverbindlichkeitserklärungen im islamischen Vertragsrecht malikitischer Schule. 1998.

Band 176 Bettina Kern: Der preußische BGB-Entwurf von 1842. 1998.

Band 198 Frank Martin Krauss: Das geteilte Eigentum im 19. und 20. Jahrhundert. Eine Untersuchung zum Fortbestand des Teilungsgedankens. 1999.

Band 199 Matthias Frey: Die spanische Aktiengesellschaft im 18. Jahrhundert und unter dem Código de Comercio von 1829. 1999.

Band 200 Alexandra Gilde: Die Stellung der Frau im Reichsstrafgesetzbuch von 1870/71 und in den Reformentwürfen bis 1919 im Urteil der bürgerlichen Frauenbewegung. Eine Analyse ausgewählter Straftatbestände. 1999.

Band 201 Malte Dießelhorst / Arne Duncker: Hans Kohlhase. Die Geschichte einer Fehde in Sachsen und Brandenburg zur Zeit der Reformation. 1999.

Band 202 Jörg Hillmann: Territorialrechtliche Auseinandersetzungen der Herzöge von Sachsen-Lauenburg vor dem Reichskammergericht im 16. Jahrhundert. 1999.

Band 203 Carsten Engler: Die Kommanditgesellschaft (KG) und die stille Gesellschaft im Allgemeinen Deutschen Handelsgesetzbuch (ADHGB) von 1861. 1999.

Band 204 Vesta Hoffmann-Steudner: Die Rechtsprechung des Reichsgerichts zu dem Scheidungsgrund des § 49 EheG (EheG 1938) in den Jahren 1938-1945. 1999.

Band 205 Michaela Thiele: Die Auflösung von Arbeitsverhältnissen aufgrund Anfechtung und außerordentlicher Kündigung nach der Rechtsprechung des Reichsarbeitsgerichts (1927-1945). 2000.

Band 206 Peter Landau / Hermann Nehlsen / Mathias Schmoeckel (Hrsg.): Karl von Amira zum Gedächtnis. 1999.

Band 207 Marcus Flinder: Die Entstehungsgeschichte des Zivilgesetzbuches der DDR. 1999.

Band 208 Boris Franz Leo Bromm: Die Entstehungsgeschichte des Berufs des Handelsvertreters. Unter besonderer Berücksichtigung der Sozialgesetzgebung in den Jahren von 1871-1933. 2000.

Band 209 Winfried C. J. Eberstein: Das Tierschutzrecht in Deutschland bis zum Erlaß des Reichs-Tierschutzgesetzes vom 24. November 1933. Unter Berücksichtigung der Entwicklung in England. 1999.

Band 210 Patrick Deller: Der „nach dem Vertrage" vorausgesetzte Gebrauch (§ 459 Absatz 1 Satz 1 BGB). Eine kaufrechtliche Untersuchung unter Berücksichtigung rechtshistorischer wie rechtsvergleichender Grundlagen. 2000.

Band 211 Eckard Freiherr von Bodenhausen: Haftung des Geschäftsherrn für Verrichtungsgehilfen im Straßen- und Schienenverkehr. Eine Analyse der Entscheidungen des Reichsgerichts zu § 831 BGB (1900-1945). 2000.

Band 212 Birte Gast: Der Allgemeine Teil und das Schuldrecht des Bürgerlichen Gesetzbuchs im Urteil von Raymond Saleilles (1855-1912). 2000.

Band 213 Hansjörg Michael Huber: Koloniale Selbstverwaltung in Deutsch-Südwestafrika. Entstehung, Kodifizierung und Umsetzung. 2000.

Band 214 Ulf Björner: Die Verfassungsgerichtsbarkeit im Norddeutschen Bund und Deutschen Reich (1867-1918). Eine rechtshistorische Untersuchung über Gerichtsbarkeit im Spannungsfeld von Politik und Recht innerhalb der von Bismarck geschaffenen deutschen Bundesstaaten. 2000.

Band 215 Mathias Freiherr von Rosenberg: Friedrich Carl von Savigny (1779-1861) im Urteil seiner Zeit. 2000.

Band 216 Reinhard Binder-Kriegistein: Österreichisches Adelsrecht 1868-1918/19. Von der Ausgestaltung des Adelsrechts der cisleithanischen Reichshälfte bis zum Adelsaufhebungsgesetz der Republik unter besonderer Berücksichtigung des adeligen Namensrechts. 2000.

Band 217 Claudia-Regine Nerius: Johannes Lehmann-Hohenberg (1851-1925). Eine Studie zur völkischen Rechts- und Justizkritik im Deutschen Kaiserreich. 2000.

Band 218 Ludger Meuten: Die Erbfolgeordnung des Sachsenspiegels und des Magdeburger Rechts. Ein Beitrag zur Geschichte des sächsisch-magdeburgischen Rechts. 2000.

Band 219 Christoph Alexander von Wilcken: Die Reformbestrebungen zum Genossenschaftsgesetz in der Frühzeit der Bundesrepublik. Die Beratungen der Sachverständigenkommission zur Überprüfung des Genossenschaftsrechts 1954 bis 1958 und der Referentenentwurf von 1962. 2000.

Band 220 Verein Junger RechtshistorikerInnen Zürich (Hrsg.): ¿Rechtsgeschichte(n)? ¿Histoire(s) du droit? ¿Storia/storie del diritto? ¿Legal Histori(es)? Europäisches Forum Junger Rechtshistorikerinnen und Rechtshistoriker Zürich 28.-30. Mai 1999. 2000.

Band 221 Hans Christian Schüler: Die Entstehungsgeschichte der Bundesnotarordnung vom 24. Februar 1961. 2000.

Band 222 Nils-Eberhard Schramm: Die Vereinigung demokratischer Juristen (1949-1999). 2000.

Band 223 Silke Anke Torp: Das Rechtsverhältnis zwischen den Eltern und ihren Kindern. Dienstleistungspflicht, Aussteuer und Ausstattung. Eine Analyse der Rechtsprechung des Reichsgerichts und des Reichsarbeitsgerichts zu den Vorschriften der §§ 1616 bis 1625 des Bürgerlichen Gesetzbuches in der Zeit von 1900 bis 1945. 2000.

Band 224 Martin Jürgen Maaß: Die Geschichte des Eigentumsvorbehalts, insbesondere im 18. und 19. Jahrhundert. 2000.

Band 225 Stefanie Langer: Rechtswissenschaftliche Itinerarien. Lebenswege namhafter europäischer Juristen vom 11. bis zum 18. Jahrhundert. 2000.

Band 226 Ulrich Schmitz: Der Unterhaltsanspruch des nichtehelichen Kindes gegen seinen Erzeuger. Die rechtsgeschichtliche und dogmatische Entwicklung im deutschen Recht. 2000.

Band 227 Sebastian Günther: Friedrich Carl von Savigny als Grundherr. 2000.

Band 228 Henning Ibs: Hermann J. Held (1890-1963). Ein Kieler Gelehrtenleben in den Fängen der Zeitläufe. 2000.

Band 229 Matthias Rücker: Wirtschaftswerbung unter dem Nationalsozialismus. Rechtliche Ausgestaltung der Werbung und Tätigkeit des Werberats der deutschen Wirtschaft. 2000.

Band 230 Hendrik Sandmann: Die Entwicklung von Begriff und Inhalt des Wirtschaftchsrechts durch die Rechtswissenschaft in der Weimarer Republik. 2000.

Band 231 Sibylle Müller: Gibt es Menschenrechte bei Samuel Pufendorf? 2000.

Band 232 Karin Olechowski-Hrdlicka: Die gemeinsamen Angelegenheiten der Österreichisch-Ungarischen Monarchie. Vorgeschichte – Ausgleich 1867 – Staatsrechtliche Kontroversen. 2001.

Band 233 Johannes Mierau: Die juristischen Abschluß- und Diplomprüfungen in der SBZ/DDR. Ein Einblick in die Juristenausbildung im Sozialismus. 2001.

Band 234 Jörg Wolff (Hrsg.): Stillstand, Erneuerung und Kontinuität. Einsprüche zur Preußenforschung. 2001.

Band 235 Friedo Schröder: Die anwaltliche Tätigkeit während der nationalsozialistischen Herrschaft. Eine Analyse der anwaltlichen Argumentation in Zivilprozessen anhand der vorhandenen Prozeßakten der Landgerichte Frankenthal, Wiesbaden, Limburg und Frankfurt und der Handakten der *jüdischen Konsulenten* des OLG-Bezirks Frankfurt. 2001.

Band 236 Der Code pénal des Königreichs Westphalen von 1813 mit dem Code pénal von 1810 im Original und in deutscher Übersetzung. Herausgegeben und mit einer Einleitung versehen von Werner Schubert. 2001.

Band 237 Klaus Richter: Deutsches Kolonialrecht in Ostafrika 1885-1891. 2001.

Band 238 Kai von Lewinski: Deutschrechtliche Systembildung im 19. Jahrhundert. 2001.

Band 239 Alexander Herzog: Sittenwidrige Rechtsgeschäfte in der höchstrichterlichen Rechtsprechung aus den Jahren 1948-1965. 2001.

Band 240 Claudia Rönnau: Die Beratungen des Wasserrechtsausschusses der Akademie für Deutsches Recht zu einem Reichswassergesetz (1934-1941). Ein Beitrag zur Dogmatik der Begriffe *Gemeingebrauch* und *Sondergebrauch* in der Zeit des Nationalsozialismus. 2001.

Band 241 Momme Rohlack: Kriegsgesellschaften (1914-1918). Arten, Rechtsformen und Funktionen in der Kriegswirtschaft des Ersten Weltkrieges. 2001.

Band 242 Rolf Geyer: Der Gedanke des Verbraucherschutzes im Reichsrecht des Kaiserreichs und der Weimarer Republik (1871-1933). Eine Studie zur Geschichte des Verbraucherrechts in Deutschland. 2001.

Band 243 Felix Lorenz Benjamin Lehmann: Der Rote Adlerorden. Entstehung und rechtliche Grundlagen (1705-1918). 2002.

Band 244 Marc Ludwig: Der Pfändungsschutz für Lohneinkommen. Die Entstehungs- und Entwicklungsgeschichte der Vorschriften zum Schutz vor Lohnpfändung in Deutschland. 2001.

Band 245 Alexander Wachter: Dorfschule zwischen Pastor und Schulmeister. Zur Säkularisierung des niederhessischen Schulwesens im 19. Jahrhundert. 2001.

Band 246 Richard Scholz: Analyse der Entstehungsbedingungen der reichsgerichtlichen Aufwertungsrechtsprechung. Untersuchung unter besonderer Berücksichtigung der konservativen Geldpolitik der Reichsbank und der Inflationspolitik der Reichsregierung. 2001.

Band 247 Judith Laeverenz: Märchen und Recht. Eine Darstellung verschiedener Ansätze zur Erfassung des rechtlichen Gehalts der Märchen. 2001.

Band 248 Christina Schenk: Bestrebungen zur einheitlichen Regelung des Strafvollzugs in Deutschland von 1870 bis 1923. 2001.

Band 249 Nils Werner: Die Prozesse gegen die Landvolkbewegung in Schleswig-Holstein 1929/32. Ein Beitrag zur Justizkritik in der späten Weimarer Republik. 2001.

Band 250 Wolfgang Walter: Das Duell in Bayern. Ein Beitrag zur bayerischen Strafrechtsgeschichte. 2002.

Band 251 Jörn Eckert / Kjell Å. Modéer (Hrsg.): Geschichte und Perspektiven des Rechts im Ostseeraum. Erster Rechtshistorikertag im Ostseeraum 8.–12. März 2000. 2001.

Band 252 Jan Könighaus: Die Inauguration der Christian-Albrechts-Universität zu Kiel 1665. Symbolgehalt und rechtliche Bedeutung des Universitätszeremoniells. 2002.

Band 253 Andreas Görgen: Rechtssprache in der Frühen Neuzeit. Eine vergleichende Untersuchung der Fremdwortverwendung in Gesetzen des 16. und 17. Jahrhunderts. 2002.

Band 254 Ralf Schäfer: Die Rechtsstellung der Haigerlocher Juden im Fürstentum Hohenzollern-Sigmaringen von 1634-1850. Eine rechtsgeschichtliche Untersuchung. 2002.

Band 255 Regine Schmalhorst: Die Tierhalterhaftung im BGB von 1896. Die Entstehung und Änderung des § 833 BGB sowie eine Analyse der Rechtsprechung des Reichsgerichts bis 1908. 2002.

Band 256 Thomas Hense: Konrad Beyerle. Sein Wirken für Wissenschaft und Politik in Kaiserreich und Weimarer Republik. 2002.

Band 257 Christian Mahlmann: Die Strafrechtswissenschaft der DDR. Klassenkampftheorie und Verbrechenslehre. 2002.

Band 258 Henning Kahmann: Die Bankiers von Jacquier & Securius 1933–1945. Eine rechtshistorische Fallstudie zur "Arisierung" eines Berliner Bankhauses. Mit einem Geleitwort von John Kornblum. 2002.

Band 259 Volker Friedrich Drecktrah: Die Gerichtsbarkeit in den Herzogtümern Bremen und Verden und in der preußischen Landdrostei Stade von 1715 bis 1879. 2002.

Band 260 Andreas Klass: Standes- oder Leistungselite? Eine Untersuchung der Karrieren der Wetzlarer Anwälte des Reichskammergerichts (1693-1806). 2002.

Band 261 Wolfgang Eder: Das italienische Tribunale Speciale per la Difesa dello Stato und der deutsche Volksgerichtshof. Ein Vergleich zwischen zwei politischen Gerichtshöfen. 2002.

Band 262 Albrecht Cordes / Bernd Kannowski (Hrsg.): Rechtsbegriffe im Mittelalter. 2002.

Band 263 Thomas Hildebrandt: Die Brandenburgischen Provinziallandtage von 1841, 1843, und 1845 anhand ausgewählter Verhandlungsgegenstände. 2002.

Band 264 Jan Finzel: Georg Adam Struve (1619–1692) als Zivilrechtler. 2003.

Band 265 Björn Carsten Frenzel: Das Selbstverständis der Justiz nach 1945. Analyse der Rolle der Justiz unter Berücksichtigung der Reden zur *Wiedereröffnung* der Bundes- und Oberlandesgerichte. 2003.

Band 266 Nils Reichhelm: Die marxistisch-leninistische Staats- und Rechtstheorie Karl Polaks. 2003.

Band 267 Raik Schneider: Altrechtliche Personenzusammenschlüsse. Ihre Entwicklung unter besonderer Berücksichtigung des Rechts des Großherzogtums Sachsen-Weimar-Eisenach sowie der Herzogtümer Sachsen-Meiningen und Sachsen-Gotha. 2003.

Band 268 Anke Meier: Die Geschichte des deutschen Konkursrechts, insbesondere die Entstehung der Reichskonkursordnung von 1877. 2003.

Band 269 Stefan Jens Jordan: Leben und Werk des Tübinger Rechtsprofessors Wilhelm Gottlieb Tafinger 1760–1813. 2003.

Band 270 Stefanie Hubig: Die historische Entwicklung des § 23 ZPO. Zum Ursprung und Fortleben des Vermögensgerichtsstandes im deutschen Prozeßrecht des 19. Jahrhunderts. 2003.

Band 271 Michael G. Perband: Der Grundsatz der freien Beweiswürdigung im Zivilprozeß (§ 286 ZPO) in der Rechtsprechung des Reichsgerichts. 2003.

Band 272 Mathias Bouveret: Die Stellung des Staatsoberhauptes in der parlamentarischen Diskussion und Staatsrechtslehre von 1848 bis 1918. 2003.

Band 273 Barbara Széchényi: Rechtliche Grundlagen bayerischer Zensur im 19. Jahrhundert. 2003.

Band 274 Sylvia Scharfenberg: Die Entstehungsgeschichte des Beurkundungsgesetzes vom 28. August 1969. 2003.

Band 275 Urte Nesemann: Die schwedische Familiengesetzgebung von 1734 bis zu den Reformgesetzen von 1915 bis 1920 und deren Einfluss auf die Gesetzgebungsprojekte der Weimarer Republik. Unter besonderer Berücksichtigung der Rechtsstellung der Frau und des unehelichen Kindes. 2003.

Band 276 Alexandra Brück: Die Polizeiordnung Herzog Christians von Braunschweig-Lüneburg vom 6. Oktober 1618. 2003.

Band 277 Torsten Landwehr: Das Kommissionsgeschäft in Rechtswissenschaft, Gesetzgebung und Rechtspraxis vom 16. bis zum Ende des 18. Jahrhunderts. 2003.

Band 278 Tassilo Wilhelm Maria Englert: Deutsche und italienische Zivilrechtsgesetzgebung von 1933–1945. Parallelen in der Rechtsetzung und gegenseitige Beeinflussung unter besonderer Berücksichtigung des Familien- und Erbrechts. 2003.

Band 279 Tobias Prang: Der Schutz der Versicherungsnehmer bei der Auslegung von Versicherungsbedingungen durch das Reichsgericht. 2003.

Band 280 Thorsten Lieb: Privileg und Verwaltungsakt. Handlungsformen der öffentlichen Gewalt im 18. und 19. Jahrhundert. 2004.

Band 281 Michael Rühling: Das Ladenschlussgesetz vom 28. November 1956. Vorgeschichte, Entstehung des Gesetzes und weitere Entwicklung. 2004.

Band 282 Kathrin Nawotki: Die schleswigsche Deichstavengerechtigkeit. Vom 17. Jahrundert bis in die Gegenwart. Eine gewohnheitsrechtliche Superfizies an nordfriesischen Deichgrundstücken und ihre Entwicklung. 2004.

Band 283 Erik Nils Voigt: Die Gesetzgebungsgeschichte der militärischen Ehrenstrafen und der Offiziersehrengerichtsbarkeit im preußischen und deutschen Heer von 1806 bis 1918. 2004.

Band 284 Dorothea Riedi Hunold: Die Einführung der allgemeinen Wechselfähigkeit in der Schweiz in der zweiten Hälfte des 19. Jahrhunderts. Unter besonderer Berücksichtigung der politischen, wirtschaftlichen und sozialen Verhältnisse. 2004.

Band 285 Thomas Gergen: Pratique juridique de la paix et trêve de Dieu à partir du concile de Charroux (989–1250). Juristische Praxis der Pax und Treuga Dei ausgehend vom Konzil von Charroux (989–1250). 2004.

Band 286 Kathrin Bethkenhagen: Die Entwicklung des Luftrechts bis zum Luftverkehrsgesetz von 1922. 2004.

Band 287 Heiko Lüpkes: Die Verbrechen der Diener des Staats im Allgemeinen Landrecht für die Preußischen Staaten von 1794 und ihre Entwicklung zu den Vergehen und Verbrechen im Amte im Strafgesetzbuch für die Preußischen Staaten von 1851. 2004.

Band 288 Mirco Peter Hirsch: Von der Erbbescheinigung des Preußischen Rechts zum Erbschein des Bürgerlichen Gesetzbuchs. 2004.

Band 289 Bettina Günther: Die Behandlung der Sittlichkeitsdelikte in den Policeyordnungen und der Spruchpraxis der Reichsstädte Frankfurt am Main und Nürnberg im 15. bis 17. Jahrhundert. 2004.

Band 290 Seunghyeon Seong: Der Begriff der *nicht gehörigen Erfüllung* aus dogmengeschichtlicher und rechtsvergleichender Sicht. 2004.

Band 291 Steffen-Werner Meyer: Bemühungen um ein Reichsgesetz gegen den Büchernachdruck. Anläßlich der Wahlkapitulation Leopolds II. aus dem Jahre 1790. 2004.

Band 292 Ulrich Löffler: Instrumentalisierte Vergangenheit? Die nationalsozialistische Vergangenheit als Argumentationsfigur in der Rechtsprechung des Bundesverfassungsgerichts. 2004.

Band 293 Norbert Koch: Die Entwicklung des deutschen privaten Immissionsschutzrechts seit Beginn der Industrialisierung. Unter besonderer Berücksichtigung des Einflusses der höchstrichterlichen Rechtsprechung. 2004.

Band 294 Julius Ludwig Pfeiffer: Das Tierschutzgesetz vom 24. Juli 1972. Die Geschichte des deutschen Tierschutzrechts von 1950 bis 1972. 2004.

Band 295 Bert-Hagen Strodthoff: Die richterliche Frage- und Erörterungspflicht im deutschen Zivilprozeß in historischer Perspektive. 2004.

Band 296 Tim Kannewurf: Die Höfeordnung vom 24. April 1947. Entstehungsgeschichte und Einordnung in die Entwicklung des Anerbenrechts. 2004.

Band 297 Steffi Heine: Die Methodendiskussion nach Inkrafttreten des Bürgerlichen Gesetzbuches und die Gründung des Vereins *Recht und Wirtschaft*. 2004.

Band 298 Anne Marlene Simon-Holtorf: Geschichte des Familienwahlrechts in Frankreich (1871 bis 1945). 2004.

Band 299 Jürgen Busch: Das Germanenbild der deutschen Rechtsgeschichte. Zwischen Wissenschaft und Ideologie. Mit einem Vorwort von Herwig Wolfram. 2004.

Band 300 Jan Kohlmann: Der Marsch zu den Gräbern von Karl und Rosa. Geschichte eines Gedenktages. 2004.

Band 301 Christian Rainer Schlicht: Die kumulative Schuldübernahme in der Rechtsprechung des Reichsgerichts und in der zeitgenössischen Literatur. 2004.

Band 302 Hans Peter Glöckner: Positive Vertragsverletzung. Die Geburt eines Rechtsinstituts. 2006.

Band 303 João Manuel Azevedo Alexandrino Fernandes: Die Theorie der Interpretation des Gesetzes bei Francisco Suárez. 2005.

Band 304 René Funk: Die Wahlprüfung der volksgewählten Abgeordneten der Volksvertretungen im Frühkonstitutionalismus. Eine Untersuchung der Wahlprüfung in den Kammern der Abgeordneten des Großherzogtums Baden, des Königreichs Württemberg und des Großherzogtums Hessen. 2005.

Band 305 Carolin O'Sullivan. Die Ahndung von Rechtsbrüchen der Seeleute im mittelalterlichen hamburgischen und hansischen Seerecht (1301–1482). 2005.

Band 306 Martin Jürgens: Staat und Reich bei Ernst Rudolf Huber. Sein Leben und Werk bis 1945 aus rechtsgeschichtlicher Sicht. 2005.

Band 307 Florian G. Dürselen: Franz Beyerle (1885–1977). Leben, Ära und Werk eines Rechtshistorikers. 2005.

Band 308 Kai Bandilla: Urheberrecht im Kaiserreich. Der Weg zum Gesetz betreffend das Urheberrecht an Werken der Literatur und Tonkunst vom 19. Juni 1901. 2005.

Band 309 Stefan Mieth: Die Entwicklung des Denkmalrechts in Preußen 1701–1947. 2005.

Band 310 Catharina Lodemann: Die Geschichte des französischen *acte de gouvernement*. 2005.

Band 311 Christina Wicke: Kodifikationsbestrebungen und Wissenschaft in Hessen-Darmstadt im vorkonstitutionellen Zeitalter. Zu der Beteiligung der Gießener Rechtsprofessoren an den Gesetzgebungsarbeiten in Hessen-Darmstadt in der Zeit zwischen 1769 und 1820. 2005.

Band 312 Christiane Chlosta: Nur dem Gesetz unterworfen? Eine rechtsgeschichtliche Untersuchung zu Idee und Wirklichkeit richterlicher Gesetzestreue unter besonderer Berücksichtigung der Aufwertungsrechtsprechung und des richterlichen Prüfungsrechts. 2005.

Band 313 Kathrin Dirr: Hoheitsrechtliche Streitigkeiten zwischen den Kölner Erzbischöfen und der Stadt Köln auf Grundlage reichskammergerichtlicher Verfahren des 16. und 17. Jahrhunderts. 2005.

Band 314 Michael Racky: Die Diskussion über Gewaltenteilung und Gewaltentrennung im Vormärz. 2005.

Band 315 Petra Thiemrodt: Die Entstehung des Staatshaftungsgesetzes der DDR. Eine Untersuchung auf der Grundlage von Materialien der DDR-Gesetzgebungsorgane mit zeitgeschichtlichen Bezügen. 2005.

Band 316 Julius F. Reiter: Entstehung und staatsrechtliche Theorie der italienischen *Carta del Lavoro*. 2005.

Band 317 André Book: Die Justizreform in der Frühzeit der Bundesrepublik. Die Beratungen der Kommission zur Vorbereitung einer Reform der Zivilgerichtsbarkeit in den Jahren 1955 bis 1961. 2005.

Band 318 Frank Zentz: Das amerikanische Strafverfahren als Element der Besatzungspolitik in Deutschland. Erziehung zur Demokratie durch den *Court of Appeals* 1948–1955. 2005.

Band 319 Friederike Quaisser: Mietrecht im 19. Jahrhundert. Ein Vergleich der mietrechtlichen Konzeptionen im Allgemeinen Landrecht für die Preußischen Staaten von 1794 und dem gemeinen Recht. 2005.

Band 320 Stefan Burghard: Professor Dr. Wilhelm Kahl – Leben zwischen Wissenschaft und Politik. 2005.

Band 321 Günter Baranowski: Die *Russkaja Pravda* – ein mittelalterliches Rechtsdenkmal. 2005.

Band 322 Christina Schneider: Die SS und „das Recht". Eine Untersuchung anhand ausgewählter Beispiele. 2005.

Band 323 Werner Schubert (Hrsg.): Zivilprozessreform in der Weimarer Zeit. Quellen zur Emminger-Zivilprozessverordnung vom 13.2.1924 und zu den Arbeiten der Zivilprozesskommission des Reichsjustizministeriums (1922–1930). Eingeleitet und herausgegeben von Werner Schubert. 2005.

Band 324 Felix Gaul: Der Jurist Rudolf Isay (1886–1956). Ein verantwortungsbewusster Vermittler im Spannungsfeld zwischen dynamischer Rechtsschöpfung, ökonomischem Wandel und technischem Fortschritt. 2005.

Band 325 Konstanze Braun: Dr. Otto Georg Thierack (1889–1946). 2005.

Band 326 Eckart Klein / Stefan Chr. Saar / Carola Schulze (Hrsg.): Zwischen Rechtsstaat und Diktatur. Deutsche Juristen im 20. Jahrhundert. 2006.

Band 327 Stefan Botor: Das *Berliner Sühneverfahren* – Die letzte Phase der Entnazifizierung. 2006.

Band 328 Andreas Köhler: Die Sorgerechtsregelungen bei Ehescheidung seit 1945. Scheidungsstrafe und verordnete Gemeinsamkeit. 2006.

Band 329 Lars Düwel: Die Nichtigkeit und Anfechtbarkeit der Ehe in der Rechtsprechung des Reichsgerichts zwischen 1900 und 1945. 2006.

Band 330 Katalin Polgar: Das Oberappellationsgericht der vier freien Städte Deutschlands (1820–1879) und seine Richterpersönlichkeiten. 2007.

Band 331 Julia Schweitzer: Schiffer und Schiffsmann in den Rôles d'Oléron und im Llibre del Consolat de Mar. Ein Vergleich zweier mittelalterlicher Seerechtsquellen. 2007.

Band 332 Diana-Catharina Kurtz: Das Institut der Adoption im preußischen Allgemeinen Landrecht und im französischen Code civil zwischen Rezeption römisch-rechtlicher Prinzipien und verändertem Familienverständnis. 2006.

Band 333 Dino Joakim Duderstadt: Spiel, Wette und Differenzgeschäft (§§ 762–764 BGB) in der Rechtsprechung des Reichsgerichts und in der zeitgenössischen Literatur. 2007.

Band 334 Ronald Hoffmann: Die Domänenfrage in Thüringen. Über die vermögensrechtlichen Auseinandersetzungen mit den ehemaligen Landesherren in Thüringen nach dem Ersten Weltkrieg. 2006.

Band 335 Joachim Windmüller: *Ohne Zwang kann der Humanismus nicht existieren...* – „Asoziale" in der DDR. 2006.

Band 336 Sven Christian Gläser: Die Mediatisierung der Grafschaft Wertheim. Der juristische Kampf eines kleinen Reichsstandes gegen den Verlust der Landesherrschaft und seine Folgen. 2006.

Band 337 Benjamin Schleyer: Friedrich Wilhelm Bornemann (1798–1864). Eine Juristenkarriere im Preußen des 19. Jahrhunderts. 2006.

Band 338 Die Reform des Ehescheidungsrechts von 1976. Quellen zum Ersten Gesetz vom 14.6.1976 zur Reform des Ehe- und Familienrechts (Parlamentarische Ausschussprotokolle – Anglikanische Denkschrift von 1966 zur Scheidungsrechtsreform – Schlussabstimmung 1969 in der Eherechtskommission des Bundesministeriums der Justiz). Eingeleitet und herausgegeben von Werner Schubert. 2006.

Band 339 Andreas Feld: Das Bayerische Gesetz zum Schutz des Eigentums an Erzeugnissen der Literatur und Kunst gegen Nachdruck vom 15.04.1840. Vorgeschichte und Zustandekommen. 2007.

Band 340 Bernd Wörner: Adelbert Düringers Einfluß als Richter am Reichsgericht in Leipzig auf dem Gebiet des Personengesellschaftsrechts. 2007.

Band 341 Jan Jelle Kähler: Französisches Zivilrecht und französische Justizverfassung in den Hansestädten Hamburg, Lübeck und Bremen (1806–1815). 2007.

Band 342 Jörn Eckert / Pia Letto-Vanamo / Kjell Å. Modéer (Hrsg.): Juristen im Ostseeraum. Dritter Rechtshistorikertag im Ostseeraum 20.–22. Mai 2004. 2007.

Band 343 Ferdinand von Weyhe: A.E. Wassermann. Eine rechtshistorische Fallstudie zur „Arisierung" zweier Privatbanken. 2007.

Band 344 Martin Klaus Römermann: Kündigungen und Kündigungsschutz im Franquismus. 2007.

Band 345 Thomas Hoffmann: Der Landrechtsentwurf David Hilchens von 1599. Ein livländisches Rechtszeugnis polnischer Herrschaft. 2007.

Band 346 Ingo Ullmann: Die rechtliche Behandlung holsteinischer Leibeigener um die Mitte des 18. Jahrhunderts. Dargestellt unter besonderer Berücksichtigung der Schmoeler Leibeigenschaftsprozesse von 1738 bis 1743 sowie von 1767 bis 1777. 2007.

Band 347 Petra Fischer-Langosch: Die Entstehungsgeschichte des Familiengesetzbuches der DDR von 1965. 2007.

Band 348 Lasse O. Johannsen: Die rechtliche Behandlung ausreisewilliger Staatsbürger in der DDR. 2007.

www.peterlang.de

Peter Lang · Europäischer Verlag der Wissenschaften

Herbert Küpper

Einführung in die Rechtsgeschichte Osteuropas

Frankfurt am Main, Berlin, Bern, Bruxelles, New York, Oxford, Wien, 2005.
709 S., zahlr. Graf.
Studien des Instituts für Ostrecht München.
Herausgegeben von Friedrich-Christian Schroeder. Bd. 54
ISBN 3-631-54103-1 · geb. € 98.–*

Das Werk ist eine Einführung in die Geschichte der Rechtsordnungen der osteuropäischen Staaten vom frühen Mittelalter bis zur Transformation nach dem Ende des Sozialismus. Es ist für Juristen mit und ohne Osteuropakenntnisse ebenso wie für Osteuropaspezialisten mit und ohne Rechtskenntnisse geschrieben. Bei der vorsozialistischen Rechtsgeschichte liegt der Schwerpunkt auf Russland und den Ländern Ostmitteleuropas; daneben werden Südosteuropa und Nordosteuropa behandelt. Die Geschichte des sozialistischen Rechts umfasst die Sowjetunion, ihre osteuropäischen Satelliten, die Abweichler Jugoslawien und Albanien sowie die sozialistischen Rechte außerhalb Europas. Das Werk schließt mit einem Abriss der postsozialistischen Rechtsentwicklung und einem Überblick über die Geschichte der deutschsprachigen Ostrechtsforschung.

Für denjenigen, der sich intensiv mit dem Spezialgebiet, das Gegenstand des Buches ist, beschäftigen will, ist der Titel ein gelungener Ausgangspunkt, der zudem durch zahlreiche Literaturhinweise eine sehr detaillierte Beschäftigung mit der Materie ermöglicht.
Nelke Medien

Aus dem Inhalt: Vorsozialistische Rechtsgeschichte: Russland, Nordosteuropa, die Staaten Ostmitteleuropas, Südosteuropa · Sozialistische Rechtsgeschichte: Ideologische Grundlagen, die Rechtsentwicklung der Sowjetunion, die osteuropäischen Satelliten der Sowjetunion, Jugoslawien und Albanien, außereuropäische sozialistische Rechte · Postsozialistische Rechtsgeschichte: die Rechtsfragen der Transformation · Geschichte der deutschsprachigen Ostrechtsforschung

FSC
www.fsc.org
MIX
Papier | Fördert gute Waldnutzung
FSC® C083411

Kolibri 360 GmbH
Ferdinand-Jühlke-Straße 7
99095 Erfurt, Deutschland
produktsicherheit@kolibri360.de

Druck:
CPI Druckdienstleistungen GmbH
im Auftrag der
Kolibri 360 GmbH
Ferdinand-Jühlke-Str. 7
99095 Erfurt